# Reformfreude lohnt sich

Hannes Farnleitner

Impressum:
MMC-Verlag

Wien 2003
1. Auflage
Umschlag und grafische Gestaltung: Markus Neubauer
Lektorat: Mag. Christine Sabaditsch
Druck: Holzhausen Druck & Medien GmbH, Wien
Printed in Austria
ISBN: 3-9501740-0-1
Bildnachweis: © Fotos aus dem privaten Fotoarchiv von Hannes Farnleitner, außer
Titelfoto: Hobby-Media, Wien; Abb. 1, 7 + 8: Renate Apostel;
Abb. 2–6, 17: Veronika Gerstenecker; Abb 10: Jutta Kirchner;
Abb. 13: Foto Hofer; Abb. 14: Laurent S. Ziegler;
Abb. 15: Heeresbild- und Filmstelle; Abb. 16: L'osservatore romano

# Reformfreude lohnt sich

Hannes Farnleitner

Wien 2003

MMC

MEDIA MED CONSULTING GmbH

Den Mitarbeiterinnen und Mitarbeitern,
die mich auf meinem Berufsweg begleitet und unterstützt haben,
dankbar gewidmet.

INHALT

## KAPITEL 4
## Von der Reformarbeit mit den Sektionen

VORWORT

# Warum ich dieses Buch schreiben wollte, ja musste!

Die Zeit vom Juni 1996 bis Jänner 2000 war die ereignis- und erlebnisreichste Periode meines Lebens. Die Vielfalt der Erfahrungen und der von mir eingeleiteten oder mitgemachten Prozesse verdient es aus mehreren Gründen festgehalten zu werden:

Immer wieder treffe ich Menschen, die mich auf meine Ministerschaft ansprechen und in etwa sagen: „Sie sind ja persönlich ganz anders als wir Sie im Fernsehen und aus den Zeitungen erfahren haben!“ oder „Man hat Ihnen in vielen Fällen Unrecht getan, Sie sollten die Dinge klarstellen!“ Allen Interventionen dieser Art habe ich entgegnet, dass ich meine Sicht der Dinge einmal niederschreiben werde. Auch viele meiner Mitarbeiter und Mitarbeiterinnen haben mich gebeten, doch einmal die Breite der Erlebnisse darzustellen, da sie selbst auch im engsten Kreis immer nur gewisse Segmente des Geschehens mitbekommen hätten. Meine langjährige Chefsekretärin, Frau Gerstenecker, die mich vorzüglich betreute, beschwerte sich einmal bei mir, dass sie in unserer Zusammenarbeit in der Wirtschaftskammer mehr an Inhalten mitbekommen hätte als in dem hektischen Betrieb des Ressorts. Schließlich äußerte auch Sektionschef Dr. Markwitz bei meiner Verabschiedung den Wunsch, dass ich die Erfahrungen meiner Amtsperiode schriftlich niederlegen sollte. Aber schon während meiner Amtszeit habe ich mir aus sehr persönlichen Gründen vorgenommen, meine Sicht der Dinge aufzuschreiben, weil meine Familie und meine Freunde mich jahrelang nur von Termin zu Termin, von Projekt zu Projekt hetzen sahen und sich nur selten die Gelegenheit ergab, eingehendere Berichte zu geben. Ich hoffe, dass sie beim Lesen verstehen werden, warum ich ständig in Gedanken verloren war und immer in Unterlagen aller Art studierte. Sie haben mit mir mitgefühlt und mitgelitten, sie sollen jetzt auch einmal mit einer Art Erfolgs- und Erlebnisbilanz konfrontiert werden. Schließlich möchte ich etwas gegen meine eigene Vergesslichkeit tun: noch sind mir viele Eindrücke sehr präsent, aber wer weiß, was in einigen Jahren sein wird In einer im November 2001 von mir eingeladenen Runde meiner Kabinetts-MitarbeiterInnen unterhielten wir uns glänzend mit den Anekdoten der Ministerzeit, wobei ich merkte, dass sich das Erinnern auch vom Unterhaltungs- und Informationswert her lohnt. Daher wollte, ja musste ich dieses Buch schreiben: Ich habe mir Zeit gelassen, weil ich das Resümee nicht mit den Emotionen der unmittelbaren Erfahrung verfassen, sondern mit der Gelassenheit einer gewissen zeitlichen Distanz zu Papier bringen wollte.

KAPITEL 1

# Reformwiderstand, Medien, Förderwahn

## 1.1 Österreich, der fleischgewordene Sollwiderstand gegen Reformen!

Als ich diesen Sager einmal bei einem Vortrag losließ, da wusste ich noch nicht, dass ich die Richtigkeit dieser Behauptung am eigenen Leib erleben würde. Ich war schon in Lebensumständen aufgewachsen, in denen ich zu oft resignativ hören musste: „Da kann man nichts machen!" Das sagte man, wenn man wieder monatelang im Steinfeld vergeblich auf Regen gewartet hatte, wenn die Preise für Schweine und Weihnachtsgänse fielen und damit die Kaufkraft der Familie sank und wenn Pfarrer und Bürgermeister autoritativ die Regeln des örtlichen Zusammenlebens bestimmten. Da wurde mir schon verständlich, als ich einmal sinngemäß bei Hugo Wiener hörte, dass das Lied „Glücklich ist, wer vergisst, was doch nicht zu ändern ist!" eigentlich die österreichische Bundeshymne sein sollte.

Beim Jusstudium lernten wir über die normative Kraft des Faktischen (Staatsrechtler Jellinek) und über die Illusion der Regelungen. Gesetze machen sei ein Prozess, sie umzusetzen ein viel schwieriger, sie zu ignorieren und sich darüber noch zu freuen ein österreichischer Volkssport.

Ich hatte bei meinem Antritt als Wirtschaftsminister einen erheblichen Reformstau vorgefunden, dessen Bewältigung mit traditionellen österreichischen Allianzen kaum möglich schien. Die Sozialpartner standen noch unter dem Urabstimmungsschock über die Pflichtmitgliedschaft. Ich möchte das an einem sehr einfachen Beispiel erklären: wenn in den Jahren der Hochblüte der Zusammenarbeit der Verbände ein Kompromiss erzielt wurde, so gingen alle Beteiligten an ihre Mitglieder und auch an die Öffentlichkeit mit einer positiven Verkaufsstrategie heran. Das Ergebnis wurde als Fortschritt und Beweis der erfolgreichen Partnerschaft gefeiert. Das galt für Lösungen im Preis- und Lohnbereich ebenso wie für Ergebnisse bei den berühmten Wirtschaftsgesetzverhandlungen, bei denen Parlament und Öffentlichkeit den Atem anhielten und gespannt auf die Ergebnisse warteten. Nach der grundsätzlichen Hinterfragung des Systems hat sich das Verhalten entscheidend geändert. Nicht das gemeinsame Ergebnis wurde verkauft, sondern die offen gebliebenen Wünsche kritisch festgehalten und sofort deren künftige Erfüllung verlangt. Als wir im Berufsausbildungswesen die Lehrlingshaltung attraktiver machten, da kritisierte die Wirtschaft unverdrossen die Tatsache weiter, dass Lehrlinge im Tourismus nicht bis 22 Uhr arbeiten durften und die Kündigungsfrist weiter als zu kurz befunden wurde. Bei vielen Betriebsbesuchen merkte ich dann, dass die Inhaber nur die negative Nachlese mitbekommen hatten, die erzielten Verbesserungen zum Teil gar nicht wussten. So stellte ich bei einer Versammlung von Hoteliers am Arlberg fassungslos fest, dass sie vom neuen Refinanzierungsmodell der Österreichischen Tourismusbank keine Ahnung hatten, aber nachdrücklich von mir Maßnahmen zur Refinanzierung überschuldeter Betriebe forderten.

Das Reformritual in unserem Land muss zunächst die drei üblichen Erstreaktionen berücksichtigen:

1. „Za wos brauchen wir des? „ Man hat sich im Prinzip an das Geltende gewöhnt und auch an die Kritik: je mehr Kritik eine Lösung aushält, umso besser war sie. Mein Amtsvorgänger Staribacher pflegte zu sagen, dass ein Kompromiss nur dann gut sei, wenn er von allen Seiten in gleicher Weise kritisiert würde.
2. „Da könnt ja jeder kommen!“ Reformverlangen ist nicht jedermanns Sache. Das „not invented here and not invented by me“-Syndrom war in diesem Land, vor allem in der Bürokratie und in den Großbetrieben des Staates ein erfolgreicher Abwehrreflex.
3. “Ist das Ganze schon international erprobt? Wir führen die Neuerung nur im internationalen Gleichschritt ein!” Bei dem geringen internationalen Überblick der Reformunterworfenen, die oftmals gerade gehört oder gelesen hatten, was in Deutschland vor sich geht, packte mich manchmal ein geradezu heiliger Zorn: In diesem Land weiß dank großer Medien jeder über alle Unglücksfälle in der Welt Bescheid, die Faszination des internationalen Reformwettlaufes wurde zu keinem politischen Postulat.

Veränderungen in diesem Land haben auch die komplizierte Kompetenzlage zu berücksichtigen: der Kompetenzkatalog der Verfassung führt automatisch dazu, dass in vielen wichtigen Fragen mehrere Mitspieler in unterschiedlichem Rollenverständnis in den Reformprozess eingebunden sind. Da man nur in frommen Lehrbüchern vom Gemeinwohl lernt, in der Realität aber erkennen muss, dass Gemeindewohl vor Landeswohl, Landeswohl vor Bundeswohl geht und Bundeswohl keinesfalls Gemeinwohl ist, sondern bestenfalls der kleinste gemeinsame Nenner vielfältiger Interessen, ist die von mir vor der Amtsübernahme oft beklagte Reformgeschwindigkeit im Schneckentempo kein Wunder. Freilich muss man auch berücksichtigen, dass sich eine Schnecke auf der Überholspur befindet, wenn alle anderen Rennteilnehmer rasten. Jedenfalls wäre es schlimm, wenn der Dichter Hebbel recht gehabt hätte, der einmal schrieb: „Österreich ist die kleine Welt, in der die große ihre Probe hält!".

Man muss allerdings festhalten, dass sich die österreichische Erfolgsgeschichte im internationalen Vergleich auf drei Faktoren zurückführen lässt: auf ein trotz aller Reformversuche sehr gutes Ausbildungssystem, auf eine bienenfleißige Bevölkerung und auf sozialen Frieden in einer großteils instabilen Welt.

Die von mir schon in der Wirtschaftskammer immer wieder verlangte Dynamisierung der Rahmenbedingungen war im Alleingang nicht zu schaffen. Der Reformschlüssel war daher für mich wie viele Gleichgesinnte der Beitritt zur damaligen EWG. Was über Bregenz, Wien und St. Pölten nicht machbar war und ist, kann über Brüssel viel einfacher durchgesetzt werden. Ohne die europäische Energiepolitik im Strom- und Gasbereich, die von der österreichischen Bundespolitik entscheidend mitgeprägt worden ist, hätte es noch lange keine Reform in diesen Bereichen gegeben. Die österreichischen Marktordnungen wären ohne EU-Beitritt noch heute in Geltung, die Preise wären noch immer überhöht, die Produktivität niedriger und die Produktvielfalt geringer.

Ein Faszinosum in Österreich ist weiter, dass der Misserfolg nur einen Verantwortlichen, der Erfolg aber viele Väter hat. Ich wurde bei Pressekonferenzen oft gefragt, warum ich schon wieder mit einem Vorschlag gescheitert sei? Meine stereotype Antwort war immer: „Fragen Sie die Bremser und die Verhinderer, aber nicht mich!".

Kaum ist in Österreich eine Reform durchgesetzt und als bewährt anerkannt, dann wollte sie jeder schon längst verlangt haben, vor allem jene, die an ihrer Verhinderung intensiv beteiligt waren. Ich habe öfter zu Bundeskanzler Klima gesagt: „Du brüstest Dich mit Reformen aus meinem Haus, die Deine Partei oder die Arbeitnehmerseite der Sozialpartner nach Kräften zu verhindern suchte!" Als Beispiele führte ich neue Lehrberufe, Gründerpolitik, Gewerbeordnung und diverse Liberalisierungen an.

Reform in einem Land, welches der Kultur der wohlerworbenen Rechte huldigt, bedeutet, dass bestenfalls auf bestehende Regulierungen aufgestockt werden kann. Ich habe daher sehr oft argumentiert, dass vieles so genanntes Wohlerworbenes einfach leichtfertig Zugesagtes ist, aber im Wettbewerb es einfach kein Recht auf Bestand gäbe.

Das Wissen um die Sollwiderstände in diesem Land erleichtert die Strategie, garantiert aber auch, dass Reformer nicht beliebt sind. Mir haben viele gute Freunde wiederholt gesagt, dass mein Leben einfacher verlaufen wäre, wenn ich Worte wie Reform, Dynamisierung, Entfesselung und Wettbewerb aus meinem Wortschatz verbannt hätte. Mit meinem Fachwissen, so sagte mir einmal ein priesterlicher Freund, hätte ich ein prächtiger Verhinderungshofrat oder gefeierter Lokalpolitiker werden können.

## 1.2 Tradierter und organisierter Diebstahl an Lebensgefühl

Zu den frühesten Erfahrungen meiner Kindheit zählt die Erinnerung an Lebenseinstellungen, die mir meine Großmutter mütterlicherseits vermittelte. Auf Grund ihrer aus vielen leidvollen Erlebnissen geprägten Lebensgeschichte sah sie vieles aus einer negativen Perspektive. Im Leben schien einfach das meiste schief zu gehen und kaum dass man einmal etwas Positives erlebt hatte, da kam das Negative gleich wieder kübelweise. Das Wetter war so schlecht wie nie in den letzten Jahren, die Ernten wurden unergiebiger und die Leute nicht besser. Lob kam ihr fast nie über die Lippen, dafür aber umso häufiger Worte der Kritik. Wurde etwas zuviel gelobt (und wenn es nur mein makelloses Zeugnis in der Volksschule war), so hörte ich ständig ihr warnendes „Tuat's Euch nur net versündigen!" Da war mir damals die Großmutter väterlicherseits schon viel lieber, die alles sonnig und positiv sah und jede gute Note mit einem 50-Groschenstück und einem Kuss belohnte.

Auch in der Kirche ging es von der Kanzel meist sehr kritisch zu: unser Pfarrer im Bauerndorf donnerte jeden Sonntag von der Kanzel, dass Gott, der Gerechte, uns und die Welt für die Sünden strafen werde und die Zeichen der Zeit wie Krieg und Not nur schwache Vorzeichen seines Grolls über die sündige Menschheit seien. Ich wurde in einer Religionsstunde noch in der Volksschule einmal kräftig gerügt, als ich vorlaut bemerkte, dass der Schöpfer beim Menschen offenbar fehlerhaft geschaffen habe. Doch auch im bäuerlichen Umfeld, in dem ich aufwuchs, war es Brauch, gute Ernten ja nicht über den grünen Klee zu loben, damit Gott dies nicht als Übermut und Provokation auslegen würde. Für Gutes musste man demütig dankbar sein, Schlechtes einfach als Unabwendbares akzeptieren. In Niederösterreich gibt es eine bäuerliche Weisheit, die die skeptisch-kritische Grundhaltung gut beschreibt: „Im Winter zuviel Gfrier (Kälte), im Frühjahr zuwenig Bliah (Blüte), im Sommer zuviel Dürr (Trockenheit) und im Herbst zuwenig Gschier (Erntegefäße)." Als ich schon in die Mittelschule ging, habe ich in Shakespeares Macbeth in der Szene, in der ein Bauern an die Klosterpforte pocht, gefunden: „Wer da?" fragte da der Pförtner und hörte als Antwort: „Ein Bauer, der in Erwartung einer reichen Ernte sich erhängte!" Damals wusste ich noch nicht wie passend diese Dichterworte einmal für die subventionsumhegte Landwirtschaft Europas sein würden. Gerade weil es an so vielem mangelte, weil es immer genug Anlass zur Kritik an Unerwünschtem gab, umso mehr wuchs in mir der Drang, mich auf die positiven Erfahrungen, die erfreulichen Erlebnisse zu konzentrieren, sie zu genießen und meine Freude anderen mitzuteilen. Das trug mir schon in Kindheitstagen die Punzierung eines fröhlichen, frohgemuten Buben ein.

Diese Grundneigung wurde zumindest in der Wiederaufbauzeit verstärkt, in der die Öffentlichkeit noch nach positiven Nachrichten gierte und mit solchen auch versorgt wurde. Gleich nach dem Krieg entschlossen sich meine Eltern zum Bezug des „Kleinen Volksblattes", einer kleinformatigen Zeitung der Österreichischen Volkspartei. Jeden Morgen gegen 6 Uhr ging ich zum Haus der Familie Rosenfelder, gleich über dem Bach hinter unserem Anwesen gelegen, und holte die Zeitung, die der Zusteller paketweise brachte. Ich verschlang sie noch auf dem Rückweg. Am meisten interessierten mich die Nachrichten über die Lebensmittelversorgung, die Ernteergebnisse, die Lage der Wirtschaft und in zunehmendem Maße auch der Sport. In die Küche hineinstürmend vermeldete ich schon die mir wichtig erscheinenden guten Neuigkeiten. Meine Mutter dämpfte oft meinen Informationsschwall mit dem Hinweis: „Hast schon wieder alles herausgelesen, lass' uns auch noch etwas übrig!" Dieser Hang zur positiven Neuigkeit machte mich schon in jungen Jahren oft zum Außenseiter, da für die meisten Leute eher die schlechten Nachrichten von Interesse schienen. Das Berichten war weniger interessant als das Ausrichten, das Weitererzählen von wirklichem oder vermutetem Fehlverhalten.

Mit dieser jugendlichen Grunderfahrung wurde ich später mit der Realität der Welt der modernen Medien konfrontiert, in der offenbar galt und gilt: „only bad news are good news!". Als Ghostwriter in den ersten Kammerjahren fand ich rasch heraus, dass eine Rede dann mit Interesse gelesen, gehalten und angehört wurde, wenn sie mit einer möglichst kritischen und pointierten Kritik an der Welt und ihren Zuständen, am politischen Gegner und allem was Regierung und Obrigkeit betraf, begann. Wenn sich daran noch ein Forderungskatalog anschloss, der möglichst viel Unerfüllbares aber Wünschenswertes beinhaltete, dann war donnernder Applaus und vielfältige Zitierung sichergestellt. In diesem Metier musste dann jeden Tag verfolgt werden, wer was, wo und wie gesagt hatte, damit sofort entsprechend geantwortet wurde. Eine Zeitlang machte mir dies großen Spaß, meine Leitartikel in der Wiener Handelskammerzeitung verursachten sogar die Einladung, die Verantwortung für dieses Organ zu übernehmen. Fast wäre ich angesteckt worden von der Welt der kritischen Öffentlichkeitsarbeit. Doch in dem Maß, in dem ich in verantwortungsvolle Positionen hineinwuchs (Vorsitz im Preisunterausschuss der Paritätischen Kommission, Agrarische Fonds, Paritätischer Ausschuss für Kartellangelegenheiten, führende Positionen in Katholischer Männerbewegung und Katholischer Sozialakademie) wuchs meine Erkenntnis, dass das Suhlen im Kritischen und Negativen einen von den Möglichkeiten der kreativen Gestaltung ablenkte. So gewöhnte ich mir an, es nicht bei der kritischen Analyse zu belassen, sondern mich auf die positive Veränderung der jeweiligen Problembereiche zu konzentrieren. Bei Weinheber fand ich Verse, die mich faszinierten: „Wenn I amol wos zreden hätt', verstehst, I schaffert olles o (ab)!“ Bei einer Jubiläumsveranstaltung anlässlich einer runden Sitzung des Preisunterausschusses im Restaurant Marhold formulierte ich den Satz für die Sozialpartner sinngemäß so um: „Wenn ich amol wos zreden hätt’, I schaffert alles an!“

Diese Faszination am Gestalten und Umgestalten brachte mir freilich auch viel Frust ein, vor allem wenn Überlegungen und Vorschläge sich nicht durchsetzen ließen. Aber manches ließ sich über die Sozialpartnerebene umsetzen, vieles blieb reines Wunschdenken! Als ich in den Jahren der Leitung der rechts- und gewerbepolitischen Abteilung der Wirtschaftspolitik teilweise entzogen und entfremdet wurde, da wuchs mein Frust manchmal ins Unermessliche. Meine Freunde bekamen dies mit. Symptomatisch dafür war die Bemerkung eines meiner besten Freunde, der mir nach der Berufung in die Ministerfunktion sagte: „Sei dankbar dafür, jetzt hast Du Gestaltungs- und Veränderungsverantwortung, sonst wärst Du als frustrierter Generalsekretär in Pension gegangen!“

In einer Welt ständiger und sehr oft unerwarteter Veränderung steigen die Wehleidigkeit und die Bereitschaft zur Erinnerung an die guten alten Zeiten vor allem bei jenen, die es nun schwerer hatten. Ich kann nun für mich nicht sagen, dass die Zeiten nicht immer besser wurden und das Leben eine immer breitere Fülle von Chancen bot. Aber zur herrschenden Einstellung in Österreich wurde dies nicht. Fast bei jeder Sonntagspredigt hörte ich, wie schlecht die Welt gegenüber früher würde, die Moral verfiele, der Glaube ausgedünnt und das Leben gefährdet werde. In den Belangsendungen von politischen Parteien und Interessenverbänden dominierte und dominiert Kritik an anderen und Selbstgerechtigkeit. Ich habe diese Sendungen immer als „Belanglossendungen“ kritisiert und ihre Entfernung als Beitrag zur psychischen Gesundung Österreichs verlangt. Beim Schreiben dieser Zeilen hat die Regierung eine derartige Reform auf den Weg gebracht. Bringen wird es freilich wenig, da Zeitungen, Rundfunk und Fernsehen geradezu in einem Wettlauf der Berichterstattung über bad news sich befinden.

Meine persönliche Reaktion auf Dinge, die ich nicht verändern konnte, war die Marktverweigerung. Ich hörte auf, die österreichischen Tageszeitungen zu lesen und Nachrichtensendungen meist nur in der Zusammenfassung zu hören. Einen entscheidenden Anstoß gab ein Erlebnis mit meinem alten Vater. Als ich ihn vor Jahren besuchte, da merkte ich, wie zunehmend kritischer er allem gegenüberstand und ständig an Land und Leuten herumnörgelte. Ich entdeckte, dass er aus Preisgründen Leser von „Täglich Alles“ geworden war. Ich stellte ihm ein Ultimatum: wenn er weiter dieses Raunzeralmanach lese, dann wäre es aus mit meinen Besuchen! Ich erklärte mich bereit, ihm konstruktivere Zeitungen zu bestellen und schließlich ging es mit der Kronenzeitung erheblich besser. Die Einstellung von „Täglich Alles“ halte ich für den wichtigsten Schritt der seelischen Gesundheitsreform Österreichs in den letzten Jahren. In meiner Zeit als Minister habe ich erfahren, dass eine österreichische Zeitung, in der man sich wieder erkannte und in der korrektes Zitieren Hausbrauch zu sein schien, die Wiener Zeitung war. Das mag auch einer der Gründe für ihre geringe Auflage sein.

Der organisierte Diebstahl an Lebensgefühl wird im Rahmen der Presseförderung sogar noch gefördert und durch die wenn auch im Einfluss geringer werdenden Bereich der kirchlichen Seelsorge erfolgende Produktion von schlechtem Gewissen unterstützt. Schuldig sich zu fühlen, dazu braucht man die Kirchen nicht mehr. Jeden Tag stürmen über Leser, Hörer und Seher Informationen mit Schuldzuweisungen herein. Ob es die Armut in der Welt, die Kriege, die Flüchtlinge, die Klimaerwärmung oder neue Technologien sind, immer sind wir selber an allem Schuld und Spenden für diverse Organisationen und Zwecke haben längst die Dimension des seinerzeitigen kirchlichen Ablasshandels übertroffen.

Die Erfahrung mit meinem Vater habe ich in vielen Runden mit älteren Menschen zum Ratgeben genutzt: „Macht eine Lese- und Hörpause bei den schlechten Nachrichten!“. Dabei erntete ich oft große Skepsis. Doch die häufigste Reaktion war: „Wir reden wieder mehr miteinander, vor allem über unsere eigenen Anliegen!“ Aber auch die Schwierigkeit, sich dem organisierten Diebstahl an Lebensgefühl zu entziehen, wird mir ganz offen erzählt.

Selektiver Umgang mit der Sucht nach Neuigkeiten und Konzentration auf Wesentliches sind für mich wichtige Lebenserfahrungen geworden, die ich gerne weitergebe.

Ich versuchte nun, mich als „minister of positive thinking“ zu positionieren und zu profilieren. Eine große politische Wochenzeitschrift nahm mir das sogar ab, doch entwickelte sich rund um mein Ressort eine Dynamik von Ereignissen, bei denen nicht Erfolg, sondern die Ursache für Nichtfunktionieren oder Nichterreichen einer politischen oder wirtschaftlichen Zielsetzung gefragt war. Zunächst die Probleme mit der Vignetteneinführung, dann die Privatisierung der CA, die Auseinandersetzung um den Ladenschluss, das Gewerbe- und Anlagenrecht, die Tauerntunnelkatastrophe, die Wirbel um die Liberalisierung des Strommarktes, die Zores mit der Österreich Werbung und der Felssturz am Eiblschrofen: die öffentliche Diskussion konzentrierte sich auf Schuld und Versagen. Es schien so als würden sich in meinem Bereich regelmäßig Vorfälle ereignen, die die Chance das Positive zu präsentieren weitgehend vereitelten. Denn selbst wenn ich Pressekonferenzen zu Erfolgen, sei es im Außenhandel, in der Lehrlings- oder Gründerstatistik oder im Tourismus, gab, die Journalistenfragen konzentrierten sich auf die jeweiligen Lieblingsnegativthemen.

Aber ich blieb unverdrossen, Beispiele gefällig? Mir war schon seit dem EU-Beitritt ein Dorn im Auge gewesen, dass die wirtschaftspolitische Diskussion in unserem Lande im Bereich der Arbeitslosenzahlen mit zweierlei Maß operierte. Die traditionelle Arbeitslosenrate in Österreich basiert auf dem Vergleich von unselbständig Beschäftigten und den Arbeitslosen, die EU-Statistik basiert auf Stichprobenerhebungen. Die erstere ergab regelmäßig weit höhere Prozentsätze als die zweite. In den EU-Statistiken zählten wir immer zu den Ländern mit den niedrigsten Arbeitslosenraten, lediglich Luxemburg und die Niederlande lagen vor uns, für die traditionelle Miesmacherei im Inland verwendeten Politiker regelmäßig die über 6% liegende österreichische Rat. Freilich bei internationalen Auftritten wurde von allen der echte internationale Vergleich verwendet. In einer Vielzahl von Kommentaren, vor allem junger Autoren der schreibenden Zunft wurde ungeniert die österreichische Standardrate mit den EU-Werten anderer Länder verglichen und Arbeitsplatzalarm geschlagen. Ich lud daher die Direktoren der beiden Wirtschaftforschungsinstitute ein, nur mehr die EU-Methode zu verwenden. Das blieb ein frommer Wunsch, weshalb ich mein Haus anwies, solange die Institute die internationale Methode nicht stärker und zumindest gleichrangig herausstellen, an diese keine neuen Forschungsaufträge mehr zu vergeben. Der Druck zeigte zumindest partielle Wirkung bei den Gutwilligen. Doch es kam bald ein weiterer hinkender Vergleich hinzu. Als die EU auf den Harmonisierten Verbraucherpreisindex umstieg, ergab sich neuerlich ein gleichgeartetes Problem, da auch dieser Index jeweils niedriger war als die österreichische Rate nach der nationalen Erhebungsmethode. Manche Politiker und Kommentatoren sahen in diesen neuen Statistiken geradezu eine strategische Behinderung ihrer Österreichkritik. Als ich dann im Zuge der Eurodiskussion die Bedeutung der Zahlungsbilanz für die Wirtschaftspolitik in Frage stellte, da war Feuer am Dach. Tatsache ist, dass mit dem Euro die traditionelle Bedeutung der Zahlungsbilanz für den Kurs der nationalen Währung verschwand, sie wurde zu einer Art Bilanz der Vermögensströme degradiert. Es gelang sogar, bei einer Pressekonferenz mit den Chefs der beiden Wirtschaftsforschungsinstitute Prof. Kramer und Prof. Felderer dies glaubhaft nachzuweisen, doch wer in diesem Land lässt sich schon ein gewohntes intellektuelles Vergnügen nehmen. Also gab und gibt es weiter Zahlungsbilanzalarme. Natürlich wäre es noch schöner, auch eine aktive Zahlungsbilanz zu haben, aber Länder wie Japan beweisen, dass sich trotz oder gerade wegen einer permanent aktiven Zahlungsbilanz die internen Struktur- und Wohlstandsfragen keineswegs leichter lösen lassen. Bei diversen Veranstaltungen, in deren Rahmen meine Vorredner die oben kritisierten statistischen Unkorrektheiten benutzten, ergab sich immer sehr plakativ die Möglichkeit, dem Auditorium den traditionellen und organisierten Diebstahl an Lebensgefühl vor Augen zu führen. Das führte dann dazu, dass mir die so öffentlich kritisierten Schwarzmaler eine geraume Zeit gram waren. Aber ich merkte, dass nach positiven Vorträgen die Leute zu mir kamen und sich über diese Sicht der Dinge freuten und oft sagten: „Ihnen könnten wir stundenlang zuhören!" Vorträge waren mir daher auch immer wichtiger als Pressekonferenzen, bei denen es selten gelang, nicht länger haltbare, aber gern geschriebene Vorurteile auszuräumen.

Ein anderes Dauerthema, mit dem ich ständig aneckte, waren die so genannten Lohnnebenkosten, ein Leitthema in der Wirtschaftskammer Österreich. Schon dort hatte ich als Leiter der Wirtschaftspolitischen Abteilung und als Generalsekretärstellvertreter immer darauf hingewiesen, dass im internationalen Wettbewerb nur die Lohnstückkosten eine Rolle spielten, wie die sich intern aufteilten, sei höchstens für die Arbeitnehmer von Interesse, die weniger Geld auf die Hand bekämen. Die Organisationen der Arbeitnehmerseite schienen mit der Aufteilung leben zu können. Internationale Investoren haben mich nie darauf hin angesprochen. Bei diesen spielte die österreichische Mindesturlaubsregelung eine große Rolle. Ich erinnere mich an ein Ansiedelungsseminar mit Vertretern US-amerikanischer Klein- und Mittelbetriebe. Von den Marktmöglichkeiten war man begeistert, jedoch sagten mir mehrere Bosse, dass sie im Hinblick auf die Präjudizwirkung auf die amerikanischen Mutterbetriebe es nicht verantworten könnten, eine Niederlassung zu gründen, in welcher fünf Wochen bezahlter Mindesturlaub zu leisten wäre. In den USA seien sechs Tage bezahlter Urlaub die Regel. Die Lohnnebenkostendiskussion ist eine irreführende Nebenfront, Produktivität und Flexibilität sollten die Kernfragen in diesem Zusammenhang sein.

Erfolgsbilanzen in diesem Land sind offenbar nur bei börsennotierten Unternehmen wichtig, sonst verhält man sich lieber nach dem alten Kammerprinzip „Lerne klagen ohne zu leiden!" oder moderner „Jammere und genieße!" Als wir gegen Ende der Periode im Parlament und in Pressekonferenzen herausstellten, dass Österreichs Unternehmen noch nie in der Wirtschaftsgeschichte so günstige Rahmenbedingungen gehabt hätten wie am Ende der Regierungsperiode, in der ich mitarbeiten durfte, da wurden wir der Schönfärberei beschuldigt.

In einer stark fremdfinanzierten Wirtschaft hatten wir die niedrigsten Kreditzinsen, als exportorientiertes Land den ungehindersten Marktzutritt in der Geschichte, die Inflation war so niedrig wie Jahrzehnte nicht, die Restrukturierung monopolierter oder geschützter Wirtschaftsbereiche hatte Milliarden Schillinge an Kostenersparung gebracht (Telefon 5Mrd Schilling, Strom 3Mrd Schilling, Versicherungen 4 Mrd. Schilling), die weitestgehend steuerfreie Betriebsübergabe, eingeführt durch die letzte Steuerreform, ließ viele Nachbarn neidisch nach Österreich blicken. Ich tröstete mich immer mit dem Hinweis, dass in unserem Land man oder etwas erst populär wird, wenn die Patina der Geschichte Zustände in den Rang der guten alten Zeit erhebt. Boshaft sagte ich in vielen Versammlungen: „Wundern Sie sich nicht, wenn es von jetzt an wieder bergauf geht!"

Ich bin froh, dass meine politischen Erfahrungen mir meinen Lebensoptimismus nicht nehmen konnten und dass ich allen, die nicht bereits unheilbare Opfer des in Österreich traditionellen und organisierten Diebstahls an Lebensgefühl geworden sind, vielleicht Zeichen der Hoffnung und Beweise für eine andere Lebensphilosophie liefern konnte.

## 1.3 Die Medien und ich: eine Mesalliance par excellence!

Ich bin so erzogen worden, dass Unauffälligkeit, nicht im Mittelpunkt stehen, nur nicht Anstreifen, keine Wellen schlagen, mir als Verhaltensgrundsätze mitgegeben wurden. In der modernen Gesellschaft kommt man mit diesen Prinzipien sicher nicht weit: heute muss man danach streben, im Mittelpunkt zu stehen, jede Gelegenheit zum Auffallen nutzen und keine Konflikte zu vermeiden.

Im Laufe meiner Karriere als Wirtschaftsexperte habe ich zur Genüge miterlebt, wie wichtig der Umgang mit den Medien ist. Da sah ich Präsidenten allmorgendlich die Zeitungen durchsehen, die Zahl der Erwähnungen und Zitierungen registrieren, die Behandlung von Mitbewerbern und Gegnern kritisch würdigen und die Pressereferenten anweisen, für den nächsten Tag sicherzustellen, dass die Medienpräsenz gesichert oder weiter verbessert werden müsse. Das erste an der Morgenlektüre waren die Presseclippings, in denen die für das Haus wichtigen Themen herauskopiert und zusammengestellt wurden. Pressekonferenzen wurden intensiv vorbereitet, neben den inhaltlichen Punkten ging es immer um plakative, griffige Formulierungen, die den Aufmerksamkeitsgrad erhöhen sollten. Wer wie angegriffen werden sollte, wurde oft lang überlegt. Auch galt es immer zu berücksichtigen, dass vor allem die eigene Klientel in der Meinungsäußerung repräsentiert war. Von allem was man tat, ja sogar von allem, was man plante und überlegte, waren Presseaussendungen zu machen. Daneben gab es die Verpflichtung zur Journalistenbetreuung: sie regelmäßig anzurufen, dem einen oder der anderen Dinge im Voraus zu übermitteln, sie auf ihre letzten Kommentare lobend oder kritisch anzusprechen, regelmäßige Essen zu vereinbaren und mit Hintergrundinformationen nicht zu geizen. Wichtig waren auch die Journalistenreisen, die vor allem im Außenhandelsbereich üblich wurden. Da wurde lang überlegt, wer eingeladen wird und wohin es gehen sollte.

Ich selbst hatte nie den Drang, mich in dieser wichtigen Disziplin hervorzutun, um den Bereich rissen sich viele andere. Nach dem Schreiben vieler Leitartikel für die Wiener Handelskammerzeitung wurde mir schon in meinen ersten Berufsjahren die Leitung einer Pressestelle offeriert: ich lehnte damals mit der Begründung ab, dass mein Interesse der Sachpolitik gelte. Geschrieben und publiziert habe ich über die Jahrzehnte sehr viel: das Schreiben war für mich immer ein wichtiges Ventil um in der Öffentlichkeit Strategien zu präsentieren, Sachverhalte zu analysieren oder neue Regelungen, an denen ich mitgearbeitet hatte, zu kommentieren.

In einem Punkt hatte ich mit den Geboten der Öffentlichkeitsarbeit immer Probleme: Vertrauliches war für mich auch vertraulich. Ich habe viele Kollegen und Kolleginnen nicht gemocht, von denen man wusste, dass sie nicht „dicht" waren. Auch habe ich einen begabten Mitarbeiter meines Kabinetts sofort entfernt, als ich einen Vertrauensbruch durch Dokumentenweitergabe entdeckte. Da ich sehr oft im Zentrum wirtschaftspolitischer Entscheidungen agieren durfte, lernte ich den Wert der Schweigsamkeit von Insidern schätzen.

Aktiv bin ich selbst in meinen Expertenjahren nie auf irgendein Medium zugegangen, je weniger ich kontaktiert wurde, umso lieber war es mir. Ich brauchte zu meinem Selbstwertgefühl keine Pressezitierungen. Öffentlichkeit war mir eher unangenehm.

In Zeiten wie diesen sind derartige Grundhaltungen nun wirklich nicht die idealen Voraussetzungen für eine politische Karriere.

Was nicht in den Zeitungen steht oder worüber nicht Rundfunk und Fernsehen berichten, das finde einfach nicht statt, so belehrte mich ein wohlwollender Freund als ich das Ministeramt übernahm. Bei dem großen Verantwortungsbereich, den ich im Rahmen der Koalition abzudecken hatte, brauchte ich mich um Medienpräsenz nicht zu sorgen, dafür sorgten schon meine Gegner, die Verhandlungspartner und die jeweils betroffenen Wirtschaftskreise.

Mein medialer Einstieg war turbulent: auf mich hatte niemand getippt und meine Person war als überraschende Normierung geeignet für jede Art von Reaktionen. Ich war erstaunt über die vielen positiven Kommentare. Im ORF-Mittagsjournal las Gisela Hopfmüller einen Vorspann, bei dem ich glaubte, meinen Ohren nicht trauen zu dürfen. Einige Passagen daraus:

„Ich sitze im Feuerstuhl, wo jeder schaut, ob ich mir einen Fehler erlaube. Dieser Satz des Johann Farnleitner, gesprochen vor sechs Jahren, als er vom parlamentarischen Untersuchungsausschuss zu Misslichkeiten der Milchwirtschaft befragt wurde, hat eine neue Dimension erhalten. Denn von einer eher im Hintergrund wirkenden grauen Eminenz der Wirtschaftspolitik ist Farnleitner nun ins Rampenlicht getreten, bzw. von ÖVP-Chef, Vizekanzler Schüssel geholt worden. Warum das so überraschend gestern am Abend geschah, mag mit Wolfgang Schüssels Kenntnis der eigenen Partei zu tun haben. Als mit dem Wissen, dass interner Druck da umso stärker formiert, je länger Gelegenheit dazu ist. Und da Schüssel zuletzt seiner Partei bei der Europa-Kandidatenliste Quereinsteiger verordnet hat, die bis zur Beschlussfassung hin heftige interne Gegenwehr auslösten, vor allem von ÖAAB-Seite, wollte er wohl einen ähnlichen Disput mit dem Wirtschaftsbund und der Wirtschaftskammer vermeiden. Präsident Maderthaner hat ja bereits deutlich sein Mitspracherecht bei der Bestellung eingefordert. Trotzdem kann Schüssel die Entscheidung als allein seine beschreiben, denn er hat es nicht auf einen Konflikt mit den Wirtschaftsvertretern seiner Partei angelegt, und da lag die Entscheidung für Farnleitner dann durchaus auf der Hand. Zum einen, weil Farnleitners Schritt ins Rampenlicht spätestens seit fünf Jahren in der Luft lag, als er aussichtsreicher Kandidat für den WK-Generalsekretär war. Damals kam Günter Stummvoll zum Zug. Zum anderen, weil sich Farnleitner als politischer Lenker und Stratege und damit Stütze vieler ÖVP-Wirtschaftspolitiker bewährt hat. 32-jährige Kammererfahrung macht ihn zu einem klassischen Vertreter der Sozialpartnerschaft. Pragmatisch und hart im Verhandeln, aber handschlagfest, wenn die Lösung, der Kompromiss gefunden ist. Deshalb ist auch Farnleitner als Wirtschaftsminister ein Vertrauenssignal Minister Schüssels an den Koalitionspartner SPÖ und auch die Gewerkschafter. Und Farnleitner ist auch ein Vollprofi in allem was die EU betrifft […]. Mit Farnleitner hat Wolfgang Schüssel auch jemanden ausgesucht, der durchaus gerüstet ist, Österreich auf die Währungsunion mit allen Umstellungsproblemen einzustimmen […]. Farnleitner kennt auch das Ministerium, dem er jetzt vorstehen wird sehr genau, samt allen Schwachstellen […]!“

In der Kronenzeitung wurden mir Vorschusslorbeeren gegeben (Wirtschaftsmagazin am 22.6.1996): „Wer den neuen Wirtschaftsminister als farblosen „Kammerhengst“ etikettieren will, der kennt ihn nicht: Vom ersten Tag an präsentiert sich der erfahrene Wirtschaftspolitiker als „Turbo Hannes“, der vor Ideen und Plänen geradezu sprüht.“

Ich erspare es mir hier, die vielen negativen Einstiegsbeurteilungen zu zitieren.

Ich brauche mich in keiner Weise darüber zu beklagen, dass ich in der Folge nicht zu einem Liebkind der Medien geworden bin. Ich habe mir das selbst zuzuschreiben und das aus mehreren Gründen:

Erstens, ich verstand mich von Beginn an als „Minister of positive thinking“. In einer Medienwelt, in der „only bad news are good news“ gilt, ist es fast eine Zumutung, mit positiven Nachrichten Widerhall finden zu wollen. Wen interessierte es wirklich, wenn die Lehrlingzahlen nach Jahrzehnten des Rückganges wieder stiegen, Alarmnachrichten über schlechte Lehrlinge und mangelhafte Ausbildung sowie schlechte Lehrherren waren gefragt. Aufmerksamkeit erregt man leichter mit schlechten Prognosen, kritischen Anmerkungen und persönlichen Attacken.

Zweitens, im Bereich der Sozialpartnerschaft hatte ich gelernt, dass gute Kooperation die Gesichtswahrung der Partner erfordert und keinen Raum für persönlich

Animositäten in der Öffentlichkeit erlaubt. Von mir kam nie ein kritisches Wort über Personen, höchstens zu Sachdifferenzen. Dabei wollte man ständig von mir wissen, was ich von dem oder jenem hielte. Journalisten, die mir wohlgesonnen waren sagten mir öfter: „Mit dieser Haltung werden Sie nicht weit kommen!"

Drittens, jede politische Karriere braucht irgendwie Medienunterstützung. Nun war ich Minister geworden und hatte vom ersten Tag an erklärt, dass ich „ein Experte auf Abruf sei", der keine weitere Karriere im Sinn hätte, sondern sich mit vollem Engagement der Lösungen offener Sachfragen widmen wollte. Ich wollte an meinen Ergebnissen, nicht meinen Kommentaren über andere gemessen werden. Da ich für mich eine politische Zukunft ausschloss (auch im Hinblick auf mein Alter) war meine Zukunft die Gegenwart: alles, was ich nicht jetzt umsetzen konnte, würde ich nie mehr in Angriff nehmen können.

Viertens, da ich Lügen nicht mag, sagte ich lieber nichts als eine bewusste Unwahrheit. Bei der Abgabe von Wortspenden auf die Wahrheit Rücksicht zu nehmen, ist Luxus, den sich nur ein Unabhängiger leisten kann. Mir wurde oft gedroht: „Wenn sie dazu nichts sagen, dann werde ich einfach eine Behauptung aufstellen, auf die Sie dann reagieren müssen". Als ob es gestern gewesen wäre ist mir eine Pressekonferenz in Erinnerung, in der ich auf einen solchen Zuruf mit der Bemerkung reagierte: „Schreiben Sie was sie wollen, ich lese es sowieso nicht!" Das provozierte - meine Pressebetreuer hatten mit mir viel zu leiden.

Fünftes, als ich Minister wurde und nicht selten 20-Stundentage hatte, da beschloss ich, aus Erlebtem zu lernen und den Tag nicht mit Zeitungslektüre zu beginnen. Da ich regelmäßig gegen fünf Uhr früh aufstand, hörte ich die Morgensendungen der BBC oder anderer internationaler Sender, hörte im Auto die Frühnachrichten des ORF und vertiefte mich dann in das Studium der Unterlagen für den Tag. Die Inlandszeitungen lasen sowieso meine Mitarbeiter, ich wollte täglich Zeit zur Lektüre der „Frankfurter Allgemeinen", der Financial Times, des Wallstreet Journal, des Figaro und von El Pais. Dort fand sich weit nützlichere, breitere Hintergrundinformation. Diese meine Haltung war bekannt und schuf mir hinreichend kritische Kommentatoren.

Sechstens, Presseattacken kränkten mich nicht, umso mehr berührten sie Familie und Freunde. Dennoch habe ich persönlich kaum je einen Finger gerührt, um sie zu korrigieren. Ich fand das einfach als einen miesen Stil, den man durch Reaktionen nur aufwertete. Ich erinnere mich, dass mir Abgeordnete der FPÖ im Plenum und in Ausschüssen wiederholt vorwarfen, dass ich auf Vorwürfe der Partei in den Medien und in Presseaussendungen nicht reagiere: meine Antwort war immer: „Wenn Sie von mir etwas wollen, dann wenden Sie sich direkt an mich. Ich bin für kreatives Arbeiten, nicht aber für Kleingeplänkel zu haben!“

Siebentens, im politischen Umgang hat sich überhaupt ein Kommunikationsstil herausgebildet, den ich nicht akzeptieren wollte. Es sei an einem Beispiel demonstriert: Der Generalsekretär der Wirtschaftskammer Österreich warf mir in einem Interview in den Salzburger Nachrichten vor, auf einen Brief der WKÖ nicht geantwortet zu haben. Sofortige Recherchen im Ministerium ergaben, dass der angesprochene Brief nicht eingegangen sei. Es stellte sich dann heraus, dass der Brief noch bei Präsident Maderthaner zur Unterschrift lag. Viele Bundes- und Landespolitiker sowie Interessenorganisationen haben es sich angewöhnt, über Presseaussendungen zu kommunizieren. Die allfällige Antwort ist weit weniger wichtig als die Zitierung der Attacke oder der Forderung.

Achtens, ich habe mich oft als einen der unbezahlten Schauspieler des Fernsehens bezeichnet. Der ORF erschien mir über Jahrzehnte der fleischgewordene „Rot-Grün-Funk“, in dem mit der Wahrheit selektiv umgegangen wurde. Grundsätzlich scheint das österreichische Fernsehen nach einem ungeschriebenen Grundsatz zu agieren: die Landesstudios sind im Wesentlichen zur Bundeslandverherrlichung und auch Landeshauptmannpflege da, alles kritische Potential wird an denen im Bund entwickelt und unter Beweis gestellt. Je mehr Katastrophen sich in meinem Bereich ereigneten, umso öfter war ich in den Medien, je mehr Rücktrittsforderungen von Funktionären oder Vereinen kamen, umso intensiver war die Berichterstattung. Mit guten Nachrichten war kein Interesse zu wecken. Selbst nach der positivsten Konferenz z B. über Auslandsinvestitionen oder Gründerzahlen kamen Fragen nach Lassing, dem Tauerntunnel oder der Vignette, von denen dann auch berichtet wurde.

Neuntens, zum Ausgleich für die ungenügende Berichterstattung über positive Fakten in den Medien veranlasste ich eine moderne Berichterstattung über die Internet-Homepage des Wirtschaftsministeriums und forderte immer wieder Betriebe wie Bürger auf, sich bei uns direkt zu informieren, statt sich auf die veröffentlichte Meinung zu verlassen. Die vielen Servicestellen des Hauses wurden voll in diese Bemühungen eingebaut.

Zehntens, ich war bei vielen Interviews einfach zu offen, zu direkt und hatte diebisches Vergnügen daran, gerade das zu Antworten, was nicht erwartet wurde. Eine Lebenserfahrung bewahrheitete sich oft: was die meisten Menschen und besonders Interviewpartner nicht vertragen ist die Wahrheit. Wie groß war die Aufregung, als ich nach dem Auffahrunfall im Tauerntunnel nach meinem Rücktritt gefragt wurde und antwortete: „Wieso soll ich zurücktreten, weil ein LKW-Lenker vergessen hat, rechtzeitig zu bremsen!“ Ein anderer Fall: Eine junge und forsche Redakteurin von Radio Steiermark fragte mich nach einem Unfall auf dem Pack, ob ich nicht Schuldgefühle bei derartigen Ereignissen hätte. Meine Antwort war, dass die Autofahrer im konkreten Fall die Packautobahn mit dem A1-Ring in der Steiermark verwechselt hätten und es auch ihr besser anstünde, die Autofahrer auf die Einhaltung der Geschwindigkeitsbegrenzungen hinzuweisen statt mich in die Verantwortung zu nehmen.

Bei einem ORF-Interview in der Steiermark, in Gegenwart des Landesintendanten fragte mich die Journalistin, ob es mich störe, dass ich ein rotes Mikrophon hinein antworten sollte. Ich antwortete darauf: „Mich stört, dass es in Österreich bis jetzt nur Mikrophone des Rundfunkmonopolisten gibt!“ Geraume Zeit später begann ich eine Technologiepressekonferenz im Prater, bei der Privatradios und deutsches Privatfernsehen vertreten waren, mit der Feststellung, wie froh ich sei, endlich in mehrere konkurrierende Kameras blicken bzw. Mikrophone sprechen zu können. Das forderte heraus und hatte offenbar keine Sympathiesteigerung beim ORF zur Folge. Erst jüngst erzählte mir jemand aus dem ORF, wie oft er Beiträge über mich umarbeiten musste, weil sie zu positiv waren.

Elftens, freilich, bei meiner Grundeinstellung durfte ich mich nicht wundern, dass ich nicht zum Liebkind der Medien wurde. Ich redete auch oft zu viel, verpackte zu viele Botschaften und war vor allem an der Zukunft interessiert. Radakteur Hann von Standard sagte mir dazu über ein Jahr nach meinem Ausscheiden aus der Politik: „Sie waren ihre Zeit immer um zwei Jahre voraus und selbst das, was Sie zur Gegenwart sagte, haben wir oft nicht recht verstanden!“

Hochachtung habe sich bei mir über Jahrzehnt Fachjournalisten erworben, auf welchem Fachgebiet auch immer: hier war jedes Gespräch ein Vergnügen und eine Herausforderung. Es gab sie: Mitglieder der schreibenden Zunft, die mein Vorurteil, dass zu viele von nichts ein Ahnung, aber zu allem eine vorgefasste Meinung haben, nicht generell stimmte. Anerkennung muss ich meinen Pressereferenten im Kabinett zollen: Verena Nowotny, die „News“ verließ um mich zu betreuen, die mich trotz aller meiner Schwierigkeit gut vermarktete und in Lassing ein karriereprägendes Berufserlebnis hatte. Weiters Christine Sabaditsch, die die Aufgabe ihrer Vorgängerin tapfer fortführte und im Tauerntunnelbrand ihre mediale Befähigungsprüfung erfuhr und schließlich Herr Hoyer aus der Presseabteilung des Hauses, der mich durch die letzten Wochen meiner Tätigkeit begleitete.

## 1.4 Politik lehrt (anders) beten!

Ich bin mit Beten aufgewachsen. Zu meinen ersten und liebsten Erinnerungen zählt das Abendgebet mit der Mutter. Mein Vater war noch im Krieg und meine Schwester und ich schliefen mit der Mutter im doppelten Ehebett. Jeden Abend kam diese zu uns ans Bett, sprach mit uns ein Schutzengelgebet und küsste uns. Das war immer ein seliges Einschlafen. Auch zu einem Morgengebet wurden wir angehalten. Ich kann es noch immer: „O Gott, Du hast in dieser Nacht, so väterlich für uns gewacht. Bewahre mich an diesem Tag vor Sünde, Tod und jeder Plag!“ Bald hatten wir auch ein selbständiges Abendgebet gelernt: „Bevor ich mich zur Ruh begeb, zu Dir, o Gott, mein Herz ich heb und sage Dank für jede Gabe, die ich von Dir empfangen habe! Die Eltern auch empfehl ich Dir, behüt, o lieber Gott, sie mir. Vergilt oh Herr, weil ich nicht kann, das Gute das sie mir getan. Amen! „Viel und oft wurde bei uns in der Kirche gebetet, flehend für Kriegsopfer und die Beseitigung der Kriegsfolgen, um hinreichenden und rechtzeitigen Regen, jubelnd und betrachtend bei den Maiandachten, deren melodiöse Lieder mir heute noch in den Ohren klingen. Nicht zu vergessen die vielen „Engel des Herrn“ beim morgen- und abendlichen Gebetläuten der Kirchenglocke. Auch in der Volksschule wurde gebetet. Besonders andächtiges Beten wurde bei der Benotung berücksichtigt oder mit so genannten „Fleißbildchen“, die dann ins Gebetbuch eingelegt wurden, belohnt. In der Hauptschule im Alter von 10 Jahren fragte der Kapuzinerpater Robert uns immer, ob wir auch unseren täglichen Rosenkranz beten würden: wer da mit einem offenen Ja antwortete hatte seinen Einser im Zeugnis sicher. Wer die beruhigende und bereichernde Wirkung des Betens als Kind gelernt hat, der bleibt auch in den Wechselfällen des Erwachsenenlebens dabei, bei mir war es jedenfalls so. Auch das Gebet im Familienkreis wurde gepflegt, vor allem das Beten vor und nach dem Essen gehörte und gehört bei uns zum festen Brauch. Viel hat mir auch das Beten im Freundeskreis gegeben, insbesondere im Rahmen der nationalen und internationalen Männerbewegung. In vielen Kirchen weltweit habe ich gemeinsame „Vater unser“ erlebt, die jeder in seiner Sprache betete: durch das einander an den Händen halten wurden wir eine große Familie. Ganz besonders beeindruckt hat mich das freie Beten meiner Freunde in Afrika.

Aber wie betet man im Stress der Politik? In der Politik lässt es sich relativ angenehm nur dann leben, wenn man von vorneherein bereit ist, den Erwartungen von Wählern, Institutionen und der Medien gerecht zu werden. Das bedeutet beim Wähler, diesem ständig auf den Mund zu schauen, die vermuteten Feindbilder zu pflegen, die Redeweise anzupassen und den Erwartungen gemäß zu agieren und Hilfe und Förderungen in allen Lebenslagen zu versprechen. Institutionen erwarten von ihren aktiven oder wie in meinem Fall von gewesenen Mitarbeitern, dass sie als verlängerter Arm konsequent agieren und das berühmte Gemeinwohl im Sinne von Verbandswohl verstehen. Schließlich sind Medien zu bedienen: Mit Sagern aller Art, Indiskretionen, selektiven Neuigkeiten und plakativen Herabsetzungen von Gegnern und noch besser von Parteifreunden; bestimmte Redakteure zu forcieren und ein möglichst buntes Privatleben zum Füllen der Gesellschaftsspalten soll angeboten werden. Öffentliches Entertainment ist angesagt. Es gelten andere als die in einfacher Erziehung am Land angelernten Verhaltensmuster: Versprechungen können nie zu viel sein, für die Nichterfüllung sind die politischen Gegner verantwortlich zu machen, nie aber eigenes Versagen, politische Widersacher verdienen nicht Achtung oder gar Freundschaft, sie sind jeder Hinterhältigkeit wert. Eigeninteresse darf nicht zu kurz kommen („ein Ross, das an der Krippe steht und nicht frisst, ist krank!") und Sachprobleme sollen nicht so dargestellt werden wie sie sind, sondern wie sie der Wähler zum eigenen Vorteil verstanden sehen will. Die Wahrheit ist zu oft viel zu brutal, die gekonnte Umschreibung oder Ablenkung ist gefragt, auch die Lüge soll ein oft gegangener Umweg zur Wahrheit sein.

Wer in führenden Positionen diese Maximen nicht achtet, wird rascher als er es glaubt, zum Reibebaum vieler: zeigt er sich nicht biegsam und geschmeidig, so reiben sich immer mehr Politiker, Medienleute und Wähler an ihm. Wer da glaubt, ein „grader Michel" bleiben zu können, der irrt gewaltig und ist an seiner Opferrolle selber schuld.

Ich habe in meiner Karriere jahrzehntelang als katholischer Laie im Rahmen der Katholischen Sozialakademie, der Katholischen Männerbewegung, der Katholischen Aktion und der Weltmännerbewegung UNUM OMNES Vorträge zum Thema „Christ und Politik" gehalten. Meine zentralen Thesen waren immer, dass christliche Politiker an ihrem Verhalten danach messbar sein müssten, ob sie christliche Werte und Tugenden beachten und ihre gesellschaftliche Anerkennung verfolgen, ob die Einhaltung der zehn Gebote an ihrem persönlichen Leben nachvollziehbar ist, ob sie die Prinzipien der Katholischen Soziallehre ernsthaft bei ihren Entscheidungen ins Kalkül ziehen, die weltweite Dimension christlicher Geschwisterlichkeit beachten und auch in gehobener Funktion mit den Entscheidungsträgern ihrer und anderer Glaubensgemeinschaften Kontakt suchen und halten. Meine Vorträge beeindruckten, ich war weltweit gefragt.

Nun erhielt ich mit der Angelobung zum Wirtschaftsminister mit einem großen Verantwortungsbereich eine Fülle von Aufgaben, die mich täglich, ja stündlich auf den Prüfstand stellten. Von meinen Prinzipien und meinem Verhalten war ich vom ersten Tag an für Wähler, Institutionen und Medien ein schwieriger Partner, der rasch und oft zum roten Tuch wurde: Vertrauliches war bei mir vertraulich, politische Gegner wurden nie persönlich oder unsachlich angegriffen, ich wollte die Wahrheit oder meine Sicht der Dinge offen sagen, ob gelegen oder ungelegen, das Gemeinwohl war meine wichtigste Richtschnur und mein Privatleben ging niemand etwas an.

Wie viele Ratschläge von guten Freunden und wohlmeinenden Experten wurden mir gegeben: sei nicht so offen und ehrlich, sei weniger stur und rechthaberisch, nimm auf die vielen Empfindlichkeiten Rücksicht und bedenke, dass sogar die Jesuiten die Lüge als einen Weg zur Wahrheit bezeichnet hätten! Frage keine kirchlichen Entscheidungsträger um Rat, die sind mit Sachproblemen überfordert und mit frommen Sprüchen ist Dir nicht geholfen!

Ich war nun einmal durch jahrzehntelanges Arbeiten in bestimmten Milieus prinzipiell und sachpolitisch geprägt – ich wollte und konnte mich nicht anpassen oder grundsätzlich verändern, ich hätte mein ganzes bisheriges Sein und Tun verleugnet, meine Identität verloren. Dieses Verhalten erforderte und führte zu Mut zum Unpopulären, Bereitschaft zum Konflikt, auch mit dem eigenen Lager und die Übernahme der (undankbaren und nicht immer angenehmen) Reibebaumfunktion. Mich überraschten die vielen negativen Reaktionen von Personen, Institutionen und politischen Mitstreitern nicht, meine Familie, meine alten Freunde und meine MitarbeiterInnen waren viel empfindlicher, verletzlicher.

Aber ich wusste, was ich wollte, nämlich möglichst viele Reformen im Interesse des Gemeinwohles umsetzen. „Verantwortung verpflichtet, auch wenn sie einen hohen Preis fordert!“ Das war mein Motto, welches ich mir immer wieder in Erinnerung rief, wenn Gemütlichkeit und Bequemlichkeit nach Verhaltenskorrektur riefen.

Der breite Rücken und die Steherqualität, die man mir nachsagte, hielten vieles aus, weil Beten und Meditieren in den neuen Lebensumständen mir viel Kraft gaben. Freilich ein anderes Beten als früher. Von meinem verehrten Lehrer Professor Pater Riener hatte ich in der Katholischen Sozialakademie den Satz gelernt: „Nemo ultra posse tenetur!“: Niemand wird über sein Vermögen gefordert. Das sagte sich leicht und angesichts meiner täglichen Herausforderungen national und international schien es frivol zu sein daran zu glauben. Doch ich begann, in jedem Morgengebet (meist gegen 5 Uhr früh oder sogar früher) meinen Schöpfer zu bitten, mich an diesem Tag nicht über Gebühr zu fordern. Meine tägliche Motivationsformel lautete sinngemäß: „Herrgott, ich danke Dir für diesen neuen Tag und die vielen Herausforderungen, die er mir bringen wird Ich nehme sie gerne an und werde mich nach Kräften bemühen, aber bitte überfordere mich nicht!“ Von Marie von Ebner-Eschenbach hatte ich einmal ein Gebet gelesen, das ungefähr lautete: „Mein Gott, wenn Du mich am Ende meiner Tage nicht als Sieger siehst, so sollst Du wenigstens feststellen, dass ich mich bemüht habe!“ Dieser Satz wurde ein Standardgedanke meiner täglichen Abendmeditation.

Besonders litt ich anfänglich an den offenen und versteckten Anfeindungen und Boshaftigkeiten im Parlament, im Nationalrat wie im Bundesrat. Oft suchte ich vor den Sitzungen die Stille von Kirchen, um mich in Kurzmeditationen einzustellen. Dabei stieß ich im Gebetbuch „Gotteslob“ auf Seite 71 auf ein aus Frankreich stammendes Gebet, welches mich faszinierte und nicht mehr los ließ:

„Herr, mach mich zu einem Werkzeug Deines Friedens,
dass ich liebe, wo man hasst,
dass ich verzeihe, wo man beleidigt,
dass ich verbinde, wo Streit ist,
dass ich die Wahrheit sage, wo Irrtum ist,
dass ich Glauben bringe, wo Zweifel droht,
dass ich Licht entzünde, wo Finsternis regiert,
dass ich Freude bringe, wo der Kummer wohnt.
Herr, lass mich trachten,
nicht dass ich getröstet werde, sondern dass ich tröste,
nicht dass ich verstanden werde, sondern verstehe,
nicht dass ich geliebt werde, sondern dass ich liebe.
Denn wer sich hingibt, der empfängt,
wer sich selbst vergisst, der findet,
wer verzeiht, dem wird verziehen
und wer stirbt, der erwacht zum ewigen Leben.“

Dieses Gebet prägte ich mir ein, es half mir oft und spürbar.

Politik hat mich eine andere Art von Beten gelehrt. Dass ich mich auf Sitzungen und Termine fachlich gut vorbereitete war selbstverständlich. Die mentale, seelische Vorbereitung hat mich besonders fit gemacht. Oft genug wurde ich ja gefragt, wie ich denn das alles aushalte.

Auf ein für mich im weiteren Sinn hilfreiches Gebet möchte ich noch hinweisen. Schon in meiner Kindheit wurden wir von den Seelsorgern zum Rosenkranzgebet ermuntert, zum Mittun bei dem damals anlaufenden „Rosenkranzsühnekreuzzug“

angehalten (heute würde man „gepresst“ sagen). Ich hatte zu diesem Gebet nie ein besonderes Naheverhältnis: als Vorbeter in unserer Pfarrgemeinde in Jugendtagen bin ich dem Rosenkranz nach Möglichkeit ausgewichen. Aber ein neues Verhältnis erhielt ich bei den vielen und langen Überlandsflügen. Da ich nach diesen regelmäßig sofort mit dem Arbeitsprogramm begann, musste ich die Flüge zum Schlafen nützen. Trotz erster Klasse war dies nicht einfach. Ich versuchte es einige Male mit Schlafmitteln, doch störte mich das nächsttägige Kopfweh. Also versuchte ich es mit alten bäuerlichen Hausmitteln wie Schäfchenzählen, allerdings mit geringem Erfolg. Da fiel mir einmal das Geheimrezept meiner Großmutter mütterlicherseits ein, die immer über Schlaflosigkeit klagte, bis sie das Rosenkranzbeten als Einschlafhilfe entdeckte. Ich probierte es auch, und es wirkte regelmäßig ziemlich schnell. Meine MitarbeiterInnen wunderten sich oft über meine Munterkeit nach Nachtflügen und schrieben diese wohl dem Komfort der ersten Klasse zu, zumindest bis sie viele andere übernächtige Personen aus diesem Bereich sahen. Mein Rezept war und blieb: ein ruhiges Gewissen und ein beruhigendes Gebet! So brauchte ich nie wieder ein Schlafmittel. Keinesfalls habe ich gut geschlafen, weil mir einschläfernde Unterlagen geliefert wurden. Die von meinem Haus gelieferten Unterlagen waren exzellent und eher Muntermacher.

## 1.5 Förderwahn und Förderfalle

Als wir in der damaligen Bundeswirtschaftskammer einen Überblick über die Förderungen in Österreich verschaffen und diese auch den Mitgliedern transparent machen wollten, da erlebten wir ein kleines Wunder: die zuständige Abteilung zählte rund 450 verschiedene Aktionen, deren Publikation zwei Bände füllte. Grund genug, sich über Förderungen ein wenig den Kopf zu zerbrechen. Was sollte grundsätzlich dagegen einzuwenden sein, dass der Souverän, auf welcher Ebene auch immer (Bund, Länder, Gemeinden, Interessenverbände), den Staatsbürgern bzw. Mitgliedern für gewünschtes Verhalten geldliche Zuwendungen in Aussicht stellt, wenn damit deren Verhalten als Unternehmer, Arbeitnehmer oder Konsument in die für ökonomisch oder sozial richtig gehaltene Richtung gelenkt wird Anstelle einer Kommandowirtschaft, wie dies noch in den alten Marktordnungen der Fall war, trat eine Incentivewirtschaft. Nur wurde die Summe der Incentives immer größer, weil jeder neuen Herausforderung und auch sehr vielen Forderungen mit Förderzusagen begegnet wurde. Selten liefen alte Förderungen aus und die Innovationslust für neue Maßnahmen schien parteiübergreifend zu sein. Das alles war noch verständlich in einer Zeit, in der die meisten Unternehmen unterfinanziert waren und der Ruf nach Subventionen zum Überleben oder zur Verbesserung der Einkommenssituation zweckmäßig schien.

Die Förderungswirtschaft entwickelte ihre eigene Bürokratie, die zueinander etwa bei Regionalförderungen in einen edlen Wettstreit trat. Bald gewöhnte sich jedermann an diese Situation:

Die Politik, weil sie ein populäres Steuerungsinstrument hatte, welches viel Raum für finanziellen Spielraum und Dankbarkeit seitens der Betroffenen schuf. Die Abschaffung von Regelungen und Institutionen, die Fördermaßnahmen schufen oder verwalten, zählt zu den heiligen Kühen Österreichs. In einem Land, in dem der Begriff des wohlerworbenen Rechtes über allem zu stehen scheint, ist es schwer begreiflich zu machen, dass vieles was wohlerworben scheint, nur das Ergebnis leichtfertiger politischer Versprechen war.

In einem Staat, in dem die Steuer- und Umverteilungquote zu hoch erschien, wäre es eine logische Konsequenz, Förderungen drastisch zu reduzieren und damit Raum für Steuer- und Beitragssenkungen zu schaffen. Selbst wir in der Bundeswirtschaftskammer führten im Außenhandel in den Siebzigerjahren ständig neue Förderungen ein, nur um eine Senkung der Beiträge zu vermeiden. Als wir dann in der Ära Maderthaner begannen, diese Förderungen erheblich zu reduzieren, da ging ein Aufschrei durch die Landschaft. Ich habe in Wort und Schrift immer wieder versucht, den Förderwahnsinn anzuprangern. Es müsse doch einsichtig sein, dass als Förderung (sieht man vom Geschenk der ERP-Fondsmittel ab) nur verteilt werden konnte, was vorher als Steuer eingehoben wurde. Wer redete schon vom bürokratischen Aufwand der Entscheidungsgremien, vom boomenden Markt der Beurteilungs- und Beratungsunternehmen. Gerade in einer Zeit, in der sich die meisten Staatsbürger für klüger erachten als die, die sie regieren oder verwalten, wäre doch ein Eingrenzung der Spielwiesen in diesem Bereich nur konsequent. Aber weit gefehlt: es wird zwar von Rationalisierung der Abwicklung (Konzentration) immer wieder gesprochen, doch Revolutionäres ist nicht passiert. Ich bin oft auf lautes Murren meiner Zuhörerschaft gestoßen, wenn ich provozierend sagte, die beste Förderung sei keine Förderung, sondern die richtige, marktentsprechende Entscheidung der Betroffenen. Bestimmte Förderungen wie die der Forschung und die vorübergehende Motivierung zu Verhaltensänderungen in Umstellungsprozessen fanden immer meine Unterstützung, aber an anderen Beispielen erfuhr ich, wie trotz Incentives zu wenig passierte. Ich erinnere an den Mühlenbereich, wo Stilllegungsaktionen über lange Perioden wenig Effekt zeigten, an Agrarförderungen, welche zuerst die Trockenlegung und dann die Renaturalisierung förderten.

Gleich nach meinem Eintritt in die Bundesregierung trat ich in einem Interview kräftig ins Fettnäpfchen. Ich sprach von der Förderfalle EU. Ich war ja bei den abschließenden Beitrittsverhandlungen mit dabei gewesen, als die österreichischen Teilnehmer den Rütlischwur leisteten, keinen Förderschilling in Brüssel liegen zu lassen, und daher alle Brüsseler Programme national kofinanziert werden würden. Nun argumentiere ich, dass ein Nettozahler eher auf eine Reduktion des Förderparadieses in der EU dringen müsse als auf eine Optimierung der Partizipation. Denn zuerst müssten die Fördertöpfe der EU dotiert werden, um dann Fördergeld zurückzubekommen müsse national neues Geld in die Hand genommen werden. Das bezeichnete ich als Förderfalle. In einer Vorbesprechung zum Ministerrat wies mich Bundeskanzler Vranitzky auf die Gefährlichkeit meines Arguments, gerade angesichts der bevorstehenden Wahlen zum Europaparlament hin. Auch die Staatssekretärin Ederer äußerte ihre nachhaltige Missbilligung.

Als Mitglied der Bundesregierung war ich auch auf der Verteilerliste der in Niederösterreich jeweils beschlossenen individuellen Förderungen. Seither weiß ich an unzähligen Beispielsfällen, dass Föderalismus auch eine Förderseite hat, die nur schwer zu korrigieren ist. Vielleicht nur dadurch, dass die verteilten Fördergelder auf Landessteuern basieren sollten. Sonst bleibt es bei dem Zustand, den ich immer wieder mit „Bund zahlt, Land prahlt" umschrieben habe.

Verwaltungsreform ohne Förderreform scheint mir undenkbar. Ich habe im Wirtschaftsministerium versucht, statt Förderungen rechtliches und marktmäßiges Empowerment (Ertüchtigung zum Wettbewerb) durch Veränderung der Rahmenbedingungen zu vertreten und soweit als möglich umzusetzen. Populärer wäre es gewesen, nicht alle externen Subventionsansuchen (vom Pokal bis zu unzähligen Veranstaltungsbeiträgen) abzulehnen bzw. restriktiv oder nur als einmalige Starthilfe zu gewähren. Förderungen schaffen mehr Dankbarkeit als faire Rahmenbedingungen und niedrigere Steuerlast.

Aus meiner eigenen beruflichen Erfahrung in der FGG (Finanzierungsgarantiegesellschaft) kannte ich die Zweckmäßigkeit von staatlichen Haftungen und Garantien. Daher setzte ich im Bereich der Mittelstandspolitik eine erhebliche Aufstockung der öffentlichen Haftungsrahmen durch. 1998 wurde durch eine Novelle des KMU-Förderungsgesetzes der Haftungsrahmen der BÜRGES von 7 auf 10,5 Milliarden Schilling erhöht, die ÖHT (Österreichische Hotel- und Tourismusbank) erhielt einen Haftungsrahmen von 3,5 Milliarden Schilling eingeräumt. Ich werde noch heute von den Nutznießern dieser Maßnahmen dankbar angesprochen.

Die eurobedingte neue Budgetdisziplin auf allen Ebenen ist das Ärgste, was Durchschnittspolitikern passieren konnte: sie mussten ihre Versprechungen der neuen Finanzdisziplin anpassen. Wer aber nicht mehr freigiebig mit Förderversprechen agieren kann, wer bei großzugigen Zusagen mit einer EU-Kürzung rechnen muss, der kann nur frustriert sein. Schließlich wird halt an Stelle von Förderungen mit Ängsten und Befürchtungen gearbeitet, die sind sowieso bei den Medien interessanter. Die politische Auseinandersetzung bekam eine neue, nicht gerade aufbauende, pessimismus- und depressionsfördernde Dimension!

KAPITEL 2

# Kämmerer, Sozialpartner, Katholik: Punzierungen können irreführen!

## 2.1 Einmal Sozialpartner, immer Sozialpartner!

Mein berufliches Leben war ein ständiges Werken im Bereich der Sozialpartnerschaft. Die Vorbereitung hiefür waren die ersten Monate meiner Arbeit in der Wissenschaftlichen Abteilung der Bundeswirtschaftskammer, die damals im obersten Stockwerk des Opernringhofes untergebracht war. Die ersten beiden größeren Arbeiten waren eine Studie über den Streikfonds des Österreichischen Gewerkschaftsbundes: aus diesem Anlass hatte ich alle Jahresberichte dieser Organisation durchzuarbeiten. Der nächste Auftrag war, sämtliche Broschüren der Schriftenreihe des ÖGB zu studieren und zu jeder eine kritische Kurzfassung für den Unternehmergebrauch zu verfertigen. Aus eigenem Antrieb schrieb ich für die Zeitschrift „Der Unternehmer“ eine Darstellung der möglichen Reaktionen von Unternehmern auf die gewerkschaftliche Lohnpolitik, die damals von der kurz „Benya-Formel“ bezeichneten Strategie gekennzeichnet war, wonach als Leitlinie des Verhandelns mit der Arbeitgeberseite die Abgeltung der Inflation und eine Produktivitätssteigerung vorgegeben wurden. Durch die Involvierung der Arbeitnehmerseite auch in die Preisverhandlungen der Amtlichen Preiskommission wie vor allem des Preisunterausschusses der Paritätischen Kommission konnte diese die erforderlichen betriebswirtschaftlichen Informationen relativ einfach erhalten. Da die strategische Vorgabe des Präsidiums der Bundeswirtschaftskammer war, die wirtschaftspolitische wie die finanzielle Position der Arbeitgeberseite bei den Lohnverhandlungen zu stärken – es gab damals auch konkrete Pläne für einen Streikfonds der Arbeitgeber – schrieb ich auch eine sehr kritische Würdigung der Preiskontrolle der Sozialpartner: diese gäbe den Arbeitnehmern außerordentlichen betriebswirtschaftlichen Einfluss von außen, störe den marktwirtschaftlichen Prozess und begünstige, besser bedeute ein System österreichweiter Kartellierung von Preisen. Die Arbeiten fielen der Kammerführung auf und ich wurde zunächst teilweise, dann gänzlich der wirtschaftspolitischen Abteilung mit der Sonderaufgabe der Mitwirkung im PreisunterAusschuss zugeordnet. Schrittweise wuchs ich in fast alle Ebenen der sozialpartnerschaftlichen Mitbestimmung hinein: Preisunterausschuss (Vorsitz), Mitarbeit in der Präsidentenbesprechung vor den Sitzungen der Paritätischen Kommission, Teilnahme an den monatlichen Sitzungen der Paritätischen Kommission im Bundeskanzleramt, Übernahme von Funktionen in den Agrarfonds und in diversen Beiräten und Kommissionen und Vorsitz im Paritätischen Ausschuss für Kartellangelegenheiten, der über Jahrzehnte de facto das österreichische Kartellamt war. Sehr spät erst kam ich in die Kreise des Beirates für Wirtschafts- und Sozialfragen: es herrschte in allen Organisationen ein reger interner Wettbewerb um Präsenz in dieser angesehenen Einrichtung. Schließlich gab es noch den Bereich der Gesetzesbegutachtungen, deren Ergebnisse in vielen Ressorts wieder sozialpartnerschaftlich aufgearbeitet wurden, wozu ich regelmäßig delegiert wurde. Besonders intensiv war die wirtschaftspolitische Mitbestimmung der Sozialpartner in den langen Jahren der Tätigkeit von Handelsminister Staribacher, welcher das Prinzip vertrat, dass er erst dann eine Entscheidung treffen werde, wenn die Sozialpartner sich geeinigt hätten. Das gab jede Menge Verhandlungsdruck, vermittelte aber allen Beteiligten sowie in der Öffentlichkeit den Eindruck der großen Bedeutung der Sozialpartner. Auch ich fand, dass diese Tätigkeit im zweiten Blutkreislauf der Republik so spannend und wichtig war, dass ich nie Lust verspürte, mich parteipolitisch stärker zu engagieren und eine politische Karriere anzustreben. Ich war ja in einem politischen Machtkartell an entscheidender Stelle tätig, wozu dann noch das Rampenlicht der Öffentlichkeit suchen? Im Laufe der Jahre wurde ich vom Praktiker der Sozialpartnerschaft zu einem ihrer Theoretiker, der sich immer mehr auch mit den grundsätzlichen Fragen beschäftigte. So konnte ich entscheidend an vier Sozialpartnerabkommen mitwirken: am Protokoll 1971 (wesentlicher Inhalt: Anwendung der amtlichen Preisregelung im Falle von Preiserhöhungen, die von den Unternehmen nicht der Paritätischen Kommission vorgelegt wurden), am Abkommen 1972 (weitere Festlegung einer strafferen preispolitischen Disziplin), am Stabilisierungsabkommen Sallinger-Benya 1972 (insbesondere preispolitische Festlegungen im Hinblick auf die Einführung der Mehrwertsteuer, lohnpolitische Festlegungen wie Einhaltung der Laufzeiten der Kollektivverträge, keine außerordentlichen innerbetrieblichen Lohnbewegungen, Kontrolle der Weitergabe von Zoll- und Ausgleichsteuersenkungen, Appelle an Bund, Länder und Gemeinden zur Unterlassung von Gebühren- und Tariferhöhungen sowie an die Notenbank zur Unterlassung stabilitätswidriger Kreditexpansion), und am Abkommen 1992, welches das Kriterium der internationalen Wettbewerbsfähigkeit der österreichischen Wirtschaft zum neuen gemeinsamen Ziel der Sozialpartnerschaft machte, die Preiskontrolle weitestgehend zurücknahm und die Arbeit der Paritätischen Kommission neu definierte.

Als Propagandist der Sozialpartnerschaft war ich weltweit unterwegs: das österreichische System erweckte damals weltweit Interesse, Bewunderung und Neid, war aber mangels historischer und institutioneller Voraussetzungen nicht oder kaum kopierbar. Freilich konnte auch anderswo das Konsensprinzip zwischen Arbeitgebern und Arbeitnehmern versucht werden, doch meistens wollten sich weder die Verbände sich in Verantwortungskorsetts zwingen lassen, noch wollten die politischen Systeme den Verbänden Machtpositionen wie in unserem Land einräumen.

Im Laufe der Jahre war die innerösterreichische Kritik an der Sozialpartnerschaft ständig gestiegen, obwohl die Akzeptanz in der öffentlichen Meinung ungebrochen hoch blieb. Da gab es zunächst die innerparteiliche Kritik in den beiden damaligen Großparteien: in der ÖVP fühlte sich vor allem die Arbeitnehmerseite, konkret der ÖAAB, im System unterrepräsentiert. In der SPÖ fragten sich viele, warum man sich im gesellschaftspolitischen Elan in Wirtschaftsfragen (Mitbestimmung) von den Sozialpartnern bremsen lassen sollte. Für die FPÖ war die Sozialpartnerschaft immer ein rotes Tuch. Heftig war auch die Kritik von Verfassungsjuristen, allen voran Prof. Klecatzky, denen die rechtlich nicht geregelte Tätigkeit der Verbände ein ständiger Dorn im Auge war. Weiters fühlten sich „neue“ Gruppierungen wie Umwelt- und Konsumentenschützer und Seniorenorganisationen in den traditionellen Verbänden und in diversen Institutionen nicht repräsentiert. Auch viele neue Unternehmer hatten die Überbetreuung durch Verbände statt. Dazu ein Beispiel: Mir erzählte einmal ein Unternehmer, dass die Kammer im Befähigungsprüfungsverfahren bei einer Bezirkshauptmannschaft seine Gewerbeanmeldung zunächst lange Zeit bekämpft habe, er dann vor der Ausfolgung der Gewerbeberechtigung die Einverleibungsgebühr bei der Kammerorganisation hätte bezahlen müssen, dann auf die nötige lokale Preisdisziplin im Rahmen des ortsüblichen Preises von der Kammer hingewiesen worden sei und jetzt auch noch seine Preise von den Sozialpartnern genehmigen lassen müsse, widrigenfalls ihm diese ein amtliche Preisregelung androhe: wo bleibe da freies Unternehmertum und eine funktionierende Marktwirtschaft?

Am „gefährlichsten“ war jedoch die demokratiepolitische Kritik: immer mehr Abgeordnete waren nicht mehr bereit, in wichtigen gesellschafts- und wirtschaftspolitischen Fragen auf den Konsens der Sozialpartner zu warten und darüber hinaus immer wieder auf das Expertenwissen der Verbände angewiesen zu sein. Der Aufbau parlamentarischer Expertenstäbe begann, und damit eine entscheidende Verlagerung im Gefüge der traditionellen Machtebenen.

Bei jeder OECD-Länderprüfung gab es das gleiche Ritual: am Beginn erhebliche Kritik am überregulierten, zu wenig marktwirtschaftlichen System Österreichs, am Schluss, fast contre coeur ein Lob der sozialpartnerschaftlichen Disziplin.

Die entscheidende Herausforderung der Sozialpartnerschaft kam aber aus dem internationalen Bereich: Internationalisierung (wie die Globalisierung bei uns ursprünglich hieß) und die europäische Integration. In einem immer offener werdenden System, bei dem die wesentlichen Rahmenbedingungen auf anderen Ebenen festgelegt werden, war ein grundlegendes Umdenken erforderlich. Dieses fand vor allem im Zuge des EWR- und des EWG-Beitrittsprozesses statt. Wenn im Rahmen des Europäischen Wirtschaftsraumes über 1000 EWG-Regulative unverändert zu übernehmen waren, wo blieb da die Mitgestaltungsmöglichkeit? Geblieben war lediglich die Verzögerungsmöglichkeit bei der Umsetzung. Die Mitbestimmung an der Quelle wurde als notwendig angesehen: von daher kam eine starke Unterstützung des Beitritts. Zur Erörterung der internationalen Fragen gründeten wir einen Internationalen Ausschuss der Sozialpartner, der zumindest einige Jahre sehr aktiv war und eine Aufwärmestube für internationales Denken und Engagement wurde. Den Sozialpartnern war klar, dass mit einem EWG-Beitritt das alte System in wesentlichen Bereichen obsolet war: die agrarischen Fonds verschwanden, die Kartellpolitik kam zu einem jähen Ende, fast über Nacht lösten sich die rund 100 Preis- und Quotenkartelle auf, die Preisbestimmung im Rahmen der Paritätischen Kommission wurde überflüssig, der Markt bestimmte die Preise.

Es war für mich eine faszinierende Zeit: ich hatte die Blütezeit eines Systems miterlebt, nun konnte ich auch am Wandel entscheidend mitgestalten. Es ging darum, die künftigen Schwerpunkte der Zusammenarbeit zu definieren: von den traditionellen Einflussbereichen blieb jedenfalls die Einkommenspolitik, freilich ohne die traditionelle Weiterwälzungskontrolle der Lohnkosten über Preiskontrolle. Wichtiger denn je wurde die gemeinsame Arbeit im Bereich der Humankapitalentwicklung: die Zusammenarbeit im Bereich der Berufsausbildung und Berufsweiterbildung wurde wichtiger denn je: Mit einer Sozialpartnerempfehlung im Rahmen einer Beiratsstudie wurden die Fachhochschulen in Österreich Realität. Auch das Feld der Konsumenteninformation und -betreuung wurde wichtiger: der Verein für Konsumenteninformation erwies sich als gemeinsame Ebene der Sozialpartner als geeignete Zukunftsplattform. Durch die Nominierung von Vertretern im Wirtschafts- und Sozialausschuss ergab sich eine in ihrer Bedeutung bis heute unterschätzte Mitgestaltungsmöglichkeit der EU-Regeln.

Ich wurde immer wieder gefragt, warum die Zusammenarbeit der Sozialpartner über lange Jahre so gut funktioniert habe. Gemeinhin wurde argumentiert, dass starke Präsidenten wie Böhm und Raab, Sallinger und Benya das System geprägt und getragen hätten. Mir ist diese Formel aus meiner Erfahrung zu einfach: ich formulierte immer eher in der Richtung, dass die Arbeit der Sozialpartnertechnokratie die Präsidenten sehr stark werden ließ. Dazu trug aber auch der Arbeitsstil der Herren Präsidenten wesentlich bei. Die Partnerschaft ließ zunächst ein Heer von Experten tätig werden, welches jenseits der ideellen Gräben die Sachfragen zu klären sowie die Konfliktzonen und Kompromissoptionen darzustellen hatte. Dann wurden die Generalsekretäre aktiv und versuchten einen möglichst breiten Konsens herbeizuführen. Erst am Ende des Prozesses oder bei Stocken der Bemühungen zwischendurch wurden die Präsidenten eingeschaltet. Sie erhielten dafür sehr präzise komprimierte Sachverhaltsdarstellungen und Lösungsvorschläge. Bei uns im Haus galt die Regel: Wehe, wenn der Vermerk an den Präsidenten länger als drei Seiten umfasst, am besten seien eineinhalb Seiten. Diese mussten auch neutral formuliert sein, da die Präsidenten und Generalsekretäre die Vermerke oft einfach austauschten. Da durfte Gefühlen und persönlichen Vorurteilen nicht Raum gegeben werden. Mit der neuen Präsidentengeneration trat nach meiner Erfahrung ein grundlegender Wandel ein. Plötzlich hieß es, „alle Macht den gewählten Funktionären", die Zeit der starken Generalsekretäre sei vorbei, die Technokraten gehören an die Zügel. Jetzt trafen sich die Präsidenten nicht am Anfang und Ende eines Prozesses, sie nahmen die Dinge selbst in die Hand, gingen sogar zu den Sitzungen in die Ministerien. Die Experten erhielten immer weniger Verhandlungsspielraum, ja wurden immer öfter gar nicht mehr beigezogen.

Ich erinnere mich an Sitzungen zu neuen Lehrberufen und zur Arbeitsmarktpolitik im NAP (Nationaler Aktionsplan für Beschäftigung), zu denen die Sozialpartner geladen waren: es redeten oder schwiegen nur die Präsidenten, teilnehmende Experten waren Staffage. Ich bin der Überzeugung, dass die Arbeitsverlagerung nach oben dem System insgesamt geschadet hat.

Eine nicht vorhersehbare Beeinträchtigung oder Schwerpunktverlagerung der Arbeit hat die Pflichtmitgliedschaftsdiskussion zur Folge gehabt. Die Infragestellung verunsicherte den traditionellen Interessenausgleich, jede Gruppe sollte sich künftig in den Aktivitäten der Organisation voll vertreten sehen, der interne Interessenausgleich wurde unwichtig und die ehemals internen Präferenzentscheidungen den politischen bzw. den parlamentarischen Ebenen überlassen. Der neue Schwerpunkt heißt Mitgliederservice und nicht mehr Politikberatung und vom Mitglied unbedankte think tank-Funktion für die Gesellschaft. Seit dem EU-Beitritt ist die öffentliche

Hand stärker geworden, stehen ihr doch auch alle Ressourcen in Brüssel zu Verfügung und sind bei Verhandlungen (z. B. Verwaltungsausschüsse) in Brüssel die Sozialpartner nicht mit am Tisch. Die großen internationalen Unternehmen brauchen lediglich optimale nationale Standortbedingungen, in einem Kammersystem die Interessen kleiner und mittlerer Betriebe mitzufinanzieren wird als überflüssige Extrasteuer abgelehnt.

Gerade in einer Zeit, in der viele Anzeichen für einen Paradigmenwechsel von den neoliberalen Ideen hinwieder einer stärker solidarisch organisierten Gesellschaft gehen, wären die Sozialpartner gut beraten, würden sie sich wieder gemeinsam intensiver mit den Strömungen der Zeit auseinandersetzen und die Mitglieder auf die kommenden politischen und wirtschaftlichen Herausforderungen vorzubereiten. Das Privileg der Pflichtmitgliedschaft brauchen nur politische Mitverantwortung tragende Organisationen, bei reinen Serviceverbänden wird sie entbehrlich.

Ich habe die besten Lebensjahre mit Engagement und Überzeugung in und mit diesem System gearbeitet, ich bleibe ihm verbunden, auch wenn manches auch in meiner Ministerzeit einfacher gewesen wäre, hätten die Sozialpartner mehr angetrieben als gebremst.

## 2.2 Mein Weg durch die Agrarpolitik

Wahrscheinlich wie bei allen Kindern, die im dörflichen und bäuerlichen Milieu zur Welt kommen, drehten sich bei mir die Zukunftserwartungen rund um den Bauernstand. Zunächst bekam ich sehr bald mit, dass wir zu den Kleinbauern, den Kleinhäuslern gehörten. Unser Haus und Hof waren klein im Vergleich zu den meisten Anwesen im Dorf, unsere Feldfläche war mit nur einigen Hektar sehr klein, unser Viehbestand gering und unsere Zugtiere waren Kühe, während die größeren Bauern Zugpferde mit zum Teil glänzendem Geschirr hatten. Wenn wir das Getreide troschen, so war der mit einer Dreschmaschine im Lohndrusch arbeitende Unternehmer Reiterer aus Willendorf im Bezirk Neunkirchen bei uns in einem guten Tag fertig, andere Bauern droschen mit einer eigenen Maschine eine ganze Woche. Daher waren die Träume der ersten Kindheit die, auch ein großer, jedenfalls aber ein größerer Bauer zu werden. Mein Großmutter, die aus einem größeren Bauerhof stammte, hatte „heruntergeheiratet" wie sie sagte, hatte den Kleinhäusler und Berufspecher Ignaz Woldron zum Mann genommen. Wenn wir es einmal besser machen wollten, dann sollten wir ihren Fehler nicht wiederholen und „reich einheiraten". Ich erinnere mich gerne an eine Anekdote vom Kühehalten (so nannte man das auf die Weide in den Föhrenwald Treiben der Tiere): Ich trieb sehr oft die von mir zu betreuende Herde mit jener der Tochter eines größeren Bauern am Ende unserer Gasse aus. Wir verstanden uns gut und hatten viel Spaß miteinander: Da wurde mir erzählt, dass ihr Vater zu ihr gesagt habe: „Mit dem darfst Du Dir einmal nichts anfangen, der hat nichts, ist nichts und wir auch nichts werden!" Die Gefahr bestand nun wirklich nicht, aber die Geschichte zeigt, wie damals im Dorf gedacht wurde. Mit meinen glänzenden Schulzeugnissen wurde bald klar, dass ich in einem nichtbäuerlichen Beruf landen würde, wobei eine akademische Laufbahn, das Priestertum ausgenommen, aus Armutsgründen nicht in Frage kam. Nun ich studierte doch, mit vielen Nebenberufen und in kürzester Zeit. Als ich mein Jusstudium abgeschlossen hatte und die Einladungen zu einer Assistentenlaufbahn abgelehnt hatte, holten mich meine landwirtschaftlichen Aspirationen wieder ein. Dabei spielte eine Rolle, dass meine Verlobte als Sekretärin bei der Bezirksbauernkammer in Wr. Neustadt als Sekretärin arbeitete. Als wir dann gleich nach der Promotion heirateten bedurfte es einiger Interventionen zur Vermeidung der Kündigung meiner Frau, da auf diesem Arbeitsplatz keine verheiratete Frau mit Kinderwunsch beschäftigt sein sollte. Also warum sollte ich mich nicht bei der Landwirtschafskammer Niederösterreich bewerben? Ich nahm meine Zeugnisse und stellte mich bei zuständigen Referenten, Herrn Regierungsrat Grasmuck vor. Die Zeugnisse beeindruckten ihn, weniger meine Mitteilung, dass ich nicht CV-Mitglied sei, da ich als Werkstudent dafür einfach keine Zeit gehabt hätte. Abschließend wurde ich gefragt, ob ich einen einflussreichen Verwandten oder Bekannten hätte, der sich für mich verwenden könnte. Natürlich hätte ich mit dem landesweit bekannten Abgeordneten und Bürgermeister Hermann Laferl, der außerdem mein Firmgöd war, jede Menge Unterstützung gehabt, aber mich ärgerte dieses Bündel von Voraussetzungen so, dass ich meine Bewerbung sofort zurückzog.

Mit der Landwirtschaft kam ich beruflich erst wieder in berufliche Verbindung, als ich in der wirtschaftspolitischen Abteilung der damaligen Bundeswirtschaftskammer dem Preisunterausschuss der Paritätischen Kommission zugeteilt wurde. Die Agrarpreise wurden für Jahre mein Schicksal. Außerdem schrieb ich im Rahmen eines begonnenen Zweitstudiums der Staatswissenschaften eine agrarsoziologische Dorfuntersuchung über meine Heimatgemeinde Weikersdorf. Ich wollte aber nicht mehr fertigmachen, publizierte mein Werk in der Agrarpolitischen Schriftenreihe des Instituts für Agrarpolitik an der Universität Linz, dessen Leiter Prof. Hans Bach mich sehr schätze und auch einlud, bei ihm als Assistent die akademische Laufbahn zu beginnen. Die Dorfuntersuchung brachte mir den Hans Kudlich Preis und eine enge Zusammenarbeit mir Prof. Bach ein. Die ÖVP-Alleinregierung 1966–1970 gab eine Mittelstandsstudie in Auftrag, in deren Rahmen Prof. Bach unter meiner Mitarbeit das agrarpolitische Kapitel lieferte. In unserem Beitrag griffen wir eine damals als unerhört empfundene Problematik auf: Die Landwirtschaft sollte vom Tourismus nicht nur als Nahrungsmittelproduzent und oder als Zimmervermieter profitieren, sondern auch für die Nutzung der eigenen Flächen durch Touristen entschädigt werden. Wir schlugen daher vor, dass die Skiliftunternehmen den Bauern eine Abgeltung für die Pistennutzung leisten sollten. Dies wurde bald erstmals im Gasteinertal praktiziert. Unsere Empfehlung schlug bei Bauern wie im Tourismus wie eine Bombe ein. Auf der bäuerlichen Seite war es Anathema, den Bauer als Landschaftsgärtner einzusetzen, die Fremdenverkehrswirtschaft ortete eine neue wettbewerbsverzerrende und existenzbedrohende Belastung. Die Bundeswirtschaftskammer wurde auf den Agrarpolitiker Farnleitner aufmerksam und neben der Preispolitik wuchs mir auch die Agrarpolitik zu. Rasch wurde ich als Obmannstellvertreter im neugeschaffenen Weinwirtschaftsfonds etabliert, von dem ich bald in den weit wichtigeren Milchwirtschaftfonds wechselte, als Kartellpolitiker wurde ich auf das damals leidige Genossenschaftswesen angesetzt und wurde auch Chefverhandler der Wirtschaft bei den Wirtschaftsgesetzen, zu denen auch die Marktordnungsgesetze der Landwirtschaft zählten.

Noch zu Zeiten der Alleinregierung der ÖVP schrieb ich in den wirtschafspolitischen Blättern einen Beitrag über die Zukunft der Landwirtschaft, wobei sich meine zentrale These mit der Zukunft der Nebenerwerbslandwirte beschäftigte: Ich behauptete, dass der Nebenerwerbslandwirt kein gescheiterter Bauer sei, sondern ein Arbeitnehmer mit Anteil am Produktionsmittel Grund und Boden. Damit entspräche er gerade dem Ideal der katholischen Soziallehre über Arbeitnehmer mit einem Anteil am Produktionskapital. Wenige Tage nach dem Erscheinen der Ausgabe rief mich Landwirtschaftsminister Dr. Schleinzer, an, bat mich in sein Büro und unterhielt sich lange mit mir über meine Behauptung, die ja total gegen das herrschende Denkmodell ging. Als Dr. Schleinzer dann Parteiobmann der ÖVP wurde, lud er mich ein, sein wirtschaftspolitischer Berater zu werden. Ich half ihm so gut ich konnte bis zu seinem Unfalltod. Meine Art, den Genossenschaftseinfluss in den Fondsbereichen einzugrenzen und die gute Kooperation mit den Arbeitnehmerorganisationen machte die Landwirtschaftskammerorganisation auf mich aufmerksam. In den Siebzigerjahren lud mich der damalige Generalsekretär der Präsidentenkonferenz der Landwirtschaftskammern Österreichs Dr. Brandstätter ein, in die Dienste dieser Organisation zu treten. Einkommensaussichten und der im Vergleich zu Bundeswirtschaftkammer eingeengtere Tätigkeitsbereich ließen mich den Antrag ablehnen, steigerten aber meinen Marktwert in der gewerblichen Interessenvertretung.

Vor allem auch als langjähriges Mitglied der §36-Kommission, welche im Landwirtschaftsministerium den jährlichen Bericht zur Lage der Landwirtschaft auf Basis des Landwirtschaftsgesetzes vorbereitete, hatte ich weiter Gelegenheit, meine vom üblichen Denken abweichenden Positionen in der Agrarpolitik zu entwickeln. Die wesentlichen Grundforderungen der herrschenden Lehre waren ja die nach einer flächendeckenden bäuerlichen, familienbetrieblich organisierten Landwirtschaft, die eine möglichst hohe Autarkie zu gewährleisten hatte und in der Einkommenspolitik auf das so genannte Paritätseinkommen bestand. Ich hatte da andere Vorstellungen: Extensivierung war vor allem für die Nebenerwerbslandwirte angesagt, die Natur sollte wieder mehr Flächen zugesprochen erhalten: Oft provozierte ich indem ich fragte, ob flächendeckend auch die Aufforstung der Pasterze am Großglockner bedeute. Das Paritätgebot in der Einkommenspolitik hielt ich für verfehlt, da der Bauer als Unternehmer sich nicht mit Arbeitnehmereinkommen vergleichen dürfe. Weiters argumentierte ich immer, dass internationale Vernetzung mehr Sicherheit gebe als nationale Autarkie. Mit diesen Positionen war ich ein Feindbild für viele Agrarier und begehret Provokant bei diversen Tagungen und Diskussionen. Eine amüsante Namensverwechslung führte des Öfteren zu Missverständnissen: In der Präsidentenkonferenz gab es einen Referenten (später Bauernbundgeneralsekretär und Generalsekretär der PräKo) namens Fahrnberger. Unsere Namen wurden oft verwechselt, bei Begrüßungen und auch bei Zitierungen. Das führte öfter als angenehm auch zu internen Konflikten. Als mein sozialpartnerschaftlicher Freund Erich Schmidt Landwirtschaftsminister wurde, durfte ich einmal mehr beratend helfen.

Gerade zu dieser Zeit wurde nach einigen Exportskandalen versucht, die gewerblichen Mitbewerber Rupp und Woerle in der Milchwirtschaft auszuschalten und den Langzeitwunsch einer alleinigen genossenschaftlichen Exporteinhandgesellschaft durchzusetzen.

Da ich den Untersuchungsausschuss Milchwirtschaft im Parlament am Beginn der Neunzigerjahre unbeschädigt überstand, blieb ich nicht nur in der Landwirtschaftpolitik, ich wurde bei den EU-Beitrittsüberlegungen und den späteren Verhandlungen ein einflussreicher Experte im Hintergrund. Ich tat alles, um in der Beitragsstudie 1988/89 die bäuerliche Seite von der Sinnhaftigkeit des Beitritts zu überzeugen. Mein Hauptargument war immer, dass die EU (damals noch EWG) die größte Bauerngewerkschaft der Welt und damit ein Garant für das Bestehen der Landwirtschaft im zunehmenden internationalen Wettbewerb sei. Ich tat mein Bestes in Österreich und in Brüssel um die österreichische Absicht mehrjähriger Übergangsfristen für den Agrar- und den einschlägigen Verarbeitungssektor zu vereiteln. Ich wurde damit auch bei vielen Kammermitgliedern im Milch-, Getreide und Fleischbereich zum gehassten Feindbild. Gemeinsam mit Franz Fischler, damals noch als Landwirtschaftsminister, wälzten wir bei einem Abendessen im Hotel Marriot in Wien die ersten Überlegungen zur Gründung des AMA (Agrarmarketing Austria), welche die alten Fonds ablöste und deren Vizepräsident ich auch wurde. Kurz vor meiner Bestellung zum Generalsekretärstellvertreter der Wirtschaftskammer Österreich wurde ich noch gefragt, ob ich nicht Interesse an der Position des Generalsekretärs der Präsidentenkonferenz hätte. Ich fühlte mich sehr geehrt, lehnte aber dankend ab. Als ich dann Wirtschaftsminister geworden war, konnte ich meine agrarpolitischen Erfahrungen vor allem in den WTO-Verhandlungen einsetzen bzw. halfen sie mir auch bei den EU-internen Koordinierungen sehr.

Jetzt lebe ich im umgebauten und nun komfortablen Kleinbauernhaus meiner Eltern, in einem Dorf, welches von einem reinen Bauerndorf in rund 50 Jahren zu einem Industriedorf im Wohlstand wurde und freue mich über den Wohlstand der so vielen früher ärmlichen Nebenerwerbsbauern. Dank EU-Programmen fand die Intensivierung ein Ende, die stillgelegten Flächen ergeben eine bunte Landschaft, in der die Tierwelt wieder in Vielfalt auflebt! Der Einsatz hat sich gelohnt!

## 2.3 Die agrarischen Fonds – der gescheiterte dritte Weg?

In einem im Lauf der Geschichte immer wieder von Hungernöten geplagten Land wie Österreich ist die Sehnsucht nach Beseitigung der Risken von Missernten, Seuchen, internationalen Knappheiten oder Devisenmangel zur Bestreitung von Einkäufen im Ausland tief in den Gehirnen und Herzen von Bürgern und Politikern verankert. Ich selbst kenne etwa die Not in den letzten Jahren des ersten Weltkriegs und in den Jahren darnach aus den Erzählungen meiner Großmutter, die Versorgungsprobleme nach dem 2. Weltkrieg habe ich am eigenen Leib erfahren. Mir war es daher als Wirtschaftspolitiker über Jahrzehnte hinweg überhaupt kein Problem, mich mit den Zielen der landwirtschaftlichen Marktordnung zu identifizieren: Produktion ankurbeln und sichern, Verteilung garantieren und sich nicht von den Schwankungen der Weltmärkte abhängig machen – was sollte an diesen Postulaten unvernünftig sein? Auch die Sicherung der bäuerlich geprägten Landwirtschaft war mir allein schon von meinem Herkommen ein Anliegen. Kein Wunder, dass ich in der Handelskammerorganisation gerne und engagiert in diesem Bereich tätig war. Auch die Grundsätze der Organisation, im Besonderen die laufende Gestion der Fonds durch die Sozialpartner unter Aufsicht des zuständigen Ministeriums, waren einleuchtend, entsprachen dem Subsidiaritätsprinzip und funktionierten vom Ergebnis her auch über lange Jahre. Bauern (durch die Präsidentenkonferenz der Landwirtschaftskammern), verarbeitende und verteilende Unternehmen (durch die Bundeswirtschaftskammer) Beschäftigte in dem Wirtschaftszweig (durch den Gewerkschaftsbund) und Konsumenten (durch den Arbeiterkammertag) repräsentierten den Querschnitt der Bevölkerung und waren vom Gesetz her zu zielgerichtetem Handel verpflichtet. In einem von Parteipolitik geprägten öffentlichen Leben war die Verlagerung wichtiger Entscheidungen zur Ernährungssicherung an die an gesamtwirtschaftlichen Interessen orientierten Verbände eine sehr gute Strategie. Die politischen Überlegungen und Konflikte wurden bei den Verhandlungen um die Verlängerung der Geltungsdauer der so genannten Wirtschaftsgesetze ausgetragen. Die komplizierte Kompetenzregelung in der Bundesverfassung erforderte jeweils Verfassungsbestimmungen, welche die befristete Verlagerung von Länderkompetenzen an den Bund vorsahen. Dies bedeutete geringe parlamentarische Probleme in der alten großen Koalition bis 1966, da diese über die erforderliche Zweidrittelmehrheit verfügte, aber in den nachfolgenden Perioden einer ÖVP-Alleinregierung bis 1970, der SPÖ-Alleinregierung 1970-1983 und der folgenden kleinen Koalition von SPÖ und FPÖ, dass in diesem Bereich weiter nur auf der Basis breiten Konsenses regiert werden konnte. Alle Versuche, diese Bereiche ein für allemal kompetenzrechtlich einfacher zu lösen scheiterten: Warum sollte eine der beteiligten Gruppen, die Oppositionsparteien oder gar die Bundesländer ihr politisches Gewicht reduzieren und die Möglichkeit, wenigstens alle paar Jahre Verhandlungsmacht zu haben, aufgeben? Da gab es nun den Michwirtschaftsfonds (bereits in der Zwischenkriegzeit geschaffen), den Getreidewirtschaftsfonds, den Viehwirtschaftsfonds und den Weinwirtschaftsfonds, an dessen Gründung ich in der Zeit der ÖVP-Alleinregierung mitarbeiten durfte und dessen Aufbau ich als Obmannstellvertreter ich mit zu bewerkstelligen hatte.

Schön und grau ist alle Theorie. In den Niederungen der Praxis und des Alltages wurde ich bald mit den Realitäten der Interessenvertretung konfrontiert. Am Beispiel der Weinwirtschaft lässt sich das sehr einfach zeigen. Die Landwirtschaft war an hohen Trauben – und an niedrigen Weinpreisen interessiert, der Handel an niedrigen Trauben – und hohen Weinpreisen, dazu noch an möglichst ausreichenden Mengen von Weinimporten, vor allem für den damals rechtlich zulässigen Verschnitt, bei dem man österreichischen Weinen bis zu ein Drittel importierter Ware zumischen konnte, ohne dass der Wein nicht mehr als österreichisch bezeichnet werden durfte. Die Konsumenten und Arbeitnehmerseite waren in diesem Bereich nicht besonders engagiert. Die Zusammenarbeit war vor allem schwierig, weil bei Absatz und Distribution ein intensiver Wettbewerb zwischen dem genossenschaftlichen und dem gewerblichen Bereich herrschte. Dieser Bereich war überhaupt innerhalb der Österreichischen Volkspartei ein hochsensibler. Die Landwirtschaft bevorzugte und unterstützte den Genossenschaftsbereich, die Bundeswirtschaftskammer sah sich als Schützer der gefährdeten und steuerlich schlechter gestellten gewerblichen Betriebe. Daher ging es in den Sitzungen oft hoch her, da prallten auch auf Verbandsebene Ideologien aufeinander. Unvergesslich aus meiner Arbeit im Bereich der Weinwirtschaft bleibt mir eine erfolgreiche Auslandswerbung, die im Kern zum Ende des Fonds unter der SPÖ-FPÖ Koalition im Zuge des Weinskandals führte. Wir hatten uns im Fonds nach intensiven Hearings für ein Werbekonzept der Firma Young&Rubicam entschieden (und nicht für die Konzepte einer der den Parteien nahe stehenden Werbegesellschaften). Im Export sollten künftig Spätlesen unter dem Motto „Der Wein, der die Erinnerung zurückbringt!" beworben werden. Mit den Bildern wurden Erinnerungen an gemütliche Stunden in Österreich wachgerufen und deren Wiederholung beim Trinken österreichischen Weines suggeriert. Die Aktion wurde ein überragender Erfolg, der mehr Ware erforderte als in im Inland produziert werden konnte. Nun gab es ja die Verschnittmöglichkeit z. B. mit Ware aus Bulgarien. Der durch die Aktivitäten geschaffene Markt sollte aber von den inländischen Produzenten genutzt werden, daher wurde über Druck der Landwirtschaft der Verschnitt gesetzlich verboten. Ein findiger Chemiker entdeckte dann die Einsatzmöglichkeit von Glykol: Der Export boomte, die Praxis kam in den Achtzigerjahren zutage, ein Riesenskandal wurde zelebriert und der Weinfonds aufgelöst. Der größte Fehler der österreichischen Weinwirtschaft war, dass man im Unterschied zum italienischen Weinskandal die im Ausland lagernde „kontaminierte" Ware nicht zurückholte. Bei einem meiner Besuche als Generalsekretärstellvertreter in den Neunzigerjahren in New York sprach mich ein dortiger Weinhändler an und fragte mich, was er mit den Restbeständen an österreichischem Glykolwein tun sollte. Da es keinen Rückkauf gab (außerdem war die Lieferfirma inzwischen zu Grunde gegangen) konnte ich ihn nur raten: „Ausschütten oder als Rarität aufheben!" Der Weinskandal hatte auch etwas Gutes an sich: die Weinwirtschaft wurde auf den Qualitätsweg gezwungen. Als Wirtschaftsminister war es mein Hauptproblem, dass mich Interessenten wegen der Lieferung österreichischer Spitzenweine ansprachen und sich beklagten, dass sie Container bräuchten, aber lediglich einige Flaschen angeboten erhielten. Ich verließ den Weinwirtschaftsfonds als der gewerbliche Obmannstellvertreter des Milchwirtschaftsfonds, ein alten Wiener Molkereibesitzer, bei Präsident Sallinger wieder einmal über die Genossenschaften klagte und mit seinem Rücktritt drohte. Er war entsetzt als der Präsident tatsächlich eine Neubesetzung vornahm. Ich war nicht der Kandidat der Mitgliedsbetriebe: Diese wollten den Sekretär der Bundesinnung und gingen zum Präsidenten um meine Berufung zu verhindern. Sallinger sagte ihnen sinngemäß, dass die Zentrale nunmehr die Dinge in die Hand nähme und sie mit mir sicher gut bedient sein würden. Nach einem Test in Zillertal, der im Besuch einiger Betriebe und im Konsum von viel saurem Graukäs mit Zwiebeln und noch mehr Schnaps bestand, waren die Herren Funktionäre von meiner Standfestigkeit, aber auch Sachkenntnis überzeugt. Der Milchwirtschaftsfonds in der Wipplingerstraße war nicht nur in einem imposanten Gebäude untergebracht, er war auch ein beeindruckendes Unternehmen: Ohne ihn ging in der Milchwirtschaft gar nichts. Jeder bäuerliche Erzeuger war einem Verarbeitungsbetrieb durch die Festlegung von Einzugsgebieten zugeordnet, jeder Händler und Konsument gehörte einem bestimmten Versorgungsgebiet an, Investitionen durften nur mit Genehmigung des Fonds vorgenommen werden, ein ziemlich komplizierten Abrechnungssystem mit Preis- und Transportkostenausgleich regelte die betrieblichen Preise. Jedes neue Produkt benötigte eine Inverkehrsetzungsgenehmigung, auch Verpackungsart und -größe war zu genehmigen, über die Disposition der im Betrieb nicht gebrauchter Milch entschied das Fondsbüro: Die Milch wurde anderen inländischen Verarbeitungsbetrieben für Inlandsbedarf oder auch zur Verarbeitung für Exportzwecke zudisponiert. Im Export dominierte das Einhandprinzip: zunächst war lediglich der OEMOLK, eine genossenschaftliche Dachorganisation, für Exporte zuständig. Exportstützungen wurden vom Landwirtschaftsministerium festgelegt. Das Fondsbüro entschied auch über Härtefälle, unter denen Betriebe litten. Die Verbraucherpreise wurden zwar vom Preisunterausschuss der Paritätischen Kommission festgelegt, der Fonds machte aber die Kalkulationen und war als Experte allen Sitzungen beigezogen. Im Preisunterausschuss saßen drei Mitglieder der Obmännerkonferenz (über viele Jahre Obmann

Dr. Weywoda und die Obmannstellvertreter Dr. Erich Schmidt und ich – als Vorsitzender). Die Erzeugerpreise legte die Amtliche Preiskommission beim Landwirtschaftsministerium fest, die wirkliche Entscheidung lag aber bei den Sozialpartnern. Auch in der Preiskommission dominierten die Sozialpartner, was den langjährigen Vorsitzenden Ministerialrat Dr. Kurzel-Rundscheiner oft sehr ärgerte. Einmal hielt er ausdrücklich im Protokoll fest, dass nach Meinung des Vorsitzenden ein etwas höherer Erzeugerpreis volkswirtschaftlich gerechtfertigt gewesen wäre. Dies führte sogar zu einem Amtshaftungsprozess gegen sozialpartnerschaftliche Mitglieder der Kommission, der aber im Sande verlief. Auch die regelmäßigen Lohnrunden wurden ja von den Sozialpartnern vereinbart. Nach jeder Kostenrunde gab es eine so genannte Bedeckungsrechnung, in der die Kosten nach einem Sozialpartnerkompromiss auf die Verbraucher weitergewälzt wurden. Da das Prinzip der Einstimmigkeit galt, ging ohne den Konsens aller Beteiligten gar nichts.

Das war eine ziemlich umfassende Planwirtschaft unter sozialpartnerschaftlicher Gestion. Die Regelungen im Getreide- und Viehbereich waren weniger dicht.

Als ich zunächst in die Verwaltungskommission des MWF delegiert wurde, nahm ich an der ersten Sitzung teil. Unangenehm war, dass mein Vorgänger von seiner Abberufung nicht verständigt worden war und mich auf seinem Sitz vorfand. Anlässlich der Übernahme der Obmannstellvertreterposition wollte ich mich in das so genannte Abrechnungssystem einarbeiten und rief den zuständigen Herrn im Fonds, es war dies der spätere Geschäftsführer Dr. Lechner, an und bat um die Übermittlung der Unterlagen. Mir wurde gesagt, dass dies ein Kompendium großen Umfangs sei, welches über viele Verordnungsblätter gestreut sei. Ich solle mir die Mühe sparen und den einschlägigen Experten vertrauen. Dies löste bei mir großen Kampfgeist aus: Der Fonds musste wieder in die Hände der Funktionäre gelegt werden. Dazu ergab sich bald ein geeigneter Anlass. Investitionsgenehmigungen wurden vom Büro erledigt, die Funktionäre hatten damit nichts zu tun. In einer Sitzung der Verwaltungskommission stellte ich die Frage, wo denn geregelt sei, dass nicht die Funktionäre, sondern das Büro die Entscheidungen über Investitionen treffe, ich sei es leid, in dieser Frage wie ein Kasperl behandelt zu werden. Es wurde vom Geschäftsführer behauptet, dass es einen Organbeschluss aus früheren Jahren gäbe. Mit voller Unterstützung der Arbeitnehmerseite verlangten wir dessen Vorlage. Und, welch Schreck für die Landwirtschaft, ein solcher Beschluss war nicht auffindbar. In der Folge hatte der Geschäftsführende Ausschuss über Investitionsanträge zu befinden und meine gewerblichen Betriebe hatten wieder faire Chancen. Gemeinsam mit dem damaligen Obmannstellvertreter Dr. Erich Schmidt vom ÖGB begannen wir, die Dominanz der Agrarseite zu beenden. Schließlich setzten wir auch durch, dass alle

Obmannstellvertreter die Erledigungen durch den Obmann gegenzuzeichnen hatten.

Alle wussten wir, dass das österreichische System nicht mit den Regelungen der Europäischen Wirtschaftsgemeinschaft, wie die heutige EU damals noch hieß, vereinbar war, entsprechend beitrittsfeindlich war auch die Einstellung der meisten Funktionäre und Fondsmitarbeiter sowie der Unternehmen und deren Beschäftigten. Meine Europagesinnung machte mich zum Feindbild vieler, auch enger Freunde. Jedes andere System würde eine entscheidende Einflussminderung bedeuten, da kein Sozialpartner im Brüsseler Geflecht je wieder so einflussreich sein würde. Es ging um die Beibehaltung eines österreichischen Weges, der Stabiliät, Berechenbarkeit und Zufriedenheit der meisten Beteiligten garantierte. Wer heute mit Nutzern und Kennern des Systems spricht, wird hören, dass es allen Beteiligten in der Wirtschaft damals besser gegangen sei. Wettbewerb, gesunkene Preise, explodierende Produktvielfalt, Verlagerung von vielen Entscheidungen auf die Einkäuferebene der wenigen großen Handelsunternehmen und Ende des echten Mitspracherechtes der Sozialpartner seien die Konsequenz. Gewonnen haben jedenfalls die Konsumenten. Ein österreichischer „dritter Weg“ war der Integration zum Opfer gefallen. Die Mitgestaltungsmöglichkeiten der AMA (Agrarmarkt Austria) sind bloß Umsetzunghandlungen im Rahmen der EU-Marktordnungen. Ich habe bei den Beratungen der russischen Wirtschaftspolitik in der Ära Gorbatschow empfohlen, für eine Übergangsfrist das österreichische System zu kopieren. Ich bin sicher, dass die desaströse Entwicklung der russischen Land- und Versorgungswirtschaft nicht eingetreten wäre. Aber es siegte eine Strategie, bei der Billigexporte aus der EU und den USA den neuen russischen Bauern wie den alten Großbetrieben jede faire Chance nahmen. Reich wurden Importeure und Verteiler.

Aber man sollte aus heutiger Sicht nicht leichtfertig über das jahrzehntelang zufrieden stellend funktionierende Marktordnungssystem in Osterreich den Stab brechen. Es hat auch die „alte“ Funktionärsstruktur und die altgediente Beamtenschaft den Umstieg auf das EU-System reibungslos bewältigt, wofür ihnen bleibende Anerkennung zu zollen ist.

## 2.4 Im Wirtschafts- und Sozialausschuss der EU

Im Protokoll zwischen Regierung und Sozialpartnern in Vorbereitung der Volksabstimmung über den EU-Beitritt abgeschlossen wurde, war vorgesehen, dass die Wirtschaftskammer Österreich vier Vertreter für die Entsendung in den Wirtschaft- und Sozialausschuss (WSA) vorschlagen sollte, wovon für je einen die Vereinigung Österreichischer Industrieller und der Österreichische Raiffeisenverband das Nominierungsrecht erhielt. Über Rolle und Einfluss des WSA erhielten wir vom EU-Handelsdelegierten eine eher geringschätzige Beurteilung, von Brüsseler Freunden eine eher positive: der Einsatz würde sich lohnen, da die Gutachten des WSA, vor allem wenn sie von einer großen Mehrheit getragen seien, eine hohe Berücksichtigungsquote bei der Kommission hätten. Als „alter" Sozialpartner sah ich in dieser Einrichtung eine Ebene, in der vor allem die konzeptionelle Kompetenz der Verbände, wie sie in Österreich der Beirat für Wirtschafts- und Sozialfragen über Jahrzehnte nachweislich hatte, zur Geltung kommen könnte. Daher trat ich dafür ein, dass die Sozialpartnerverbände möglichst qualifizierte und hochrangige Vertreter entsenden sollten. Ich dachte dabei auch an Repräsentanten im Generalsekretärrang. Auf der Arbeitgeberseite war ich damit erfolgreich: Der Raiffeisenverband schlug Generalsekretär Dr. Ferdinand Maier vor, die Präsidentenkonferenz Generalssekretärstellvertreter Dr. Strasser und die Wirtschaftskammer meine Wenigkeit. Auch die freien Verbände nominierten ihre Generalsekretärin.

Schon bei den Nominierung gab es ein kleines Problem: die EU erwartete zwei Vorschläge pro Mandat, um dann daraus auszuwählen, Österreich schlug zunächst nur je einen Kandidaten vor.

Die Bestellung dauerte einige Monate, im Frühjahr 1995 konnte die österreichische Vertretung ihre Arbeit aufnehmen. Da gab es gleich einige unerwartete Überraschungen. Der WSA ist in drei Kurien gegliedert: Arbeitgeber, Arbeitnehmer und gemischte Kurie (Landwirtschaft, Klein- und Mittelbetriebe, freie Berufe und Konsumentenschützer). Diese Kurien entsenden die Mitglieder der Studien/Arbeitsgruppen, in den Kurien wird die Haltung zu den Kommissionsvorschlägen koordiniert, wobei erwartet wird, dass im Plenum die ausgearbeiteten Empfehlungen auch unverändert beschlossen werden. Die österreichischen Vertreter tauchten in die Kurien ein und wurden von der Arbeit geschluckt: die von mir erhoffte Koordinierung der Österreicher unter sich war von Anfang an ein frommer Wunsch. In der Arbeitgeberkurie fand ich eine für mich seltsame Konstellation vor. Fast alle Mitglieder waren dem Europäischen Arbeitgeberverband UNICE im Wort: dieser Verband lehnte aber aus ideologischen Gründen die Mitgliedschaft von Verbänden mit Pflichtmitgliedschaft wie der WKÖ ab. Mein erstes Ziel war daher, mich mit Vertretern aus den der WKÖ ähnlichen Organisationen kurz zu schließen. Dies war nur mit wenigen Kollegen möglich, etwa den Franzosen. Die meisten Vertreter hatten aber nicht wie wir Österreicher starke Verbände hinter sich und waren in ihnen Stellungnahmen meist auf sich selbst angewiesen. Ein Vorteil unserer Vertreter in allen Kurien war von Anfang an, dass wir Persönlichkeiten mit großer Berufserfahrung vorgeschlagen hatten, die diese in die konkrete Arbeit einbringen konnten. Doch die Arbeit wurde durch alte Seilschaften erheblich erschwert, die sich einfach die interessantesten Arbeitsgruppen und die besten Studienreisen „unter den Nagel rissen". Da war ein Aufstand der neuen Mitglieder angesagt. Zusammen mit den Kollegen/innen aus Schweden und Finnland probten wir diesen und wurden bald ernst genommen und in wichtige Arbeitsgruppen nominiert. Ich landete im erweiterten Präsidium und hatte dort bald substantiellen Einfluss. Die andauernde Kritik seitens der Neuen führte rasch zu einer Reformgruppe, mein Vorstoß in Richtung Modernisierung der Arbeitsweise durch Arbeiten mit Laptops wurde aufgegriffen und in einer Arbeitsgruppe eine Testserie gestartet. Ich selbst erhielt eines der ersten Geräte, da ich dank des exzellenten Experten Dipl.-Ing. Günther Lechner aus der WKÖ die Arbeitsgruppe dominierte.

Die Brüsselreisen nahmen an Zahl zu, was mir in Wien selbst öfter vorgehalten wurde. Schon damals argumentierte ich, dass ca. 70% der konzeptiven Wirtschaftspolitik in Brüssel gemacht würden und es fahrlässig wäre, diese Einflussschiene nicht voll zu nutzen. Die Kosten der Reisen sowie ein Taggeld wurden vom WSA bezahlt. Da entdeckte ich sehr rasch, dass einige Stammmitglieder Kosten schunden. Ich lernte ein Mitglied aus einem der Staaten aus dem Süden kennen, der zwar in Brüssel lebte, aber regelmäßig Flüge aus der und in die Heimat verrechnete. Andere wieder flogen Economy Class und erhielten Business Class ersetzt. Der Unfug konnte intern nicht abgestellt werden, obwohl wir uns im erweiterten Präsidium alle Mühe gaben. Erst eine Untersuchung des Europäischen Rechnungshofes stellte die Unsitte ab. Übrigens wurden auch alle meine Abrechnungen zu einer Zeit überprüft, in der ich bereits Wirtschaftsminister war.

Sehr beeindruckt hat mich anfänglich auch, wie die nordischen Vertreter aus Schweden und Finnland mit ihrer Muttersprache umgingen. Über Monate herrschte Mangel an Dolmetschern in Finnisch und Schwedisch. Die Arbeit ging jedoch uneingeschränkt voran, weil die Vertreter Verständnis signalisierten und in exzellentem Englisch arbeiteten. Man sagte mir, dass romanische Länder sich nie so verhalten hätten. Neben der Arbeit im erweiterten Präsidium und in der Computerarbeitsgruppe wurde ich zum Rapporteur in der schwierigen Causa Postmonopol/Universaldienste und zum Vorsitzenden einer Studiengruppe über China gewählt. Das war eine faszinierende Arbeit, in der ich dank der hervorragenden Mitarbeit der Bundessektion Verkehr und der Außenwirtschaftsorganisation sehr rasch Textvorschläge erarbeiten konnte. Bis zur Beschlussfassung, die ich nur im Telekombereich erlebte, lernte ich Koordinieren im EU-Bereich kennen: zunächst die Zusammenarbeit mit den jeweiligen EU-Beamten, die sehr gut war, wenn man sie ernst nahm, dann die Koordinierung innerhalb der Kurien: mit den Vertretern des so genannten „service public" – besonders aus Frankreich – hatte ich große Probleme, da diese reformavers waren. Einmal sagte ich in einer strittigen Sitzung: „Wenn ich Ihnen so zuhöre, so sollten wir künftig vom SELF-SERVICE PUBLIC reden!" Das gab einige Aufregung: aber ich war plötzlich ein Telecom-Liberalisierungsexperte geworden. Als mich wenige Monate später Vizekanzler Dr. Schüssel beauftragte, für die ÖVP-Riege in der Regierung die Postliberalisierung zu verantworten und zu verhandeln, da hatte sich die Arbeit in Brüssel so richtig gelohnt. Im WSA lernte ich aber auch die organisierte Macht der Förderungsempfänger kennen. Da ging selten ein Dokument durch, in dem nicht neue oder verbesserte Förderungen verlangt wurden, einmal war Unterentwicklung die Begründung, dann die Anzahl der Inseln, dann die geringe Bevölkerungsdichte etc. Es war eine prächtige Übung für mein späteres Arbeiten in mehreren EU-Ministerräten. In mehreren Detailstudien konnten wir feststellen, dass die Arbeit im WSA umso erfolgreicher war, je enger die Koordinierung mit den Ausschüssen des Parlaments war. Ich kann das aus eigener Erfahrung nur bestätigen. Die Kommissionsvertreter erschienen mir immer sehr kompetent, allerdings verständlicherweise darauf bedacht, zustimmungsfähige Vorschläge zu erhalten.

Da im WSA auch Vertreter der jeweiligen Präsidentschaft auftraten, lernte ich nicht nur interessante Persönlichkeiten, sondern auch die Arbeiten des jeweiligen Vorsitzes kennen.

Ich habe den WSA kennen und schätzen gelernt, er war für mich auch eine hohe Schule für meine spätere Arbeit in den Räten. Es erfüllt mich manchmal mit Bedauern, wenn ich sehe, wie geringschätzig in der österreichischen Öffentlichkeit und in manchen Organisationen über diese Einrichtung gesprochen wird.

Die für mich aufregendste Erfahrung im WSA war eine Studie über Drogenpolitik. In einem Expertenhearing wurde uns vor allem von einem Experten des Scotland Yard dargelegt, wie menschlich und volkswirtschaftlich schädlich die derzeitige „Beschaffungspolitik" drogensüchtiger Personen sei. Da diese in der Regel nicht hinreichend vermögend sind, müssen sie die für den Eigenkonsum erforderlichen Geldmittel durch eigenen Drogenhandel über die Schaffung einer eigenen Klientel oder durch Diebstahl beschaffen. Bei Diebstählen müsse im Hinblick auf die hohen Hehlerspannen etwa der vierfache Wert des benötigten Betrages „besorgt“ werden. Im Falle der Prostitution sei offenbar, dass diese eine geeignete Beschaffungsquelle sei, die durch den „neuen Markt“ stark forciert werde. Das neue Laster sei polizeilich nicht in den Griff zu bekommen. Angesichts der historischen Erfahrungen mit der Bekämpfung der Spiel-, Alkohol und Nikotinsucht sei es wahrscheinlich besser, humaner und auch ökonomisch günstiger, die Drogenbekämpfung durch staatlichen Vertrieb und durch Besteuerung zu versuchen. Diese Position beeindruckte nicht nur mich außerordentlich, sondern hätte beinahe die Mehrheit im Ausschuss bekommen. Bei den Erfahrungen, die ich im lokalen Umfeld machen musste, bestätigen im Nachhinein diese kühne These des englischen Experten.

## 2.5 Vom Ghostwriter zum Vielredner: Reden schreiben, Reden halten, welch ein Unterschied!

Am Beginn meiner Männerbewegung zu einem Trainingseminar ins Bildungshaus Puchberg bei Wels eingeladen. Das Referat von DDDr. Klose, damals noch Mitarbeiter in der wirtschaftspolitischen Kammerkarriere stand ein brillantes Referat über Wirtschafts- und Gesellschaftspolitik in Österreich Noch als Referent zur Einschulung bei der Bezirkshauptmannschaft in Baden wurde ich in meiner Eigenschaft als Dekanatobmann Wr. Neustadt/Land der Katholischen Abteilung der Handelskammer Wien, interessierte mich nicht nur inhaltlich, mich faszinierte seine Arbeit, die ihm solche Einsichten und Wirkungsmöglichkeiten gab. Mir wurde der Tätigkeitsbereich Wirtschaftspolitik in der Handelskammerorganisation so plakativ geschildert, dass ich mit meiner bisherigen Tätigkeit und den Perspektiven nicht mehr zufrieden war. Einige Monate später, als mein Frustpegel im Landesdienst hinreichend groß war, erinnerte ich mich an die Feststellung des Vortragenden, dass die Kammer engagierte junge Leute suche. Also meldete ich mich bei DDDr. Klose, bei dem sich gerade ein Wechsel in die Bundeswirtschaftskammer abzeichnete, da der neue Präsident Sallinger ein ganzes Team von Experten aus der Wiener Kammer mitnahm. Mein erster Arbeitsplatz war daher in der wirtschaftspolitischen Abteilung unter Prof Max Mitic, mir wurde eine Art Besenkammerl als Arbeitsplatz zugeteilt, in welchem bisher der Gangdiener Mück residierte. Die erste Arbeit ließ nicht lange auf sich warten. Als Nachfolger Sallingers wurde Stadtrat Lakowits, von Beruf orthopädischer Schuhmacher, gewählt, der Prof. Mitic aufforderte, ihm eine passende Antrittsrede zu schreiben. Mitic rief mich zu sich und sagte, dass man sich entschlossen hätte, keine Rede zu aktuellen Problemen und Forderungskatalogen zu entwerfen, sondern ein Grundsatzreferat über die Rolle des Unternehmers heute benötige. Als eine Art Vertrauensvorschuss und Profilierungschance sollte ich rasch einen Erstentwurf schreiben. Für einen Bauernbuben mit Referatserfahrung auf dem Gebiet von Jubiläen, Todesfällen und Eröffnungen war dies eine große Herausforderung: Mitic wollte mir helfen und verwies auf die umfassende Literatur in der großen Bibliothek der Handelskammer, empfahl mir in besonderer Weise Schumpeter und gab mir auch einige didaktische Hinweise, die mir heute noch im Ohr klingen:

1. Man halte sich stets die Persönlichkeit vor Augen, für die man die Rede schreibt: Bildungsgrad, Wortschatz, Lesefähigkeit und die Wahrscheinlichkeit einer intensiven vorbereitenden Lektüre seien entscheidende Faktoren.
2. Bei der Wortwahl sollte man Fremdwörter tunlichst vermeiden, deren Gebrauch man dem Redner nicht zutraute oder bei deren Aussprache er stolpern könnte.

3. Die Sätze sollten so kurz und prägnant wie möglich sein. Lange Sätze, vor allem Schachtelsätze, seien für Redner und Zuhörer anstrengend.
4. Die Rede sei formell so zu schreiben, dass nicht mitten im Satz umgeblättert werden muss. Keinesfalls dürfe man Wörter über die Seite hinweg abteilen.

Zur Demonstration erzählte mir Mitic folgende Anekdote; bei der Trauerfeier für den verstorbenen Bundeskammerpräsidenten Altkanzler Julius Raab hatte der dienstälteste Landeskammerpräsident, der Salzburger Gastwirt Gugg, die Trauerrede zu halten. In dieser fand sich der Satz: „Mein Freund Julius, Du warst von lapidarer, biederer Kürze, wenn Du sprachst oder Entscheidungen trafst!" Dieser Satz war am Ende einer Seite begonnen worden, wobei das Wort lapidar so abgeteilt wurde, dass auf der einen Seite „lap-" zu lesen war und die nächste Seite mit „-idarer" fortgesetzt wurde. Der Redner habe nun ernst und bewegt vorgetragen: „Mein Freund Julius, Du warst von lap (es wurde umgeblättert) Du warst ein Lapp von biederer Kürze!" Si non e vero, e bene trovato.

Deutlich ist mir auch noch die Aufforderung in Erinnerung, niemandem zu sagen, dass ich die Rede geschrieben hätte. Wenn eine Rede gut sei, beginne die Suche nach dem Ghostwriter sowieso, wenn sie schlecht ankommen würde die Autorenschaft sowieso genannt und zur Verantwortung gezogen.

Nun habe ich mir mit diesem Auftrag viele Mühe gegeben, die reichen Quellen der Bibliothek genutzt und relativ rasch geliefert. Mitic ging kritisch darüber und arbeitete die Korrekturen mit mir durch. Die Rede wurde ein fulminanter Erfolg. Kurze Zeit darnach wurde ich in Kenntnis gesetzt, dass mich Präsident Sallinger für die neuzugründende Wissenschaftliche Abteilung der BWK angefordert habe. In dieser Abteilung unter Leitung von Dr. Tomandl durfte ich öfter Reden für Präsident Sallinger konzipieren. An eine erinnere ich mich noch besonders. Gemeinsam mit Dr. Korinek (heute Vizepräsident der Verfassungsgerichthofes ) hatte ich unter dem Pseudonym Farneck einen vielbeachteten Artikel über Gemeindewirtschaft und die Stellung der Gemeinden in der Verfassung geschrieben. Präsident Sallinger wurde eingeladen, dass Hauptreferat bei einem Gemeindetag in St. Pölten zu halten. Wir schrieben die Rede und zu meiner Überraschung lud mich der Präsident ein, mit ihm im Auto mitzufahren und die Rede mit ihm durchzugehen. Das war für eine großer Auszeichnung, war ich doch nach nur drei Monaten Dienst in der Handelskammer Wien in die BWK gekommen und noch ein richtiger Neuling.

Reden Schreiben ist eine große Herausforderung und Chance, aber zur eigenen Profilierung muss man auch selbst Flagge zeigen, das heißt publizieren. Mit Direktor Franz Geissler gab es in der BWK einen Herausgeber der Wirtschaftspolitischen Blätter, der mich und eine ganze Generation junger Autoren zu regelmäßigem Schreiben einlud. Auch die damalige Schriftleiterin der Wiener Handelskammerzeitung Herma Jöbstl half mir, indem sie mich zu regelmäßigen Leitglossen auf Seite 1 aufforderte, in denen ich sehr oft festhielt, was mir Mutter Vorsicht und Tante Rücksicht aus Redeentwürfen oder Positionspapieren herausgestrichen hatten.

Aber bei meiner Vortragstätigkeit in Kammer und Kirche (Katholische Männerbewegung und Katholische Aktion) fand ich bald heraus, dass Reden halten mir bedeutend besser gefiel als Reden schreiben. Ich fand eine Definition des sog. Ghostwriters: „Ein Ghostwriter ist einer, der sich schreiben sieht, wenn er andere reden hört!“

Über die Leiden eines Redenschreibers könnte ein eigenes Buch geschrieben werden:

Über die Schrecksekunden, wenn man merkt, dass der Redner den Text zum ersten Mal sieht und versucht, beim langsamen Lesen den Text zu verstehen! Oder wenn man ein ganzes Bündel von Reden zu verschiedenen Anlässen geliefert hat und merkt, dass der Redner offenbar eine zu einem anderen Thema eingepackt hat.

In diesem Zusammenhang möchte ich posthum Präsident Sallinger hervorheben, der sich in jede Rede einlas. Großes Lob gebührt jedoch seiner Frau, die in den letzten Jahren wegen seines schlechten Sehvermögens ihm die Reden handschriftlich und in satzweise unterschiedlichen Farben schrieb. Ein Idealfall für Ghostwriter!

Im Rahmen meiner Tätigkeit als einer der österreichischen Vertreter im Wettbewerbskomitee der OECD in Paris (als Vorsitzender des Paritätischen Ausschusses für Kartellangelegenheiten) lernte ich einen schwedischen Wirtschaftswissenschafter kennen, der zu komplizierten Sachverhalten lange und frei, das auch noch in einer fremden Sprache, referieren konnte. Damit schlug er seine Zuhörer in den Bann: er tat gerade so als ob er den Text seiner Ausführungen in den Augen der Zuhörer ablesen würde. Ich nahm mir diesen Mann zum Vorbild, begann meine Referate meist mehrsprachig zu memorieren und keine vorgefertigten Reden mehr zu halten. Ich machte die Erfahrung, dass die Vorwarnung: „Es gibt keinen geschriebenen Text, es gibt nichts zum Nachlesen: wer also interessiert ist, muss zuhören!“ Aufmerksamkeit auslöst. So wird man als Referent unberechenbar und interessanter. Was aber tun, wenn man Minister wird und die Sektionen oder das Kabinett zu allen Anlässen durchformulierte Reden liefern? Eines Tages sprach mich eine engagierte junge

Referentin meines Ressorts offen an: Herr Minister, wozu plagen wir uns, wenn Sie sich nicht an unseren Text halten? „Meine Antwort: Ich lese alles ganz genau, bin aber für meine Meinung verantwortlich und diese werde ich immer, gefragt oder ungefragt, vertreten.“ Wir sind im Haus dann zu Speaking Notes als komprimierte Fachinformation übergegangen. Ein einziges Mal habe ich eine sorgfältig vorbereitete Erklärung ohne Abweichungen verlesen: die Parlamentsrede zum Unglücksfall in Lassing. Zur freien Rede hat mir die Fähigkeit sehr geholfen, einmal Gelesenes oder Aufgeschriebenes genau im Gedächtnis zu behalten.

Ist es nicht spannender, bei eigener Rede in den Augen der Zuhörer die Reaktionen abzulesen oder festzustellen, ob und wer eingeschlafen ist oder mit dem Schlaf kämpft? In einem solchen seltenen Fall galt es dann eine Provokation einzustreuen wie etwa die Forderung nach Abschaffung von Befähigungsnachweisen, die Lohnnebenkostendiskussion zu hinterfragen und auf der Lohnstückkostenmessung zu bestehen etc. Jede Rede wurde zu einem spannenden Erlebnis für beide Seiten!

Diese Vorgangsweise war dann problematisch, wenn ich eine Verpflichtung absagen musste und meine Vertretung nach Texten rief. Aber das passierte selten genug!

Meine Hochachtung gilt allen, die hinter dem Vorhang Reden für andere schreiben, mein Mitgefühl allen Autoren, die beim Herunterlesen ihre Gedanken nicht wieder erkennen und meine Aufforderung an alle, die Ghostwriter nötig haben: „Verachtet mir dieses (ohne Befähigungsnachweis auszuübende) Gewerbe nicht!“

Oft unbewusst für diese sind Journalisten zu Redenschreibern geworden. In beiden Häusern des Parlamentes habe ich die Erfahrung gemacht, dass die Zeitungsartikel von heute die Reden bzw. Redenunterlagen von morgen sind. Alle, die „News“ schon gelesen haben, hörten und hören sehr oft Bekanntes im Hohen Haus.

Zwei mir unvergessliche Begebenheiten:

Ich hatte bei einer Tagung der Hoteliervereinigung in Kitzbühel über die steigende Bedeutung des Internets für Hotel- und Urlaubsbuchungen gesprochen und darauf hingewiesen, dass dies für viele Reisebüros zu einer Geschäftsminderung führen werde. Das gab eine mediale Aufregung und besorgte Reaktionen bei Standesvertretern und Parlamentariern. Erst jüngst stellte ich fest, dass zwei der lautesten Kritiker aus der Branche ihre Reisebüros bereits verkauft haben. Am Tag nach den Zeitungsberichten war ich im Bundesrat und hatte dazu Stellung zu nehmen. Ich meldete mich gleich eingangs zu Wort und sagte in etwa: „Hoher Bundesrat! Da ich aus

Erfahrung weiß, dass die Zeitungsartikel von gestern die Reden von heute sind, möchte ich klarstellen, dass ich nicht gesagt habe, dass das Internet das Ende der Reisebüros bedeute, sondern eine neue Ära im Tourismus einläute, welche alle Beteiligten, darunter auch die Reisebüros vor neue Chancen und Probleme stelle, dem Konsumenten aber ungeahnte Möglichkeiten erschließe!“ Nach mir sprach eine FPÖ-Bundesrätin aus Oberösterreich, die sich beim Präsidenten darüber beschwerte, dass ich durch meine Vorwegerklärung ihre Vorbereitungsarbeit sinnlos gemacht habe!“ Dies hinderte sie jedoch nicht, die schon überholte Rede vorzutragen.

Den Rekord an Zeitungszitaten lieferte für mich einer der seltensten Redner des Nationalrates, ein SPÖ-Abgeordneter aus Wr. Neustadt, der bei der Verabschiedung des neuen Mineralrohstoffgesetzes aus einem Stoß bunt markierter Zeitungsausschnitte die Überschriften vorlas. Da dachte ich mir, selig sind jene, die eine eigene Meinung oder wenigstens begabte Schreiber (Ghostwriter) hinter sich haben!

## 2.6 In aller Stille entschlafen – ein kurzer Nachruf auf die Paritätische Kommission für Preis- und Lohnfragen.

In den Monaten Juli und August 1999 rief das Büro des Bundeskanzlers Dr. Klima wiederholt in meinem Vorzimmer an um einen Termin für eine Sitzung der Paritätischen Kommission zu reservieren. Ich war überrascht, weil es seit der 303. Sitzung am 25. Jänner 1995 unter Vorsitz von Bundeskanzler Dr. Vranitzky kein weiteres Treffen dieser Einrichtung stattgefunden hatte.

Die 304. Sitzung kam angeblich aus Termingründen nicht zustande. Ein Insider erzählte mir später, dass es die Sozialpartnerpräsidenten abgelehnt hätten, sich kurz vor der Wahl von der Regierung instrumentalisieren zu lassen. So verschied in aller Stille eine Einrichtung, die über Jahrzehnte in der Zusammenarbeit der Sozialpartner eine wichtige, ja sogar entscheidende Rolle gespielt hatte. Als auf der Basis eines Ministerratsbeschlusses vom 12. März 1957 die Paritätische Kommission für Preis- und Lohnfragen errichtet wurde, fand sie zumindest in der Bundeswirtschaftskammer skeptische Aufnahme. Man sah in ihr ein Instrument staatlichen Eingriffes in die Marktwirtschaft. Im Regierungsbeschluss hatte es geheißen: „Die Bundesregierung erwartet dagegen vom Österreichischen Gewerkschaftsbund, dass neue Anträge auf Lohn- und Gehaltsregelungen an die Arbeitgeberorganisationen erst gestellt werden, sobald im Rahmen einer paritätischen Kommission sowohl die Höhe ihrer Forderung als auch ihre Dringlichkeit überprüft wurden“. Auf der Preisseite gab es bereits den Preisunterausschuss, der am 19.10.1956 als Unterausschuss der Wirtschaftskommission gegründet worden war. Da sich die Behandlung der Kollektivvertragsanträge in der großen Kommission als unpraktisch erwies, wurde im April 1962 der Lohnunterausschuss gegründet, der unter alternativem Vorsitz von Arbeitgeber- und Arbeitnehmerseite arbeitete und in dem keine Regierungsvertreter anwesend waren. Vom Lohnunterausschuss gingen Meldungen über Vertragsabschlüsse an die Paritätische Kommission, in der nie über Lohnabschlüsse verhandelt wurde. Allenfalls gab es die damals berühmt-berüchtigten Zug um Zug-Anträge, in denen verlangt wurde, dass bei Lohnabschlüssen in Bereichen mit amtlich geregelten Preisen in einem Zug die entsprechende preisliche Auswirkung festgelegt wurde. Der Beirat für Wirtschafts- und Sozialfragen wurde mit Beschluss der Paritätischen Kommission vom 17. Oktober 1963 errichtet und entwickelte sich über Jahrzehnte zu einem anerkannten think-tank der Sozialpartner, der in schwierigen Situationen von der Regierung als Feuerwehr eingesetzt wurde. Bei zwei der wichtigsten Gutachten war ich als Mitglied (Vorsitzender) selbst involviert; dem Gutachten über die Zweckmäßigkeit eines Beitrittes zur EWG 1989 und dem Gutachten über eine mittelfristige Budgetsanierung 1995.

Die große Paritätische Kommission war zumeist nur ein rasches Ritual, in dem die Vorsitzenden von Preis- und Lohnunterausschuss über Verhandlungsergebnisse berichteten und um Zustimmung oder bei Nichteinigung um Rückstellung ersuchten. Auch fertige Studien des Beirates wurden lediglich vorgelegt und um die Berücksichtigung der Empfehlungen seitens der Regierung ersucht. Im Zuge der verschiedenen Regierungskoalitionen waren die Sozialpartner darauf bedacht, ihre Konflikte intern und ohne Regierungsintervention oder gar -schlichtung auszutragen. Die Paritätische Kommission wurde von einem Diskussionsforum zu einer Art Bestätigungsnotariat sozialpartnerschaftlichen Konsenses. Ich erinnere mich noch, wie mir einmal ein Mitglied des Kabinetts von Dr. Vranitzky erzählte, wie zuwider seinem Chef diese Routinesitzungen waren. Man sah dies übrigens auch öfter an seiner Körpersprache. Mit der einschneidenden Reform der sozialpartnerschaftlichen Preispolitik durch das Sozialpartnerabkommen vom 23.1.1992 und dem de facto Wegfall der freiwilligen Preiskontrolle mit dem EWG-Beitritt fiel ein wichtiges Tätigkeitsgebiet der Sozialpartner weg, in dem man sich immer wieder gern den formellen Sanktus der Regierung geholt hatte. Auch die amtliche Preisregelung war schrittweise verschwunden, womit auch die Zug um Zug-Beschlüsse obsolet wurden.

Im Sozialpartnerabkommen 1992 hieß es noch: „Die Paritätische Kommission ist seit jeher ein Schwerpunkt der Zusammenarbeit der Sozialpartner. In der künftigen Tätigkeit der Sozialpartner soll sie die besondere Gesprächsebene zwischen Regierung und Sozialpartnerverbänden sein. In diesem Rahmen sollte die Auseinandersetzung über wirtschaftspolitische Strategien und mögliche Maßnahmen, über allfällige Konflikte sowie über die Umsetzung gemeinsamer Empfehlungen der Sozialpartner erfolgen. Die Kommission sollte regelmäßig (mindestens viermal pro Jahr) zusammentreten und jedenfalls um den Bundesminister für Finanzen erweitert werden. Bei Bedarf können auch weitere Bundesminister und andere Institutionen eingeladen werden.“

Die vier Sozialpartnerpräsidenten hatten dies feierlich am 23.11.1992 unterschrieben, dann aber darauf in den Sommermonaten es 1999 jedoch offenbar vergessen. Dann kam im Februar 2000 eine neue Regierung, die sich anderen Prozeduren verpflichtet fühlt.

So entschlief eine einstmals national und international geachtete Einrichtung. Ich war und bin stolz, über Jahrzehnte an Sitzungen dieser Kommission als Vorsitzender des Preisunterausschusses und als turnusmäßiger Vorsitzender des Beirates für Wirtschafts- und Sozialfragen teilgenommen zu haben. Ich habe hautnah Preis-, Lohn- und Wirtschaftspolitik mit den prominenten Spitzenrepräsentanten (z. B. die Präsidenten Sallinger, Benya, Verzetnitsch, Czettel, Vogler, Lehner, Derfler, Schwarzböck sowie die Generalsekretäre Mussil, Kehrer, Stummvoll, Hochstetter, Brandstätter, a. m.) miterlebt. Die Kommission hatte einmal eine wichtige Rolle für die Sicherung des sozialen Friedens und der wirtschaftlichen Entwicklung – doch offenbar hatte sie ausgedient.

Wenn in Österreich alle Einrichtungen, die man nicht mehr wirklich braucht, so formlos verschwinden könnten, würde unser Land institutionell anders aussehen.

Abb. 1: Meine Familie

Abb. 2: Meine Vorgänger und mein Nachfolger in der WKÖ, v. l. n. r.: Teufelsbauer, Schmitz, Farnleitner, Klose

Abb. 3: Weihnachtsfeier meines Kabinetts 1998

Abb. 4: Mein Kabinett im Wirschaftministerium, Jänner 1999,
v. l. n. r. Christine Sabaditsch, Gerlinde Schönbauer, Christine Jagerhofer,
Andreas Besenlechner, Susanne Zabojnik, Gabriele Tschürtz, Erika Ummenberger,
Günther Lechner, Elisabeth Udolf-Strobl, Peter Takacs, Hannes Farnleitner,
Verena Nowotny, Wolfgang Gleissner, Veronika Gerstenecker

Abb. 5: Mein Büro im Wirtschaftsministerium

Abb. 6: Das Ministeriumsgebäude mit Gerüst

Abb. 7: Staatsempfang mit Jiang Zemin, 28. 3. 1999

Abb. 8: Mit dem chinesischen Wirtschaftsminister Shu, 28. 3. 1999

Abb. 9: Mit Orang Utan-Malerin Nonja

Abb. 10: Mit Tiergartendirektor Helmuth Pechlaner

Abb. 11: Reifenwechsel auf ein Conti-Produkt im Semperitwerk Traiskirchen, 1. 10. 1997

Abb. 12: Mit EU-Kommissar
Martin Bangemann

Abb. 13: Begrüßung von König Juan Carlos von Spanien

KAPITEL 3

# Wirtschaftsminister im ehemaligen Kriegsministerium!

## 3.1 Einmal fast Minister, dann doch noch Minister.

In der Bundeswirtschaftskammer galt aus Erfahrung die Sage, dass die jeweiligen Leiter der wirtschaftspolitischen Abteilung den Marschallsstab im Tornister trügen. Die beiden Abteilungsleiter Kamitz und Schmitz seien Finanzminister und in der Folge Notenbankpräsident geworden. Auch mein Vorgänger Prof. DDDr. Alfred Klose war mehrmals und mehr als berechtigt als Minister im Gespräch, doch wurden ihm die Pragmatiker Kotzina und Mitterer vorgezogen. In der langen Periode sozialdemokratischer Alleinregierung beziehungsweise der nachfolgenden kleinen Koalition SPÖ/FPÖ, also über 16 Jahre hinweg, gab es diese Chance nicht. Das änderte sich, als die große Koalition wieder angesagt war.

Am 30. Dezember 1986 gegen 9 Uhr bat mich Präsident Söllinger zu sich und fragte mich in Gegenwart von Generalsekretär DDr. Kehrer, ob ich allenfalls bereit sei, als Handelsminister zu arbeiten. Meine Antwort war: „Wenn Sie keinen Besseren finden!“ Sallinger fügte gleich hinzu, dass seine Frage nur eine „für den Fall des Falles sei.“ Seine erste Wahl sei der burgenländische Kammerpräsident Robert Graf, mit dem er in meiner Anwesenheit telefonierte und eine Absage erntete. Mir wurde angekündigt, dass auch mit Präsident Nettig noch ein Gespräch geführt werden sollte. Jedenfalls sollte ich mir über die Feiertage über mein Kabinett und ein Aktionsprogramm den Kopf zerbrechen. Das waren dann spannende Feiertage. Die erste Reaktion meiner Frau Christine war: „Du hast hoffentlich nein gesagt!“

Am 3. Jänner 1987 hörte ich in den Frühnachrichten, dass sich Präsident Graf bereit erklärt hätte, das Handelsministerium zu übernehmen. Ich fühlte mich erleichtert, weil mir die familiäre Zustimmung und Unterstützung gefehlt hätte und ich mich in einer Reihe von Kompetenzgebieten des Ressorts nicht kompetent genug fühlte.

Nach der Graf-Ära im Wirtschaftsministerium kamen die sechs Jahre Wolfgang Schüssels und dann der Einstieg von Hannes Ditz. Bei der Schlüsselrolle des Genannten in der ÖVP-Wirtschaftspolitik wurde mir klar, dass ich eher Kammerpensionist als je Wirtschaftsminister werden würde. Aber man kann sich sehr irren. Als Johannes Ditz Anfang Juni 1996 das Handtuch warf, öffnete sich das berühmte „window of opportunity". Mein Name fand sich nicht unter den in der Öffentlichkeit gehandelten Namen. Am 11. Juni 1996 vormittags rief mich eine Mitarbeiterin aus Dr. Schüssels Kabinett an und teilte mir mit, dass mich der Vizekanzler sprechen möchte. Er hätte aber erst am Abend Zeit. Er würde mit seiner ehemaligen Band in der Kalvarienbergkirche am Bartholomäusplatz eine rhythmische Messe feiern und wollte mich hinterher treffen. Ich sagte bei einer Veranstaltung im Hotel Bristol ab, feierte die Messe mit und erlebte den Vizekanzler als Sänger. Nach der Messe gab es noch eine kleine Agape und schließlich landeten wir in einem italienischen Restaurant. Dort fragte mich Wolfgang Schüssel, was ich tun würde, wenn ich Wirtschaftsminister werden würde. Ich sprudelte meinen jahrzehntelang angesammelten Reformkatalog herunter. Mir wurde gesagt, so detailliert und bestimmt hätte keiner der vorher befragten Kandidaten reagiert, weshalb ich ein ernsthafter Kandidat sei. Von meiner Erfahrung 1986 gewitzigt erklärte ich, dass ich jedenfalls mit meiner Familie reden müsste. Dieses Mal sagte meine Frau: „Du solltest die Chance nützen, sonst wirst Du Deinen Reformfrust nie los." Am Wochenende kamen der Anruf des Vizekanzlers und die Frage, ob ich zu meiner Zusage stünde. Das war es dann. Meine Frau und ich umarmten einander und nahmen uns vor, die kommende anstrengende Zeit gemeinsam durchzustehen. Aber noch galt es, den Karrieresprung einige Tage geheim zu halten. Es war uns ein geradezu diebisches Vergnügen, die öffentlichen Spekulationen zu verfolgen.

Der Parteivorstand der ÖVP bestätigte Schüssels Vorschlag. Am Dienstag, den 18. Juni 1996 wurde ich dem Klub vorgestellt und durfte wie im Parteivorstand meine Vorhaben präsentieren. Angelobt wurde ich am 19. Juni um 8.30 Uhr und durfte hernach auch dem Herrn Bundespräsidenten meine Reformvorhaben vorstellen.

Die Überraschung dominierte nicht nur in der Öffentlichkeit, auch in der Wirtschaftskammer war man paff. Ich war keinesfalls der Kandidat Präsident Maderthaners gewesen. Wir einigten uns, dass ich als Generalsekretärstellvertreter bei einem

Ende meiner Ministerschaft nicht wieder ins Haus zurückkehren könnte, das Wirtschaftsministerium sei schließlich Aufsichtsbehörde der Wirtschaftskammer, ein Rückkehrrecht daher politisch nicht denkbar. So wurde vereinbart, dass ich auf Grund meiner Pragmatisierung pensioniert würde, wobei die Auszahlung der Pension jedoch ruhte. Diese Regelung gab mir eine erhebliche Rückendeckung. Ich brauchte daher keine Politikerpension und votierte in der Folge für das neue System, bei dem meine Beiträge in einen Pensionsfonds einbezahlt wurden. Ein Anspruch ergibt sich erst nach Erreichung des 65. Lebensjahres und wird wenige tausend Schillinge, besser einige hundert Euro pro Monat, betragen. Bei Vorträgen nach meiner Ministerschaft ist oft die erste kritische Frage die nach meiner Ministerpension. Die offene und ernüchternde Antwort erleichtert in der Folge die Gespräche und ruft sehr oft Erstaunen hervor.

Aus den öffentlichen Reaktionen auf meine Bestellung bleibt mir Aussage eines alten Freundes in der Österreichischen Arbeiterkammer in Erinnerung, der sinngemäß sagte, dass ich eigentlich als Kandidat schon „überständig" gewesen sei. Die von manchen Medien transportierte Skepsis meiner Person gegenüber traf meine Freunde stärker als mich: bei so geringen Erwartungen konnte ich eine Reihe von Überraschungen bringen.

Wichtig war, ich hatte ein riesiges Ressort mit erheblichem Reformstau übernommen, die Verantwortung bedrückte mich nie, sondern forderte mich heraus. Ich hatte das Vertrauen meines Parteiobmanns, der wie kein anderer die Schwierigkeiten der zu entscheidenden Reformfragen kannte und konnte mich in der Sicherheit wiegen, dass im Falle eines Scheiterns ein ruhiges Ausgedinge auf mich warten würde. Diese Grundkonstellation verlieh mir einen starken Rücken: „Was konnte mir schon passieren?" Verantwortung verpflichtet und schlussendlich musste ich mit meiner Leistung zufrieden sein: öffentliche Anerkennung war zum Leidwesen nicht nur meiner Pressesprecher nicht in meiner Prioritätenliste enthalten. Sehr bestärkt hat mich auch ein Schreiben von Kardinal König, der mir schrieb: „Ich weiß Österreich bei Ihnen in guten Händen!" Was sollte ich mich da schon von Kritikastern beirren lassen?

## 3.2 Meine Kompetenzen

Ich kannte die Kompetenzen des Wirtschaftsministeriums schon seit Jahren und hatte mich schon zu Zeiten des Wirtschaftsministers Schüssel öfters gefragt, wie man ein derart riesiges Aufgabengebiet bewältigen kann. Damals gab es zehn Sektionen für die Bereiche Präsidium, Multilaterale Handelspolitik, Bilaterale Handelspolitik, Gewerbepolitik, Industrie, Hochbau, Straßenbau, Innovation, Energie, Bergbau und Wirtschaftpolitik. Als ich das Ressort übernahm, teilte mir Vizekanzler Dr. Schüssel mit, dass ich im Rahmen der Koalition auch für die Budgetpolitik, für die Telekomliberalisierung und für Privatisierungen (Einstieg in den gerade laufenden Verkauf der Creditanstalt Bankverein) zuständig sei. Darüber hinaus sollte ich mich bemühen, mir auf EU-Ebene die Vertretung Österreichs im Industrieministerrat (bisher von Minister Klima wahrgenommen) und im Binnenmarktministerrat (vom Bundeskanzleramt beansprucht) zu sichern. Schließlich bestimmte mich mein Parteiobmann noch zum Mitverhandler der Steuerreform 2000.

Beim Amtsantritt wurde mir auch gesagt, dass es auf Grund gesetzlicher Bestimmungen rund 350 Einvernehmens- bzw. Mitvollziehungskompetenten für andere Bundesministerien bzw. die Bundesregierung in Gesetzesmaterien gäbe, die vom BMwA federführend zu betreuen sind. Dem BMwA seien umgekehrt etwa 150 Einvernehmens- bzw. Mitvollziehungskompetenzen in Gesetzesmaterien, die federführend von einem anderen Bundesministerium zu betreuen sind, eingeräumt. Arbeitstechnisch bedeutete dies im Regelfall einer großen Koordinierungsaufwand, leider zu oft mit Ministerien, deren Reformeifer weniger entwickelt war oder die sich von der Sozialpartnerseite stärker bremsen ließen. Daher bemühte ich mich vom ersten Tage an, die Mitkompetenzen zu verringern und damit den eigenen Spielraum im Vorfeld des Ministerrates zu vergrößern. Als wir intern im Jahre 2000 Bilanz zogen, da mussten wir feststellen, dass bis Ende 1999 8o Einvernehmens- bzw. Mitvollziehungskompetenzen anderer Ressorts in den „BMwA-Gesetzen" gestrichen, jedoch etwa 160 neue hinzugefügt wurden. Im selben Zeitraum wurden etwa 50 Einvernehmens- bzw. Mitvollziehungskompetenzen des BMwA bei anderen „Ressortgesetzen" gestrichen und etwa 40 neue hinzugefügt. Da blieb noch ein weites Feld für Verwaltungsreform und Kompetenzkonzentration!

Wem immer ich von meinem Kompetenzumfang erzählte, wunderte sich. Vor allem bei meiner Arbeit auf EU-Ebene merkte ich, dass vor allem in den romanischen Ländern eine Vielzahl von Ministern und Staatssekretären für meinen Kompetenzbereich zuständig war. Ein portugiesischer Minister scherzte einmal: „Da muss es bei Euch aber eine Reihe von Mini-Ministerien geben!"

Die Fülle der Kompetenzen wäre nicht zu bewältigen gewesen, wenn ich nicht durch die jahrzehntelange Praxis in der Wirtschaftskammer in praktisch allen Bereichen umfassende Vorkenntnisse gehabt hätte. Bei einer Laudatio formulierte es Sektionschef Zluwa in etwa so: „Wir haben einen Bundesminister, der in allen Bereichen so viel weiß wie der zuständige Sektionschef und der Gesetzeskommentare geschrieben hat, in denen man heute noch nachschlagen kann!"

Der weite Kompetenzbereich gewährleistete auch, dass fast ständig ein großes oder größeres Problem aktuell wurde, dessen Bewältigung aber die Befassung mit den übrigen Aufgaben nicht behindern durfte.

Daher war ein hoher Zeitaufwand erforderlich. Wie in der Wirtschaftskammer blieb ich ein Frühstarter. An meinem ersten Arbeitstag betrat ich nach 6 Uhr das Haus: die Blicke des Portiers hätten fotografiert werden sollen. Er fragte mich auch sofort: „Fahren wir leicht schon auf Dienstreise!" Ich deutete an, dass ich wahrscheinlich immer der erste im Büro sein würde. Übrigens bei diesem ersten frühen Antritt kam ich im Aufzug (in dem ich zum ersten und letzten Mal fuhr) mit Hausarbeitern in ein gutes Gespräch. Auch meine Raumpflegerin jugoslawischer Herkunft war über mein ihre Arbeit störendes frühes Eintreffen verwundert. Ich erzählte ihr, dass in der Wirtschaftskammer Österreich eine Raumpflegerin einmal zu mir gesagt hatte: „Herr Doktor, wenn ich kommen in Früh, Sie schon da, wenn ich kommen abends, Sie noch da, wann soll ich machen sauber" Wie in der Kammer fand sich rasch die Lösung: wenn mein Büro noch nicht fertig war, setzte ich mich einfach auf den Platz meiner Sekretärin im Vorraum. Oft war es nicht notwendig, denn mein Raum wurde dann sicherheitshalber zuerst in Ordnung gebracht. Wir vereinbarten auch gleich, dass die Papierstöße auf Ablage und Schreibtisch nicht durch Abstauben und /oder Umschichten zu ordnen seien, da ich in dem oft offensichtlichen Chaos alles fände. Wenn ich wirklich eines meiner Papiere einmal nicht fand, so war es besser, sich eine Kopie vom Referenten machen zu lassen als lange zu suchen. Ich suchte aber relativ selten, weil ich mir Dokumente bei der Erstlektüre so einprägte, dass ich sie selten wieder zur Hand nehmen musste. Beim Verhandeln ist es ja meistens so, dass der die Vorhand hat, der die Dinge im Kopf hat und nicht ständig in Vermerken kramen muss.

Ich hätte mit weniger Kompetenzen sicherlich ein einfacheres und leichteres Leben gehabt, aber bei einer einmaligen Gestaltungschance konnte das Feld der Herausforderung nicht groß genug sein. Ich habe in allen Bereichen versucht, Signale zu setzen, Spuren zu hinterlassen: in einer schnelllebigen Zeit wird vieles keinen langen Bestand haben. Aber ich habe mich um Reformen, um Bürgernähe und um mehr Effizienz bemüht. Meine Ministerjahre waren keine verlorenen in meiner Lebensbilanz, sondern eine unglaubliche Gelegenheit, im Sinne meiner katholischen Erziehung und Lebensphilosophie einiges für das Gemeinwohl zu leisten.

### 3.2.1 Wirtschaftskompetenz, Illusion und Wirklichkeit!

In einer Wohlstandgesellschaft hängt sehr viel davon ab, dass die politische Verantwortung in Händen liegt, die den sachlichen Herausforderungen der Wohlstandsmehrung bzw. Entwicklungen der Gefährdung gewachsen sein. Menschen, politische Bewegungen und Interessenvertretungen versuchen, Wirtschaftskompetenz auszustrahlen und durch ihre Aktionen nachzuweisen.

Wirtschaftskompetenz ist nach der Theorie ganz einfach nachzuweisen: man prüfe die Ausbildung und die Erfahrung einer Person, man messe sie an ihren Positionen und Aktionen und ziehe dann Schlussfolgerungen.

Nun ist es in der österreichischen Realität nicht so einfach. Wichtig ist nicht die Kompetenz, die man hat, sondern die, die einem „zugeschrieben“ wird Bevor man sich ein eigenes Urteil bildet, lässt man lieber durch Leitartikler und Kommentare vorbeurteilen, schließt sich dem an oder auch nicht. Viele machen es sich ganz einfach und halten jene für kompetent, über die oft und viel, vor allem positiv berichtet wird Nun ist das ja immerhin ein Fortschritt gegenüber der Vergangenheit, indem man weithin gläubig vertraut: „Wem Gott ein Amt gibt, dem gibt er auch Verstand!“ Es gibt auch Leute, die glauben, dass allein die Tatsache des Gewähltwerdens zu ähnlichen Schlussfolgerungen berechtigt.

Ich hatte mit meiner Kompetenz wenig Probleme: wovon ich etwas verstand, das wusste ich, das konnte ich im Gespräch mit Unternehmern, in Verhandlungen, im österreichischen wie im europäischen Parlament sowie in den Ministerräten unter Beweis stellen. In Materien, in denen ich nicht firm war, arbeitete ich mich entweder ein oder mischte mich nicht ein. Eine der ständigen Klagen, mit denen ich im Präsidium des Österreichischen Wirtschaftsbundes konfrontiert war, war die über mangelnde Wirtschaftskompetenz. Ich nahm das zu ernst, denn ich begriff zu spät, dass innerhalb der Funktionärskaste ein eigener Kompetenzbegriff existierte. Kompetent war, wer die eigenen Interessen konsequent vertrat und die Forderungen gebetsmühlenartig wiederholte. Oft wurde auch populär mit kompetent verwechselt. Um nicht nur auf die Bewertungen einiger Personen und mancher Medien angewiesen zu sein, ließ das Wirtschaftsministerium mehrmals Umfragen bei Fessel-GfK laufen.

Besonders eine umfangreiche Erhebung 1999 betraf Zufriedenheit mit der Wirtschaftspolitik und Wirtschaftskompetenz. Dabei zeigte der Vergleich zwischen 1998 und 1999, dass die Zufriedenheit mit der Wirtschaftspolitik generell gestiegen ist, von 49,3 % auf 52 %, ebenso die Zufriedenheit mit der Arbeitsplatzpolitik, nämlich von 37,6 % auf 43 %.

Hinsichtlich des allgemeinen Zuspruchs von Wirtschaftskompetenz gab es in diesem Zeitraum folgende Verschiebungen:

- BM Farnleitner von 8,7 % auf 15 %,
- BM Edlinger von 5,3 % auf 8 %,
- BK Klima von 31,3 % auf 23 %

In einer großen Life-Style 1999–Untersuchung desselben Institutes wurde auch abgefragt (4500 Befragte), wer sich in Österreich am meisten für den Ausbau des Systems der sozialen Marktwirtschaft einsetze. Die Werte lauteten:

- Wirtschaftsminister Farnleitner 29%,
- Finanzminister Edlinger 13%,
- Sozialministerin Hostasch 19%,
- Bundeskanzler Klima 21%,
- Bundeswirtschaftskammer 20% und
- Interessenvertretungen der Arbeitnehmer 31%

Ich konnte mit diesen Ziffern durchaus zufrieden sein, noch dazu weil mir in vielen persönlichen Briefen einfache und namhafte Personen Kompetenz zutrauten und glaubten. Ich möchte nur zwei Zuschriften zitieren. Der von mir hochgeschätzte Kardinal Franz König schrieb mir, dass er Österreichs Wirtschaft in guten Händen wisse. Nach einem Besuch beim damaligen amerikanischen Staatssekretär Eizenstat erhielt ich informell die Information, dass dieser, nach seinen Worten, selten von einem Gesprächspartner so angetan war. Einer seiner Mitarbeiter formulierte: „He could not stop talking about him“!

Der österreichische OECD-Botschafter Jankowitsch sagte mir einmal, dass ich der erste Wirtschaftsminister gewesen sei, mit dem bei den OECD-Ministerkonferenzen japanische MITI-Minister um einen Termin gebeten hätten.

Männer lieben Anerkennungen, ich bin da keine Ausnahme: ich würde lügen, hätten mich derartige Kompetenznachweise nicht ein wenig stolz gemacht.

## 3.3 Mein Kabinett, mein Kampfgelsengeschwader!

Die Tatsache, dass jeder Minister ein Kabinett zur besseren Bewältigung der Arbeitslast braucht, ist Gemeingut in Österreich. Jeder Bürger, der den direkten Weg zum Minister sucht, landet zunächst im Sekretariat und wird von diesem im Normalfall an den oder die Zuständige im Kabinett verwiesen. Die nicht ausdrücklich als persönlich bezeichnete Post wird vorbearbeitet und zur Erledigung zugeteilt, Akteneredigungen des Hauses, die der Minister sehen, wissen oder gar unterfertigen muss, werden kontrolliert, korrigiert oder zurückgeschickt, die Verbindung zu den Sektionen gehalten, Koordinationen mit den Kabinetten anderer Ressorts durchgeführt und wesentliche Informationen zusammengestellt und Strategievorschläge erarbeitet. Ein effektives Kabinett hilft dem Minister die vielfältige Arbeit besser zu bewältigen und ist Teil seiner Lebensqualität in der Politik, ein unfähiges Kabinett ist der Anfang vom Ende.

Als ich zum Minister bestellt wurde, hätte ich zunächst nichts dagegen gehabt, mit den engsten Mitarbeitern meines Vorgängers weiterzuarbeiten, doch kam mir der Kabinettschef einfach abhanden und ich hatte eine Neubesetzung vorzunehmen. Von den Reisen mit dem Vizekanzler noch als Wirtschaftsminister kannte ich Frau Mag. Udolf-Strobl recht gut und ich bat sie daher, meine Truppe zu leiten: ich vertraute ihr auch, da ich wusste, dass sie das Wirtschaftsministerium genau kannte. Ich stand auch ohne Pressesprecherin da, weil die Mitarbeiterin meines Vorgängers in die Österreich-Werbung gewechselt hatte. Für wenige Tage half mir Herr Haberson aus der Pressestelle der Wirtschaftskammer aus, doch galt es eine neue Lösung zu finden. Mir wurde eine junge Journalistin aus der News-Riege, Verena Nowotny, empfohlen. Wir verstanden uns auf Anhieb im Ehrgeiz nach Veränderung, bei meiner grundsätzlichen Einstellung zur Öffentlichkeitsarbeit hatte sie es aber schwer mit mir.

So hatte ich innerhalb weniger Tage ein respektables Kabinett stehen:
Mag. Udolf Strobl, Leitung, Hausreform,
Dr. Peter Takacs, Budget- und Wirtschaftspolitik, weiters Stellvertreter der Kabinettschefin,
Mag. Walter Andrle, Bergrecht, Energiepolitik,
Dipl.-Ing. Wolfgang Gleissner, Hochbau und Straßenbau,
Dr. Stefan Buchinger, Wirtschaftspolitik,
Dr. Martin Weiss, Außenwirtschaftspolitik,
Dipl.-Ing. Günther Lechner, Kommunikationstechnik
Verena Nowotny, Presse und Telekomliberalisierung.

Etwas später stieß Mag. Erika Ummenberger für die Bereiche Gewerbeordnung und Wirtschaftsrecht dazu. Als Martin Weihs 1997 ins Außenministerium zurückkehrte kam von dort Mag. Gabriele Meon-Tschürtz, die seine Agenden übernahm. Als Peter Takacs 1998 als Direktor in die FGG wechselte und Dr. Buchinger den Gründerservice übernahm, holte ich für die wichtigen Fragen der Eurovorbereitung Dr. Mittendorfer aus der Wirtschaftskammer Österreich und Dr. Kohlert aus dem Haus. Zur Betreuung der Wirtschaftspolitik kam Christina Burger aus der Sektion I. Nach Lassing entschloss sich Verena Nowotny zu einer Fortbildung an der Georgetown University und wurde durch Mag. Christine Sabaditsch ersetzt. Mag. Andrle wechselte 1998 in die Verkehrsdirektion Wien, für ihn kam Frau Dr. Michaela Moestl. Als 1999 Mag. Udolf-Strobl die neugegründete Sektion Tourismus übernahm, ging die Leitung des Kabinetts an Mag. Tschürtz über, Stellvertreter wurde Dipl.-Ing. Gleissner.

Für das riesige Haus, das ich laut Dienstpostenplan mit rund 6280 MitarbeiterInnen übernahm, war dies auch im Hinblick auf die mir sonst zugedachten Aufgaben innerhalb der Regierung eine sehr kleine Mannschaft. Im Vorzimmer betreuten mich zwei aus der Wirtschaftskammer mitgebrachte bewährte Kräfte, Frau Veronika Gerstenecker und Frau Sabine Fryd. Nach deren familienbedingtem Ausscheiden holte ich mir aus der Wirtschaftskammer Frau Gerlinde Schönbauer. Aus meiner Sicht hat es sich sehr bewährt, dass ich im Vorzimmer Mitarbeiterinnen hatte, die meinen Arbeitsstil, meinen großen nationalen und internationalen Bekanntenkreis und vor allem die Klientel aus der Wirtschaft seit Jahren gut kannten.

Mit den Mitgliedern meines Kabinetts verbrachte ich erheblich mehr Zeit als mit meinen Familienmitgliedern, im weiteren Sinn waren sie mir Familie geworden, mit denen ich meine Anliegen forcierte, die Sorgen teilte und die Erfolge feierte. Ich habe in ihnen Freunde/Freundinnen fürs Leben gefunden. Die Mitarbeit im Kabinett war für alle zeitaufwendig. Ich erinnere mich noch mit Vergnügen, wie erstaunt viele waren, dass ich täglich zwischen 6 und 7 Uhr im Büro auftauchte, während der Nacht Berge von Vermerken und Analysen durchgearbeitet und im Auto schon Unterschriftenberge erledigt hatte und sofort mit Aufträgen zur Hand war. Ich las am frühen kaum je Morgen Zeitungen, sondern wollte die dringendsten sachlichen Fragen erledigen, bevor der Strom der Besucher kam und der übliche Terminstau losging. Ich konnte mich auf mein Kabinett verlassen: es studierte vor allem die inländischen Medien sehr genau und wies mich auf Handlungsbedarf hin, konnten mich aber nicht zu einem Leser derselben machen. Dafür vertiefte ich mich so oft es ging in internationale Zeitungen wie die Frankfurter Allgemeine, die Zürcher Zeitung, die

Financial Times, das Wallstreet Journal und El Pais. Manche meiner MitarbeiterInnen haben sich mit dem frühen Aufstehen schwer getan und mich oft um einen Weckruf aus dem Auto gebeten. Umgekehrt tat ich mir mit Nachtschichten schwer. Die vielen Reisen innerhalb Österreichs und in die ganze Welt erzeugten erheblichen Stress und Zeitaufwand. Kabinettsmitglieder hatten bei mir jederzeit Zutritt, sie machten davon auch hinreichend Gebrauch. Wir verstanden uns erst dann reibungslos als alle begriffen hatten, dass ich ein sehr schneller Entscheider war. Auf hinhaltende Einwände reagierte ich oft vielleicht zu harsch, was manche Träne der Verzweiflung auslöste. Aber es gab von mir kein lautes Wort, ich vermied jede Unhöflichkeit, war aber oft recht ungeduldig, wenn eine Antwort oder eine neue Regelung allzu lange auf sich warten ließ. Dieser Druck wurde auch im Haus spürbar: freilich wirkte er dort nicht immer in gleicher Weise beschleunigend, was dazu führte, dass manche Korrektur oder Neuformulierung von den Kabinettmitgliedern in Sonder- und Nachtschichten vorgenommen wurden. Auch hatten alle bald heraus, dass wir uns angesichts von rund 400 Mitkompetenzen sehr nachhaltig in die Arbeit anderer Ressorts einmischen mussten. Da gab es oft auch harte Bandagen. Sehr bald sprach ich von meinem Kampfgelsengeschwader, wenn ich mein Kabinett meinte. Als ich diesen Begriff in einem Gespräch mit dem japanischen MITI-Minister verwendete, fragte mich der Dolmetsch mehrfach, ob ich das wirklich so meine.

Viele der von mir mitbewegten Reformen wären nicht so rasch und intensiv erfolgt, hätte mein Kabinett mit mir nicht an einem Strang gezogen. Freilich, für die vielen Anliegen im Hause, war ich sehr oder zuviel unterwegs. Meine Terminkalender waren stets übervoll, sodass dringende Kabinettbesprechungen sehr zeitig in der Früh oder auch spätabends angesagt waren. Die schönsten Besprechungen hatten wir im Pavillon des Tiergartens Schönbrunn, wo uns Direktor Pechlaner jedes Mal eine morgendliche Idylle bescherte.

Mein Kabinett nahm die vielen, sehr oft unsachlichen und nicht gerechtfertigten Angriffe in den nationalen Medien sehr ernst, für mich viel zu ernst. Aber ich redete ihnen immer ein, dass ich nicht für Popularität in den Medien arbeiten wollte, sondern um nachhaltige Sacherfolge zu erzielen. Ich danke allen Mitgliedern des Kabinetts für ihre unglaubliche Loyalität und Verschwiegenheit. Sie trugen meine Strategien oft contre coeur mit und verschwiegen brav, was andere sofort unter die Leute gebracht hätten. Von einem Kabinettsmitglied trennte ich mich auch nach einer zweifachen, wenn auch gut gemeinten Indiskretion. Vieles war einzustecken. Das gilt vor allem bei den Damen meines Vorzimmers, die sich von den Anrufern oft allerhand anhören mussten: von wilden Ratschlägen bis zu deftigen Beleidigungen. Aber sie schirmten mich prächtig ab, sie hätten es oft gerne noch intensiver getan, wenn ich nicht so gern selbst auch mit schwierigen Kunden gesprochen hätte.

Wir haben viel gelacht und gescherzt im Kabinett. Als die Ministerschaft endete, da kam es mir monatelang so vor, als ob ich einen Teil meiner Familie verloren hätte. Ich danke jedem und jeder, unsere Erfolge wären ohne ihren Fleiß und ihre Insistenz nicht möglich gewesen.

## 3.4 Meine Chauffeure!

Zu den Klischeevorstellungen der Kinder der Nachkriegszeit gehörte es, von einer beruflichen Stellung zu träumen, die zumindest einen Dienstwagen, noch besser sogar mit Chauffeur und im Traumfall auch noch eine Dienstvilla beinhaltete. Heimatfilme mit entsprechenden Rahmenbedingungen hatten wir ja genügend gesehen.

Ich war auch wirklich sehr stolz, als ich unter Generalsekretär Dr. Mussil bereits als Referent in der Wirtschaftspolitischen Abteilung einen Dienstwagen in Anspruch nehmen durfte. Die Vorgeschichte war ganz einfach. Einmal mehr hatten Verhandlungen über die Wirtschaftsgesetze bis nach Mitternacht gedauert: da dies voraussehbar war, fuhr ich nicht wie üblich mit der Eisenbahn von Felixdorf nach Wien, sondern mit dem Privatauto. Auf der Heimfahrt hatte ich nach Günselsdorf einen Sekundenschlaf und wäre mit meinem neuen Auto beinahe im Straßengraben oder im Jenseits gelandet. Am nächsten Morgen erzählte ich dies dem Generalsekretär mit dem Hinweis, dass ich künftig mit Rücksicht auf meine familiären Verpflichtungen meine Dienstzeit einhalten und den letzten Abendzug nie mehr versäumen werde. Ich muss noch hinzufügen, dass der Generalsekretär jeden Montag Waldvierteltag hatte und nach der abendlichen Rückkehr aus seinem Wahlkreis mich gerne mit Interventionsaufträgen versorgte. Mussils Reaktion war einfach: „Ich brauche Ihre Arbeitskraft, daher benützen Sie einen unserer Dienstwägen, wann immer sie ihn brauchen!"

Ich war sehr stolz, da ich der erste Mann aus unserer Maturaklasse war, der dieses Privileg zuerkannt bekam.

Bei Chauffeuren im öffentlichen wie im privaten Dienst gibt es eine Art Klassengesellschaft. Ganz oben stehen jene, die mit Ministern, Präsidenten, Generalsekretären, Generaldirektoren, also mit Chefitäten fahren. Dann kommen die normalen Fahrer mit den Einspringern für Ausfälle auf der Chefebene, dann die, die auch mit Referenten, in- und ausländischen Gästen fahren müssen und schließlich die Fahrer des Expedits oder des Postdienstes, die nur im Notfall Personen befördern dürfen. Die Fahrer der Dienstwägen sind Geheimnisträger unterschiedlicher Dichte: sie wissen alles über die Terminkalender ihrer Chefs und deren privaten Verpflichtungen zwischendurch, sie hören aus den Gesprächen der Mitfahrenden vieles, was andere gerne wissen möchten und bilden im Zusammenhalt mit den Fahrern anderer Dignitäten eine Zunft eigener Art. Der Umfang des Mithörwissens hat sich seit Einführung des Autotelefons, der Handys und auch der Autfaxgeräte potenziert. Gerade weil zum Teil auch noch bis heute Politiker und Verbandsfunktionäre glauben, dass die Wichtigkeit ihrer Termine die Verpflichtung zur Einhaltung der Straßenverkehrsordnung aufhebt, können viele Chauffeure von Rekordfahrten stadtintern oder quer durch Österreich erzählen. Die Exekutivorgane haben oft genug weggesehen, aber das scheint sich zu ändern. Also gilt es Strafverfügungen zu riskieren, die dann bezahlt werden, auch die nötigen Interventionen gegen Führerscheinentzug gehören zum Pflichtenheft eiliger Politiker und Funktionäre.

Nun war es auch in der Kammer so, dass es nicht gerade zu den begehrtesten Jobs gehörte, Referenten zu befördern, noch dazu solche, denen eine Spitzenkarriere nicht ins Stammbuch geschrieben schien.

Ich hatte das Glück, mit Herrn Willibald Kainz einen erfahrenen Chauffeur zugeteilt zu erhalten, der froh war, für jemand fahren zu dürfen, der nicht zur Eile trieb, der gerne plauderte und es genoss, wenn wir zwischendurch einmal eine Pause einlegten. Er hatte auch Verständnis dafür, dass ich abgesehen von Nachrichten das Radio nie eingeschaltet haben wollte. Auch das Nichtrauchen im Auto machte nie ein Problem. Wir sind kreuz und quer durch Österreich gefahren, unfall- und strafmandatsfrei, es gab nie Spannungen und keinen Fall der geringsten Indiskretion. Auch meine Familie wusste mich in sicheren Händen.

Als Herr Kainz krankheitshalber in den Ruhestand trat, wurde mir der junge Christian Siderits zugeteilt. Mir war er aus einem einfachen Grund gleich sympathisch. Ich hatte, als ich Generalsekretärstellvertreter wurde, einen billigeren Volvo als Dienstwagen gewünscht und erhalten. Mein Fahrer akzeptierte diesen Wagen ebenso wie meinen Wechsel im Ministerium von einem alten 7-er und einem neuen 5-er BMW zu einem sehr günstigen, aber unauffälligen Opel Omega. Auch mein Insistieren auf Einhalten der Straßenverkehrsordnung (Geschwindigkeitslimits) wurde ohne Murren akzeptiert. Wir sind insgesamt einige Millionen Kilometer im In- und Ausland gefahren, bei jedem Wetter und zu jeder Tages- und Nachtzeit. Vor allem die hunderte Vorträge im Zuge der EU-Beitrittsvorbereitung und der Volksabstimmung haben harte Anforderung an meinen Fahrer gestellt. Beide meiner Herren haben akzeptiert, dass ich gelegentlich mich ans Steuer setzte, einfach um das Autofahren nicht zu verlernen oder ihnen eine kleine Erholung zu gönnen. Erst jüngst hat mir Herr Siderits erzählt, wie er sich geschreckt hatte, als ich einmal das Steuer des Omega in Salzburg übernahm und er erst auf der Stadtautobahn in Linz wach wurde. Wir hatte viel Spaß miteinander: beide Herren hörten sich in den hinteren Reihen der Veranstaltungssäle meine Vorträge und Diskussionen an und berichteten mir hinterher über die Reaktionen der ZuhörerInnen. Da kamen oft auch sehr hilfreiche Anregungen. Sie hatten auch volles Verständnis dafür, dass wir Büffets zwar oft eröffneten, aber gleich daraufhin das Weite suchten. Wir freuten uns diebisch, wenn uns die Gendarmerie oder die Staatspolizei wieder einmal wegen Unauffälligkeit nicht wahrnahm und dann erstaunt unsere Anwesenheit feststellte.

Mit Herrn Siderits hatte ich einen denkwürdigen Besuch in der Slowakei. Wir waren etwas spät dran und sollten im Zuge der Ostautobahn von einem Gendarmeriebegleitfahrzeug übernommen werden. Das erste Gendarmeriefahrzeug, das sich uns anschloss, war jedoch eine Verkehrskontrolle mit jüngeren Beamten. Sie beanstandeten, dass wir zu schnell gefahren seien und erkannten weder mich noch das Dienstfahrzeug. Ich sagte: „Zahlen Sie die paar hundert Schilling und schauen wir, dass wir weiter kommen!“ Die uns erwartende Eskorte wunderte sich über unsere Begründung, dass wir von Kollegen aufgehalten worden seien. An der slowakischen Grenze wurden wir durchgewunken und fuhren direkt ins Wirtschaftsministerium, wo man uns erstaunt empfing und nach dem Verbleib der Polizeieskorte mit dem Herrn Staatssekretär fragte. Die Sache klärte sich sehr einfach auf: Die Grenzbeamten glaubten, dass in dem Opel Omega nur die kriminalpolizeilichen Begleiter des österreichischen Ministers seien und warteten auf einen großen Mercedes oder BMW, der nicht kam: dafür kam der Anruf aus dem Ministerium mit dem Hinweis, dass man den Ehrengast übersehen hätte. Jedenfalls bat man uns um Entschuldigung und ersuchte uns, das nächste Mal auf einem ordentlichen Empfang an der Grenze zu bestehen. Ähnliches passierte uns bei einem Besuch des Gießereiinstituts in Leoben, bei dem die Staatspolizei, die uns an der Landesgrenze übersehen hatte, nach uns suchte. Bei einem Besuch der Sommerfestspiele in Reichenau ging mein Chauffeur ins Kaffeehaus und traf dort einen Gendarmeriebeamten, der erzählte, dass man heute den Vizekanzler und einige Minister erwarte. Herr Siderits klärte ihn auf, dass die ganze Truppe schon seit dem späten Vormittag im Peterhof gewesen sei und nun bereits die Plätze eingenommen habe. Über eine Fahreranekdote lachen wir noch heute miteinander. Auf der nächtlichen Rückfahrt von einer Veranstaltung in Salzburg bat uns eine mich begleitende Mitarbeiterin des Kabinetts, sie bei einem aufgelassenen Rastplatz vor Linz aussteigen zu lassen, es gäbe dort ein Loch im Zaun, durch welches sie quer über einige Felder zum elterlichen Bauernhof gehen könnte. Ich sagte unter eine Bedingung zu: da es eine rabenschwarze Nacht war, sollte sie sich in der Raststation Mondsee eine Taschenlampe besorgen. Wir hielten an, ein Einkauf wurde getätigt, wir fanden die gewünscht Stelle und luden die Mitfahrerin aus. Wir hörten später, dass sie statt einer Taschenlampe sich nur Streichhölzer gekauft hatte, sich in den mannshohen Maisfeldern verirrte und bei einem anderen als dem heimatlichen Hof landete. Wir haben bei anderer Gelegenheit mit ihren Eltern bei selbstgezüchteten gebratenen Forellen (auch spät in der Nacht) über diese nächtliche Heimkehr mit Hindernissen herzlich gelacht.

Mein Chauffeur war auch mein Schutzschild, wenn wir irgendwo rasch einmal eine Kaffee trinken oder jausnen wollten, Setzte man sich allein irgendwo hin, man konnte sicher sein, dass man sofort einen Gesprächspartner fand, der sich dazu setzen und seine Probleme los werden wollte. Aber einige Minuten des Abschaltens waren einfach nötig.

Ein Abendimbiss ist mir in besonderer Erinnerung. Eine Nachtsitzung im Hohen Haus war auf unserer Tagesordnung. Ich war – wie schon oft – nicht zu einem Mittagessen gekommen und hatte einen knurrenden Magen. Ich sagte daher meinem Chauffeur, dass wir etwas früher ins Parlament fahren würden, da ich noch eine Kleinigkeit in der Cafeteria essen möchte. Beim Hinüberfahren am Ring fuhren wir an dem Würstelbüffet an der Straßenbahnhaltestelle Bellaria vorbei: da packte mich die Lust auf ein bodenständige Bratwurst. Wir parkten das Auto beim Parlament, gingen zurück zum Stehbüffet und verzehrten genussvoll eine Bratwurst, genossen die Stimmung und beneideten alle, die um diese Zeit nach Hause hasteten. Wir trösteten uns mit dem Gedanken, dass der kommende Auftritt im Hohen Haus allemal unterhaltsamer sein würde als die üblichen Katastrophennachrichten im Fernsehen! Wir unterhielten uns glänzend und genossen das kulinarische Ereignis.

In Zeiten wie diesen wurden der Dienstwagen zum fahrbaren, mobilen Büro und der Chauffeur zu weit mehr als einem Lenker. Ich hätte vieles weniger gut tun können, wenn ich mich nicht so sehr auf meine Fahrer hätte verlassen können.

## 3.5 Meine MitarbeiterInnen im Ressort

Ein durchschnittlicher Mitarbeiter, gleichgültig ob Beamter oder Vertragsbediensteter, hatte bei meinem Amtantritt schon mindestens ein halbes Dutzend Minister er- und überlebt. Die Halbwertszeit österreichischer Wirtschaftsminister ist ziemlich schwankend: neben Langzeitministern wie Dr. Staribacher und Dr. Schüssel gab es Kurzzeitleiter wie Dr. Steger und Dr. Ditz. Auch der Kompetenzumfang des Hauses war variabel, zu Zeiten der SPÖ-Alleinregierung wurde der Bautenbereich in ein eigenes Ressort ausgegliedert, die große Koalition vereinigte die Bereiche wieder. Mit meinen zusätzlichen koalitionären und EU-Verpflichtungen hatte das Haus jedenfalls einen Höhepunkt seines Einflussbereiches erreicht. Doch was immer auch passierte, die Beamtenschaft blieb. Die Entwicklung hat im öffentlichen Dienst offenbar dazu geführt, dass jedem Neuen mit einem Gefühl interessierter Erwartung begegnet wird Was wird er machen, wie wird er es machen, was wird er anders als seine Vorgänger machen? Wie wird er den Mitarbeitern und Mitarbeiterinnen entgegentreten? Werden wir weiterhin in vielem bloß ein verlängerter Arm und Umsetzungsinstrument von Partei und/oder Sozialpartner – oder Kammerwillen sein?

Die ersten Amtshandlungen können oft einen entscheidenden Langzeiteinfluss haben. Ich erinnerte mich, dass Bundesminister Dr. Staribacher mit einer geradezu revolutionären Geste 1970 im Haus auf sich aufmerksam machte: er öffnete die Nutzung des bis dahin Ministern vorbehaltenen Aufzugs für alle. Wie schon erwähnt, habe ich diesen Aufzug nur an meinem ersten Arbeitstag benutzt, in der Folge bin ich immer über die Stiegen gegangen. Das tat der Kondition gut, man traf Menschen und ich konnte mich regelmäßig über weggeworfene Taschentücher und Zigarettenreste ein wenig aufregen. Manchmal lag ein Papierrest zwei Tage unaufgehoben auf derselben Stelle, bis ich mich bückte und ihn beseitigte.

Ich wollte allen Mitarbeitern offen entgegentreten. Mir war es prinzipiell gleichgültig, welcher politischen Gruppierung jemand angehörte oder nahe stand: es ging mir um Leistung und Servicebereitschaft. Es galt mit Hilfe möglichst aller etwas weiterzubringen. Vom ersten Tage an verkündete ich bei allen möglichen Anlässen mein Credo:

Erstens, das BMwA muss Motor und Stimulierer von Wirtschaft und Wirtschaftspolitik werden.

Zweitens, das Sachwissen und die Einsatzbereitschaft der öffentlich vielgeschmähten staatlichen Verwaltung sind zu einem der wichtigsten Standortfaktoren geworden. Das bedeutet: Servicegesinnung für die im Wettbewerb stehenden Unternehmen, möglichst rasche Umsetzung von zweckmäßigen Reformen und zügige Entscheidung in Verwaltungsverfahren. Erledigungen durch Liegenlassen und Abwarten einer Säumnisbeschwerde waren mir ein Gräuel.

Drittens, das BMwA ist nicht nur ein Ministerium für die Wirtschaft bzw. die Unternehmer, sondern für alle Staatsbürger. Daher verfolgte ich die Errichtung von Servicezentren jenseits des schon von meinem Vorvorgänger ins Leben gerufenen Bürgerservices. Es folgten fünf weitere Servicestellen: für Lehrlinge, für Tourismus, für Gründer, für Außenhandel und für Wettbewerb. Es wurde für diese Zentren sogar geworben.

Weiters wollte ich für alle, die ein Gespräch mit mir verlangten, offen sein, egal ob Politiker, Verbandsfunktionär oder einfacher Unternehmer. Allerdings wurden die ersten Termine schon ab 6. 30 Uhr anberaumt! Ich hatte auch keinen Genierer, Intervenienten um diese Zeit zuhause anzurufen. Manche Kunden erklärten mir, wie sie diese frühen Weckrufe verabscheuten – aber viele erinnern mich heute noch daran.

Diese Vorgangsweise war für viele meiner alten Kammerfreunde ein nicht geringer Schock, war es doch seit Präsident Sallinger die Regel, dass nur die Kammerspitze selbst mit dem Ministerium bzw. direkt mit dem Minister kommunizieren durfte: Mitglieder und Fachverbände hatten den Weg über die Zentrale zu gehen. Der Bundesinnungsmeister der Tischler bekam auch postwendend einen kammerinternen Rüffel, als er sich mit Kollegen direkt bei mir einfand und sogleich eine Erledigungszusage mitnehmen konnte.

Viertens, das Wirtschaftsministerium sollte in der Sachpolitik zu einem „agenda setter“ werden und nicht warten, welche Herausforderungen und Probleme von außen an es herangetragen werden.

Fünftens, ich wollte nicht nur ein für alle BürgerInnen, aber auch MitarbeiterInnen erreichbarer, zugänglicher, ansprechbarer Minister sein. Daher führten wir sofort eine E-Mail-Adresse ein, ich stellte mich mehreren Internetchats und führte zunächst auch Sprechstunden für MitarbeiterInnen ein. Letztere haben sich nicht bewährt, sie waren sehr zeitaufwendig und hatten fast nur Wünsche nach Beschäftigung für Familienmitglieder oder Freunde zum Gegenstand, weshalb ich diese Termine wieder sein ließ. Außerdem merkten die meisten im Haus, dass ich immer ansprechbar war, am Gang, bei den Hoffesten, bei Feiern im Marmorsaal und sonstigen Zusammentreffen.

Erst jüngst sagte mir zwei Jahre nach meinem Ausscheiden bei einem Neujahresempfang einer Sektion eine Mitarbeiterin: „Ich war damals, als Sie bei unserem Betriebsausflug in die Wachau auf dem Schiff waren und von Tisch zu Tisch gingen und an jedem für ein Gespräch Platz nahmen zu gehemmt, um Sie anzusprechen!" Dieses Mal hat es jedenfalls –wenn auch verspätet geklappt.

Sechstens, alle leitenden Beamten sollten wissen, was im gesamten Haus politisch vorging und welche Strategien bzw. Positionen der Ressortleiter einnahm. Daher lud ich regelmäßig zu Sitzungen der Sektionsleiter ein, an denen auch Gruppenleiter, die Präsidenten des Bundesamtes für Eich- und Vermessungswesen sowie des Patentamtes und die Kabinettsmitglieder teilnahmen. Das Sitzungszimmer 210 war immer gesteckt voll. Das schuf Informationstransparenz und trug zur Corporate Identity wesentlich bei.

Siebentens, ich appellierte an alle, nicht Experten zu sein, die in jedem Fall wissen, warum etwas nicht geht, ich bräuchte Innovatoren, die herausfänden, wie Ideen zum Leben erweckt und umgesetzt werden könnten.

Ich traf am Anfang auf erhebliche Skepsis. Ein alter Bekannter aus dem Haus sagte mir einmal: „Du legst Dir die Latte verdammt hoch!" Doch ich erwiderte, dass im Hinblick auf meine Lebensplanung die Gegenwart meine Zukunft sei: ich strebte keine Langzeitkarriere im Amt an, daher solle alles so rasch wie möglich gehen. Mein Optimismus steckte doch eine erhebliche Zahl von Mitarbeitern an. Einem Sektionschef, der mir bei allen Vorschlägen mit Skepsis kam, sagte ich einmal erregt: „Herr Sektionschef, Sie haben ihr Kontingent an „Geht nicht"-Stellungnahmen ausgeschöpft. Wenn Sie mir noch einmal bloß erklären, warum etwas nicht geht, bleibt meine Bürotüre künftig für Sie geschlossen!"

Ziemlich erstaunt war ich über die Tatsache, dass sich viele MitarbeiterInnen im Haus als Benachteiligte in Staat und Gesellschaft fühlten. Da wurde es schon notwendig, einmal darauf hinzuweisen, dass es im öffentlichen Dienst de facto kein Berufsrisiko gäbe und die Bezahlung zum Teil bereits über jener in der Privatwirtschaft liege. Die Empfindlichkeit gegenüber öffentlicher Kritik sollte durch das Bestreben abgelöst werden, imageverbessernd im Umgang mit Bürgern/Bürgerinnen zu arbeiten. Ein Beispiel bot sich mir bald. Als im Zuge einer Attentatswelle eingehende Post durchleuchtet werden musste, ging mein Chauffeur eines Morgens mit einem Poststück in die Einlaufstelle: der Diensthabende war mehr von Alkohol als von Diensteifer beseelt und sagte, dass er vor Mittag einfach nicht dazukäme, das Paket durch den Apparat laufen zu lassen. Ich hörte davon und meinte zum zuständigen Beamten, dass der Betreffende fehl am Platze sei. Die Antwort: „Herr Minister, Alkoholismus ist eine Berufskrankheit, wir können nichts machen!"

Die Personalvertretung fand immer eine offene Türe, wenngleich ich bemängelte, dass sie ihr Hauptinteresse eher den Minderbegabten und den weniger Fleißigen zu sehr widme. Als bei einer Feier der Vorsitzende der Personalvertretung über die Regierung herzog, teilte ich ihm mit, dass er künftig bei derartigen Anlässen nicht mehr zu Wort kommen werde. Wir söhnten uns rasch wieder aus. Die Melancholie, die an manchen Stellen des Hauses wegen der sinkenden Zahl der Pragmatisierungen herrschte, war mir schwer verständlich. Die Pragmatisierungsfeiern mit Kammermusik waren allerdings auch von mir geschätzte Anlässe.

Ein Ärgernis für viele Bedienstete war die von Minister Dr. Schüssel seinerzeit eingeführte Pflicht zum Stechen beim Betreten und abendlichen Verlassen des Hauses. Ich wurde sofort mit der Beschwerde empfangen, dass kein anderes Ressort eine derartige Kontrolle habe. Ich wäre sofort ein sehr populärer Minister, wenn ich diese Praxis abschaffen würde. Meine Antwort war: „Ich hoffe sehr, dass nicht zu viele am Morgen zeitig des Parkplatzes wegen kommen und dann das Haus wieder verlassen!" Das Wirtschaftsministerium sollte sich wie ein Top-Unternehmen der Wirtschaft gerieren und nicht wie ein traditionelles Amt für Wirtschaftsvorsorge!

Raschheit war die Tugend des Hauses – nicht alles musste überlegt und sorgfältig geprüft sein. Das merkte ich an zwei Beispielsfällen: unsere E-Mail-Post erforderte entsprechend rasche Antworten, und wenn es nur eine Zwischenerledigung war. Ich verlangte, dass erste Reaktionen binnen zwei Tagen beim Intervenienten sein sollten. Ein Fall für sich waren Parlamentarische Anfragen. Mir fiel auf, dass ich diese regelmäßig in den letzten Tagen oder Stunden vor Ablaufen der Frist zur Unterschrift vorgelegt erhielt. Die Antworten musste ich genau lesen, weil ich im Parlament dazu immer wieder befragt wurde. Ich war erstaunt, dass ich in Minuten erledigen sollte, was monatelang im Haus unterwegs war. In diesem Bereich führte meine Kritik nicht zu einer Beschleunigung des internen Verfahrens. Hier war Schnelllesen meinerseits und das Verlassenkönnen auf die kritische Vorprüfung durch das Kabinett weiterhin angesagt.

Aber alles in allem, ich hatte ein gutes Verhältnis zu meinen MitarbeiterInnen. Ein Indiz hiefür war, dass ich auch von einfachen Menschen im Haus bald darauf angesprochen wurde, dass ich doch über die Legislaturperiode hinaus Minister bleiben sollte. Auch wurde mir oft bestätigt, wie ungerecht mich die Medien in dem einen oder anderen Fall behandelten. Unvergesslich bleibt mir die Stellungnahme eines Sektionschefs, der mir einmal sagte: „Ich habe mich gestern bei der Lektüre der Presse über die Kritik an Ihnen so geärgert, dass ich beinahe einen Leserbrief geschrieben hätte!“

Ich danke allen Mitarbeitern und Mitarbeiterinnen für ihre Dienste und bin stolz, dass ich über Jahre ihr Vorarbeiter und Dienstherr sein durfte. Ich werde auch weiterhin jeden grüßen und mich über jedes Gegrüßtwerden freuen!

## 3.6 Das Chaos-Präsidium

Vor Präsidien hatte ich immer Hochachtung: da trafen sich oberste Verantwortungsträger, berieten und fällten richtungweisende Entscheidungen. Als ich diese meine Einstellung einmal einem Generalsekretär der Bundeswirtschaftskammer erzählte, da erhielt ich die folgende ironische Erklärung: „Du wirst Deine Einstellung in dem Augenblick ändern, in dem Du selbst einmal Mitglied eines solchen Gremium sein wirst!"

Die ersten Präsidien, denen ich angehörte, waren Einrichtungen der Katholischen Aktion: Vorstand der Katholischen Männerbewegung der Erzdiözese Wien, dann Vizepräsident, später über ein Jahrzehnt Präsident der KMBÖ, Vizepräsident der Katholischen Aktion Österreichs unter Präsident Minister Weiß, Vizepräsident der Internationalen Vereinigung katholischer Männer UNUM OMNES und über viele Jahre deren Präsident. Die Verantwortung für die Tätigkeit von Vereinen mit zuerst tausenden, später Millionen Mitgliedern war eine Schule für das Leben. Ich lernte bald, wie es in solchen Gremien zugeht: Aktionen werden geplant, oft mühselig durch- und umgesetzt, Resolutionen erarbeitet, Presseaussendungen konzipiert (frei nach dem Motto: „Was nicht in den Medien ist, findet nicht statt"), Förderungen vergeben, Auszeichnungen vorgeschlagen, Empfindlichkeiten von Personen erfahren und genutzt sowie die Wichtigkeit der jeweiligen Institution gegenüber anderen Einrichtungen betont. Sitzungsstrategien lernt man durch Erfahrung, man kann sie sich nicht erlesen, auch wenn es frei nach Mao Tse Tung zweckmäßig ist, keine Sitzung einzuladen, deren Ergebnis man nicht schon vorher weiß.

Reden wir einmal von der Buntheit der Sitzungsteilnehmer: da gibt es die Ehrgeizigen, die sich im Ergebnis, jedenfalls aber namentlich im Protokoll verwirklicht oder besser zumindest festgehaltenen sehen wollen, dann die Zögerer und Skeptiker, die zu allen Vorschlägen genau wissen, wieso etwas nicht gehen wird, die geborenen Opponenten, die alles bestreiten außer den eigenen Lebensunterhalt, das gilt besonders für die in Österreich in allen Lagern zahlreichen Berufsjugendlichen, die Stürmer, die alles umsetzen wollen, wofür die Zeit nicht reif ist und die Teilnehmer, denen die Sitzungstätigkeit als Beweis ihrer Wichtigkeit genügt und die schon mit dem Servieren von Kaffee und Brötchen als Sitzungsergebnis zufrieden sind. Von den jeweiligen Vorsitzenden habe ich viel gelernt, besonders von dem zwischenzeitig in katholischen Kreisen legendären Edi Ploier, der eine geborene Führernatur war und mir zeigte, wie man mit Umstandsmeiern fertig wird: sie einmal zu Wortkommen lassen und dann übersehen! Sitzungen brauchen Leidenschaft, Witz, Lob und Kritik, Sachlichkeit alleine fördert den Schlaf. Auch wenn am Anfang aller katholischen Präsidien gebetet wurde: eine Sitzung ohne Emotionen, Vorwürfe und Kritik, vor allem an nicht Anwesenden, vor allem aber an der Amtskirche, habe ich selten erlebt. Ich habe einmal im Frust nach einer Sitzung des KA-Präsidiums das Motte der katholischen Aktion so formuliert: „Getrennt marschieren, vereint aufeinander losschlagen!"

Aber die katholischen Präsidien waren eine hervorragende Schulung für die Tätigkeit in Leitungsgremien von Politik und Wirtschaft, in die ich in bunter Folge involviert wurde. Ich nenne namentlich, die Obmännerkonferenzen, zuerst im Weinwirtschaftsfonds, dann über Jahrzehnte im Milchwirtschaftsfonds, das Präsidium des Instituts für Raumplanung und jenes der FGG (Finanzierungsgarantiegesellschaft).

Aber beruflich dauerte es Jahrzehnte bis ich endlich in meinen „Traumpräsidien" in der Wirtschaftkammer Österreich und im Österreichischen Wirtschaftsbund mitarbeiten durfte. Im Laufe meiner Kammertätigkeit habe ich wahrscheinlich hunderte von Präsidialanträgen verfasst und oft mit Bangen und Hoffen auf deren Erledigung gewartet. Bei den Beschlüssen in der Bundeswirtschaftskammer wurde auf Grund der politischen Mehrheitsverhältnisse immer auf die Position des Präsidiums des Wirtschaftsbundes, der die Kammer politisch dominierte, Rücksicht genommen. In der Periode von Präsident Sallinger gab es da nie Konvergenzprobleme, da die Persönlichkeit des Genannten absolute Übereinstimmung beider Institutionen garantierte. Als mich Präsident Maderthaner 1992 als Generalsekretärstellvertreter für die Bereiche Wirtschaftspolitik, Außenhandel, Integration und Wirtschaftsförderung berief, kam ich endlich in das Präsidium der Wirtschaftkammer Österreich. In dem zumindest einmal im Monat tagenden Gremium dominierte die Sacharbeit. Mit Maderthaner begann der Sparkurs: Immer öfter hatte ich Anträge über Subventionskürzungen, Einstellung von Aktionen und Ausgabensenkungen zu präsentieren. Was mich oft ärgerte war, dass wir mühselig erhebliche Summen einsparten, die dann relativ locker für Prestigeprojekte investiert wurden: Politische Bildung über die Politorganisationen, die im Haus vertreten waren, Sportevents und die obligatorischen Österreichhäuser bei Weltmeisterschaften und Olympiaden. Da kam Frust auf. Erwähnen sollte ich auch, dass die Sitzungen des Präsidiums der Wirtschaftskammer Österreich immer im unterkühlten Zimmer des Präsidenten stattfanden, was dazu führt, dass man sich für diese Sitzungen nicht nur gut vorbereiten, sondern auch warm anziehen musste. Eine der teilnehmenden Damen entschloss sich nach ersten Verkühlungen zum Tragen von Schals und Skiunterwäsche. Aber es war eine ungeheuer wichtige Erfahrung für mich, im Präsidium eines weltweit arbeitenden Dienstleistungskonzern mitarbeiten zu dürfen.

Als ich im Juni 1996 Wirtschaftsminister wurde, da fand ich automatisch Aufnahme im Präsidium des Österreichischen Wirtschaftsbundes, das praktisch jeden Mittwoch früh im ÖWB-Gebäude in der Mozartgasse tagte. Ich nahm mir aus verschiedenen Gründen vor, nach Möglichkeit regelmäßig daran teilzunehmen:

- ich erhoffte mir Unterstützung für wirtschaftsunterstützende und beschäftigungsfördernde Maßnahmen, im besonderen aber Impulse und Ermunterung für die anstehenden Reformen,
- ich wollte mit persönlicher Überzeugungsarbeit Widerstände beseitigen und Allianzen schmieden,
- ich erwartete konstruktive, anregende Diskussionen und
- ich hielt die Mitglieder für Freunde, die mir bei allfälligen Problemen beistehen, mir den Rücken stärken und mich motivieren könnten!

Eines hatte ich gleich gelernt: Im Wirtschaftsbundpräsidium brauchte es keine Unterkühlung, hier ging es immer hoch her, eine gute Vorbereitung war nicht nötig, notwendig war es, sich mental auf die Konfrontation mit dem in Bund, Ländern und Fachorganisationen aufgestauten Funktionärs- und Mitgliederfrust einzustellen. Ich musste immer wieder ernüchternd erfahren, dass es nicht galt durchgesetzte Anliegen zu feiern, sondern nicht durchgesetzte Restposten in den Mittelpunkt von Resümees zu stellen. Da mochte ein Lehrlingspaket noch so gut und zielführend sein, wenn aber die Kündigungsmöglichkeiten für neue Lehrlinge nicht wunschgemäß ausgeweitet wurden und die abendliche Beschäftigungsgrenze für Lehrlinge im Tourismus nicht auf 23 Uhr verlängert wurde, dann war es fast eine Zumutung, einen Erfolg feiern zu wollen. Da war Krisenstimmung angesagt. Außerdem gab es kaum eine Sitzung die nicht mit dem Ceteum Censeo-Lamento des Vorsitzenden über die zu hohen Lohnnebenkosten begann. Ganz schlecht lag ich immer, wenn ich auf meine Pflicht zur Umsetzung von auch mit den Stimmen der Wirtschaftsbundabgeordneten beschlossenen Gesetzen hinwies: Ich nenne hier als Beispiele die PKW-Vignette und die LKW-Maut (Road-pricing). Hier wurde Bremsen und Verhindern erwartet. Mein Tatendrang schien für manche Teilnehmer geradezu eine Erschwernis für ihre Tätigkeit zu sein.

Die Sitzungsteilnehmer waren ausgeprägte, beeindruckende Persönlichkeiten: Landeskammerpräsidenten, die den geringen Einfluss den sie in ihren Bundesländer hatten, auf Bundesebene überzukompensieren suchten, Sektionsvertreter, die mir treuherzig ihre Loyalität versicherten und mir am nächsten Tag in Presseaussendungen die wildesten Vorwürfe machten, die Vorsitzende des Wirtschaftsausschusses des

Nationalrates, die für ihren Einsatz mehr Kritik als Dank erntete und mit mir die Blitzableiterrolle spielen durfte, ein angesehener Unternehmer der Lebensmittelbranche, dessen Temperament bekannt und nicht immer hilfreich war, Mitglieder, die regelmäßig durch Abwesenheit glänzten, aber ständig kritikfähig blieben. Dazu kam ein dynamischer, überkritischer Generalsekretär, der nachdrücklich auf Interessenvertretung bestand und dem die Kompromisse in einer Koalitionsregierung meistens nicht hinreichend waren.

Das Engagement von Frau Vizepräsidentin Abg. Tichy-Schreder war in der Parlamentsarbeit für viele Reformen (Gewerbeordnung, Wirtschaftstreuhänderberufsordnung um nur einige Beispiele zu nennen) entscheidend, da im Klub die kleine Arbeitsgemeinschaft der Wirtschaftsbundabgeordneten lieber kritisierte als bei Umsetzungen half. Als Beispiel möchte ich anführen, die die Beschlussfassung der modernisierten und liberalisierten Wirtschaftstreuhänderberufsordnung nicht am Widerstand des freien Berufes, sondern an der Frage der Kammermitgliedschaft der gewerblichen Buchhalter monatelang hängen blieb. Die Ausschussvorsitzende hatte Schwerstarbeit in der Findung eines Kompromisses, der in der Schaffung zweier Kategorien von Buchhaltern, den gewerblichen bei der Wirtschaftskammerorganisation, den selbständigen in der Kammer der Wirtschafttreuhänder) endete. Im Präsidium des ÖWB war dies eine Frage von existentieller Bedeutung. Aber es gibt Gott sei Dank in dieser Republik viele Menschen, die Kritik nicht demotiviert, sondern anstachelt.

Es gab offenbar ein einfaches Kritikschema: den Schüssel (Exgeneralsekretär des Wirtschaftsbundes und Parteiobmann) kritisieren wir nicht offen, den Bartenstein (Umweltminister) nur, wenn er nicht da ist und den Farnleitner machen wir für alles, was nicht umsetzbar ist, verantwortlich. Zu den Sitzungen nahm ich immer ein Kabinettsmitglied mit, weil die Erlebnisse einfach einen Zeugen auf meiner Seite erforderlich machten. In vielen Sitzungen musste ich erfahren, dass das alte Kammermotto „Lerne Klagen ohne zu leiden" für mich nun „Lerne leiden ohne zu klagen" hieß. Aber ehrlich gesagt, das Herumstreiten und Provozieren in diesem Gremium machte mir einfach Spaß und war eine gute Einübung für die parlamentarischen Wortprügeleien.

In dem ÖWB-Präsidium menschelte es sehr: Je nachhaltiger die Loyalität für den Vorsitzenden bekundet wurde umso intensiver wurde offenbar hinter seinem Rücken intrigiert. Dabei fiel mir ein Landeskammerpräsident auf, der immer eifrig mitschrieb und Teilnehmern in Folgesitzungen frühere Äußerungen minutiös vorhielt: Maderthaners Freund war er jedenfalls nicht.

Vor den Sitzungen und dem erwarteten Ritual der Auseinandersetzungen ging ich fast immer in die Paulanerkirche meditieren und holte mir dabei den nötigen Gleichmut. Als ich einmal meinen Sitzungsfrust dem Parteiobmann berichtete, sagte er nur: „Was gehst Du auch in diese Chaos-Präsidium, Du bist selber Schuld!"

Ich bin den Damen und Herren dieses Gremiums für die späte Charakterschulung dankbar. Die Erfahrung bestätigte mein Lebensmotto: „In spite!" („Trotzdem"). Die Begegnung mit den fleischgewordenen Sollwiderständen für echte und nachhaltige Reformen half mir, viele nachhaltige Veränderungen der wirtschaftlichen Rahmenbedingungen erfolgreich umzusetzen. Die von mir initiierten Reformen haben das Chaospräsidium überlebt.

## 3.7 Ministerrat – bitte Warten!

Wöchentlich einmal, im Regelfall am Dienstagvormittag, tagte der Ministerrat. Für einen Neuling wie mich gab es weder eine schriftliche noch mündliche Einführung. Offenbar geht das Protokoll davon aus, dass das jeweilige Ressort den neuen Minister hineichend über die Spielregeln aufklärt. Von den erfahrenen Mitgliedern des Kabinetts erhielt ich die notwendigen Verhaltensanweisungen: der Ministerrat finde in zwei Teilen statt. Zunächst gibt es die Vorbesprechung, in der ausgiebig diskutiert werde und die mit einem generellen Statement des Kanzlers eröffnet werde. In diesem Teil müsste man auch über Protokollanmerkungen und Maßgaben reden. Dann folge formell der Ministerrat, in dem die Punkte der Tagesordnung vom Vorsitzenden aufgerufen würden und der zuständige Minister um die Zustimmung der Regierung zu seiner Vorlage zu ersuchen habe. Im Ministerrat gilt das Prinzip der Einstimmigkeit und gibt damit die Möglichkeit, Vorhaben aus anderen Ressorts zu verändern oder zu blockieren. Nun lief es in Wirklichkeit nicht so ab: bei der den Regierungssitzungen vorausgehenden Besprechungen des Koalitionsausschusses wurden die Konfliktpunkte regelmäßig abgeklärt. Bei Differenzen ist das gelindeste Mittel des Widerspruches die so genannte Protokollanmerkung. Diese lautet im Regelfall: „Das Bundesministerium … geht davon aus, dass über die Frage. Noch vor der parlamentarischen Behandlung oder während der Ausschussberatungen zwischen den Regierungsparteien noch Gespräche zu den strittigen Problemen stattfinden." Die Protokollanmerkung ist auch das geeignete Instrument um Klientelwünsche noch einmal zu verankern und einen Nachweis des eigenen Einsatzes in der Sache zu liefern. Das schärfere Instrument ist jenes der Maßgabe. In diesem Fall erfolgt die Zustimmung nur unter der Bedingung, dass eine bestimmte Formulierung in der Vorlage in der vom Einwender vorgeschlagene Form geändert und damit Teil der Regierungsvorlage wird Die schärfste Form der Vorgangsweisen um Konflikte ist die Nichtzustimmung, die im Regelfall zur Rückstellung führt.

Vor den Ministerratssitzungen entwickelt sich daher eine lebhafte Hektik: auch wenn zur Vorlage schon monatelange Verhandlungen geführt wurden und die gefundenen Lösung ohnedies nur ein kleinen gemeinsamer Nenner des notwendigen legistischen Handelns darstellt, in den Vorbesprechungen der Parteien rühren sich nochmals alle Gliederungen, Institutionen und Regionen, deren Wünsche nicht hinreichend berücksichtigt wurden. Die ÖVP-internen Vorbesprechungen fanden jeweils am Montagnachmittag statt. Da lernte ich rasch, dass eine sachlich richtige Lösung noch nicht die kritiklose Akzeptanz bedeutet. Da bekam man schon noch einmal den geballten politischen Frust zu spüren, dass wieder einmal nicht die eigene Position voll durchgesetzt wurde und einmal mehr es zu einem Kompromiss kommen würde. Ich bewunderte bei diesen Besprechungen die Engelsgeduld des Vizekanzlers, der die Prozedur des zielgerichteten Dampfablassens meisterlich beherrschte und durch Insistieren und große Sachkenntnis Lösungen auf die Beine half. Unvergesslich bleiben mir die endlosen Interventionen des Obmanns des Seniorenbundes, der immer wieder die unvertretbare Höhe seiner eigenen Politikerpension beklagte (statt Teile einfach herzuschenken, wie dies vom Grünabgeordneten Wabl berichtet wurde) und in jedem Fall mehr Einfluss für die Seniorenorganisationen verlangte. Was im Koalitionsausschuss passierte, erfuhr ich nicht durch die eigene Partei, sondern von meiner Sitznachbarin Lore Hostasch, die mir das Protokoll der Sitzung immer vor Beginn des Rates lesen ließ. Meine Vorstöße, selbst auch eine Kopie zu erhalten, gerade wo doch sehr oft über meine Materien geredet wurde, blieb bis in die letzten Wochen der Koalition unerfüllt. Erst vor den letzten Sitzungen der abgelaufenen Legislaturperiode erhielt ich vom Klubdirektor der ÖVP-Fraktion Kopien.

Was trotz Vorbesprechungen und Koalitionsausschuss offen blieb wurde vor der Regierungssitzung bei einem Frühstück zwischen Kanzler und Vizekanzler erörtert. Diese Prozedur führte zu dem Phänomen „Ministerrat, bitte warten!“

Meine Erziehung gebot mir auch im beruflichen Leben zu eingeladenen Sitzungen zumindest einige Minuten vor Sitzungsbeginn zu erscheinen. Als ich diese Übung auch im Ministerrat praktizieren wollte, erlebte ich meine Wunder. Die Sitzungen waren im Regelfall für 10 Uhr anberaumt: wenn ich einige Minuten vor diesem Zeitpunkt im Kanzleramt eintraf, war vielleicht schon der Beamte anwesend, der die noch zu verteilenden Unterlagen ausgab und die Präsenzliste führte. Ministerräte begannen nicht mit einem akademischen Viertel Verspätung, sie begannen, wann immer die Vorberatungen der beiden Regierungsspitzen endeten. Das gab Verspätungen, die in die Stunden gingen. Wer um 11 Uhr kam, versäumte nie etwas, hatte noch genügend Zeit, von den vorbereiteten Getränken zu nehmen und mit Kollegen/Innen offene Fragen zu besprechen oder einfach zu plaudern. Diese Wartezeit habe ich immer zumeist für sehr konstruktive Kontakte verwendet: der Frust des Wartens verband mich bald auch mit KollegInnen, mit denen ich sonst ein eher schwieriges Zusammenarbeiten hatte. Mehrmals überlegten wir, ob wir nicht auf einen besseren Kaffee ins Grünsteidl gehen und uns zu Sitzungsbeginn holen oder rufen lassen sollten.

Mit dem Kaffee im Ministerrat hatte es eine besondere Bewandtnis. Im Kanzleramt wie im Finanzministerium wurde immer eine sehr gute Kaffeesorte eingesetzt: Kanzler Klima nahm den bekannt guten Kaffee des Finanzressorts mit in sein neues

Amt. In der Ministerratssitzung entwickelte sich eine Zweiklassengesellschaft: Kanzler und Vizekanzler bekamen die frischgebrühte feine Mischung, der Rest hatte sich mit dem vorgefertigten Produkt in der Kanne zu begnügen. Erst bei den letzten Sitzungen des Ministerrates wurde allen das Privileg des frischen Kaffees offeriert (da man nicht mehr gut zusammen arbeiten konnte, ließ man es sich besser gehen!).

Bei der Vorsitzführung fielen mir interessante Facetten auf. Kanzler Vranitzky hatte ich im wesentlichen als Moderator in Erinnerung, der wenig eigene Initiative einbrachte, von Kanzler Klima lernte ich einen sehr engagierten Stil: Er berichtete nicht nur über eigene Aktivitäten und bezog Positionen zu aktuellen nationalen und internationalen Angelegenheiten, er forderte regelmäßig Berichte von Regierungsmitgliedern zu Ereignissen in ihrem Verantwortungsbereich an. Bei der Worterteilung fiel mir auf, dass manche Wortmeldungen aus dem eigenen Bereich vom Kanzler unterschiedlich präferiert wurden: Edlinger und Prammer wurden meistens vorgezogen, Schlögl und vor allem Einem durften manchmal ganz schön warten. Auch die Spannungen in Richtung Parlamentsklubs waren ätherisch merkbar.

Im Ministerrat blieb Zeit genug für Betrachtungen der Sitzungsumwelt: dabei fiel mir auf, dass die Vorhänge vor einem bestimmten Fenster zwei Löcher hatten. Ich entsann mich meiner Verantwortung für die Bundesgebäudeverwaltung und monierte eine Reparatur. Da wurde mir gesagt, dass beim Öffnen der Fenster die Vorhänge immer wieder hängen blieben und die zwei kleinen Löcher ständig wieder gerissen würden. Es lohne sich der Aufwand nicht. Also blieben die beiden kleinen Risse. Auffallend war auch die schwache Konsistenz mancher der feingliedrigen Sessel. Ich erlebte den Niederbruch von zwei Sitzgelegenheiten, der aber unter zwei Ministerinnen unterschiedlichen Couleurs passierte.

Je nach Materien war auch das mediale Interesse unterschiedlich. Gab es für die Presse interessante Ereignisse, so wartete man bereits vor der Sitzung, um Wortspenden einzuholen, normalerweise ging die Belagerung nach Ende der Sitzung los. Da merkte man auch gleich, wer oder was gerade im Visier der Medien war. Für den Zustand der Koalition sinnbildhaft waren die Pressekonferenzen nach dem Ende des Ministerrates: Zuerst gab es eine des Kanzlers, dann eine des Vizekanzlers. Statt gemeinsam gefundene Lösungen und die unumstrittenen Erfolge der Zusammenarbeit zu verkaufen, wurde getrennt aufeinander losgehackt. Ich freue mich, dass die neue Regierung es besser macht und versuche mir manchmal auszumalen, wie es wohl gewesen wäre, wenn Kanzler und Vizekanzler zu meiner Zeit gemeinsam präsentiert hätten. Aber jeder Insider spürte, wie sukzessive die Chemie zwischen den Spitzen schlechter wurde.

Die letzten Sitzungen der Regierung der großen Koalition waren lähmend: man spürte die Endzeitstimmung nicht nur psychisch, man konnte sie auch aus der Körpersprache ablesen.

Ich habe bei allen Ministerratssitzungen meine Wahrnehmungen mitgeschrieben: die nachträgliche Lektüre ist aufschlussreich und unterhaltsam.

## 3.8 Parlament – Faszination und Fegefeuer!

Am Beginn meines Jusstudiums stand eine Einführungsvorlesung des damaligen Assistenten von Prof. Verdross, Günther Winkler, aus der mir zwei Formulierungen unvergesslich in Erinnerung geblieben sind. Der Vortragende führte aus, dass der Rechtsstaat immer auch den Hang zur Bürokratie habe, die er mit den Worten charakterisierte: „Von der Wiege bis zur Bahre, Formulare, Formulare!“ Beim Studium von gesetzlichen Regelungen werde uns auffallen, dass die Formulierungen so seien, dass sie für den normalen Staatsbürger kaum verständlich seien, dem aber das ABGB (Allgemeines Bürgerliches Gesetzbuch) zumute, dass er die Vorschriften kenne: „homo novit iurias!“ Die schwere Lesbarkeit komme auch daher, dass vor allem im Parlament versucht werde, möglichst viele Einzelfallregelungen in die Gesetze aufzunehmen. Er empfahl uns in diesem Zusammenhang, einmal eine Plenarsitzung im Nationalrat zu verfolgen. Gehört, getan: mit meinem Maturakollegen Erich Kolmann ging ich auf die Zuschauertribüne des Plenums und verfolgten aufmerksam die im Gang befindliche Debatte. Es ging um das Kartellgesetz 1957, eine Materie, die mir damals völlig fremd war. Bald hatte ich den Eindruck, dass dies auch bei den meisten Rednern der Fall war: entweder lasen sie Vorgeschriebenes zu den Bestimmungen des Gesetzes vom Blatt oder sie ließen frei ihre gesellschaftspolitischen Ideologien Allgemeines zur politischen Entwicklung emotionell festhalten. Ganz besonders denke ich dabei an die Rede des damaligen Kommunistenführers Koplenig: die Kartelle mussten ja ein geradezu ungeheures Instrument kapitalistischer Ausbeutung der Arbeitnehmerschaft sein. Ich halte es für einen Witz der Geschichte, dass ich schon zehn Jahre danach im Paritätischen Auschuss für Kartellangelegenheiten mit Vertretern der Arbeitnehmerseite für die Zulassung und Verhaltenskontrolle der österreichischen Kartelle tätig war und jede Kartellgesetznovelle zwischen 1966 und 2000 entscheidend mitgestaltete. Meine erste Erfahrung mit dem Nationalrat war jedenfalls nicht derart attraktiv, dass ich je wieder freiwillig zu einer Sitzung gegangen bin.

Im Zuge meiner Kammertätigkeit und im Besonderen bei den Materien der so genannten Wirtschaftsgesetze hatte ich aber sehr viel mit der Legislative zu tun. Diese Gesetze erforderten jeweils eine Zweidrittelmehrheit, die ohne Sozialpartnereinigung nicht erreichbar war. Die Parlamentarier warteten daher immer auf die Resultate der Sozialpartnerverhandlungen, die immer zeitaufwendig und mühsam waren, wobei ein konsensuales Ergebnis erst in allerletzter Minute erzielt wurde: Eine andere Vorgangsweise hätte auch der Klientel nicht signalisiert, dass man bis zum Äußersten hart verhandelt habe. Da wurden Ausschüsse einfach vertagt, weil es noch kein Ergebnis gab oder unterbrochen: die Abgeordneten gingen heim, die Experten der Sozialpartner verhandelten weiter. Einmal saßen wir im Parlament bis in die frühen Morgenstunden zusammen und als wir gegen halb vier Uhr am frühen Morgen das Haus verlassen wollten, waren alle Tore verschlossen. Die Feuerwehr ließ uns mit einer Leiter aus einem der Fenster auf der Ringseite aussteigen. Damals war es auch noch so, dass die Autorität der Sozialpartner derart war, dass auch nur die geringste Abänderung der gefundenen Lösung undenkbar war. Unsere Aufgabe war es, den Abgeordneten die Regelungen zu erklären, die dann beschlossen wurden. Ich hatte den Eindruck, dass das im Parlament zumindest bei vielen wichtigen Materien nur eine Art Stempelmaschine sozialpartnerschaftlichen Willens sei.

Aber im Zuge der Jahrzehnte entwickelte sich das Selbstbewusstsein der Klubs sowie der Abgeordneten und die Selbstverständlichkeit der Akzeptanz sozialpartnerschaftlich gefundener Lösungen nahm ab. Dabei spielte auch eine Rolle, dass mit dem Aufbau eigener Expertenstäbe im Hohen Haus die Abhängigkeit der Parlamentarier von den Kammerexperten dramatisch abnahm.

In meiner beruflichen Karriere stellte sich immer wieder die Frage, ob ich nicht auch einmal auf die Kandidatenliste gesetzt werden sollte. Wann immer sich diese Frage stellte, besonders aber zu der Zeit als ich als wirtschaftspolitischer Berater des ÖVP-Oppositionsführers Karl Schleinzer auch gefragt wurde, sagte meine Familie jeweils Nein. Da mich meine Karriere im katholischen Laienapostolat national und weltweit stark in Anspruch nahm, habe ich selbst auch keinerlei Ehrgeiz in Richtung Abgeordnetendasein entwickelt.

So als ob es gestern gewesen wäre, erinnere ich mich an den Tag, an dem mir meine Sekretärin im Generalsekretariat der Wirtschaftskammer die Frage stellte, wo ich denn meine Eintrittskarte (als Experte des ÖVP-Klubs) ins Parlament hätte, antwortete: „Ich weiß es nicht, aber ich werde sie sowieso nicht mehr brauchen!" Generalsekretär Stummvoll und Präsident Maderthaner sowie Vizepräsidentin Tichy-Schreder waren als Parlamentarier voll im Einsatz, ich sah daher für mich keine Notwendigkeit, mich auch noch ständig im Hohen Haus aufzuhalten, da pflegte ich lieber den politischen Markt in Brüssel (als Mitglied des Wirtschafts- und Sozialausschusses) und kümmerte mich um die weltweiten Märkte der österreichischen Unternehmen.

Das änderte sich natürlich mit meiner Berufung zum Wirtschaftsminister. Jetzt wurde ich dank der vielfältigen Gesetzesmaterien meines Kompetenzbereiches zum Stammgast im Haus am Ring. Ich nahm mir vor, nach Möglichkeit zu allen Abgeordneten ein gutes Verhältnis zu haben. Innerhalb der ersten Monate meiner Tätigkeit lud ich die Mitglieder der Parlamentsausschüsse, mit denen ich zu tun hatte, zu

Heurigen ein, empfing viele zu Einzelgesprächen und bot allen die Expertise meines Hauses für ihre Arbeit an.

Doch haben mich ganz simple Erfahrungen der ersten Wochen geprägt:

Bei meiner Vorstellung im ÖVP-Klub hatte ich gesagt, dass bei mir jedes Interventionsschreiben öffentlich sei: bei meinem Ausscheiden aus dem Amt werde keine Post verbrannt werden. Briefe sollten daher so geschrieben werden, dass sie in jeder Zeitung abgedruckt werden könnten. Schon bei meiner Antrittsrede merkte ich, dass Aufmerksamkeit im Hohen Haus ein seltenes Gut ist: sie war prinzipiell gegeben, solange das Fernsehen zugeschaltet war, es schwand, wenn die Tageszeitungen Kurier und Krone des nächsten Tages verteilt wurden (es war interessant zu sehen, welche Seiten zuerst aufgeschlagen wurden) oder gar die nächste Ausgabe von News erschienen war.

Aber die Präsenz auf der Regierungsbank war vor allem eine Faszination für mich: hier war das Zentrum der Macht der Demokratie, hier wurden meine Vorschläge zum Gesetz, hier wurde ich bewertet, hier konnte ich ungehindert Ideen und Vorschläge einbringen, die dann im Protokoll auch festgehalten wurden. Das Plenum war auch ein Forum, in dem die Kunst der freien Rede noch etwas galt. Ich merkte rasch, dass eine vorher verteilte Rede weit geringeres Interesse fand als freie Formulierungen. Kleine rhetorische Provokationen belebten die Kultur der Zwischenrufe. Leider gibt es Zwischenrufer, die bei jedem Wettbewerb der Einfallslosigkeit prämienverdächtig wären.

Parlamentarische Fragestunden habe ich immer als spannend empfunden, vor allem wenn sie Gelegenheit gaben, neue Ideen zu präsentieren.

Gelitten habe ich im Plenum unter ungerechtfertigten persönlichen Angriffen. Es gehört zum Haus, dass die Minister dort die Reibebäume des Unmuts sind, dass sie für Fehlentwicklungen aller Art den Kopf hinhalten müssen. Ich fand es amüsant, dass hin und wieder Abgeordnete nach ihren Attacken auf mich bei der Regierungsbank vorbeischauten und mir sinngemäß sagten: „Ich hoffe, dass ich nicht zu scharf war, nehmen Sie es nicht persönlich, aber vor laufender Fernsehkamera musste ich es Ihnen einfach richtig hineinsagen!“

Nicht gewöhnen konnte ich mich an unsachliche, manchmal fast gehässige Unterstellungen, bei denen sich besonders im traurigen Fall Lassing eine grüne Abgeordnete auszeichnete: da lernte ich abschalten, begann Briefe an meine Mutter und Freunde zu schreiben oder versuchte, ein Gedicht zu verfassen. Einmal riss mir allerdings der Faden und ich sagte in einer Erwiderung, dass ich meine Ehre beim Eintritt in dieses Haus nicht beim Portier abgegeben hätte. Ich habe jüngst erst in meinen Unterlagen einer dieser Briefe an meine 1995 verstorbene Mutter gefunden, in dem ich am 8. 7. 1997 schrieb:

> Liebe Mutter!
>
> Seit Stunden schon sitze ich auf der Regierungsbank. Auf Grund der vielen Arbeit des letzten Jahres sind die Angriffe der Oppositionsparteien, insbesondere der FPÖ, viel milder geworden, manchmal gibt es auch indirektes Lob. Aber weiterhin gibt es hinlänglich Boshaftigkeit, Unverständnis, ja auch Böswilligkeit. Aber meine Haut ist dicker geworden, manches rührt mich überhaupt nicht mehr. Was muss das für ein Wählervolk sein, welches solche Männer und Frauen wählt. Aber in einem Land, in dem die meisten Leute Zeitungen lesen, in denen nur genörgelt, gelästert und verteufelt wird, darf einen das nicht wundern. Die Nörgler und Raunzer im Hohen Haus dürften ziemlich den entsprechenden Anteil des Wahlvolks repräsentieren. Ich bin heute noch froh, dass ich Dir und Vater immer geraten habe, die Frustzeitungen nur zum Anzünden eines Ofens zu nehmen, aber nicht zu lesen. Aber vielleicht erleben wir eines Tages, dass bei unseren Leuten die angeborene Vernunft über den angelesenen Frust siegt. Freilich ich glaube nicht, dass ich das in meiner jetzigen Funktion noch erleben werde. Ich hänge nicht am Ministeramt, aber es macht mir Spaß. Ich werde mich daher bemühen zu zeigen, dass ich an dieser Aufgabe nicht bedingungslos hänge, aber auch, dass Verantwortung Freude bringen kann. Wenn der derzeitige Aufgabenstau vorüber ist, werde ich versuchen, es ruhiger laufen zu lassen: dann könnte ich wieder öfter bei Dir am Grabesrand sitzen und Dir von mir in stummer Zwiesprache erzählen, mehr mit meiner Familie unternehmen und mich auch mehr um Haus und Wald kümmern. Ich denke innig an Dich: das gibt mir viel Kraft und Zuversicht. Abschließend sei froh, dass Du Dir die Debatten hier nicht anhören musst!

Dieser Brief wurde kurze Zeit vor dem Unglück von Lassing geschrieben. Nach dem Bergwerksunglück hatte ich eine Reihe von sehr unerquicklichen Sitzungen im Hohen Haus zu überstehen. Von einer im Oktober 1998 habe ich meiner Frau einen Brief geschrieben, der jüngst wieder auftauchte. Darin schrieb ich frustriert: „Ich werde sicher nicht zurücktreten, gerade jetzt nicht, wo ich so gefordert bin. Ich würde nur aus einem Grund das Handtuch werfen, nämlich um mir die Reden der Abgeordneten Petrovic und Barmüller zu ersparen."

Die Arbeit in den Ausschüssen liebte ich, da ging es ernsthaft um die Sachregelung, da galt es Lösungen zu verteidigen, Alternativvorschläge zu bewerten, grundsätzliche Probleme aufzuarbeiten und schlechte Lösungen als solche zu entlarven. Mangels Publizität blieb es meistens erfreulich sachlich. Freilich hatte ich bald herausgefunden, dass die Fragen und Antworten im Ausschuss die Basis der Wortmeldung im Plenum sein würden, dass jede noch so gute Erklärung nicht bedeutete, dass man Opposition überzeugen könnte. Auf die Ausschusssitzungen galt es sich gründlich vorzubereiten. Dank meines Gedächtnisses brauchte ich fast nie in die Unterlage zu blicken oder die mich begleitenden Beamten um ergänzende Information zu fragen. Ein besonderes Kapitel waren die Sachberichte zu bestimmten Bereichen wie Mittelstand, Tourismus und Technologie etc. Es lag in der Natur der Sache, dass die jeweiligen Berichte die Zahlen abgelaufener Jahre enthielten und nicht auf die jeweils gerade aktuellen Tagesfragen Bezug nahmen. Die Kritik der Abgeordneten über Zahlenfriedhöfe nahm ich sehr ernst und schlug vor, dass das Ministerium vor Abfassung des jeweiligen Berichtes mit Vertretern der Klubs über gewünschte Sachbereiche diskutieren werde. Mit derartigen Gesprächen haben wir eine Reihe von Berichten verschlankt, aktueller und interessanter gemacht.

Gelitten habe ich unter einigen Mängeln der Klubarbeit. In der ÖVP gab es drei Arbeitsgemeinschaften: Bauernbund, ÖAAB und Wirtschaftsbund. Ich verstand es, dass Minister im Klubplenum nur wenig zu Wort kamen, dass ich als Wirtschaftsminister aber ständig nur in der kleinen Runde der Wirtschaftsbundabgeordneten über die notwendigen Politiken und Reformen sprechen konnte, störte mich. Ich schaffte es einmal, in die ÖAAB-Arbeitsgemeinschaft eingeladen zu werden, die Bauernbundriege konnte ich nie eingehend informieren. Auch wäre ich liebend gern einmal zu einer ausführlichen Diskussion in den Klub des Koalitionspartners gegangen.

Positiv fand ich, dass sich in der Koalition immer mehr einbürgerte, Abgeordnete beider Klubs zu den Vorbereitungsarbeiten zu gesetzlichen Reformvorhaben einzuladen. Das erleichterte dann die parlamentarische Behandlung erheblich.

## 3.9 Untersuchungsausschüsse, eine Feuerprobe!

In der demokratiepolitischen Diskussion klingt die Forderung nach der Einsetzung eines parlamentarischen Untersuchungsausschusses durchaus plausibel: durch die Arbeiten eines derartigen Gremiums sollte es dem Nationalrat ermöglicht werden, selbst eine eingehende Untersuchung bestimmter Vorkommnisse durchzuführen und allfällige Konsequenzen im gesetzgeberischen Bereich zu erarbeiten. In der österreichischen parlamentarischen Tradition der Nachkriegszeit hatten Untersuchungsausschüsse eine geringe Bedeutung, da im Regelfall die Einschaltung des Rechnungshofes als Prüfeinrichtung der Volksvertretung als hinreichend angesehen wurde. Die Situation hat sich aber nach den Ergebnissen des Berge versetzenden Noricum-Untersuchungsausschusses grundlegend verändert. Man war auf den Geschmack gekommen, wie es im Volksmund heißt: mit einem Ausschuss konnte man allerhand bewegen. Die Folgen diese Ausschusses hatten nicht nur erhebliche politische Turbulenzen und Gerichtsverfahren ausgelöst, es waren auch eine Menge parteipolitischer Ressentiments hängen und Rechnungen offen geblieben. Ab diesem Ausschuss gehörte es im Parlament sozusagen zum guten Ton, bei allen möglichen Vorkommnissen die Einsetzung eines Untersuchungsausschusses zu verlangen. Dank der medialen Ergiebigkeit derartiger Prozeduren fanden derartige Vorhaben auch immer eine breite mediale Unterstützung.

Ich habe in meinem beruflichen Leben es mit zwei Untersuchungsausschüssen zu tun gehabt: mit dem so genannten Milchwirtschaftsuntersuchungsausschuss, der im Jahre 1989 seine Tätigkeit aufnahm und mit dem Untersuchungsausschuss, der die Tätigkeit der Firma Euroteam in Zusammenhang mit der Lehrlingsoffensive 2001 unter die Lupe nahm. Allerdings hatte ich in meiner Zeit als Wirtschaftsminister bei mehreren Ereignissen Forderungen nach der Einsetzung eines Untersuchungsausschusses, so z.B. bei den Einführungsproblemen mit der Vignette, beim Bergwerksunglück in Lassing und beim Brand im Tauerntunnel.

Im Milchwirtschaftsfonds waren Rechnungshofberichte nichts Ungewöhnliches, hatte es doch deren fünf in den letzen Jahren gegeben, wobei sich der Fonds immer nachweislich bemühte, die in seinem Bereich umsetzbaren kritischen Anregungen auch umzusetzen. Bei der Prüfung, die im Jahre 1989 abgeschlossen wurde, hatte sich schon während des Prüfvorganges abgezeichnet, dass es dieses Mal härter und anders als sonst ablaufen würde. Zum einen stand an der Spitze des Rechnungshofes mit Präsident Brösigke eine der FPÖ angehörende Persönlichkeit, zum anderen war die Leitung des Prüfungsteams an einen der FPÖ zumindest nahe stehenden Ministerialrat übergegangen. Schon bei den Zwischengesprächen zeigte sich, dass noch so gut argumentierte Antworten auf kritische Ansätze auf taube Ohren stießen. Die Sozialpartnervertreter im Fonds waren daher vom kritischen Bericht nicht überrascht, wohl aber von den Reaktionen der politischen Parteien.

Der Skandal schlechthin war, dass der Fonds eine erhebliche Finanzreserve (Höchststand 1990: 1,285 Milliarden Schilling) angespart hatte. Dies war aus mehreren Gründen Anlass zu heftiger Kritik:

1. Der Rechnungshof hatte nicht nur die Höhe der Reserve, sondern auch deren angeblich zu geringe Verzinsung kritisiert. Daraus folgerte die Opposition, dass eine geheime Parteienfinanzierung dahinterstecken müsste.
2. Verschiedene „Freunde des Fonds", die in allen Parteien saßen, folgerten, dass wegen dieser Reserven die Verbraucherpreise zu hoch und die Erzeugerpreise zu niedrig waren.
3. Kritisiert wurden auch diverse Kongress- und Studienreisen von Fondsfunktionären.

Die Sozialpartnerexperten und -funktionäre, die auf die „Anklagebank" gesetzt wurden, mussten bald erkennen, dass mit Sachargumenten in dieser Abrechnung mit einem Herzstück der Sozialpartnerschaft nicht weit zu kommen war. Was nutzte es, wenn ein Gutachten eines renommierten Wirtschaftsprüfers nachwies, dass die Reserven im Hinblick auf den rund fünf Milliarden Schilling betragenden Umfang des Preis- und Transportausgleichssystems betriebswirtschaftlich gerechtfertigt waren? In einer Zeit, in der die Produktion von Defiziten geradezu eine öffentliche Tugend war („lieber Defizite als Arbeitslose"), war diese Fondspolitik ein öffentliches Ärgernis.

Der Hinweis, dass ein wesentlicher Teil der Kritik des Rechnungshofes durch die Marktordnungsgesetznovelle 1988 bereits realisiert worden war, fand weder im Rechnungshofbericht einen Niederschlag noch im Ausschuss selbst entsprechende Beachtung. Die Fondsargumentation, wonach nationale und internationale Vergleiche die hervorragende Qualität der österreichischen Milchprodukte bestätigten, dass es beachtliche Absatzsteigerungen gegeben hatte, die den Überschuss mitverursacht hatten und dass der Fonds sich bei der Bewältigung der Tschernobylversorgungskrise durch rasch und richtige Reaktionen bewährt hatte, wurden eher als Ablenkung denn als Rechtfertigung gewertet. Auch die Tatsache, dass der Fonds die Umsetzung neuer komplizierter Formen der Produktionssteuerung ohne personellen Mehraufwand bewältigt hatte, wurde vom Tisch gewischt. In der Verzinsungsfrage argumentierte die Fondsseite, dass sich die Sozialpartner einfach an die von den Banken mit dem

Finanzministerium abgestimmten Habenzinsabkommen hielten: dies wurde eher als Provokation empfunden!

Die Kritik an den oft zeitaufwendigen Entscheidungsprozessen war sicher berechtigt, doch hing sie mit dem vom Gesetzgeber auferlegten Kriterium von vier Fünftel Mehrheitserfordernis zusammen. Das de facto auferlegte Einstimmigkeitsprinzip entsprach dem Konsensprinzip der Sozialpartner, dessen Auswirkungen im gesellschaftlichen Gesamtgefüge immer wieder gelobt wurde. Da es im Fonds sehr oft um Entscheidungen mit erheblichen fachlichen und regionalen Interessen ging, dauerten manche Entscheidungen ziemlich lang. Umgekehrt gab es dennoch kaum je Säumnisbeschwerden.

Im Ausschuss war die Abrechnung mit einem System angesagt, dessen Repräsentanten sich nicht wie bei den Wirtschaftsgesetzverhandlungen hinter den Präsidenten und Generalsekretären, die in Hohen Haus saßen, verstecken konnten: es wurde auch eine Abrechnung mit den grauen Eminenzen. Der Rechnungshof hatte, so lautete unser Vorwurf, sich nicht auf die Prüfung der Fondsgestion nach den Kriterien der Sparsamkeit, Wirtschaftlichkeit und Zweckmäßigkeit beschränkt, sondern das System in Frage gestellt.

Für mich ging es bei diesem Untersuchungsausschuss um sehr viel:
Erstens, in der Wirtschaftskammer Österreich stand die Entscheidung an, wen der neue Präsident Leopold Maderthaner als Generalsekretäre in sein Team berufen würde.

Zweitens, als Experte, der in allen bisherigen Marktordnungsverhandlungen als Deregulierer und Liberalisierer agiert hatte, sollte ich nun für die Bremser mithaften.

Aufregung war angesagt: von allen Seiten wurden wir gefragt, was wir denn angestellt hätten. In der Wirtschaftskammer Österreich sprach mich ein dem Opus Die angehörender Mitarbeiter am Gang an und legte mir dass Ausscheiden aus der Kammer nahe, da ich ein Schaden für ihr Image sei! Wie beim Noricum-Ausschuss war von der nötigen Einleitung von Strafverfahren ständig die Rede.

Die Fondfunktionäre und -mitarbeiter bereiteten sich auf die Zeugeneinvernahmen gründlich vor. Ich selbst wälzte immer wieder Berge von Unterlagen und konnte den Rechnungshofbericht fast schon auswendig.

Die ersten Zeugeneinvernahmen begannen Anfang Dezember 1989. Geladen waren die vier Obleute und die zwei Geschäftsführer des Fonds. Die Parlamentsbediensteten wiesen uns an, gemeinsam in einem Saal auf die Aufrufung zu warten. Bei der Einvernahme wurde jedem von uns vorgeworfen, dass wir uns im Parlament vor der Sitzung abgesprochen hätten. Ich sagte, dass der Vorwurf geradezu lächerlich sei: was sollten wir denn verabreden, wir hatten eine gemeinsame Politik zu verantworten, die Fakten kannten alle in gleicher Weise, wir hatten nichts zu verbergen und waren erpicht, uns gegenüber den Vorwürfen zu rechtfertigen. Dort wo wir im Fonds Differenzen hatten, waren diese offenkundig und bekannt, wir wollten auch diese offen darlegen.

Bei meiner Einvernahme verlor ich rasch meine Illusion, dass Fairness erwartet werden konnte. So wie vor allem die Abgeordneten Gugerbauer und Waibel agierten, so dürfte kein Staatsanwalt agieren: zuerst Beschuldigungen über die Presse, dann wilde Attacken und forsche Fragen im Ausschuss, und noch während der Sitzung neuerliche Presseaussendungen mit neuen Vorwürfen! Dazu dann noch jede Menge Strafanzeigen bei den Behörden. Noch heute sehe ich Herrn Waibel mit seinen zu Berge stehenden Haaren vor mir, wie mich mit überschlagender Stimme zur Verantwortung rief und unmittelbar nach meiner Befragung durch ihn das Lokal verließ, um die wartende Presse erneut zu füttern. Zumindest für einige Ausschussmitglieder schien die kollektive Rufschädigung der Sozialpartner und die individuelle Demolierung der Reputation von Funktionären und Fondsangestellten im Mittelpunkt der Bemühungen zu stehen: da musste einfach etwas hängen bleiben. Übrigens: im Fondsbereich führte keine der vielen Strafanzeigen auch nur zu einem Verfahren, alles wurde, wenn auch zum Teil nach geraumer Zeit, eingestellt. Aber das reichte immerhin, um die Verleihung diverser staatlicher Auszeichnungen lange zu verzögern.

Was für ein Getöse gab es um die Fondsreisen! Unsere Strategie war es gewesen, Funktionäre und Beamte des Fonds sowie Unternehmer aus der Branche durch Studienreisen in Länder mit Milchwirtschaft, die uns auf dem Weltmarkt als Konkurrenten entgegentraten, mit anderen Systemen und Produktpaletten vertraut zu machen und auf unvermeidliche strukturelle Veränderungen einzustimmen. Vor allem die Studienaufenthalte in den USA, Kanada, Australien und Neuseeland sollten beweisen, dass der Sektor auch ohne Planwirtschaft im österreichischen Sinn existieren kann. Das war allemal noch billiger als teure Expertengutachten, die man vielleicht gelesen, aber dann weggelegt hätte. Die Tatsache, dass manche die Ehefrauen auf einige Reisen mitgenommen hatten, schien ein weiteres Ärgernis zu sein. Die detaillierte Nachprüfung aller meiner Reiseabrechnungen ergab, dass die Kosten immer sauber getrennt und entsprechen getragen wurden.

Der Milchwirtschafts-Untersuchungsausschuss war für mich eine Feuerprobe, die ich offenbar bestand und die mir für mein weiteres berufliches Leben die nötige Elefantenhaut vermittelte und damit sehr half. Freilich wurde mir jede Illusion über politische Fairness beim Gegner genommen.

Meine zweite Erfahrung mit einem Untersuchungsausschuss war meine Involvierung in die Arbeit des Euroteam-Untersuchungsausschusses im Rahmen der Lehrlingsoffensive der österreichischen Bundesregierung. Das Sozialministerium hatte, offenbar ohne ordnungsgemäße Ausschreibung, die genannte Firma bei Arbeiten in seinem Bereich eingesetzt. Die Beamtenschaft meines Ressorts war über die diesbezüglichen Aktivitäten des Sozialministeriums sehr verärgert, sah sie darin doch die Einmischung in Kernangelegenheiten des eigenen Ressorts. Gerade das Ministerium, das als Erfüllungsgehilfe des ÖGB unsere Reformbemühungen bei Lehrberufen und im Lehrlingsrecht ständig behinderte, wollte nun aktiv werden. Auch war das Klima zwischen den zuständigen BeamtenInnen sehr gespannt. Als nun im Frühjahr 1998 das Sozialministerium in einem von der Firma Euroteam verfassten und zu versendenden Brief die Unternehmen über die neuen Lehrberufe informieren wollte, trat es an mein Ressort mit dem Wunsch nach Mitfinanzierung heran. Meine zuständige Sektion spuckte Feuer und blockierte. In einer Ministerratsvorbesprechung sprach mich der Herr Bundeskanzler auf diese Blockade an. Ich ließ mir berichten und hörte, dass es um eine Kostenposition von 1,3 Millionen Schilling ginge. Aus meiner Zeit in der WKÖ wusste ich, dass ein Brief an alle Unternehmer rund drei Millionen Schilling kostet. Da wir beim vorliegenden Projekt nur 50% der Kosten übernehmen sollten, fand ich den Preis als relativ günstig und ordnete an zu prüfen, ob die gegenständliche Aktion einer neuerlichen Ausschreibung bedürfe. Sowohl mein Kabinett als auch die zuständige Sektion bestätigten mir, dass ein Folgeauftrag wie dieser nicht neuerlich ausgeschrieben werden müsse. Da ich vom Bundeskanzler in einer Reihe weiterer Entscheidungen Flankenschutz benötigte, war mir die Angelegenheit keinen Konflikt auf Regierungsebene wert, noch dazu wo sie meinem Ressort Geld sparte. Ich wies daher meine Mitarbeiter an, dem Projekt gemeinsamer Brief zuzustimmen. Der Auftrag erging im Herbst 1998, die Kosten betrugen 928.000 Schilling, die erst nach eingehender Prüfung gegen Ende meiner Amtszeit überwiesen wurden.

Zu diesem Sachverhalt wurde ich im Herbst 2001 als Zeuge vernommen. Akten standen mir keine zur Verfügung, die meines ehemaligen Hauses waren an das Parlament weitergeleitet worden, Kopien wurden mir nicht zur Verfügung gestellt. Bei meiner Einvernahme wurde ich mit Akten konfrontiert, von denen ich nie gehört und die ich schon gar nicht gesehen hatte. Ich sagte daher am Beginn meiner Einvernahme, dass diese ein herausfordernder Erinnerungstest sei. Das Ausschussklima während meines Auftrittes war sehr sachlich, dennoch gab es auch hinterher Presseattacken von SPÖ-Abgeordneten auf mich. Da ich mich mit meiner Regierungskollegin Lore Hostasch immer gut verstanden habe und wir beide genug am gemeinsamen Blockieren und Verzögern durch die Sozialpartner gelitten heben, kann diese Episode meine insgesamt positive Erinnerung an die Zusammenarbeit nicht verdrängen.

## 3.10 Side letters: Doppelt genäht hält besser!

Ich bin so traditionell erzogen worden, dass mir der Grundsatz „Ein Mann, ein Wort“ in Fleisch und Blut übergegangen ist! Wie oft habe ich gehört: „Versprich nichts, was Du nicht halten kannst!“ oder sag lieber „Vielleicht“ als voreilig, „ja“!

Im System der Sozialpartnerschaft wurde sehr wenig schriftlich niedergelegt, man sprach ein Problem an, stellte das Ergebnis der Diskussion mündlich fest und das war es dann schon auch. Ich bin zwar sicher, dass es hausintern alle möglichen schriftlichen Vermerke über Sitzungen und ihre Ergebnisse gab, aber im offiziellen Umgang verließ man sich auf mündlich Vereinbartes. Mir ist noch lebhaft in Erinnerung, wie Präsident Sallinger explodierte, als bei einem Gespräch ein leitender Angestellter der Präsidentenkonferenz mitschrieb. Der erhielt eine Kopfwäsche: Hier wird nur das Ergebnis festgehalten, das Wort ist frei und niemand wird zitiert!

Als Minister war mein erster intensiver Gesprächspartner der damalige Finanzminister Klima, war ich doch koalitionsintern für den Budgetvollzug mitverantwortlich und hatte darüber hinaus die heiße Kartoffel der Creditanstalt Bankverein-Privatisierung geerbt, die wir beide über die Bühne bringen sollten.

Dabei lernte ich sehr rasch, dass so genannte „side letters“ ein wichtiges koalitionäres „Fortbewegungsmittel“ waren. Wenn man sich in einer Sache einigte, so wurden oft auch Nebenabreden über andere Materien oder über die weitere Vorgangsweise getroffen, die schriftlich festgehalten und unterschrieben wurden. Mein erster side letter wurde mit Sozialminister Hums festgeschrieben: in einem zweiten Punkt wurde vereinbart, dass in den nächsten Monaten zwischen Regierung und Sozialpartnern ein Modell des Kostenausgleichs zu erarbeiten sei, in dem ein teilweiser Lastenausgleich zwischen ausbildenenden und nicht ausbildenden Unternehmen einschließlich der öffentlichen Hand gefunden wird Wir waren stolz auf diese Textierung, sie war von Minister Hums, Präsident Verzetnitsch und mir unterschrieben. Ich war sicher, dass die Wirtschaftskammer mitgehen würde, hatte Präsident Maderthaner doch auch einen solchen Ausgleich vehement gefordert. Leider sprang die Wirtschaft ab. Die übrigen Punkte des side letters, die nur die Vorgangsweise beider involvierter Ministerien betrafen, wurden umgesetzt. Ich erinnere mich an side letters, welche anlässlich der Einbringung des Punzierungsgesetzes getroffen wurden (Ausgliederung in eine Kapitalgesellschaft), über die Privatisierung der PSK, das EU-Abgabenänderungsgesetz (Perspektive Road Pricing), um nur einige zu nennen. Einen side letter haben Viktor Klima und ich auf ein herausgerissenes Blatt Papier geschrieben, auf dem im Zusammenhang mit dem CA-Verkauf ein Interpretation eines der Punkte festgehalten war. Den längsten side letter habe ich mir von Rudi Edlinger anlässlich der Beschlussfassung der Gewerberechtsreform 1997 im Ministerrat eingehandelt: in 7 Punkten musste ich noch Konzessionen zusagen, die im Wesentlichen den Intentionen des ÖGB entsprachen. Vor allem ging es darum, dass die neuen Teilgewerbe keine Lehrlinge ausbilden dürfen.

Aber besser side letters und ein Ergebnis als gegensätzliche Presseaussendungen und kein Ergebnis. Noch besser wäre ein Verlassenkönnen auf gegebene Zusagen ohne schriftliche Fixierung gewesen.

KAPITEL 4

# Von der Reformarbeit mit den Sektionen

## 4.1 Außenhandel

### 4.1.1 Travel on demand – eine Erfolgsgeschichte im Außenhandel

Aus meiner Tätigkeit als Generalsekretärstellvertreter der WKÖ, zuständig auch für den Außenhandel, wusste ich aus vielfacher eigener Erfahrung, wie wichtig Besuchsdiplomatie im Dienste der Wirtschaft sein kann. Nur zu oft bleiben Projekte „politisch“ auf irgendeiner Ebene hängen und Botschafter wie Handelsdelegierte urgieren Besuche bei Ministern oder Provinzgouverneuren. Derartige Kontakte erlauben den Firmen Projektpräsentationen auf höchster Ebene, freilich bedarf und bedurfte es vieler Interventionen, dass Firmenvertreter auch mitgehen durften.

Als Minister startete ich mein Programm „travel on demand“. Ich lud Österreichs Exportwirtschaft ein, mir zu sagen, in welchen Ländern ein Besuch nötig sei. Diese Initiative fand großen Zuspruch. Ich war sehr oft im Ausland unterwegs. Einige meiner Regierungskollegen kritisierten meine häufige Abwesenheit, aber in einer Welt, in der Außenhandel überall als einer der ersten Schlüssel zur Steigerung des nationalen Wohlstandes gesehen wird, muss ein Wirtschaftsminister seine Außenhandelskompetenz ernst nehmen, noch dazu wo andere Minister keine Gelegenheit ausließen, im Ausland nach Erfolg zu grasen. Außerdem war mir die Tätigkeit im Ausland eine willkommene Abwechslung zu den vielen Kalamitäten im Inland.

Die Praxis lieferte mir sehr rasch Anlassfälle:

Semperit Traiskirchen

Generaldirektor v. Grünberg hatte angekündigt, dass der Standort Traiskirchen wettbewerbsfähiger werden müsse, da im Conti-Konzern einige Werke zur

Schließung anstünden. Gleichzeitig wurde angekündigt, drei LKW-Reifenproduktionsmaschinen abzumontieren und in einem neuen Werk in Tschechien aufzustellen. Da war plötzlich Feuer am Dach: Die Betriebsräte drohten mit der Blockade des Abtransportes, der Bürgermeister von Traiskirchen verlangte die Wiederverstaatlichung, die FPÖ verursachte eine Parlamentarische Fragestunde, in der man den neuen Minister so richtig zur Verantwortung ziehen konnte. Mitverursacht war die Krise auch dadurch, dass die traditionellen Reifenlieferungen nach Japan auszulaufen schienen, die bisher einen ordentlichen Deckungsbeitrag erbracht hatten. In den Siebzigerjahren hatte der damalige Handelsminister Dr. Staribacher für japanische Autos Zollbegünstigungen unter der Bedingung von Gegenlieferungen im Autozulieferbereich, vor allem aber bei Reifen, durchgesetzt. Mit dem EU-Beitritt entfiel die Begünstigung der Importe, sodass sich die japanische Seite auch nicht verpflichtet fühlte, die „teuren" Importe aus Österreich fortzuführen. Ich entschied mich für eine Doppelstrategie, die von Beginn an fast von allen Seiten angezweifelt wurde. Ich fuhr demonstrativ nach Traiskirchen und ließ auf meinen damaligen BMW-Dienstwagen Contireifen montieren. Da wurde mir vorgeworfen, dass diese Reifen nicht im Werk Traiskirchen erzeugt worden seien. Aber ich löste eine Loyalitätswelle für Semperitreifen aus, die auch von der Kronenzeitung mitgetragen wurde. Conti sollte wahrnehmen, dass der hohe Marktanteil in Österreich ein Wert sei, der nicht durch eine Schließungsdiskussion gefährdet werden dürfe. Der zweite Ansatz war, den japanischen Ausstattermarkt zumindest teilweise offen zu halten. Ich flog zu einer Gesprächsrunde nach Japan. Auf der Terminliste standen der mächtige MITI-Minister und ein Besuch bei Toyota. Zu meiner größten Überraschung fuhr kein Manager aus Traiskirchen mit, auch die Vertreter des Autozuliefervereines AOEM blieben zuhause. Später sagte man mir, dass man wollte das Scheitern nicht miterleben bzw. mitverantworten wollte. Die Gespräche mit Regierungs- und Betriebsvertretern waren sehr gut, der Vorstand von Toyota sagte mir persönlich die Ausstattung der Hiace-Serie in Europa mit Reifen aus Traiskirchen zu. Gleich nach der Ankunft in Wien flog ich in die Conti-Zentrale nach Hannover und berichtete dem Generaldirektor über den Besuch in Japan und meine Bemühungen auf dem österreichischen Markt. Zu meiner großen Überraschung sagte mit v. Grünberg, dass er in Würdigung dieser Bemühungen auch ein Signal setzten möchte und die LKW-Reifenforschung, die im Konzern sowieso von österreichischen Experten dominiert werde, nach Traiskirchen zurückverlagern werde. Ich versprach mich für die Förderung der notwendigen Investitionen beim Forschungsförderungsfonds einzusetzen werde. In Traiskirchen begann eine Periode, die zumindest neue Perspektiven versprach. Der Dank der Mitarbeiter und des Managements wurde mir bei einem späteren Besuch deutlich und entschädigte mich für die innenpolitische Dreckschleuderei in diesem Fall.

Der nächste Testfall war Libyen. Vertreter der VA-Stahl sprachen bei mir vor, ebenso Vertreter von Vamed und OMV und trugen mir ihre Sorgen auf dem lybischen Markt vor. Die Voest hatte seinerzeit in Misurata ein Stahlwerk errichtet, bei dem es heftige Qualitätsreklamationen von lybischer Seite gab. Vamed und OMV waren an Projekten (Spitalsbau bzw. Bohrkonzession) interessiert. Das war nun eine sehr delikate Angelegenheit, zum einen stand Libyen unter UN-Sanktionen, zum anderen hatte ich gleich nach Amtsantritt persönlich einen Export von Steyr-LKWs gestoppt, die vom Aufbau her nicht nur zum Transport von Rohren beim berühmten Man-Made-River Projekt, sondern auch zum Panzertransport geeignet gewesen wären. Einem hochrangigen Außenhandelspolitiker der USA, der eigens wegen der LKW-Angelegenheit zu mir nach Wien kam, erläuterte ich, dass ich auch ohne Außenintervention den Export bereits gestoppt hätte, aber bald zu einer Reise in dieses Land aufbrechen würde. Der Hinweis, ich wäre der erste EU-Wirtschaftsminister der dieses Land besuche, stachelte mich eher an als mich zu bremsen. Wir flogen mit einer kleinen Chartermaschine nach Djerba, Tunesien und setzten von dort die Reise im PKW fort. Mein erster Eindruck von Lybien war die eingehende Grenzkontrolle, weil wir lange Staus antrafen und die Wüste, die allenthalben mit Plastverpackungsresten übersät war.

Zu eingehenden Gesprächen traf ich die Minister für Finanzen, Wirtschaft, Industrie und Bergbau, auswärtige Angelegenheiten und Kommunikation und Transport. Die Gespräche waren sehr offen.

Zu den Ergebnissen:
Im Misuratafall konnte ich den Ministern nachweisen, dass die behaupteten Qualitätsmängel daher kämen, dass der Stahl für Kanonenrohre verwendet werde, wofür er absolut untauglich sei. Eine Umrüstung des Werkes fiele aber unter das Embargo. Im Rahmen der zulässigen Produkte sei Österreich an einem Ausbau des Handelsverkehrs mit Libyen sehr interessiert. Ich bot auch know how-Hilfe im Tourismusbereich und versprach, meinen EU-Kollegen das Interesse Libyens an der Teilnahme Barcelona-Prozess mitzuteilen. Auffallend war, dass alle Gesprächteilnehmer vom noch wirksamen Kreisky-Bonus sprachen. Ein Minister erzählte mir, dass Präsident Ghadafi den Traum hätte, Libyen zum Großerzeuger und Exporteur von Solarstrom werden zu lassen. Die silikonhältigen Sande ermöglichten eine günstige Spiegelfertigung und das menschenleere Land ließe die Aufstellung riesiger Solarflächen zu. Ich meinte dazu, dass es große Transportprobleme im Leitungsbereich geben könnte und schlug ein anderes Projekt vor. Die Zukunft gehöre meines Erachtens dem Wasserstoff, der ohne Probleme über Pipelines nach Europa transportiert werden könnte. Ein Gespräch hierüber mit dem Erdöl- und Energieminister verhinderte ein starker

Sandsturm, der unseren Flug zu den Erdölfeldern, bei denen er sich aufhielt, unmöglich machte. Das Gespräch wurde Monate später im Hotel Sacher anlässlich einer OPEC-Tagung fortgeführt. Dabei träumten wir gemeinsam für die Zukunft von einer Trinkwasserpipeline mit Alpenwasser nach Triest, von wo es mit ausgedienten Tankern transportiert werden könnte. In Libyen wurde mir vor meiner Abreise noch mitgeteilt, dass die Vamed das Spital in Benghasi bauen sollte. Die Wünsche der OMV würden ernsthaft geprüft. Ich wurde weiters gebeten, meine guten Dienste für die Lösung des Lockerbee-Falles einzusetzen. Ich sollte weitergeben, dass Lybien bereit sei, die beiden als Attentäter beschuldigten Personen nach den Niederlanden auszuliefern, wo sie nach schottischem Recht beurteilt werden könnten. Libyen sei weiters zu einem Schadenersatz im Falle des Absturzes einer UTA-Maschine über der Sahara zu Schadenersatz bereit.

Aus Libyen heimgekehrt, gab ich die Signale weiter, im Fall der USA an den damaligen Staatssekretär im US-Wirtschaftsministerium Eizenstat bei einem persönlichen Gespräch. Ich traf überall auf ungläubige Zuhörer und bin heute noch froh, dass es, allerdings erst Jahre später, genau so gekommen ist. Libyen war in jeder Hinsicht eine Reise wert.

Ein österreichisches Unternehmen, welches Walzen für Stahlwerke erzeugt, strebte eine Partnerschaft mit einem mexikanischen Unternehmen an, brauchte aber eine Intervention im mexikanischen Wirtschaftsministerium. Ich wurde vor der Reise gewarnt: Man werde mich sicher auf das Freihandelabkommen zwischen Mexiko und der EU ansprechen, welches in Österreich von den Sozialpartnern nicht gewollt sei. Umgekehrt bat mich die Firma Frequentis, die feierliche Eröffnung des von diesem Unternehmen errichteten Kommunikationssystems auf dem Flughafen von Mexiko-City vorzunehmen. Ich flog also hin, wurde am Flughafen von einem Heer von Journalisten erwartet und von einer Dolmetscherin betreut, die ich ständig korrigieren musste, bis ich eine Pressekonferenz in Spanisch allein bestritt. Das begeisterte einen Fernsehreporter, der mich einlud, noch am gleichen Abend für eine Fernsehsendung, die in ganz Lateinamerika übertragen werde, zur Verfügung zu stehen. Das passierte auch und es war ein fulminanter Start für die nächsten Gespräche. Im Flugzeug hatte mir der österreichische Chef des Stahlunternehmens den Joint Venture Vertrag in Englisch zur Lektüre gegeben. Ich fand eine Klausel, in der der Chef der mexikanischen Gruppe nach Unterfertigung des Kooperationvertrages den Vorsitz im österreichischen Vorstand hätte übernehmen sollen. Das war eine Überraschung für den betroffenen Manager und er war mir sehr dankbar für den rechtzeitig entdeckten Formulierungsfehler. Wir brachten sehr rasch ein Investitionsschutzabkommen auf den Weg und vereinbarten engere Kontakte, ja ich fand im Wirtschaftsminister Herminio Blanco einen Freund fürs Leben. Auch im Bereich der Autozulieferungen vereinbarten wir eine Intensivierung, die auch erfolgte. Besonderes Interesse fand die Einführung des Euro, vor allem weil die Frage einer gemeinsamen Währung bei den bekannten Wechselkursproblemen innerhalb der NAFTA für Mexiko längerfristig von großem Interesse ist.

Eine besondere Reise „on demand“ war ein China-Kurzaufenthalt im Oktober 1997. Bei einem Besuch des Bundeskanzlers Dr. Vranitzky war ein Gastspiel der Staatsoper zugesagt worden, welches von österreichischen Unternehmen mit Interessen auf diesem Markt im Wesentlichen finanziert werden sollte. Wenige Tage vor dem Ereignis teilte der nunmehrige Bundeskanzler Klima mit, dass er verhindert sei und an seiner Stelle Staatssekretär Dr. Wittmann teilnehmen werde. Dr. Wittmann hatte in Peking studiert und spricht Mandarin. Die chinesische Seite reagierte durch die Absage der Teilnahme von Ministern, auch Generalsekretär Li Peng sagte sofort ab. Firmen, Botschafter und Handelsdelegierten bestürmten mein Kabinett, dass ich teilnehmen müsste. Die Geister, die ich rief . . . Versprochen ist versprochen. Ich flog am 22. Oktober über Frankfurt nach Peking, hatte den ganzen Tag Ministertermine und ging am Abend in die Aufführung von Mozarts „Hochzeit des Figaro“. Wegen der extensiven Sicherheitskontrollen begann die Aufführung mit großer Verspätung. In der Pause lud Li Peng Altkanzler Vranitzky und mich zu sich und begann ein Wirtschaftsgespräch. Dabei fragte er Vranitzky, was er zur aufkommenden asiatischen Wirtschaftskrise sagen könne. Der Altkanzler begann in seiner überlegten und ruhigen Art zu erklären: Li Peng war ungeduldig und wollte eine präzise Antwort und unterbrach mehrmals. Da sagte Vranitzky: „Dann soll der Wirtschaftsminister seine Meinung sagen!“ Ich übernahm und sagte, dass die Krise sich erst so richtig aufbaue, viele schlechte Regierungen würden die Krise weder bewältigen noch überleben!“ Plötzlich war ich im Mittelpunkt des Interesses und mehrere chinesische Minister wollten Details, doch die Pause war zu Ende. Im Aufführungssaal wurde ich zum Teil über die Schulter aus der hinteren Reihe weiter gefragt, vor allem von einem stellvertretenden Ministerpräsidenten, den ich von früheren Besuchen kannte. Nach dem dritten Akt, es ging schon gegen 22 Uhr, wollten die chinesischen Regierungsmitglieder, welche die Oper nicht kannten, heimgehen, blieben aber nach Aufklärung, fanden den 4. Akt entsetzlich langweilig und wetzten ungeduldig auf den Sitzen hin und her. Nach dem für China sehr späten Ende fuhr die chinesische Seite unverzüglich heim. Der Empfang des Botschafters hatte ausschließlich die Künstler, die österreichischen Politiker und Firmenvertreter als Gäste. Am frühen Morgen hatte ich ausführliche Gespräche mit dem chinesischen Energieminister bei einem ausgiebigen chinesischen Frühstück (noch heute wüsste ich gerne, was wir da genau an kleinbeinigem Getier gegessen haben). Zu Mittag ging es wieder heimzu. Ein Steward sagte mir, er würde so eine Reisedichte nicht vertragen. Übrigens, beim Hinflug nach Peking hatte ich lange und gut geschlafen. Vor dem Aussteigen sagte mir die Chefstewardess, dass ich ein gutes Gewissen und Naturell haben müsste, denn ich hätte in argen Turbulenzen tief weitergeschlafen. Die Turbulenzen glaubte ich ihr erst, als ich meine Schuhe einige Reihen weiter hinten fand. An meinem Beispiel des Schlafens bei Intercontinentalflügen haben sich dann mehrere Mitarbeiter/innen ein Beispiel genommen.

Bei einer Reise nach Saudi Arabien im März 1997, in der es vor allem um lästige Visafragen, WTO-Beitritt, Freihandelsabkommen EU und Golfkooperationsrat (auch in Vorbereitung der österreichischen EU-Präsidentschaft) und um die Wiederbelebung der Gemischten Kommission ging, bleiben mir zwei Erlebnisse unvergesslich. Bei meiner Ankunft mit einem Abendflug aus Kairo regnete es in Riad zum ersten Mal seit langer Zeit. Das wurde vom mich erwartenden Finanzminister als gutes Omen gedeutet. Gemeinsam traten wir in den Regen hinaus und genossen das Erlebnis. Diese gemeinsame Freude am Regen schuf eine sehr gute Verbindung. Ich wurde gefragt, ob ich den Ehrenschutz über eine verbotene katholische Messfeier übernehmen würde. Messfeier ist falsch: Da auch katholische Priester der US-Streitkräfte die Zelebration nicht wagten, war es eine – ich sage es so – eine Laienmesse. Weit über hundert Personen, darunter viele Phillippinos/-as feierten einen berührenden Gebetsgottesdienst. Wie nie zuvor wurde mir Christi Wort deutlich: „Wo zwei oder drei in meinem Namen zusammen sind, da bin ich mitten unter ihnen!“ Die Teilnehmer standen alle unter erheblicher Strafandrohung. In Riad lernte ich verstehen, was Petrus mit dem königlichen Priestertum der Laien gemeint haben könnte. Später von einem saudischen hohen Funktionär darauf angesprochen sagte ich: Wir in Europa erlauben den Bau von Moscheen und lassen muslimisches Glaubensleben zu: Es wäre hoch an der Zeit, dass hier in der islamischen Welt eine Reziprozität praktiziert werde.

Ein ungewöhnliches Resultat hatte eine Abu Dhabi-Reise. Meine damalige Konsulentin für Fragen des internationalen Kapitalmarktes, Sonja Kohn, hatte die Idee für einen von der FGG garantierten Abu Dhabi Investitionsfonds in Österreich und versuchte vor Ort Interessenten zu finden. Sie fand dieses in großem Ausmaß und rief in meinem Büro an und ersuchte um eine Teminzusage für einen Besuch in dem Land. Ihr wurde beschieden, dass ich für die nächste Zeit ausgebucht sei. Da rief mich Frau Kohn selbst direkt an, ich nahm meinen Kalender zur Hand und fand das nächste Wochenende frei. Nun sind Samstag und Sonntag im arabischen Raum normale Wochentage, daher verzichtete ich auf ein freies Wochenende und flog einfach hingeflogen. Der ministerielle Interessebeweis beeindruckte, der Fonds wurde unterzeichnet und übrigens ohne Garantie umgesetzt.

### 4.1.2 Außenhandelsreisen

Der legendäre Präsident der Industriellenvereinigung Mayer-Gunthof pflegte als sein ceterum censeo ständig zu sagen: „exportare necesse est". In einem Land mit chronischen Importüberschüssen eine offensichtliche Notwendigkeit, die jedoch leichter gesagt als getan war. In einem Land, in dem es immer einfacher war, als Importeur denn als Exporteur reich zu werden, in dem die Liebe zu fremden Sprachen und Kulturen eher Philosophen, Theologen und Diplomaten zugesonnen wurde, indem Autarkie von der Agrarpolitik ausgehend zu einem wirtschaftspolitischen Hauptziel geworden war, ist Außenhandelspolitik ein schwieriges Feld. Wer sich die Deckung der Erfordernisse des Heimmarkts vornimmt, verliert den Blick für die Chancen des Weltmarkts. Leute wie Mayer Gunthof waren wie Wanderprediger unterwegs. Die Botschaft, die sie vertraten, nämlich zunehmend freien Außenhandel, war nicht populär. Marktordnungen und Versorgungssicherungskartelle galt es zu perfektionieren, nicht Außenhandelsregelungen zu treffen, die Marktzugang erleichterten. Bei dieser Mentalität war Außenhandel die Spielwiese einer Minderheit. Mir ist dies im Zuge meiner beruflichen Tätigkeit besonders dann aufgefallen, wenn es darum ging, die Zustimmung der Österreicher zu internationalen Vereinbarungen wie dem EFTA-Beitritt, den Verhandlungen über den EWR (Europäischer Wirtschaftsraum) oder gar zum EU-Beitritt zu erlangen. Am Anfang stand immer eine tiefe Skepsis, die aber durch Sachinformation und persönlichen Einsatz vieler Engagierter überwunden werden konnte.

Zu den großen Entwürfen des Bundeskammerpräsidenten Julius Raab zählt die Gründung der Außenwirtschaftorganisation. Sie sollte jenseits des politischen Tagesgeschehens die Exporttätigkeit österreichischer Unternehmer durch die Errichtung von Außenhandelsstellen in den wichtigsten Märkten und durch die Entwicklung eines weiten Servicekataloges fördern.

Aber Außenhandelspolitik blieb im wesentlichen Bereich der Marktzugangsgestaltung Regierungssache, auch jenseits der internationalen Vertragspolitik. Besonders in den Ländern mit zentraler Planwirtschaft oder mit autoritären Regierungen war der persönliche Einsatz von Regierungsmitgliedern immer unentbehrlich. So entwickelte sich eine Kultur von Auslandsreisen zur Förderung der Wirtschaft. Große Delegationen machten sich auf, begleitet von Medienvertretern, Verhandlungen wurden zelebriert und Erfolge gefeiert. Auslandsreisen waren die Gelegenheit, sich neue österreichische Freunde zuzulegen, das Du-Wort auszutauschen und Allianzen für daheim zu schmieden. Manchmal hatte ich bei der Beurteilung des Verhaltens österreichischer Politiker und Wirtschaftsexperten eher den Eindruck, dass man ins Ausland fuhr um sich einmal ungestört über diverse innerösterreichische Probleme unterhalten zu können.

Drei Anekdoten in diesem Zusammenhang:

Vor Marktordnungsverhandlungen in der Zeit der SPÖ-Alleinregierung fuhr eine Delegation nach China und kehrte mit dem Eindruck, sich „zusammengelebt“ zu haben zurück. Als der Landwirtschaftsminister Haiden bei den Verhandlungen stur auf seinen Positionen verharrte, seufzte einer der ÖVP-Verhandler aus Kärnten: „Wozu waren wir denn in Peking und haben das Du-Wort ausgetauscht und Bruderschaft getrunken? “

Vor der Einführung der Mehrwertsteuer fuhr eine Gruppe von Regierungs- und Sozialpartnerexperten nach Belgien und in die Niederlande um die dort vor allem mit der Vorsteuerentlastung und der Preiskontrolle gemachten Erfahrungen zu studieren. Nach einer eingehenden Diskussion mit belgischen Regierungsvertretern stellte ein hoher Beamter des damaligen Handelsministeriums die Frage: „Tragen die Beamten bei der Preiskontrolle Pistolen?“ Das war ja nun wirklich eines der wichtigsten Probleme aus seiner Sicht! Bei dem Besuch in Holland besichtigten wir einen Straßenmarkt, auf dem die Verkäufer ihre Waren auf die Gehsteige gelegt hatten. Ein österreichischer Konsumentenvertreter, der sehr schlecht sah, ging versehentlich über ein Sortiment von Silberdrahtschmuck. Bevor der Verkäufer noch protestieren konnte, trat der ÖGB-Vertreter Erich Schmidt auf ihn zu und erbot sich, die beschädigten Stücke zu kaufen. Von da an wünschte ich mir, mit diesem Mann befreundet zu sein. Es entwickelte sich eine heute noch haltende Freundschaft. In Amsterdam schickten wir allerdings auch einen total unerfahrenen Ministerialrat zum Kaffeetrinken in ein mit einer roten Laterne gekennzeichnetes Lokal (was er uns übrigens für immer Übel genommen hat). Bei einer Japanreise gab es einen Empfang, bei dem nach der Begrüßung die Österreicher und die japanischen Gastgeber getrennt zusammenstanden, jedenfalls nicht miteinander sprachen. In einer Ecke stand ein alter japanischer Herr allein mit einer jungen Dame, offenbar einer Dolmetscherin. Ich trat hinzu und begann ein Gespräch. So lernte ich den berühmten Herrn Honda kennen, dar mir ausführlich seinen Werdegang und seine Unternehmensstrategie schilderte. Von da an hatten wir bei Honda immer einen leichten Zugang zu weiteren Gesprächen. Meine Sucht, ständig Informationen über Entwicklungen im Ausland einzuholen, brachte mir öfter intern Kritik ein, Wirtschaftspolitiker, die nicht wachsam verfolgen, was im Ausland an Strategien und Maßnahmen versucht wird, haben keine Zukunft. Aus Büchern und basierend auf internen Überlegungen alleine lässt sich schlecht gute Politik konzipieren. Zu oft wurde in Österreich versucht, dass Rad wiederzuerfinden, statt mit anderswo erprobten Rädern rascher voranzukommen. Der Blick über den eigenen Tellerrand hinaus war aber nicht populär. So wie es in den Betrieben das „Not invented here -Syndrom" gibt, so besteht auch in der Wirtschaftspolitik die Tendenz zur originär-eigenständigen Lösung, der dann als „österreichischer Weg" verkauft wird. Diese Erfahrung machte ich vor allem in den Jahrzehnten der Marktordnungs- und Preisgesetzverhandlungen, wo man geradezu stolz war, Lösungen zu finden, die es anderswo nicht so gab, z. B. Abrechnungssysteme, umfassende Transportausgleiche, Investitions- und Inverkehrsetzungsgenehmigungen. Wir versuchten in mehreren Weltreisen in andere Produzentenländer Unternehmer und Experten auf neue Pfade zu leiten, aber so beeindruckend die Beispiele in den USA oder Neuseeland, in Schweden oder Finnland auch waren, bei uns war eben alles anders.

Außenhandelspolitik wurde im Laufe der Jahre meine große Liebe: Es war geradezu ein Glücksfall, dass bei der Neubesetzung des Generalsekretariates der Wirtschaftkammer Österreich mir als Generalsekretärstellvertreter die Zuständigkeit auch für Außenhandel und die Außenhandelsorganisation übertragen wurde. In diesem Bereich kann erfolgreich nur sein, wer fremde Sprachen liebt and spricht, andere Kulturen und Sitten mag, mit Fremden gerne umgeht und zu dauerhaften Beziehungen bereit ist.

Für mich war der Außenhandel der entscheidende Faktor für Österreichs Wohlstandssteigerung. Unser kleiner nationaler Markt war für die Tüchtigkeit unserer Menschen einfach zu klein. Daher war mir Markterweiterung über Integration, vor allem die EU-Integration, mir immer ein besonderes Anliegen, gerade und obwohl ich durch meine Funktionen in der Agrar- und Wettbewerbspolitik (Obmannstellvertreter im Weinwirtschaftsfonds, später im Milchwirtschaftsfonds, Geschäftsführer des Paritätischen Ausschusses für Kartellangelegenheiten) eigentlich im geschützten Sektor der österreichischen Wirtschaft andere Prioritäten verfolgen hätte sollen. Aber wer die Ineffizienzen des geschützten Sektors so wie ich an der Quelle kennen lernen konnte, musste zum Freihändler werden.

### 4.1.3 Reiseanekdoten

Wenn einer eine Reise tut, dann kann er was erleben: Dieser Erfahrungssatz gilt selbstverständlich auch für Dienstreisen. In den Berichten über dieselben wird vor allem festgehalten, mit wem worüber und mit bei welchen Ergebnissen geredet wurde. In meinem Haus habe ich nach jeder Reise auch genau das follow up, d. h. die auf Grund der Ergebnisse zu setzenden Schritte wie die Information bestimmter Firmen, dem Nachgehen von Behauptungen über Behinderungen auf dem österreichischen Markt, das Aufgreifen von Ideen und das Entsenden von Folgemissionen, festgelegt. Ausländische Partner haben mir wiederholt bestätigt, dass sie bei meinen Dienstreisen gerade durch das follow up gesehen hätten, wie wichtig die Inhalte von Gesprächen genommen wurden. Leider gehen irgendwann die Stories über die kleinen Highlights verloren. Einige unvergessliche Erlebnisse möchte ich aber festhalten, auch damit ich selbst sie nicht vergesse.

Hongkong: eine Kolonie kehrt heim.

Außenminister Dr. Schüssel hatte mich gebeten, die Vertretung Österreichs bei der feierlichen „Heimholung" Hongkongs zu übernehmen. Ich flog alleine (d. h. ohne Begleitung), da sich zu dieser Zeit ohnedies zwei meiner Söhne in dieser Stadt aufhielten. Die Überraschung der chinesischen Seite war offenkundig: Wenn ich mit meinen beiden großgewachsenen Söhnen durch die vielen Security-Checks ging, durften meine Buben jeweils ohne Kontrolle passieren, da sie für meine Bodyguards gehalten wurden, einen Eindruck, den sie bewusst noch dadurch verstärkten, dass sie jeweils einen Finger an das Ohr hielten, wie das offenbar richtige Guards tun, wenn sie den Empfangsgeräten in ihren Ohren lauschen.

Das Überrraschendste an der Übergangsfeier war das extreme Schlechtwetter. Der öffentliche Abschied der Briten fand unter freiem Himmel statt. Die Ehrengäste saßen unter einer Tribüne, die bestenfalls durch Leinenstreifen über den Köpfen Sonnenschutz geboten hätte. Nun fand aber die Zeremonie gegen Abend und bei strömendem Regen statt. Auch Prinz Charles in der ersten Reihe wurde so nass, wie der neue Oppositionsführer William Hague (mit Verlobter) in der Reihe vor mir. Die mich umgebenden Dignitäten sparten nicht mit kleinen Bosheiten: Nach einhundert Jahren Besetzung hätte man wissen müssen, dass es um diese Zeit Sturm und Regen gibt. Prinz Charles fiel besonders durch die Eröffnungsworte auf: „In the name of the Queen, my mother. . . ". Ich war jedenfalls völlig durchnässt und beneidete alle, die das Ereignis im Fernsehen miterleben konnten.

Schon am Nachmittag hatte es einen Empfang auf der Königlichen Jacht Britannia gegeben. Es war unglaublich schwül. Journalisten waren nicht zugelassen und belagerten das Boot am Quai. Wir standen sehr lange mit üblichem Small Talk zusammen und harrten der großen Ansprachen, die nicht kamen. Gemeinsam mit dem mir von den EU-Beitrittsverhandlungen bekannten griechischen Außenminister entdeckte ich Prinz Charles allein am Eingang des großen Raumes stehend. Wir gingen einfach hin, stellten uns vor und versuchten, ein kleines Gespräch in Gang zu bringen. Der ziemlich beleibte Grieche war total verschwitzt, was offenbar zu einer raschen Verabschiedung führte. Mich sprach der Prinz auf das in Österreich von mir verfolgte Prinzip der Positivkennzeichnung genetisch veränderter Nahrungsmittel an, was zu einem vielleicht zehnminütigen Informationsaustausch führte. Zum Abschied sagte mir der Prinz, wie froh er sei, dass das Boot nach Mitternacht Kurs auf Manila nehme und dadurch nicht in den Taifun hineinfahren müsste. Mein längeres Gespräch hatte Aufmerksamkeit erregt und beim Zurückgehen ins Saalinnere wurde ich mehrfach darauf angesprochen, was wir denn geredet hätten. In Erinnerung bleibt mir auch, dass ich von Kirchenvertretern angesprochen wurde, die sich um die Zukunft des zum Teil konfessionellen Schulsystems sorgten. Ich versprach, diese „concerns“ an meine chinesischen Gesprächspartner weiterzugeben. Vor Verlassen des Schiffes kam ich noch mit einem Offizier ins Gespräch, der eigentlich froh war, dass dieses Museumsstück, das rund zwei Monate nach Hongkong unterwegs war, hinterher abgerüstet werden sollte. Am Quai angekommen stürzten sich Reporter aller Lande auf mich und ihre erste Frage war: „War Camilla an Bord und haben Sie sie gesehen!“. Na, die Sorgen möchte ich haben.

Bei der formellen Übergabe im Konferenzzentrum hatte ich dank des Alphabets einen vorzüglichen Platz in der ersten Reihe. Als ich ihn einnehmen wollte, hatte sich der ehemalige britische Premierminister Ed Heath darauf niedergelassen und war nicht zu bewegen, zu dem für ihn reservierten Sitz zu gehen. So wurde für mich ein zusätzlicher Sessel aufgestellt. Bei der Feier selbst fielen mir zwei Dinge auf, die mir unvergesslich bleiben werden. Als die Vertreter Rotchinas das Wort ergriffen und in Mandarin sprachen, nahmen alle englischen Ehrengäste, voran Tony Blair und Margaret Thatcher die earphones ab. Diese Geste erregte bei mir und auf Nachfrage bei vielen meiner Nachbarn Aufmerksamkeit und Unmut: ich dachte auch, dass dieser Affront lange nicht vergessen werden würde. Schließlich sprach der neue „Machthaber“ Tung She Wa in Mandarin über die Absichten und Programme der neuen Regierung. Ein chinesischer Freund sagte mir: „Wenn er so regiert, wie er Mandarin spricht, dann kann man sich auf vieles Unfertiges, Unausgereiftes gefasst machen!“

Beim nachfolgenden Galadinner hatte ich zwei berühmte Tischdamen: Ex-Premierministerin Margaret Thatcher und die Generalsekretärin der Verwaltung Hongkongs, die Tung She Wa von Chris Patton übernahm, die charmante Anson Chan. Sie war an diesem Abend das strahlende Gegenteil der berühmten Britin, die den Mund nur zum Speisen öffnete. Die offiziellen Vertreter Chinas an unserem Tisch taten alles, um bei uns den Eindruck zu erwecken, dass sie wüssten, dass der Testfall Hongkong auch zum Testfall ihrer internationalen Glaubwürdigkeit, im besonderen angesichts des angestrebten WTO-Beitritts werden würde.

Jedenfalls erlebte ich auch das aufwendigste Feuerwerk der Geschichte. Ich hatte an diesem Tag den Atem großer Geschichte mit interessanten persönlichen Facetten erlebt.

Prognose in Simbabwe

Anfang März 1996 besuchte ich gemeinsam mit Präsident Maderthaner Simbabwe und Südafrika. Bei unserem Aufenthalt in Harare waren wir auch bei Präsident Mugabe zu Besuch. Ein österreichischer Unternehmer, der uns begleitete, hatte gebeten, beim Präsidenten für ein Programm zu intervenieren, welches die Anschaffung von solarbetriebenen Öfen zum Gegenstand hatte. Bei meinen früheren Aufenthalten in Sambia und Kenia wusste ich aus eigener Erfahrung, dass warm im Regelfall nur am Morgen und am Abend gekocht wird Ich stand dem Projekt daher skeptisch gegenüber, da mit Morgen- und Abendsonne kein großer Solarstaat im Haushalt zu machen war. Tatsächlich fragte der Präsident auch, was ich von der Idee hielte. Ich schilderte meine Erfahrungen und empfahl, das Projekt nur aufzugreifen, wenn damit auch Batterien verbunden sein würden. Das würde das Aufladen im vollen Tageslicht und die spätere Nutzung auch in der Dunkelheit am Abend und am Morgen ermöglichen. Die afrikanischen Sitzungsteilnehmer waren begeistert, der österreichische Unternehmer frustriert. Ein Generalsekretär einer Kammer, der nicht bedingungslos Pläne seiner Mitglieder unterstützt, was sollte aus dem noch werden?

Diese Frage wurde beim Besuch eines alten afrikanischen Modelldorfes einem Medizinmann, einem sehr alten Mann mit noch einem Zahn im Mund, gestellt. Er bat Präsident Maderthaner, den Handelsdelegierten und mich in eine Hütte und schloss die Türe. Dann warf er eine Handvoll Knochen, schüttelte den Kopf, betrachtete uns eingehend und sagte: „Herr Präsident, der Wurf sagt mir, dass Sie sehr bald in eine noch mächtigere Position aufsteigen werden!“ Monate später wurde ich Wirtschaftminister: Es stellte sich die Frage, ob sich das Orakel oder der es interpretierende Mann sich nur in der Person geirrt hatte oder was wahrscheinlicher ist, das Trinkgeld und die vorherigen Gespräche des Handelsdelegierten die fehlgeleitete Prognose verursachten!

Vorweihnachtliches Bulgarien

Ich war auf einem offiziellen Besuch in Bulgarien, der eigentliche Anlass war die Bitte der VA-Tech bei einer Grundsteinlegung für eine neue Stranggussanlage in einem Stahlwerk zu assistieren. Bei der Feier war es so bitter kalt, dass die bereitgestellten Weine gefroren waren und nur der hochprozentige Wodka trinkbar war, dem auch kräftig zugesprochen wurde. Da lernte ich auf einfache Weise, warum Wodka in manchen Gegenden so hoch geschätzt wird Ein österreichisches Hilfswerk, das von meiner Anwesenheit erfahren hatte, bat mich, gemeinsam mit der Gattin des Staatspräsidenten die Übergabe der Weihnachtsspenden an die Kinder vorzunehmen. Die Feier fand in einem Theater statt. Hunderte Kinder waren mit ihren Eltern gekommen und warteten im vollbesetzten Saal. Doch die Hilfssendung war noch nicht angekommen, die LKWs waren im Schnee auf einem Pass hängen geblieben. Das war eine Warterei. Die Kinder wurden zunehmend ungeduldig, die Eltern waren das lange Warten aus der politischen Vorperiode offenbar gewohnt.

Als die LKWs schlussendlich ankamen begann die Übergabefeier. In meiner Rede adressierte ich die Kinder direkt und erzählte ihnen von meiner Jugend. Wie arm wir in den Jahren nach dem Krieg gewesen seien, wie meine Eltern viele Kilometer Fußmarsch in die Steiermark auf sich nahmen, um Nahrungsmittel zu besorgen, wie Mutter und ich auf der Südbahnstrecke von den Dampfzügen gefallene Kohlenstücke sammelten und wie knapp wir damals an Schuhen waren und wie oft wir Buben bei den Messen barfuss ministrierten. Damals bildete sich in mir der feste Wille, nie mehr arm zu sein und einmal genügend Geld zu haben. Daher lernte ich wie ein Wilder und habe auch Karriere gemacht, die meine Jugendträume Realität werden ließ. Ich appellierte daher an die Kinder, ordentlich zu lernen und die eigenen Fähigkeiten zu entwickeln. Den Eltern legte ich ans Herz, den Kindern den Weg zu Bildung und Arbeitsethik zu ermöglichen. Die Kinder seien das Humankapital der Zukunft Bulgariens. Bei der Annahme der Geschenke von heute sollten sie sich fest vornehmen, bald selbst in der Lage zu sein, anderen ärmeren Menschen wo immer in der Welt einmal zu helfen. Die Übersetzung schien den Sinn meiner Worte weitergegeben zu haben. Nach einer kleinen Nachdenkpause gab es donnernden Applaus und die Frau der Staatspräsidenten überschüttete mich mit Komplimenten.

Österreicherball in Peking

Schon in meiner Zeit als Generalsekretärstellvertreter der Wirtschaftskammer Österreich eröffnete Präsiden Leopold Maderthaner bei seinem Antrittsbesuch in China in Peking den ersten Österreicherball. Zwei Erfahrungen prägen meine Erinnerung. Zur Eröffnung trat eine chinesische Tanzgruppe auf, die hochgewachsen und überschlank war, welche Polonaise und Eröffnungswalzer in geradezu preußischer Exaktheit darbot. Die Stimmung war großartig und wir stellten uns auf eine lange Nacht mit den chinesischen Gästen ein. Doch Schlag 10 Uhr abends waren die Österreicher und einige europäische Gäste unter sich.

Bei meinem nächsten Besuch als Wirtschaftsminister durfte ich erneut den Ball mitgenießen. Die Eröffnung war beeindruckend wie beim ersten Mal, doch dieses Mal tanzten die weiblichen Mitglieder des Balletts weitere Walzer mit den Ehrengästen und als es gegen 10 Uhr abends ging, verließen nur wenige Chinesen den Saal. Nach Mitternacht bat mich der Leiter einer österreichischen Niederlassung an seinen Tisch: Einige hohe Militärs würden sich freuen, meine Bekanntschaft zu machen. Wir tranken und tratschten vergnügt eine gute Stunde. Am nächsten Tag berichtete mir ein strahlender Manager von einem beträchtlichen Abschuss im Gefolge unserer Unterhaltung.

Eiskälte in China

Eine meiner „Reisen auf Bestellung" führte mich im Jänner 1997 in die chinesische Provinz Liaoning. Das österreichische Unternehmen Veitsch-Radex wünschte meine Anwesenheit bei der Eröffnung eines Produktionsunternehmens für feuerfeste Produkte in einer Küstenstadt in der Provinz Liaoning. Zu dieser Provinz hatte ich schon aus meiner Kammerzeit gute Beziehungen. Der Gouverneur Weng, ein für chinesische Verhältnisse körperlicher Riese, hatte zu Österreich ein besonderes Verhältnis. Auf einer Europareise war er am frühen Morgen in Wien Schwechat gelandet und hatte die Raffinerie der OMV im Sonnenlicht glitzern gesehen. Zunächst wollte er nicht glauben, dass eine Raffinerie so sauber sein könnte, dann aber wollte er diese Unternehmen kennen lernen, um nach diesem Beispiel die Modernisierung zu Hause in Angriff zu nehmen. Überdies wollte er von der OMV eine Lizenz für die Produktion von Melanin.

Die Einladung des Gouverneurs hatte handfeste Gründe: Ein österreichisches Unternehmen, welches in China die Produktion von feuerfesten Produkten anfangen wollte, hatte ein erhebliches Problem: Es ging um Exportlizenzen, die in nur unzureichendem Ausmaß und dazu noch hoch besteuert von Regierung und Provinz angeboten wurden. Über diese Frage hatte ich schon bei früheren Treffen mit der Wirtschafsministerin Wu Yi gesprochen. Die Anreise erfolgte über die Provinzhauptstadt Shenyang, in der ich im Gästehaus der Regierung nächtigte. Es gab hier intensive Gespräche mit der Provinzregierung, die sich vor allem um Landwirtschaft, Industrie und Umwelt drehten. Im Bereich der Agrarproduktion sprachen wir vor allem über die Notwendigkeit und Zweckmäßigkeit der Zucht weniger Wasser bedürfenden Sorten, vor allem von Kartoffeln, industriepolitisch wollte sich die Provinz als Standort für die Niederlassung von für den Export produzierenden ausländischen Unternehmen offerieren. Ich wies darauf hin, dass die größte Herausforderung der riesige chinesische Binnenmarkt sei, der aber durch viele Regulierungen und noch geringe Massenkaufkraft behindert sei. Immer wieder kam die Produktion von Melamin zur Diskussion. Sollte ich offen sagen, dass die OMV nicht interessiert war, weil man fürchtete, dass Dumpingexporte aus China den Weltmarkt stören würden? Meine Antwort war, dass in Österreich lediglich das Unternehmen selbst entscheide, wo es was und mit welchem Partner produziere. An einem frühen Morgen ging es in einer riesigen Dienstlimousine zum hunderte Kilometer entfernten Produktionsstandort. Es war sehr kalt, es lag einiger Schnee auf Häusern und Feldern. Mein erster Eindruck war die erdrückende Atmosphäre von Nebel und Rauch, die nächste Überraschung waren Autobahn und Straßen: Da gab es mehr Löcher als man sich vorstellen konnte, da rückten Kohorten von vermummten Arbeitern mit Schaufeln und Besen Schneewechten zu Leibe, da glitten rauchende und stinkende Fabriken am Horizont vorbei.

Die Strecke und die Unterhaltung zogen sich. Schließlich langten wir beim neuen Fabriksgebäude an. In einer riesigen, eiskalten leeren Halle war eine Präsidiumstisch aufgestellt, daneben eine große Presse für feuerfeste Ziegeln, eine Militärkapelle war da und jede Menge Leute. Die Feier war kurzweilig, die Gespräche nützlich und meine Hochachtung vor dem jungen österreichischen Management sehr groß.

Ein österreichischer Professor in China

Bei einem meiner Besuche stellte mir Handelsdelegierter Laschan einen alten Herrn namens Zeitelberger vor, der in den Zwanzigerjahren als Lehrbeauftragter nach Peking gegangen war, dort geheiratet hatte und sesshaft geworden war. Seine Erzählungen über die Erfahrungen mit den verschiedenen Perioden der chinesischen Entwicklung, insbesondere das Überleben während der Kulturrevolution waren faszinierend. Ich regte an, seine Lebensgeschichte doch niederzuschreiben und fragte ihn, ob er seinen Lebensabend nicht in Österreich verbringen möchte. Zur ersten Anregung sagte er mir, dass er wahrscheinlich schon zu alt sei um sich an die derzeitigen, für ihn völlig ungewohnten Lebensverhältnisse im alten Heimatland gewöhnen zu können und zur zweiten stellte er fest: „Ich war voriges Jahr in meiner alten Heimat in der Brucker Gegend in Niederösterreich und habe dabei festgestellt, dass ich mir meiner chinesischen Rente bloß einige Semmeln kaufen könnte.“ Als Geschenk überreichte er mir einige süße, offenbar hausgemachte Kuchenstücke. Es war eine bereichernde und berührende Begegnung. Ich wollte bei meinem nächsten Besuch den alten Professor wieder treffen, doch wurde mir mitgeteilt, dass er in der Zwischenzeit verstorben sei. Mögen diese Zeilen ein wenig dazu beitragen, dass er in seiner alten Heimat nicht ganz vergessen wird

Südafrika: von Mandela bis Musikantenstadl.

Noch im Jahre 1996 unternahmen Außenminister Dr. Schüssel und ich eine Reise nach Südafrika, bei der es vor allem um eine Intensivierung der Zusammenarbeit mit der Mannschaft um Präsident Mandela ging. Da zur gleichen Zeit auch ein Musikantenstadl in Kapstadt anberaumt war, stand auch dieser auf unserem Programm. Der wichtigste und auch beeindruckendste Termin war der Besuch bei Präsident Mandela. Ihm wurde von Österreich eine namhafte Spende für einen seinen Namen tragenden Fonds übergeben. Die Persönlichkeit des südafrikanischen Präsidenten beeindruckte uns ungemein: Ein Mann, der Jahrzehnte der Verfolgung ohne Hass überstanden, der gegen alle Erwartung Aussöhnung vor Vergeltung gesetzt hatte und der beweisen wollte, dass sein Weg nicht in die üblichen afrikanischen Sackgassen von Diktatur und Bürgerkrieg führte. Ich erinnere mich noch, wie überrascht er war, von mir zu hören, dass es in Südafrika eine Computerchiperzeugung gäbe, die damals eine österreichische Firme damals gerade gekauft hatte und in der schwarzes Personal zur Zufriedenheit, aber auch zur Überraschung mancher, tätig war. Ich besuchte damals voller Stolz den Generalsekretär des NEDLAC, einer Sozialpartnereinrichtung nach dem Vorbild der Paritätischen Kommission in Österreich. Bei einem Studienaufenthalt von ANC-Funktionären, die ich in meiner Kammerzeit nach Wien eingeladen hatte, wurde in Gesprächen mit Sozialpartnervertretern die Idee einer ähnlichen Einrichtung geboren. Der bekannteste meiner Gäste war der spätere Arbeitsminister und spätere Notenbankpräsident Tito Mboweni.

Die neue südafrikanische Institution funktionierte besser als erwartet, ich konnte mit einigen Ratschlägen helfen und ich lud den Generalssekretär zu einem Dialog mit den österreichischen Sozialpartnern in Wien ein. Intensive Gespräche gab es auch mit den Ministern Manuel und Erwin (Finanzen bzw. Wirtschaft). In Kapstadt ging es einmal mehr um ein Stahlwerk in Saldana Bay, bei dem es große Umwelteinwände gab. Unvermeidlich war es, beim Musikantenstadl anwesen zu sein. Am Tisch der Ehrengäste saßen neben dem Vizekanzler die Bürgermeisterin von Kapstadt, Bürgermeister Zilk aus Wien, der berühmte Herzchirurg Christiaan Barnard mit neuer, sehr junger Ehefrau und die Unterhaltungsintendantin des ORF. In Erinnerung geblieben sind mir ständige Übertragungsschwierigkeiten, die große Aufregung und zusätzliche Kosten verursachten: Die ORF-Repräsentantin hatte einen höllischen Abend. Es stellte sich heraus, dass entgegen der Abmachung die Sendung zuerst mit Kabel nach Johannisburg geleitet und von dort via Satellit nach Europa gestrahlt wurde, hergerichtet war aber alles zur Direkttransmission via Satellit aus Kapstadt. Mitbekommen habe ich auch die ständigen Erzählungen des großen Frauenfreundes Barnard, der vor seiner Ehefrau die Vorzüge und Bereitwilligkeit der Frauen, die er beim Stanglwirt in Going/Tirol getroffen hatte, pries. Bei der Sendung fiel mir auf, dass dem Unterhalter Moik seine Texte in Großbuchstaben unter der jeweiligen Kamera entgegengehalten wurden, damit er die geistreichen Bemerkungen ablesen konnte. Nach dem Stadl trafen sich die Österreicher noch in einem Nebenraum, in dem eine Musikkapelle moderne Musik spielte. Es war jedenfalls laut, wir kamen nicht zum Tratschen. Da schlug ich vor, die Kapelle heimzuschicken und in Ruhe bei einem Glaserl Wein zu feiern. Weiters bat ich das mit großem Erfolg in der Sendung aufgetretene Kärntner Sextett, einige Lieder zu singen: Botschafter Wolte und ich traten vorübergehend dem Chor bei und sangen mit. Schließlich fand jemand Kassetten mit Wiener Walzermusik: Plötzlich wurde auch getanzt. In der

Ballettgruppe war auch eine Tänzerin aus meinem Heimatort Weikersdorf, mit der ich einige Walzer drehte. Man kann sich überall zuhause fühlen, besonders mit derartigen Accessoires.

Chile – ein Hoffnungsmarkt

Ich war zweimal in Chile, einmal noch in meinen Kammerjahren mit Präsident Maderthaner und einmal als Minister. Beim ersten Besuch lernten wir bei einem Abendessen zwei als Präsidentschaftskandidaten gehandelte Personen kennen, die Herren Frei (Christdemokrat) und Lagos (Sozialist). Bei erstgenanntem beeindruckte mich seine Schweigsamkeit, dafür für war seine italiengebürtige Ehefrau umso redseliger, weil sie mit mir in ihrer Muttersprache plaudern konnte. Bei Lagos fiel mir sein besonderes soziales Engagement auf. Bei meinem zweiten Besuch traf ich Lagos als Industrieminister wieder. Zwei Projekte besprachen wir konkret. Zunächst berichtete er mir von dem Langzeitprojekt eines Tunnels durch die Anden, um eine einfache Verbindung mit Argentinien herzustellen und fragte nach Kostenschätzungen auf der Basis österreichischer Erfahrungen. Weiters bat er mich um eine Intervention beim österreichischen Unternehmen Frequentis, welches es abgelehnt habe, sich um die neu ausgeschriebene Voice Communication bei Flughäfen in Chile zu bewerben. Dank des mitgeführten Laptops konnten wir über Internet über Nacht mit österreichischen Bauunternehmen Kontakt aufnehmen, erhielten die gewünschten Schätzdaten und ernteten nachhaltige Komplimente. Mit der Firma Frequentis nahm ich nach meiner Rückkehr Kontakt auf und traf zunächst auf große Skepsis. Im März 2001 teilte mir das Unternehmen auf neuerliche Anfrage schriftlich mit, dass man in der Zwischenzeit alle chilenischen Flughäfen auf dem Festland ausgerüstet habe und gerade im Bewerbungsverfahren für den Flughafen auf der Osterinsel sei. Nach meinen Erfahrungen hatte ich ein wirklich gutes Gefühl als ich hörte, dass Herr Lagos als Nachfolger Freis zum chilenischen Präsidenten gewählt wurde.

Außenhandelsreisen ohne Angst

Als ich 1992 zum Generalsekretärstellvertreter der WKÖ auch mit der Kompetenz für den Außenhandelsbereich bestellt wurde, da schlug ich Präsident Maderthaner vor, dass Reisen von Kammerspitzen von den Außenhandelsstellen gefördert und nicht länger gefürchtet sein sollten. Präsident Sallingers Stolz und Liebkind in der Außenorganisation waren die Außenhandelsstellen in aller Welt gewesen, die er als Erbe Julius Raabs hochhielt und weiterentwickelte. Aber seine Reisen waren gefürchtet, konnten sie doch viel Ärger und sogar rasche Versetzung bedeuten. Es viele Geschichten, die der Imagepflege wegen kaum je öffentlich wurden, von denen aber einige doch erzählt werden sollten. Sallinger liebte kaltes Mineralwasser, seinen jeweiligen Hausweißwein – zu meiner Zeit war es der Poysdorfer Saurüssel – und ein gutes Gulasch. Die beste Versorgung mit diesen Produkten war eine Grundvoraussetzung erfolgreicher Visiten. Da sollte besser nichts schief gehen. Davon kann ein Handelsdelegierter in New York ein Lied singen. Er hatte noch eigens im Hotel vor der Ankunft des Präsidenten an einem warmen Sommertag das New Yorker Hotel angerufen und sich vergewissert, dass der Kühlschrank mit den gewünschten Produkten hinreichend bestückt war. Der Präsident kam an, war verschwitzt und fand einen leeren Kühlschrank vor. Als er schon frustriert unter die Dusche wollte, überraschte ihn eine dunkelhäutige Amerikanerin im Badekostüm und rollte ein Wagerl mit den gewünschten Produkten ins Zimmer. Der Handelsdelegierte wurde unverzüglich nach Wien zurückversetzt. Bei den von Sallinger geliebten Besuchen der Leipziger Messe, bei er von den Spitzen der DDR immer bevorzugt behandelt wurde, wollte er jeweils Prager Schinken serviert bekommen. Ein Handelsdelegierter war so unvorsichtig, beim Servieren des Schinkens zu erzählen, dass dieser aus der Dose käme. Der Präsident wies das Produkt zurück und verlangte frische Ware. Man servierte ab, öffnete draußen eine neue Dose (es gab den Schinken nicht anders) und servierte frisch aufgeschnittenen Ware, die mit Genuss verzehrt wurde.

Ein weiterer amüsanter Fall ereignete sich in China. Für manche Besucher aus Österreich waren die chinesischen Staatsdinners nicht nach ihrem Geschmack. Ich erinnere mich, wie Generalsekretär Dr. Mussil einmal uns sein Leidwesen klagte. Bei einem offiziellen Dinner servierte man dem Präsidenten warmes Mineralwasser und behauptete nach Beschwerden, dass es nur dieses temperierte Wasser gäbe. Die Antwort war: „Dann verzichte ich auf die noch zu servierende Ente und fahre ins Hotel!" Der Handelsdelegierte schwitzte Blut, hatte dann aber die rettende Idee: Er ging in die Küche und suchte einen Englisch sprechenden Koch, fand einen radebrechenden und präparierte ihn für den Präsidenten. Der Koch kam und sagte: Pekingente dürfe man zu kaltem Wasser, welches den Geschmack beeinträchtigt, nicht servieren. Pekingente und eiskaltes Wasser passen nicht zusammen! Der Präsident ließ sich überzeugen, das Dinner war gerettet, der Delegierte auch!

Präsident Maderthaner schaffte dann einen sehr kordialen Besuchsstil, der sehr positive Aufnahme fand. Freilich dauerten Essen und Folgeunterhaltungen oft bis in die frühen Morgenstunden. Wie staunten wir in Peking, als Maderthaner und einige Gefährten mit Fahrrädern im Morgengrauen ins Hotel zurückkehrten.

Abgesagte Reisen

Reisen mit dem Herrn Bundespräsidenten waren eine besondere Herausforderung, nicht nur weil diese besonders sorgfältig vorzubereiten waren, sondern weil diese Zugänge öffnete, die bei normalen Ministerbesuchen nicht bestanden (Präsidenten, Ministerpräsidenten). Bei diesen Anlässen konnten viele Probleme an höchster Stelle angesprochen werden und zum Teil auch durchgesetzt werden. Ich erinnere mich besonders gerne an die gemeinsamen Reisen nach Spanien und in den Iran. Unvergesslich werden mir aber die abgesagten Teilnahmen an Präsidentenreisen bleiben. Der Zufall wollte es, dass Parlamentstermine mein Mitfliegen nach Schweden und Japan verhinderten. Gerade Japan hätte ich gerne mitbesucht, ging es doch auch daran, an bekannte Unternehmer hohe Auszeichnungen zu überreichen. Bei diesem Besuch gelang ein dem österreichischen Export ungemein nützlicher Überraschungseffekt. Beim Besuch des Kaisers erlaubte es der Präsident, dass die begleitenden österreichischen Unternehmer ihre japanischen Geschäftpartner mitnahmen. Diese für die Betroffenen ungeheuer wichtige Auszeichnung führte zu außerordentlichen Geschäftsabschlüssen. Teilnehmer berichteten mir, dass ihre Kunden um bis zu einem Drittel mehr an Waren bestellten.

Das Protokoll sieht vor, dass Minister die Präsidentendelegation am Flughafen verabschieden und wieder in Empfang nehmen. Als ich einmal gerade mit dem Herrn Bundespräsidenten unterwegs war, rief die Präsidentschaftskanzlei mein Vorzimmer an und ersuchte, dass ich das Staatsoberhaupt bei der Rückkehr auf dem Flughafen empfangen sollte. Frau Gerstenecker schlug scherzhaft vor, dass man mich früher zurückfliegenlassen sollte, da ich ja mit dem Herrn Präsidenten im Ausland unterwegs sei.

Arme Kaffeemaschinen in Schanghai.

Als ich noch als Generalsekretärstellvertreter der WKÖ mit dem damaligen Wirtschaftsminister Dr. Schüssel eine Chinareise machte, besuchten wir die feierliche Eröffnung einer Kaffeerösterei in Pudong/Schanghai, die ein österreichischer Unternehmer mit einem chinesischen Partner errichtet hatte. Alles war sehr feierlich und mit lärmenden Drachentänzern garniert. Beim Durchgang durch das neue Unternehmen waren zwei südländisch aussehende Männer an einer Röstmaschine noch am Werken. Ich sprach sie Englisch an und sie antworteten in Italienisch. Wir kamen in dieser Sprache ins Plaudern. Dabei erklärten sie mir, dass diese prächtige Maschine wahrscheinlich nie richtig funktionieren könne, da die chinesische Stromversorgung regelmäßig Spannungsabfälle produziere, welche der Maschine und dem Produkt nicht gut täten. Fast wehmütig blickten sie auf das Gerät und murmelten gemeinsam: „Arme Maschine!“

Das Beispiel lieferte mir ein Argument für nachfolgende Gespräche mit vielen chinesischen Partnern auf Regierungsebene, bei denen ich auf die Wichtigkeit der Verlässlichkeit der Stromversorgung hinwies.

Übrigens, das Kaffee-Joint Venture scheiterte an zwei Faktoren wie mir erzählt wurde. Erstens sind chinesische Partner offenbar der Meinung, dass ein Venture dieser Art vor allem ihrer Seite zu dienen habe, und zweitens glaubte der österreichische Unternehmer mit Chinesen so herumbrüllen zu können, wie er das zu Hause offenbar gewohnt war. Gesichtswahrung bedeutet viel in diesem Land: Wehe dem, der seine Nerven und sein Gesicht verliert. Das Lehrgeld kann beträchtlich sein.

Wenn man seine Beschützer verliert!

Eine interessante Begleiterscheinung bei Auslandsreisen sind in vielen Ländern die von den dortigen Regierungen gestellten offiziellen und inoffiziellen Beschützer. Meine erste interessante Erfahrung machte ich ebenfalls auf der Reise nach Pudong/Schanghai. Wir wollten abends einmal einfach ein wenig shoppen gehen und uns dann zum Abschluss im berühmten alten Palacehotel am berühmten „Bund" treffen. Irgendwie schafften wir es mit dem Umweg über eine Metrostation und einem Taxi, unsere Begleiter/Bewacher zu verlieren. Als wir nach stundenlangem Spazieren endlich im Hotel einlangten, erwarteten uns dort einige Herrn mit zunächst verkniffenen, dann erleichterten Blicken. Bei der Reise, die uns am Abschluss nach Guilin führte, fiel uns dort beim Spazieren entlang vieler Verkaufsstände auf, dass unsere kleine Gruppe von Bettlern gemieden wurde. Da erst wurden wir aufmerksam, dass weit vor uns einigen unauffällige Herren Ordnung schufen.

In Guilin hatten wir noch ein beeindruckendes Erlebnis: Bei einem Abendessen des Gouverneurs beschlossen wir, den Gastgebern zum Schluss einige Volkslieder vorzusingen. Dr. Schüssel, Botschafter Wolte, Elisabeth Udolf-Strobl aus dem Kabinett und ich schafften harmonische Klänge, die unsere Gastgeber ständig zu unterbrechendem Applaus verleitenden. Damals beschlossen wir uns als singende Gruppe „Chor zum sechsten Sinn" zu nennen.

Bei der WTO-Ministerkonferenz im Herbst 1997 in Singapur waren mir zwei Sicherheitsbeamte zugeteilt, ein Mann und eine Frau. Der damalige Handelsdelegierte der Wirtschaftskammer lud Dr. Wallner lud mich und eine Mitarbeiterin ein, mit ihm auf einen Drink ins berühmte Lokal Raffles zu gehen. Wir tauchten einfach ab und verloren unsere Beschützer. Als wir nach einigen Stunden ins Hotel zurückkehrten erwarteten uns zwei völlig frustrierte Chinesen. Wir versöhnten sie mit dem Hinweis, dass wir sie nicht absichtlich versetzt hätten.

Bei einem Besuch in Südafrika hatten Dr. Schüssel und ich sehr anhänglich Begleiter. Sie fielen uns besonders unangenehm auf als sie bei Toilettenbesuchen vor uns in die Lokalitäten stürmten und alle anderen Nutzer verscheuchten. Auch wollten sie uns daran hindern, ein katholisches Minikloster in Kapstadt zu besuchen und dort auch einer Messe beizuwohnen. Erfolgreich waren sie dabei nicht, aber wenigstens waren sie immer präsent. Bei einem offiziellen Besuch in Indien saßen auf einem gedeckten Innenhofgang vier bewaffnete Soldaten vor meinem Zimmer. Ich schlief damals sehr beruhigt beim Geplauder meiner Bewacher vor der Türe ein, es war eine nette Abwechslung zum Geräusch der Klimaanlage. Als ich während der Nacht einmal wach wurde, kontrollierte ich meine Wächter, da es so still vor der Türe war. Ich öffnete diese und fand die Truppe in tiefem Schlaf, so dass ich nicht der Versuchung nachgab und die Türe laut zuschlug, sondern sie ganz vorsichtig schloss. Sie sollten ruhig den Schlaf der Gerechten genießen, wenn wirklich jemand zu mir wollte, so hätte er sie ohnedies durch Treten auf einen ihrer Körper geweckt und aktiviert.

## 4.2 GATT-WTO: Vom unbekannten System zum Gestaltungsfeld!

Fast als ob es gestern gewesen wäre, erinnere ich mich an den Tag, an dem ich mir von meinem Kollegen Dr. Rief in der wirtschaftspolitischen Abteilung der damaligen Bundeswirtschaftskammer den Text des GATT-Vertrages zum Studium ausborgte. Während meines Jusstudiums hatte ich von diesem Vertragswerk keinen vertieften, zur weiteren Beschäftigung einladenden Eindruck gewonnen. Nach intensiver Lektüre war ich froh, mit dieser Materie nichts zu tun zu haben. Doch wie bei vielen Sachgebieten, die mich nicht besonders oder gar nicht interessierten kam ich beruflich in eine Position, die mich mit der Weiterentwicklung der Materie in mitgestaltende Verbindung brachte. So war es mir mit dem Kartell- und Wettbewerbsrecht ergangen, mit dem Insolvenz- und Urheberrecht, mit dem Patentrecht und sogar mit dem Konsumentenschutzrecht.

Doch muss ich zugeben, dass schon anlässlich der so genannten Uruguay-Runde, die über Jahre hin verhandelt wurde, sich mein Interesse zu regen begann: Spielte sich da nicht auf weltwirtschaftlicher Ebene etwas ab, was wir aus der innerösterreichischen Politik schon hinlänglich kannten? Der immer kleiner werdende Sektor der Land- und Forstwirtschaft nahm und nimmt die Politik in den Würgegriff der Versorgungsangst, schwache, aber geschützte Industriebereiche von der Nahrungsmittelindustrie zur Textilwirtschaft und den Finanzdienstleistungen bestanden bzw. bestehen auf Ausnahmeregelungen. Freihandel war schon immer ein Thema für endlose Rangeleien: Wettbewerb auf der Einkaufsseite wünschenswert, auf der eigenen Verkaufsseite ist jedoch Schutz vor demselben angebracht.

Von meinen diversen USA-Aufenthalten kannte ich die dort so populäre und auch erfolgreich praktizierte Haltung, wonach in allen Sektoren, in denen die eigene Wirtschaft stark ist, weltweite Marktöffnung angebracht ist, in den schwachen Bereichen aber Schutzmechanismen zu gelten haben. Darüber hinaus hatte ich den Eindruck, dass das bloße Freihandelsziel nicht hinreichend auf die wirtschaftlichen Konsequenzen in allen beteiligten Ländern determiniert war.

Nun war ich plötzlich Wirtschaftsminister geworden und hatte im Rat der EU-Außenhandelsminister (einer informellen Ebene im Rahmen des Allgemeinen Rates) an der Vorbereitung des WTO-Gipfels in Singapur 1997 mitzuwirken. Aus der innerösterreichischen Diskussion kamen die üblichen Caveats:

- auf die Landwirtschaft aufpassen,
- keine weitere Liberalisierung bei Dienstleistungen,

- keine Liberalisierung im Bereich der Mobilität physischer Personen,
- Verankerung der von der ILO (Internationale Arbeitsorganisation in Genf) erarbeiteten sozialen Mindeststandards,
- Berücksichtigung neuer Themen wie Umwelt, Wettbewerb und Investitionen und
- Schuldenerlass zumindest für die least developed countries (Forderung der Kirchen und der Organisationen der civil society).

Mit den drei neuen Themen gab es in der EU keine Probleme, die so genannten core labour standards wurden von der englischen und der deutschen Regierung (noch unter Kohl) kompromisslos blockiert. Gespräche mit den Verantwortlichen in den USA brachten zu Tage: Grundsatzposition wie gehabt, bei neuen Themen Formulierungen so soft wie möglich.

Die Konferenz in Singapur wird mir vom Verhandlungsvorgang in bleibender Erinnerung bleiben: Über einhundert Delegationsleiter und ihre zahlreichen Begleiter saßen tagelang herum oder tourten die Stadt und warteten, was in kleinen Zirkeln hinter der Bühne besprochen wurde. Das Plenum war geprägt von blendenden Sonntagsreden. Die EU-Minister trafen sich täglich mit Kommissar Sir Leon Brittain, hörten was vorging, besser was gerade mit wem nicht ging und legten Positionen fest, von denen man sicher sein konnte, dass sie so nie durchgesetzt werden könnten. Die vier Hauptagierenden USA, EU, Quad und Entwicklungsländer (Gruppe der 77) versuchten Annäherungen, die frühestens unter dem Druck des Abschlusskommuniques zu erwarten waren. Zwei nennenswerte Ergebnisse brachte Singapur: Die graduelle Öffnung der Telekommunikationsmärkte und die Einsetzung von Arbeitsgruppen zu den neuen Themen.

Vor der WTO-Konferenz in Seattle galt es vor allem einen Nachfolger für den ausscheidenden Generalsekretär der WTO zu finden. Da diese Organisation entgegen den Möglichkeiten des Vertrages dabei eine einstimmige Regelung anstrebt, gab es ein jahrelanges Gerangel, wobei sich am Ende zwei Kandidaten abzeichneten: Den Neuseeländer Mike Moore und der Thailändische Vizepremier Supachai Panitchpakdi. Bei den Gesprächen mit den Kandidaten gewannen meine Experten und ich den Eindruck, dass Moore der härtere, zielorientiertere Mann sei. In der EU neigte - offenbar auch als Reaktion auf die Präferenz der USA - eine überwiegende Mehrheit zum thailändischen Kandidaten, doch bildeten der schwedische Außenhandelsminister Leif Pagrotzky und ich eine nicht umstimmbare Pro Moore Fraktion. Bei einem Treffen des Allgemeinen Rates im Frühsommer in Berlin wollten die Außenminister unbedingt eine Einigung auf den thailändischen Kandidaten. Während der Sitzung rief mich Pagrotzky an und äußerte die Befürchtung, dass die österreichische Vertreterin umfallen werde. Trotz Drucks von mehrfacher Kollegenseite blieb ich stur und telefonierte meinerseits mit befreundeten Ministern im Rat. Das Ergebnis ist bekannt: Es kam zu einer Halbzeitlösung, die ich im österreichischen Ministerrat wie folgt charakterisierte: „Für die Phase des Aufbrechens der verhärteten Fronten den brillanten Wühler Moore, für die Konsens- und Abschlussphase den Softie und Diplomaten aus Thailand."

Seattle, im vorweihnachtlichen Dezember 1999, war ein totales Desaster, ein glänzender Misserfolg im Vorschatten der US-Präsidentenwahl 2000. Die NGOs luden weltweit zum Protest, US-Kollegen informierten uns, dass die CIA alle Sicherheitsvarianten durchgespielt habe. Was uns in Seattle erwartete, spottete jeder Beschreibung: Kein unterentwickeltes Land hätte die Konferenz dilettantischer durchführen können. Die Polizei konzentrierte sich auf den Schutz des Kongresszentrums, die Delegationshotels blieben schutzlos. Wir Österreicher waren bevorzugt, da wir im Hotel Sheraton vis à vis vom Konferenzzentrum untergebracht waren und durch einen Hinterausgang jederzeit ins Konferenzgebäude konnten. Andere Delegationen, vor allem die der USA wurden über einen Tag lang blockiert und eingeschlossen. Angesichts der vielen Adabeis, die nicht einmal die touristischen Möglichkeiten genießen konnten, kam rasch eine Fruststimmung auf.

Präsident Clinton lud die Delegationsleiter zu einem festlichen Mittagessen. Bereits am Vortag hatte er bei einer Veranstaltung in San Francisco für die weltweite Respektierung der Core Labour Rights und für einen Schuldennachlass für die Least Developed Countries plädiert. Auch unserer Runde präsentierte er – tief bewegt wie es schien – diese Position und entließ uns optimistisch in einen demonstrationsreichen Nachmittag. Umso überraschter waren wir am nächsten Vormittag als die US-Delegation beide Schritte entschieden ablehnte. Na ja, ein „outgoing president" hatte uns für eine Show benützt.

In der österreichischen Delegation war auch ein Vertreter des ÖGB, der bei internen Koordinierungen eine recht restriktive Position einnahm, sich in der Folge aber zur Teilnahme an der Gewerkschaftsdemonstration gegen Globalisierung abmeldete.

Ich machte bei der Rückkehr aus meinem Gefühl kein Hehl: ich wäre lieber mit manchen Demonstrationszügen mitgezogen statt am Warte-, Rate- und Ränkespiel der Delegationen teilzunehmen.

## 4.3 Der Weltwährungsfonds (IMF) aus meiner Sicht.

Als Österreich unter der Regierung Kreisky die Staatsverschuldung als Strategie im Kampf gegen die Arbeitslosigkeit wählte, da tauchte bald die Frage nach der Grenze dieser Politik auf. Diese wurde jedoch von den Regierenden nicht besonders ernst genommen und das mit der sehr populären Frage: "Wollt ihr lieber mehr Arbeitslose oder höhere Staatsschulden?"!

Der damalige Bundeskammergeneralsekretär Dr. Mussil, der eine Zeit lang auch Wirtschaftssprecher der oppositionellen ÖVP war, hatte in diesem Zusammenhang eine einfache Formel entwickelt: Die Investitionen von heute sind die Arbeitsplätze von morgen, die Schulden von heute sind die Arbeitslosen von übermorgen! Ich wurde bei diversen internen Brainstormings, auch von dem damaligen Oppositionsführer Schleinzer öfter nach meiner Meinung zu diesem Problem gefragt. Meine Position war und ist (unbeschadet des Schuldenkriteriums für die Eurofitness): Die Grenzen der Staatsverschuldung sind erreicht, wenn der Internationale Währungsfonds um Hilfe ersucht werden muss. Diese Formel brachte ich damals allerdings in keinem Positionspapier und in keinem Redeentwurf unter.

In meiner Funktion als Präsident der Internationalen Vereinigung katholischer Männer UNUM OMNES war ich in den Siebziger- und Achtzigerjahren mehrmals in Sambia, welches damals vom international respektierten Präsidenten Kenneth Kaunda regiert und dominiert wurde. Ich erlebte vor Ort den Druck, zum IMF gehen zu müssen und erlebte die Konsequenzen persönlich. Durch die Streichung der Maissubventionen explodierten die Nahrungsmittelpreise, die höheren Transportkosten im öffentlichen Verkehr zwangen viele Sambier, von Bus auf den Fußweg zum Arbeitsplatz zu wechseln und die Kriminalität stieg erheblich. Die Hauptstadt Lusaka wurde binnen kurzem zu einer Stadt der Fußgänger, die Beliebtheit Kaunda sank konsequent bis zu seiner späteren Abwahl. Bei einem Besuch in einer Zementfabrik erklärte mir ein Vorarbeiter, dass seit den IMF-veranlassten Maßnahmen die Produktivität erschreckend gesunken sei. Die Arbeiter kämen kilometerweit zu Fuß und nähmen die Arbeit bereits übermüdet auf. Weiters hätten viele kaum mehr als eine Handvoll Maismehl als Tagesverpflegung bei sich. Die neuen Maßnahmen hätten einen neuen negativern ökonomischen Zyklus eingeleitet. Damals versuchte ich noch, den IMF zu verteidigen, wurde durch mehrere ähnliche Beispiele eines Besseren belehrt.

Beim EU-USA Business Summit im November 1998 in Charlotte, North Carolina, an dem ich in meiner Eigenschaft als Ratspräsident des (informellen) Außenhandelsministerrates der EU teilnahm, bestritt ich mit Larry Summers, dem damaligen stellvertretenden US-Finanzminister, eine Podiumsdiskussion vor einigen hundert Spitzenrepräsentanten der Wirtschaft der USA und der EU. Dabei präsentierte ich meine Auffassung wie folgt:

Der Internationale Währungsfond sei eine in dreierlei Hinsicht sehr erfolgreiche Einrichtung:

1. Jede Regierung, die um seine Hilfe ersuchte, war binnen eines Jahres abgewählt oder zurückgetreten,
2. Jede Bevölkerung, die auf seine Hilfe baute, verarmte zügig und
3. die westlichen Investoren fanden ihr Risiko gemildert oder weitgehend beseitigt.

Das Auditorium applaudierte spontan und anhaltend. Larry Summers argumentierte in seiner Stellungnahme heftig dagegen. Vor wenigen Wochen erzählte mir ein österreichischer Teilnehmer an der diesjährigen IMF-Tagung in Prag, dass der nunmehrige US-Finanzminister Kritik genau auf der bisher von mir eingenommenen Position geäußert habe.

In einer Welt, in der mobiles Kapital dominiert, kommen soziale Aspekte zu oft unter die Räder.

Zu meiner Sambia-Erfahrung gehört noch das folgende Erlebnis: Meine jesuitischen Freunde hatten Günther Gogl, dem damaligen Präsidenten der Katholischen Männerbewegung Oberösterreichs und mir eine Reise zu den Sambesi-Wasserfällen gestiftet. Es war damals die Schlussphase des Bürgerkriegs im heutigen Simbabwe. Kommandeos von Ian Smith hatten Sabotageakte in Sambia verübt, weshalb die letzte intakte Brücke über den Sambesi intensiv bewacht wurde. Der Rückflug von Livingstone nach Lusaka wurde abgesagt und Gogl, unser sambesischer Männerführer Lazarus Masipeta heuerten ein Taxi an, welches uns nach zeitaufwendiger Suche nach Getriebeöl zurückbringen sollte. Dutzende Militär- und Polizeikontrollen bremsten die Rückfahrt, dann brach bei Einbruch der Dunkelheit nach der Fahrt in eine Baugrube das Taxi (ein altersschwacher Fiat) zusammen und wir waren auf Autostopp angewiesen. Einheimische Autofahrer, auch weiße Farmer hielten an, fanden aber viele Ausreden, um uns nicht mitnehmen zu müssen. Ein LKW-Fahrer hatte schließlich Erbarmen und nahm uns mit der Begründung mit, dass ein LKW mit vollbesetztem Führerhaus weniger gefährdet sei. Nach meiner Erinnerung begann um 19 Uhr die Ausgangssperre, die wir nicht beachteten, sondern in vollem Karacho über die von der Armee bewachte Brücke donnerten. Die martialisch bewaffneten schwarzen Soldaten spritzten auseinander und schossen nicht, wir kamen an einer Art Panzersperre nach der Brücke zum Stillstand und wurden verhaftet. Nach einer Stunde in einer dunklen Zelle auf dem Polizeirevier wurden wir einem Major vorgeführt, der uns zu verhören hatte. Nachdem alle wahrheitsgemäßen Berichte nichts halfen kam mir ein Einfall: Ich verwies auf meinen Pass und sagte: Der österreichische Bundeskanzler Dr. Kreisky sei ein enger Freund von Präsident Kaunda und werde sicher bei diesem über unserer Behandlung Beschwerde führen. Da leuchtet das Gesicht des Offiziers auf: „Ah, Kreisky, a good man and friend of Africa!"

Unverzüglich wurde auf ein aus einem Heft gerissenes Blatt Papier händisch geschrieben: Please, let Mr. Fanli pass. Dazu kam noch ein Stempel und wir durften bis zum nächsten Motel, nochmals mehrfach kontrolliert, weiterfahren. Bei der Einfahrt in das umzäunte Motelgelände nahm David, unser LKW-Fahrer einige junge Bananenstauden mit, d. h. er überfuhr sie einfach. Da öffnete sich das Moteloffice und ein mittelgroßer, untersetzter Glatzkopf im weißen Hemd sprang heraus und schrie: „Are you leicht deppert, es Trotteln?" Hurrah, der Eigentümer war ein Bayer im Exil, mit dem wir bis in die frühen Morgenstunden feierten.

An nächste Tag kamen wir gerade in Lusaka an, als die öffentliche Suche nach den verschollenen katholischen Funktionären beginnen sollte. Bundeskanzler Kreisky hat sich über diese Anekdote köstlich amüsiert, als ich sie ihm im Rahmen einer Paritätischen Kommission erzählte.

## 4.4 Gewerbeordnung – Meilenstein und/oder Stolperstein!

Mein Kurzzeitvorgänger hatte nur Zores mit der Gewerbeordnung: Jeder Reformankündigung folgten heftige Proteste von Gremien der Wirtschaftskammer und des Wirtschaftsbundes. Mit meiner Amtsübernahme war mir auch klar, dass die Gewerbeordnung für mich zu einem Meilenstein der Reform oder auch zum Stolperstein werden könnte.

Freilich war mir diese Regelung bekannt wie wenige andere, hatte sie mich doch Zeit meines Berufslebens begleitet. Als ich meine Arbeit an der Bezirkshauptmannschaft in Baden 1962 begann, wurde ich als Springer auch dem Gewerbereferat zugeteilt und hatte rasch knifflige Fälle auf meinem Tisch. Dazu die Vorgeschichte: beim Eintrittsgespräch mit dem Bezirkshauptmann Hofrat Holzapfel sagte mir dieser: „Sie haben schöne Zeugnisse und scheinen ein vifer junger Mann zu sein. Ich habe gleich einen Testfall für Sie!“ Die Gendarmerie war beauftragt worden, in einem Pferdestall eine Stute zu beschlagnahmen, war dem Auftrag auch nachgekommen, hatte aber in dem finsteren Stall versehentlich einen Wallach weggeführt. Nun war gegen die Maßnahme Rechtmittel ergriffen worden und die BH wollte die Affäre so still wie möglich aus der Welt schaffen. Ich hatte bei Prof. Wolf Zivilrecht studiert, der uns im Seminar ständig mit kniffligen Rechtfällen testete. Dabei machte er uns mit dem Kriterium der Zusinnbarkeit vertraut. Nun konnte ich dieses gleich anwenden. Ich hob den Bescheid mit der Beschlagnahme des falschen Pferden auf, weil den Beamten nicht zusinnbar gewesen sei, in dem finsteren Stall „handgreiflich“ das Geschlecht des Pferdes zu prüfen und sie sich auf die Information des Stallbesitzers verlassen konnten, wonach das zu beschlagnehmende Pferd sich in der ersten Box rechts von der Türe befinde. Nach der Lösung dieses Falles schoben mir mehrere Referenten einige Ladenhüter zu. Mein nächster Fall war das Ansuchen um eine Barkonzession in Pottendorf. Die Landeskammer der gewerblichen Wirtschaft bezog eine ablehnende Stellung, weil ihrer Meinung nach kein Bedarf gegeben sei. Der verantwortliche Referent hatte die Gendarmerie beauftragt, durch nächtliche Verkehrzählung die möglichen Kunden festzustellen. Im Bericht wurde festgehalten, dass nur wenige Fahrzeuge nächtens den Ort durchquerten und dass es mit der Sperrstunde bei den bestehenden Lokalen keine Probleme gäbe. Ich wurde daher gebeten, einen ablehnenden Bescheid vorzubereiten. Ich setzte mich hin und schrieb eine positive Erledigung mit der Begründung, dass der Bedarf erst mit der Eröffnung der neuen Bar offenkundig werde. Da überdies kein ähnliches Lokal in den umgebenden Ortschaften vorhanden sei, müsse positiv entschieden werden. Falls das Unternehmen scheitere, trage nur der Gewerbeinhaber das Risiko. Der Bescheid hielt.

Mein nächster Fall war eine Bar an der Bundestrasse 17, die so genannte Wüstenbar in Oeynhausen. In einem Gulasch war eine Maus gefunden worden, beim Test des Hausbrunnens fanden sich Coli-Bakterien im Wasser. Ich ließ den Betrieb aus Gesundheitsgründen sofort schließen, was mir den Besuch eines fassungslosen Unternehmers und den Ruf eines „wilden Hundes" einbrachte. In der Folge durfte ich auch bei der Anlagengenehmigung für das Forschungszentrum Seibersdorf, insbesondere bei der Lagerstätte für schwach strahlende Materialien mitarbeiten. So kam ich auch in die Materie des Anlagenrechts hinein und zwar gleich in einem komplizierten Fall. Auf den Geschmack gekommen, wollte ich öfter zu Verfahren vor Ort (Lokalverhandlung) eingeteilt werden. Um die rissen sich aber die älteren Kollegen. Damals war eine Betriebsanlagegenehmigung noch ein Fest: Es herrschte bei allen Beteiligten eitle Freude über die Investition, die Behörde versuchte so hilfreich wie nur möglich zu sein, dafür wurde nach der Verhandlung auch ausgiebig gefeiert. Auch die Nachbarn schienen damals noch positiver zu sein, Organisationen der Civil Society gab es noch nicht, auch grüne Organisationen auf der lokalen Ebene waren noch nicht einmal angedacht. Freilich, wehe wenn ein Projekt im Naturschutzbereich Wienerwald geplant war: Da probte des Naturschutz den Aufstand und selbst bei kleinsten Bauten gab es lange Listen von Auflagen wie dunkle Dachdeckung, lebende Hecken, unauffällige Kamine etc.

Von der Bezirkshauptmannschaft Baden wurde ich an die BH Wien Umgebung mit Sitz in der Löwelstraße im ersten Bezirk versetzt, war dort Strafreferent und auch ein Einspringer im Gewerbereferat. Es war dann auch ein Gewerbefall, der meinen Entschluss zum Wechsel in die Handelkammerorganisation beschleunigte. In einer Schottergrube in Schwechat hatte ein Unternehmen eine Asphaltmischanlage ohne Genehmigung aufgestellt. Ich ließ sie sperren und verhängte eine namhafte Geldstrafe, weil die Nachbarn wirklich stark betroffen waren und der Verantwortliche keine Einsicht zeigte. Ich war vor meiner Entscheidung gewarnt worden: Der Unternehmer hätte beste Beziehungen zum Wirtschaftslandesrat Hirsch. Wenige Tage nach Bescheiderlassung kam vom Land die Anforderung des Aktes. Ich kannte das Spiel schon von der BH Baden her: In prominenten Fällen wurde der Akt von oben angefordert und dann bis zur Verjährung liegen gelassen. Ich sagte dem zuständigen Landesbeamten, dass ich so ein Spiel im vorliegenden Fall nicht mitmachen werde. Leider gab es zu der Zeit noch keine Kopierapparate, so dass die Anfertigung einer Aktkopie mühselig war. Mir wurde von höchster Stelle gesagt, dass ich mit meiner Dienstauffassung kaum Karriere im Land machen werde, da man es sich mit einem Landesrat nicht ungestraft anlege. Am Ende dieses Gespräches teilte ich mit, dass mein Austrittschreiben bereits unterfertigt sei: In einer solchen Organisation wollte ich keine Karriere machen.

Es ist eine gute Frage, ob einer, der so mit der alten Gewerbeordnung und den Autoritäten umgeht, in der Handelskammerorganisation den richtigen Arbeitgeber suchte und fand! Ich landete in der Wirtschaftspolitischen Abteilung der Handelskammer Wien, deren Mitarbeiter DDDr. Klose mich bei einem Vortrag begeistert und zum Wechsel bewogen hatte. Abteilungsleiter war Prof. Max Mitic, ein liberaler Ökonom im klassischen Sinn. In meinen Augen sprach es für die Kammerorganisation, dass sie solchen brillanten Köpfen Raum gab. Ich war nur wenige Monate in dieser Abteilung, hatte aber zwei interessante Projekte mit zu begutachten: Es lief damals ein Begutachtungsverfahren über die Errichtung von Autobahnraststätten, was von den Gremien des Fremdenverkehrs heftig angefochten wurde, weil man den Ruin der Gastwirte an den Bundesstraßen fürchtete. Ich fragte damals Prof. Mitic, ob wir in der Wirtschaftspolitischen Abteilung die Bedenken aufgreifen sollten. Die Antwort war: „Wir sind dazu da, um der Zukunft Raum zu geben, nicht um bestehende Interessen engstirnig zu vertreten!“ Das war für mich gleich ein Leitmotiv für die spätere jahrzehntelange Tätigkeit in der Bundeswirtschaftskammer. Der zweite Fall war die Diskussion über die Errichtung der Fußgängerzone in der Kärtnerstraße, die gerade losbrach. Auch hier war die Wirtschaftspolitische Haltung zum Entsetzen der Lokalpolitiker positiv.

Nach meinem Wechsel in die Bundeswirtschaftskammer war mir im internen Interessenausgleich die restriktive Haltung der Recht- und gewerbepolitischen Abteilung immer ein Dorn im Auge. Diese Abteilung wurde geradezu zum Reibebaum der Wirtschaftspolitischen Abteilung. Als ich einmal unter Generalsekretär Mussil in einer Abteilungsleiterbesprechung (Sekretärekonferenz genannt), zu der ich als persönlicher Berater des Generalsekretärs beigezogen wurde, die Haltung der Recht- und gewerbepolitischen Abteilung zum Konsumentenschutzgesetz heftig kritisierte, übertrug man mir die Verhandlungsführung und bot mir kurz darnach die Übernahme der Leitung dieser Abteilung an. Das Entsetzen einiger meiner künftigen Mitarbeiter kann man sich vorstellen. Nun war ich direkt und sehr zentral im Gewerberecht gelandet und musste mich in alle Bereiche intensiv einarbeiten. In vielen Koordinierungsbesprechungen blieb ich mit meinen Liberalisierungsvorstellungen auf der Strecke, aber ich vergaß keine Niederlage und hatte eine lange Liste von Änderungswünschen im Hinterkopf.

Nach meiner Zeit als Leiter der Wirtschaftpolitischen Abteilung der Bundeswirtschaftkammer und Generalsekretärstellvertreter der nunmehrigen Wirtschaftskammer Österreich war ich nun der für eine anstehende und überfällige Gewerberechtsreform zuständige Bundesminister. Das war eine faszinierende Herausforderung, die jede Anstrengung und viele Konflikte wert war.

Das Procedere versuchte ich zunächst auf die mir jahrzehntelang geläufige Sozialpartnerart: Die Ergebnisse waren mager. Zunächst war es sehr schwierig, eine definitive Reformposition zu erhalten. Im allwöchentlich tagenden Präsidium des Wirtschaftsbundes wechselten die Positionen je nach Anwesenheit und Grundstimmung fast ständig. Die Arbeitnehmerseite beharrte auf ihren Forderungen. Die SPÖ, vor allem Generalsekretär Rudas trommelte Reformbegehren, welche die SPÖ-dominierten Arbeitnehmerorganisationen mir gegenüber brüsk ablehnten.

Schlussendlich brachte ich eine Regierungsvorlage ein, die folgende wesentliche Änderungen enthielt:

1. Ein verbessertes Anlagenrecht, welches auch ein vereinfachtes Verfahren vorsah.
2. Reduktion der Zahl der geregelten Gewerbe von 155 auf 84, wobei die Zahl der Handwerke von 96 auf 43 zurückgeführt wurde, die Zahl der bewilligungspflichtigen gebundenen Gewebe von 30 auf 21 und die Zahl der nicht bewilligungspflichtigen gebundenen Gewerbe von 29 auf 20 sank. Von den rund 800 damals bekannten gewerblichen Berufen waren damit nur etwas über 10% geregelt.
3. Ausdrückliche Festlegung, dass nicht geregelte Berufe als frei gelten.
4. Einführung von so genannten Teilgewerben (noch im Ministerrat rang mir Minister Edlinger die Zusage ab, dass Teilgewerbe keine Lehrlinge ausbilden dürfen),
5. Entfall des obligatorischen Begutachtungsrechtes der Kammern bei Nachsichten bzw. der Anerkennung von Befähigungen. Über Druck von allen Seiten musste ich die fakultative Begutachtung konzedieren.

Bei der Festlegung der Zahl der Teilgewerbe wurde ich von den Sozialpartnern von 21 auf 7 zurückgebremst. Das zustimmungspflichtige Sozialministerium hielt sich streng an die Vorgaben des ÖGB. Noch vor dem Ende der Legislaturperiode und im Zuge des Wahlkampfes wollte ich der auf Gewerbereform weiter drängenden SPÖ eine kleine Falle stellen. Ich stellte die allgemeine Teilgewerbefähikeit jedes Gewerbes zu Begutachtung. Ich erwartete eine Ablehnung von Arbeiterkammern und ÖGB, was die SPÖ-Linie diskreditiert hätte. Die Wirtschaftskammer Österreich informierte ich voll und bat sie, sich zu verschweigen. Generalsekretär Stummvoll informierte die Sektion Gewerbe, die aber in vollem Missverstehen ihren Teil- und Landesorganisationen mitteilte, dass der neue Vorschlag zwischen Generalsekretär und Wirtschaftsminister koordiniert sei. Das löste einen Sturm der direkten Proteste aus, die von manchen Landesinnungen des Gewerbes noch einlangten als die Sache schon längst abgeblasen war. Arbeiterkammertag und ÖGB hatten erwartungsgemäß abgelehnt.

Nach Inkrafttreten der Novelle 1997 erhob mein Ressort beim Register der Wiener Wirtschaftskammer die Zahl der dort eingetragenen verschiedenen freien Gewerbe (Berufe): Unsere Broschüre listete 1800 freie gewerbliche Tätigkeiten auf. Dadurch wurde die Behauptung ad absurdum geführt, dass die noch geregelten 84 Gewerbe (davon 43 Handwerke) ein Wirtschafthindernis, insbesondere für die geforderte Gründerwelle seien. Da des Österreichers liebstes Urteil sein eigenes Vorurteil ist (gilt in gleichem Umfang für die Medien) blieb die viele Mühe ohne besondere Anerkennung.

Der größte Wurf blieb die Änderung im Anlagenrecht, die gemeinsam mit den sehr engagierten Bezirkshauptleuten zu einem echten österreichischen Standortvorteil wurde. Die Reform umfasste:

1. Konzentration der Verfahren: Das konzentrierte Genehmigungsverfahren wird mittels Bund- und Länderkoordination erreicht. Mit der Betriebsanlagengenehmigung durch die BH werden auch alle sonst für die Betriebsanlage in Betracht kommenden bundesrechtlichen Genehmigungen und Bewilligungen (z. B. Luftreinhalterecht, Forstrecht, Wasserrecht) erteilt. Auch die entsprechenden landesrechtlichen Verfahren (Baurecht, Naturschutz u. a.) sollten koordiniert in einem erfolgen. Die Konzentration ist sowohl im ordentlichen als auch im vereinfachten Verfahren anzuwenden.
2. Verfahrensbeschleunigung: Zur Vermeidung von Verfahrensverzögerungen sind nach dem Schluss des Ermittlungsverfahrens einlangende Parteieneinwendungen nicht mehr zu berücksichtigen. Bei Projektänderungen sollte es kein zurück an den Start mehr geben. Weiters wurde die Sonderstellung der Arbeitsinspektorate durch Fristverkürzung eingeengt.
3. Verwaltungsvereinfachung: Das vereinfachte Genehmigungsverfahren wurde auf Betriebe bis zu einer Größe von 1000 $m^2$ (bisher 300 $m^2$) ausgebaut, Erleichterungen bei der Genehmigung von Gesamtanlagen verankert und bei Vielparteienverfahren nur mehr ein Zustellungsbevollmächtigter vorgesehen. Eine Verordnungsermächtigung wurde eingeführt, wonach der Bundesminister für wirtschaftliche Angelegenheiten, im Einvernehmen mit dem Bundesminister für Arbeit und Soziales, Arten von Betriebsanlagen festlegen kann, für die keine Genehmigung erforderlich ist.
4. Beseitigung von Vollzugsschwierigkeiten: Nicht mehr aktuelle Auflagen sollten über Antrag aufgehoben werden.

5. Kompetenzentflechtung: Einvernehmenszuständigkeiten wurden reduziert.
6. Erleichterung von Betriebsgründungen: Bei Genehmigung durch die BH. darf auch bei Berufungen mit dem Errichten und Betreiben der Anlage begonnen werden. Bei Änderungen einer genehmigten Betriebsanlage, durch die deren Emissionsverhalten nicht nachteilig beeinflusst wird, genügt in Hinkunft eine Anzeigepflicht. Nur mehr Anzeigepflicht gilt künftig auch beim Ersatz von Maschinen und Geräten durch gleichartige Ausstattungen.
7. Erleichterung von Betriebsübernahmen: Gastgewerbliche Betriebsanlagen, für die seinerzeit eine Lokaleignungsprüfung durchgeführt wurde, sollten als genehmigt gelten. Bei Auflagenerteilung bei Betriebsübernahmen können dem Betriebsinhaber maximal fünf Jahre Frist zur Umsetzung gegeben werden.
8. Maßnahmen betreffend Nachbarschafts- und Umweltschutz: Bei vereinfachten Verfahren ist Nachbarn die Möglichkeit zu geben, in die Projektunterlagen Einsicht zu nehmen, weiters haben sie ein Recht auf Anhörung. Der Wirtschaftsminister hat im Einvernehmen mit dem Umweltminister durch Verordnung jene Arten von Betriebsanlage zu benennen, die im Interesse des Umweltschutzes nicht dem vereinfachten Verfahren zu unterziehen sind. Über Antrag eines Nachbarn sollte eine nachträgliche Vorschreibung von Auflagen möglich sein.
9. Sicherung der Nahversorgung: Für die Genehmigung von Anlagen für Betriebe des Handels sowie von Einkaufszentren wurden neue Bedingungen geschaffen:
   a. der Standort muss für eine derartige Anlage gewidmet sein und
   b. Betriebsanlagen mit einer Gesamtverkaufsfläche von mehr als 800 m2 oder eine Bruttoverkaufsfläche von mehr als 1000m2 dürfen für einen Standort nur genehmigt werden, wenn das Projekt keine Gefährdung der Nahversorgung erwarten lässt.
10. Erleichterung bei Gastgärten.

Noch heute klingen mir die Debattenbeiträge im Plenum des Nationalrates im Ohr: Den einen war die Reform zu illiberal und wenig fortschrittlich, die anderen geißelten die Veränderungen im Anlagenrecht als Entmachtung von Nachbarn und Umwelt oder sahen sie als zuwenig weitgehend an.

Bei der ersten gesamtösterreichischen Bezirkshauptleutetagung nach der Gesetzwerdung der neuen Gewerbeordnung in den Redoutensälen der Wiener Hofburg unterstrich ich die fundamentale Rolle der Bezirkshauptmannschaften. Deren Wettbewerb untereinander um effektivere und raschere Abwicklung der Verfahren war wichtiger für die Wirtschaft als alle Sonntagsreden über den One-Stop-Shop. Bei internen Benchmarks in multinationalen Unternehmen schneidet Österreich seither sehr gut ab.

In weiterer Folge war mir ein Einheitliches Betriebsanlagenrecht ein großes Anliegen. Zwei Experten (Dr. Schmelzer und Dr. Schwarzer) arbeiteten einen Entwurf aus, den zunächst der Umwelt- und der Landwirtschaftsminister blockierten. Als wir drei ÖVP-Minister uns schließlich auf eine „verdünnte" gemeinsame Version einigten, blockierte der SPÖ-Parlamentsklub die Gesetzwerdung. Aber auch ohne diese Regelungen war die Situation dramatisch besser geworden: Besuche bei Bezirkshauptmannschaften und eingeholte Stellungnahmen zeigten, dass rund 80% der Verfahren in weniger als 100 Tagen abgewickelt wurden. Verzögerungen waren zumeist durch unzureichende Unterlagen bzw. regionale politische Faktoren bestimmt. Einer der Hauptkritiker aus dem Kammerbereich sagte mir erst jüngst, dass die Anlagenrechtsreformen der Novelle 1997 offenbar weithin unterschätzt worden seien.

Gegen Ende der Legislaturperiode versuchte ich noch eine Minireform bei den Meisterprüfungen durch verbessertes Kurswesen, Öffentlichkeit der Prüfungen und Ermöglichung einer computerbasierten Prüfung. Weiters wollte ich die drohende Inländerdiskriminierung beseitigen. Doch wenn sich Wahlen abzeichnen sind große Würfe angesagt und gewünscht, dann ist es einfach zu spät für kleine, aber notwendige Verbesserungen.

Gewerbeordnung und Anlagenrecht bleiben ein Dauerbrenner der österreichischen Wirtschaftspolitik. Ich glaube, dass die von mir zu verantwortende Reform ein Meilenstein war und alle, die mein Stolpern oder gar meinen Fall in dieser Frage erwartet und erhofft haben, enttäuscht wurden.

## 4.5 Nahversorgung – ein Anliegen ohne Patentlösung!

In den Siebzigerjahren wurde der dramatische Rückgang der Zahl der Lebensmitteleinzelhändler immer deutlicher und die einschlägigen Gremien der Handelskammern machten sich auf die Suche nach den Ursachen. Eine war gleich gefunden und wurde über Jahre hinweg zum Gradmesser der Politik gegen das Greißlersterben: Die so genannten sozial kalkulierten Handelsspannen bei den amtlich preisgeregelten Lebensmitteln bzw. den vom Preisunterausschuss der Paritätischen Kommission festgelegten Produktpreisen. In meinen damaligen Funktionen als Vertreter der Bundeswirtschaftskammer in der Amtlichen Preiskommission bzw. als Vorsitzender des Preisunterausschusses hatte ich ein Daueranliegen zu verfolgen, bei dem die politischen Linien völlig kontrovers lagen. Die Vertreter der Arbeitnehmerorganisationen und die SPÖ sahen schon das Prinzip der perzentuell unveränderten Handelsspannen bei den jeweils beschlossenen Preiserhöhungen als Privileg des Handels an, die perzentuell überhöhten Handelsspannen wurden von diesen Organisationen sogar regelmäßig als Ursache für den Preisauftrieb bezeichnet. Die Arbeitgeberorganisation verzeichnete mühsame Teilerfolge ohne sichtbare Auswirkung. Das Argument starb in dem Augenblick, in dem Erhebungen zeigten, dass die Handelsspannen im nicht geregelten Warensortiment sanken und zum Teil unter dem Niveau bei den geregelten Preisen lagen. Es gab einsame Rufer in der Wüste, die unablässig eine andere Strategie verlangten. Zwei völlig kontroverse Richtungen möchte ich hier anhand ihrer Vertreter in Erinnerung rufen. Da gab es den aus Wr. Neustadt kommenden „Kleinhändlerpapst“ Kommerzialrat Franz Zach, von dessen inzwischen zum Schuhgeschäft gewordenen Spezialitätenladen „Valzacchi“ in der Wienerstraße noch heute viele Konsumenten wie ich schwärmen. Er vertrat die Auffassung, dass moderne Läden mindestens 100m² Verkaufsfläche haben, über bestens geschultes Personal als Antwort auf die Selbstbedienung in den Großläden verfügen müssten und auch hinreichende Parkplätze in nächster Nähe notwendig seien. Für die zweite Richtung fällt mir der unvergessliche Gremialvorsteher der Kammer Steiermark, Kommerzialrat König ein, dessen cetereum censeo, das ich zum ersten Male blass erstaunt bei einer Koordinierungsitzung im Saal I des alten Bundeswirtschaftskammergebäudes am Stubenring hörte: „Dem Kleinhandel ging es nie besser, als unter dem Zuteilungsmarkensystem im Dritten Reich!“

In so genannten Nahversorgungsausschuss im damaligen Handelsministerium unter Minister Staribacher wurden Strategien diskutiert. Die damalige Staatssekretärin Albrecht setzte vor allem auf mobile Läden, in denen die Handelskammerseite ein trojanisches Pferd für die Expansion des Konsum Österreich sah.

In mehreren Gesprächen mit dem Sektionsobmann Handel der Bundeswirtschaftskammer, Kommerzialrat Carl Schönbichler, entwickelten wir den Begriff der Sicherung der Nahversorgung. Das Schlagwort war effektiver als die gefundenen Maßnahmen und es ist heute noch griffig, auch wenn die Zahlen der Lebensmitteleinzelhändler sich in der Zwischenzeit fast dezimiert haben. Ich versuchte zunächst meine Idee eines „Kundenbetreuungssichungsgesetzes" durchzubringen, dessen Grundgedanke eine Art von Mindestbeschäftigungsvorschriften im Handel war, wobei bei Unterschreitung Ausgleichsabgaben eingehoben werden sollten. Unverdrossen verlangte ich auf allen Ebenen die Einführung eines Verbotes des Verkaufes unter den Einstandpreisen wie ich es in der französischen Gesetzgebung vorgefunden hatte. Dabei erhielt ich namhafte Unterstützung beim führenden Wirtschaftspolitiker der Arbeitnehmerseite Dr. Erich Schmidt.

Im Jahre 1974 gelang die Durchsetzung des so genannten Nahversorgungsgesetzes, welches für bestimmte Produkte eine Kontrahierungspflicht enthielt, ein Diskriminierungsverbot bei Konditionen und schlussendlich das lang umstrittene Verbot des Verkaufes unter den Einstandspreisen. Dieses Gesetz trug weithin meine Handschrift, gemeinsam mit Dr. Viktor Straberger, Rechtsanwalt in Wels, publizierte ich auch einen Kommentar. Das Gesetz war wunderschön zu lesen, aber schwer durchzusetzen, da sich von Anfang an die beteiligten Lieferanten weigerten, ihre Verkaufskonditionen bekannt zu geben oder gar einen Kunden zu klagen. Ich möchte in diesem Zusammenhang den Linzer Bäckermeister Rath lobend erwähnen, der als erster bereit war, jeden Kampf bei Gericht zu führen. Mehr Zivilcourage hätte dem Gesetz und vor allem der Wirtschaft gut getan. Stattdessen focht eine SPÖ-nahe Kanzlei (die vertretende Anwältin war die Ehefrau von Klubobmann Kostelka) das Verbot unter dem Einstandspreis an, welches in der Folge vom Verfassungsgerichtshof in einer nach den Parteilinien erfolgten knappen Entscheidung aufgehoben wurde.

Aber wir machten interessante Erfahrungen:

In vielen Orten der Steiermark, in denen die SPAR-Gruppe Mitglieder veranlasste, ihre „Gewölbe" auf den Hauptplätzen zu schließen, neue Läden am Ortseingang zu errichten und dabei auch große Parkplätze anzulegen, machten traditionelle Händler gute Erfahrungen. Spezialitätenläden florierten im Umkreis von Hofermärkten und Innenstädte, die nicht rechtzeitig im Zentrum Parkgelegenheiten schufen, verödeten. Sehr gute Beispiele finden sich in mehreren Bundesländern. Ich habe die Entwicklung an der Stadt Wr. Neustadt verfolgt: Die Mehrheit der betroffenen Kaufleute lehnte die Errichtung einer unterirdischen Garage am attraktiven Hauptplatz ab, Einkaufszentren am Stadtrand mit riesigen, kostenlosen Parkgelegenheiten wurden in der Folge errichtet und das Innenstadtsterben begann. Die betroffenen Geschäftsleute sind oft ihre eigenen größten Feinde. Zwei Beispiele aus der jüngsten Zeit: Bei einem Wahlbesuch in einer südniederösterreichischen Kleinstadt klagten Geschäftsleute über die Parkplatzpolitik der Gemeinde. Ich verlangte spontan eine Begehung bei der wir feststellten, dass fast alle Dauerparkplätze vor den Geschäften bzw. in deren Nähe von den Geschäftsinhabern oder deren Angestellten verparkt werden. Bei mir zuhause in Felixdorf erlebe ich fast täglich die gleiche Komödie: Vor dem Papierfachgeschäft parken die drei Pkws von Eigentümerin und Mitarbeiterinnen, vor der Bank stehen ganztägig die Autos der Bank- und Gemeindeangestellten. Manchmal werden die Autos demonstrativ anders geordnet. Da stehen dann die Bankangestelltenautos vor dem Papiergeschäft, weil das eine oder andere Angestelltenauto dieses Geschäftes vor der Bank geparkt wurde. Die Kunden parken dann vor meiner Hauseinfahrt. Wie wär's wenn sich die Vernunft durchsetzen würde, wonach der Kunde einen Platz vor dem Geschäft braucht? Aber auch in meiner Heimatgemeinde Weikersdorf, in der jeder Hof großen Parkraum bieten würde, werden die Pkws über Nacht demonstrativ vor den Häusern geparkt: Man muss zeigen was man hat und wer kann verlangen, dass man sich die Mühe des Toröffnens und- schließens zweimal am Tag antut. Es ist schon schlimm genug, wenn es der Bürgermeister am Tag der Fronleichnamprozession verlangt! Nach diesem Exkurs, der eher mein Gemüt erleichtert als zur Problemlösung beiträgt, zurück zur Nahversorgung:

Es gibt viele Gründe, warum das Nahversorgungsproblem eher ein Problem von Betrieben als von Konsumenten ist:

Erstens, die Konsumenten sind mobil geworden, Großeinkäufe werden im preis- und sortimentgünstigeren Supermarkt gemacht, vergessene Kleinigkeiten soll der Nahversorger anbieten. Das konnte nicht gut gehen. Ich erinnere mich, dass mir eines Tages mein Sekretariat einen Anruf durchstellte, in dem sich eine bekannte Wienerin bei mir beschweren wollte. Sie informierte mich, dass der Greißler an ihrer Straßenecke schließen werde, was ich verhindern müsse. Meine Pappenheimer kennend fragte ich: „Gnädige Frau, wann haben Sie zuletzt bei dem Besagten eingekauft?" Antwort: „Ich nie, aber er gehört zum Ambiente!" Mir riss der Faden: „Auf wienerisch gesagt, sind Sie ein Gfrast: Zuerst helfen, durch eigenes Verhalten ein Geschäft umbringen um dann über dessen Schließung klagen!" Gerade in diesem Zusammenhang habe ich Jahrelang den Slogan verwendet: „Fahr nicht fort, bleib im Ort!" Diesen von mir schon in der Kammerzeit geprägten Ausdruck habe ich anlässlich der von den Wirten heftig angefochtenen Absenkung des Alkohollimits auf 0, 5 Promille umformuliert und eine Kampagne unter „Fahr nicht fort, sauf im Ort!" empfohlen.

Zweitens, in vielen kleine Ortschaften, in denen es keinen Lebensmittelhändler, Fleischer, Bäcker etc. mehr gibt, haben so genannte „ins Gai“ fahrende Gewerbetreibende die Versorgung übernommen. An fixen Zeiten werden z.T. telefonisch bestellte Waren zum Normalpreis ausgeliefert oder frische Waren vom Wagen verkauft. Bei Besuchen vor Ort wurde mir vor allem von älteren Leuten versichert, dass sie sich eigentlich kommoder versorgt fühlten als früher!

Drittens, in einem Land, in dem fast 3,3 Millionen unselbständig außer Haus und vielfach außerhalb der Wohngemeinde oder des Wohnbezirks arbeiten, wo Pendler aller Art wegfahren, wenn die Geschäfte noch geschlossen sind und erst heimkehren, wenn sie schon wieder geschlossen sind, ist die derzeitige Ladenöffnungspolitik eine der Hauptursachen der Konsumentenabwanderung. Von Rentnern, Kindern und den weniger werdenden Vollhausfrauen kann man schlecht oder gar nicht leben. Wer nicht akzeptiert, dass der Kunde heute König ist, wird zum Betriebsschließer oder Bettler!

Viertens, ein Sonderfaktor in Ostösterreich vor allem waren die Einkäufe über die Grenze in den Ostländern. Als ich als Generalsekretärstellvertreter der Wirtschaftskammer Österreich antrat, veranlasste ich eine Studie über Kaufkraftabflüsse. Das Handelsforschungsinstitut schätzte diesen 1992 mit rund 20 Milliarden Schilling ein. Mein boshafter Kommentar dazu, im eigenen Lebensbereich die Einkaufsfahrer kennend war: „Es ist trefflich, in Österreich zu verdienen, das Geld in Ungarn auszugeben und über die hohen Preise in Österreich zu jammern!“ Gemeinsam mit Minister Edlinger entwickelten wir mit dem Doppelbudget 1998/99 eine harsche Kontrolle der Zigarettenimporte, die Schengen-bedingten aufwendigen Grenzkontrollen halfen weiters. Heute kaufen wieder die Ostbesucher um Milliardenbeträge mehr in Ostösterreich ein als Österreicher jenseits der Grenze ausgeben. Man kann Trends umkehren, geglaubt aber hat Rudi Edlinger und mir keiner in der Regierung als wir die Strategie erläuterten und umsetzten.

Mit der Gewerbeordnung 1997 wurde mir die Möglichkeit in die Hand gegeben, die Expansion der Großmärkte auf der grünen Wiese einzudämmen. Die Einkaufszentrenverordnung schob mit einem Schlag Milliardeninvestitionen einen Riegel vor. Mich bestürmende Unternehmen behaupteten, dass diese Maßnahme rund 50 Milliarden Investitionen auf das Eis gelegt hätte. In der Folge wurde diese Maßnahme beim Verfassungsgerichtshof angefochten, der sie in einer abstimmungsmäßig sehr engen Entscheidung aufhob: Er akzeptierte ihren Geltungsbereich nur für die Güter des täglichen Bedarfes. Es wurde nicht einmal ernsthaft versucht, die Verordnung mit Verfassungsmehrheit gewerberechtlich abzusichern. Der Ball liegt seit der Neuregelung wieder bei den Ländern: Dort lag er auch vor der Erlassung der Verordnung. Ein Boom für den Bau und Ausbau von Einkaufszentren begann erneut: Konjunkturpolitik statt Nahversorgungspolitik.

Eine Initiative meines Ressorts war das Projekt Telegemeinde: Durch modernste Vernetzung sollten Wirtschaft und Konsumenten zusammengebracht werden. In Perchtoldsdorf findet die vielbeachtete, aber leider von vielen nicht ernst genommene Probe statt. Ich glaube nach wie vor daran, dass in einer Aging Society die Mobilität von der Straße ins Netz verlagert gehört.

Einen kleinen Beitrag zur Sicherung der Nahversorgung leistete ich auch dadurch, dass wir im Wirtschaftsministerium mit gewerberechtlichen Nachsichten für mutige junge Unternehmer sehr großzügig waren.

## 4.6 Lehrlinge – Trendbruch im Interesse von Jugend und Wirtschaft!

Meine Übernahmebilanz auf dem Lehrlingssektor war ernüchternd. Während etwa 1985 rund 170. 000 Lehrlinge in Ausbildung standen (113.300 männliche Lehrlinge, 56.600 weibliche) wurden Ende 1996 nur mehr rund 120.000 junge Menschen (82.800 männliche, 37.200 weibliche Lehrlinge) im dualen System auf den Arbeitsmarkt vorbereitet. Ab 1996 sank auch das Lehrstellenangebot deutlich, insbesondere die Industrie begann sich vom System zu verabschieden. Das von mir vorgefundene Gesprächsklima zwischen den Mitarbeitern im Wirtschafts- und im Sozialministerium war ausgesprochen schlecht, auch die Sozialpartner hatten sich rund um die Deregulierungsvorschläge aus der Wirtschaft und dem Traum von Lehrlingsstiftungen auf Arbeitnehmerseite in einen Krieg der Stellungnahmen zurückgezogen. Ich nahm mir vor, das Klima zwischen den Agierenden zu verbessern, die am meisten kritisierten Mängel des Berufsausbildungsgesetzes abzustellen und vor allem neue Lehrberufe zu verordnen. Mit Ministerin Lore Hostasch hatte ich ein sehr positives Verhältnis, welches zum Teil auch auf die Beamtenebene abfärbte. In einem Punkt fiel ich gleich auf die Nase: Noch in der Wirtschaftskammer war ich mit der ständigen Forderung meines Präsidenten konfrontiert, einen Lehrlingsausbildungsfonds zu schaffen, der einen Ausgleich zwischen ausbildenden und nur mit nicht im eigenen Betrieb Ausgebildeten arbeitenden Betrieben herstellen sollte. Aber eine Forderung im Standardrepertoire zu haben ist eine Sache, sie umzusetzen eine Zweite. Plötzlich wurden nur mehr die Schwierigkeiten gesehen und ich musste die Absicht mangels Alliierter in der Wirtschaft fallen lassen. Die Verhandlungen über eine Modernisierung des Berufsausbildungsgesetzes waren mühsam, bei einem Lehrlingsgipfel Ende Februar 1997 unter dem Vorsitz Hostasch/Farnleitner und unter Mitwirkung auch des Bundesministeriums für Unterricht und kulturelle Angelegenheiten sowie der Sozialpartner wurde eine Novelle zum Berufsausbildungsgesetz vereinbart, die folgende wesentliche Korrekturen brachte:

- Anerkannte Kursmaßnahmen als Alternative zur Ausbilderprüfung,
- Verbesserung der Umstiegsmöglichkeiten,
- Verkürzte Lehrzeiten,
- Verfahrensbeschleunigung bei Anträgen auf Erhöhung der Verhältniszahl,
- Verlängerung der Probezeit von einem Monat auf 6 Wochen,
- Flexiblere Vorschriften über die Zulassung zur Lehrabschlussprüfung und
- Rascher Bewilligung von selbständigen Ausbildungseinrichtungen.

Das Ergebnis riss niemanden vom Sessel, aber die starren Fronten waren in Bewegung gekommen.

Mein größtes Anliegen waren aber neue Lehrberufe, vor allem auch solche die die Industrie und moderne Dienstleister als Ausbildner wieder an Bord des dualen Systems bringen würden. Aber da hatte ich die Rechnung ohne den soziapartnerschaftlich besetzten Berufsausbildungsbeirat gemacht. Nach meinen ersten Erfahrungen und nach enttäuschenden Gesprächen mit den agierenden Personen sprach ich nur mehr vom Berufsverhinderungsbeirat und veranlasste einen anderen Weg. Ich lud die Unternehmen ein, mir Vorschläge zu machen und gleichzeitig mitzuteilen, wie viele Lehrlinge sie nehmen würden. Solche Vorschläge wollte ich als Versuche in Kraft setzen. Nun ging ohne Zustimmung des Ministeriums für Arbeit und Soziales nichts, über die Wirtschaftskammer getraute ich mich darüberzufahren, aber ohne den ÖGB ging beim mitbestimmenden Ministerium für Arbeit, Gesundheit und Soziales gar nichts. Also bedurfte es mühseliger Generalsekretäre- und Präsidentenbesprechungen, eines sehr bewussten Aufbaus von Junktims und dann ging doch einiges weiter. Ab Herbst 1997 wurden 73 neue bzw. modernisierte Lehrberufe geschaffen, rund zweitausend Unternehmen zusätzlich zur Ausbildung von Lehrlingen gewonnen und rund viertausend Jugendlichen neue Ausbildungsplätze zur Verfügung gestellt werden. Eine Untersuchung des Institutes für Bildungsforschung der Wirtschaft, publiziert in den Mitteilungen Juli/August 2000 zeigte, dass die in 1997 und 1998 verordneten 23 neuen Lehrberufe (z. B EDV-Techniker, Verwaltungsassistent, Bankkaufmann, Produktionstechniker, Kommunikationstechniker, EDV-Kaufmann, Systemgastronomfachmann, Medienfachmann- Mediendesign, Straßenerhaltungsfachmann, Fitnessbetreuer, Gartencenterkaufmann, Vermessungstechniker, Kanzleiassistent- Rechtsanwaltskanzlei, Medienfachmann, Medientechnik, Sonnenschutztechniker, Entsorgungs- und Recyclingsfachmann für Abfall bzw. Abwasser, Tiefbauer, Sanitär- und Klimatechniker, Bekleidungsfertiger, Immobilienkaufmann, Sportartikelmonteur und Kanzleiassistent-Notariat) Dezember 1999 4131 Lehrverträge insgesamt gebracht hatten. Bei einem Betriebstest von 222 Lehrbetrieben ergab sich, dass mindestens zwei Drittel aller dieser Lehrstellen als zusätzliche zu werten sind.

Ich bin stolz darauf, dass wir einen üblen Trend brechen konnten. Wer aller die neuen Lehrberufe verurteilte oder deren Sinnhaftigkeit bezweifelte hier gnädig verschwiegen.

Kaum griff die Lehrlingsstrategie, gab es eine vom Kanzler verordnete Lehrlingsoffensive, die mein Ressort als den Versuch wertete, wesentlich Kompetenzen ins Sozialministerium zu verlagern und am Erfolg unserer Maßnahmen mitzunaschen. In diesem Zusammenhang wurde auch als Wunderwaffe des Sozialministeriums die Firma Euroteam eingesetzt, die von meinem Haus anfänglich vergeblich bekämpft wurde. Das BMwA vergab gemeinsam mit dem BM für Arbeit und Soziales nur einen Folgeauftrag, der mein Ressort rund 900. 000 Schilling kostete. Es war dies ein Brief an alle Unternehmer, die zur Nutzung der neuen Lehrberufe aufgefordert wurden. Es handelte sich um einen Folgeauftrag, der nicht auszuschreiben war.

Wichtige, aber nicht sehr bedankte Verbesserungen der fiskalischen Rahmenbedingungen gelangen dem Vizekanzler Dr. Schüssel und mir bei der Durchsetzung des Entfalls des Dienstgeberanteils der Krankenversicherungsbeiträge in den ersten drei Lehrjahren und dem Entfall der Dienstgeberbeiträge bei der Unfallversicherung. Bei der Steuerrechtsreform 2000 erreichten wir, dass der Lehrlingsfreibetrag von 20.000 Schilling bei den Lehrlinge ausbildenden Betrieben vom ersten auf drei Lehrjahre ausgedehnt wurde.

Ich lud auch 1998 die besten Lehrlinge Österreichs zu einem Lehrlingsgipfel ein, der in einem offenen Gespräch viele positive Anregungen gab. Die erfolgreichen Teilnehmer an zwei Lehrlings-Olympiaden wurden auch von mir persönlich belobigt und mit den Versprechen belohnt, dass sich das Haus um ihre Sorgen kümmern werde. Kurze Zeit nach eine solchen Feier meldete sich ein ausgezeichneter Medaillengewinner und beschwerte sich, dass er vor Ort mit den Behörden nur Probleme hätte. Es wurde ihm rasch geholfen.

Bei Betriebsbesuchen traf ich viele dankbare und zufriedene junge Menschen, was mir mehr bedeutete als öffentliche Anerkennung. Bei einem Besuch mit dem Schweizer Wirtschaftsminister Couchepin beim Beschlägeerzeuger Blum in Vorarlberg, dessen Ausbildungsmodell ich rechtlich verankert hatte, erlebten wir eine beeindruckende Vorführung: Ein Lehrling erklärte uns in makellosem Englisch den von ihn und einigen Kollegen gebauten Fertigungsautomaten für bestimmte Beschläge.

Unser Lehrlingssystem ist zum internationalen Musterbeispiel geworden. Ich wirkte mit, als österreichische Betriebe in North Carolina (USA) in ihren Tochterunternehmen das österreichische Modell einführten. Bei einem jüngsten USA-Besuch schickte mir der Gouverneur dieses Bundesstaates einen Vertreter, der sich bei mir ausdrücklich für diese Initiative bedankte.

Die Mühen für das duale Ausbildungssystem waren für mich eine wichtige Investition in die Humankapitalentwicklung für die Zukunft: Sie waren jeden Einsatz und Ärger wert!

## 4.7 Ladenöffnung: Eine kleine Feuerprobe von Liberalisierung!

In meiner Kindheit hatten wir in meiner Heimatgemeinde geradezu paradiesische Öffnungszeiten: Bei den zwei Greißlern im Ort konnte man jederzeit einkaufen. Wenn der Laden in der Frühe noch nicht offen oder am Abend schon geschlossen hatte, dann klopfte man einfach ans Fenster und holte, was man vergessen hatte oder wegen eines unvorhergesehenen Anlasses gerade dringend brauchte. Auch der Sonntag war nicht ausgenommen. Freilich hatte unser Einkaufen damals einen großen Schönheitsfehler; wie viele andere hatten wir wenig Geld und kauften nur das Notwendigste in geringen Mengen, und das wurde noch in einem Heft bis zur nächsten Milchgeldauszahlung „angeschrieben“. Für diese Kreditierung bezahlte man keine Zinsen, man lohnte es mit Kundentreue. Die Greißlerfamilien Mangold und Stiefvater waren die personifizierten Nahversorger, mit ihrem Verhalten würden sie heute hochmodern sein, aber gegen Gesetz und Sozialpartnerordnung verstoßen.

Eines der überfälligen Probleme, die ich bei der Amtsübernahme vorfand, war das Ladenschluss- bzw. moderner formuliert, das Ladenöffnungsproblem. Die Fronten liefen quer durch alle Lager. Die Großbetriebe wollten einen größeren Gesamtöffnungsrahmen, die Kleinbetriebe nichts, was sie nach ihrem Empfinden gegenüber den Großen benachteiligen würde, die österreichischen Konsumenten waren besser dran wenn sie in Tourismusgemeinden mit kundenfreundlicheren Öffnungszeiten lebten. Als jahrzehntelanger Eisenbahnpendler von Felixdorf nach Wien hatte ich hautnah miterlebt, wie vor allem Frauen am Abend mit Taschen voller Einkäufe aus Wien zurückkamen, weil am Morgen beim Wegfahren die Geschäfte noch und bei der Heimkehr schon wieder geschlossen waren. Aber irgendwie gab es eine verkehrte Entwicklung: Je reicher die Konsumenten wurden, umso schließungsbewusster wurden viele Kleinhändler. Gern akzeptierten sie, was mit den Gewerkschaften für die Bediensteten vereinbart wurde. Die Ladenschlussgesetzgebung wurde auch zur Sicherung der Lebensqualität der Unternehmer herangezogen. Über Jahre hinweg hatte ich wegen meiner Pendelei wenig Chancen, gemeinsam in Ruhe mit meiner Familie einzukaufen. Aus meiner Lebenserfahrung ging ich mit drei Zielen in die Verhandlungen: der Samstag Nachmittag sollte des Familieneinkaufes wegen geöffnet sein, in Gemeinden mit hohem Auspendleranteil müsste es großzügigere Regelungen geben und insgesamt sollten österreichische Konsumenten nicht schlechter behandelt werden als ausländische oder einheimische Gäste in Tourismusgebieten.

Die ersten Gespräche mit den Sozialpartnern waren ernüchternd. Vor allem die Fachgewerkschaft operierte mit der hohen Konsumentenzufriedenheit, beide Seiten betonten, dass der Einkaufskuchen durch eine Liberalisierung nicht größer würde. Von Consumers Comfort hatten beide noch nichts gehört, zumindest war er ihnen kein Anliegen. Ich verwies ständig darauf, dass der Kaufkraftabfluss nach Deutschland durch ein Neuregelung der Offenhaltezeiten an 1.11.1996 zunehmen werde und der mit über 20 Milliarden betragende Kaufkraftabfluss nach Osteuropa besorgniserregend vor allem in grenznahen Gemeinden sei. Gegenüber Osteuropa war mit Ladenöffnung nichts zu machen, wohl aber mit anderen Maßnahmen, die Rudi Edlinger und ich bei den Verhandlungen für das Doppelbudget 1998/99 sehr wohl und erfolgreich in Angriff nahmen. Bei der Reform der Ladenöffnungszeiten hatte ich einen für mich ungewöhnlichen Verbündeten: Die Medien. Das Vergnügen hatte ich so bei keiner anderen von mir durchzusetzenden Reform (z. B Energieliberalisierung, Anlagenrecht, Binnenmarktumsetzung)

Das schlussendlich mehrheitsfähige Verhandlungsergebnis brachte folgende Verbesserungen:

- Ausweitung der Offenhaltezeiten an Samstagen von bisher 13 auf 17 Uhr,
- Einheitlicher Gesamtoffenhalterahmen von einheitlich 66 Stunden (Wegfall der bisherigen Unterscheidung zwischen Lebensmittel- und Nichtlebensmittelverkauf),
- Einheitliches Offenhalten der Verkaufsstellen an den letzten vier Samstagen vor dem 24. Dezember,
- Erweiterung der bisherigen Sonderregelung für touristisch besonders wichtige Gebiete: Diese wurde auf Orte mit hohem Pendleranteil ausgeweitet.

Das Ergebnis fand Anerkennung: Viele Konsumenten drückten mir persönlich ihren Dank aus. Bei den Fachhändlern fand die zwischen der Sektion Handel der Wirtschaftkammer Österreich und der Fachgewerkschaft ausgehandelte Regelung, wonach Arbeitnehmer im Handel jeden zweiten Samstag freihaben sollten, heftige Kritik. Aber dafür war ich die falsche Adresse, nichtsdestoweniger wurde mir oft geschrieben und sehr oft gefaxt. In einem der Möbelfachgeschäfte der Firma Leiner sprach mich in diesem Zusammenhang eine Verkäuferin an und bedankte sich: "Das ist eine kluge Lösung, endlich habe auch ich jeden zweiten Samstag den ganzen Tag für mich!"

Aber die Ladenöffnungsdiskussion war trotz dieser sich bewährenden Neuregelung nicht zu Ende. Die Multiplexentscheidung (Multiplex ist ein an die Shopping City Süd angrenzendes Einkaufszentrum) des Landeshauptmannes von Niederösterreich setzte die Sonntagsöffnungszeitendiskussion in Gang, die noch angeheizt wurde, als ich an einem Sonntag die Verkaufsgeschäfte dieser Zone besuchte. Ich traf viele zufriedene Kunden, denen die joie d'acheter (Einkaufsfreude) anzusehen war, auch die am Sonntag bedienenden Familienmitglieder waren zufrieden. Eine sagte mir: „Wir gehen jetzt wochentags golfen, das ist erholsamer als am Sonntag!" Besonders beeindruckt hat mich ein Unternehmer, der sich bei mir beklagte, dass seine Lebensgefährtin nicht bedienen dürfe. Er verlangte eine Änderung der Regelung. Ich antwortete: "Da werden Sie wohl heiraten müssen!" Die Antwort wurde von den anwesenden Betroffenen mit gesundem, aber nachdenklichem Humor hingenommen.

In der Frage der Sonntagsöffnung habe ich immer die Position eingenommen, dass reine Familienbetriebe zur Erwerbssicherung keinerlei Regelung unterliegen sollten. Da kam ich bei vielen meiner vor allem katholischen Freunde gerade recht. Bei einem Besuch in Mailand traf ich Kardinal Martini, der von mir am Ende eines langen Gespräches auch auf diese Frage hin angesprochen wurde. Er sagte, meine Argumentation sei theologisch vertretbar, in Italien würde darüber zu Recht nicht diskutiert. Bei einem Gespräch der ÖVP-Regierungsriege mit der Katholischen Bischofskonferenz wurde das Problem auch angesprochen. Auf mein Zitat der Martiniposition bestätigte Kardinal Schönborn: „Mit diesem Grund ist es theologisch vertretbar." Aber viele kleine Händler sperren lieber ganz zu als zum Überleben am Sonntag auf. Auch das Sonntagsbacken von Bäckern erregte vor allem in der Branche große Aufregung. Ich jedenfalls genieße es, bei einem Bäcker in Felixdorf am Sonntag frisches Gebäck zu kaufen oder den Konditor im Nachbarort Sollenau aufzusuchen. Aber es wird noch lange dauern, bis die Mehrzahl im Handel erkennt, dass der Kunde heute König ist. Wer sich dem verweigert, ist auf dem Weg zum Bettler. Die Ladenöffnungsregelung ist kein Kollektivvertrag für Unternehmer, er ist ein Zwangskorsett, das sich andere Berufsgruppen längst nicht mehr gefallen ließen.

Aber insgesamt bin ich zufrieden mit der Reform, was mir auch nach meinem Ausscheiden von Konsumenten, die mich beim Einkaufen erkennen, bestätigt wird.

## 4.8 Gründerwelle – Verjüngung und Dynamisierung der Wirtschaft.

In Österreich wurde über Jahrzehnte Unternehmertum eher verteufelt denn gefordert und gefördert. Es hatte den Anschein, dass man ausländischer Investor sein musste, um a priori Anerkennung zu finden. Schon Ottokar von Hörnigk hat in seinem Buch „Österreich über alles, wenn es nur will“, 1683 festgestellt, dass es in Österreich an unternehmerischen Persönlichkeiten mit Esprit mangle, weshalb es sich empfehle, ausländische Unternehmer mit Privilegien anzulocken und dabei die Behörden anzuweisen, diese zuvorkommendst zu behandeln. Diese Empfehlung wurde von früheren österreichischen Bundesregierungen sehr ernst genommen. In den Zeiten der Krise der Verstaatlichten Industrie forcierte Bundeskanzler Kreisky die Gründung der Firma ICD (Industrial Cooperation and Development), deren erster Chef der amerikanische Manager und frühere Chef des General Motor Werks in Aspern, Gen wurde. Die Forcierung heimischen Unternehmerpotentials ist erst ein Kind der Neunzigerjahre, bis dahin dominierte vor allem im Gewerbebereich eine sehr stringente Politik und im Klima der Gesellschaft war das Unternehmerimage gering. Nicht neue Unternehmer standen im Vordergrund des wirtschaftspolitischen Interesses, sondern die Sanierung und Verbesserung der Situation der bestehenden Betriebe. War es in unserem Land nicht schon immer so, dass alte eingesessene Unternehmen, am besten frühere Hoflieferanten, das beste Image besaßen? Neue Unternehmen waren in neuen Sektoren gefragt, nicht aber dort, wo sie eingespielte Marktordnungen (gesetzliche oder kartellvertragsmäßig abgesicherte) durch mehr Wettbewerb in Unruhe versetzt hätten. Auch war die Insolvenzstatistik wichtiger als jede Gründerstatistik, bedeutete doch Insolvenz Gefährdung von Arbeitsplätzen und die Vernichtung von Vermögen. Erst in den beiden letzten Regierungsperioden kam die Selbständigenquote mit ins Spiel. Dabei wurde mit zumindest bei wenig informierten oder unbelehrbaren Kommentatoren die Selbständigenquote in anderen OECD-Ländern wie Griechenland mit 27.5%, Italien mit 22.7%, Portugal und Spanien mit 19 bzw. 18% als leuchtendes Beispiel hingestellt und mit den 8,3% Österreichs verglichen. Ich habe in Pressekonferenzen, Parlamentsreden etc. wiederholt versucht, dass man nicht die Selbständigenzahlen ärmerer Länder heranziehen dürfte, wo viele Kleinhändler (Bauchladenbesitzer) ein falsches Bild in diesem Zusammenhang vermitteln. Immer habe ich argumentiert, dass man am besten die Selbständigenquote vergleichbar reicher und ähnlich strukturierter Länder heranziehen sollte. Nach den OECD-Statistiken des Jahres 1997 betrug diese in den Niederlanden 10%, in Schweden 9%, in Dänemark (dem reichsten Land der EU) 6,7%, in Deutschland 8,8%, in Frankreich 8,3% und im Vereinigten Königreich UK 11,8%.

Es war daher nicht notwendig, die Zahl der Selbständigen zu verdoppeln oder zu verdreifachen, freilich musste es eine signifikante Verjüngung vor allem auch in zukunftsträchtigen Bereichen geben. Im Jahr 1990 gab es nach den Unterlagen der Wirtschaftskammer Österreich 12.500 Unternehmensgründungen, davon 8300 Neugründungen und 4200 Übernahmen. Dank neuer Gewerbeordnung, großzügigerer Nachsichtspraxis bei den Befähigungsnachweisen und verbesserter Finanzierungsbedingungen einschließlich der durch den EU-Beitritt verbesserten Marktchancen im größten Binnenmarkt der Welt waren die Gründungsziffern 1997 auf 19.300 (davon 14.200 Neugründungen und 5100 Übernahmen) gestiegen und entwickelten sich 1999 mit rund 26.000 Gründungen einschließlich der freien Berufe und der so genannten „neuen" Selbständigen weiterhin positiv. Wir hatten uns generell als Ziel die jährliche Neugründung von rund 25.000 Unternehmen gesetzt, was mit diesen Ziffern auch erreicht wurde. Die mir vorliegenden Ziffern für 2000 betragen 28.000.

Einen nicht unerheblichen Schub gab es durch Einführung der Teilgewerbe: Zwischen dem Inkrafttreten der Regelung durch die Verordnung vom 16.1.1998 gab es bis zum Regierungswechsel 856 Meldungen im zentralen Gewerberegister. Im Bereich der gewerblichen Buchhalter – ein Beruf, der im Zuge der Liberalisierung des Berufsrechts der Wirtschaftstreuhänder geschaffen worden war – gab es bis Ende Jänner 2000 703 Gewerbegründungen. Schon ein Jahr später waren es insgesamt 2300 neue Berufsberechtigungen als gewerbliche bzw. selbständige Buchhalter.

Für den Arbeitsmarkt bedeutete dies einen Anstieg von 19.100 Arbeitsplätzen (10.200 unselbständig, 8900 selbständig) auf 35.100 (davon 17.100 unselbständig, 18 000 selbständig). Die Gründerwelle war ins Laufen gekommen, allerdings in kleineren Einheiten (1990: 1,3 Mitarbeiter je Neugründung, 1997: 1,2 Mitarbeiter). Der OECD-Bericht 1999 sprach von einer wachsenden Gründungsdynamik und davon, dass nach einer europäischen Studie deutlich wurde, dass junge Unternehmen in Österreich im internationalen Vergleich die höchste Überlebensquote hätten. In Österreich existierten nach drei Jahren noch 83% der Neugründungen, nach fünf Jahren noch 72%. Der Vergleich macht stolz, liegen die vergleichbaren Ziffern in unseren wichtigsten Partnerländern signifikant darunter: Deutschland 70 bzw. 63%, Italien 66/54, Frankreich 62/48, Vereinigtes Königreich 62/47 und USA 60/50. Die OECD führte die hohe Überlebensquote auf die gründliche Ausbildung auch im Rahmen der Gewerbeordnung als Ursache an, dabei hatte sie bei anderer Gelegenheit diese Regelung als überholt kritisiert.

In meinem Ressort nahmen wir die Gründerwelle sehr ernst. Aus meinem Kabinett ersuchte ich einen dynamischen jungen Mitarbeiter, Dr. Stefan Buchinger, den

Gründerservice des Wirtschaftsministeriums aufzubauen. Dieser Service wurde 1997 gestartet und hat sich als Anlaufstelle bewährt. Andere Institutionen entdeckten das Gründungsgeschehen, auch die Unternehmerorganisation „Junge Wirtschaft“ sprang auf den fahrenden Zug auf und war schon „alt“ genug um dann gleich die Erfolge auf ihr Konto zu buchen. Es gehört zu den Besonderheiten der österreichischen Politik, dass Sprachrohre ständiger Forderungen Erfolge für sich reklamieren, zu denen sie außer Öffentlichkeitsarbeit nichts beigetragen haben.

Die Gründerwelle ging einher mit einem ständigen Anstieg der Ansiedelung ausländischer Unternehmer, die durch die günstigen Standortbedingungen in Österreich und die konsequente Tätigkeit der von mir reorganisierten Austrian Business Agency (ABA) verursacht wurde.

Bei einem Mittelstandsmeeting während der englischen Präsidentschaft der EU im ersten Halbjahr 1998 in Manchester diskutierten wir auch die Probleme von Betriebsübernehmern und wurden mit dem englischen Beispiel der steuerlichen Begünstigung von Betriebsübernahmen konfrontiert. Nach meiner Rückkehr setzte ich die Forderung nach erbschaftssteuerfreier Betriebsübergabe auf meine Agenda. Zuerst erntete ich allenthalben Ablehnung, fand dann aber die Unterstützung der Bundessektion Gewerbe in der Wirtschaftskammer Österreich. Da mich Bundeskanzler Schüssel als Verhandler in das Team der Steuerrechtsreform nominierte, konnte ich selbst die Umsetzung betreiben und auch erreichen. Die in der Steuerreform 2000 verankerte Freibetragsregelung (auf Insistenz der SPÖ gab es keine vollständige Befreiung) kann man erwarten, dass rund 90% der Übernahmen erbschaftssteuerfrei erfolgen werden. Die Betriebsübernahme hatten wir schon 1997 gewerbe-besser anlagerechtlich erleichtert.

Aber Vorurteile sind in Österreich langlebig, positive Prozesse werden erst wahrgenommen und gewürdigt, wenn sie traditionsgemäß schon einer guten alten Zeit zugemessen werden können. Erfolge sind zu oft geradezu eine Marktstörung in einer auf Bad News fokussierten Welt.

Die allgemein geforderte Gründerwelle kam jedenfalls ins Rollen und hält auch noch an. Ich würde daher heute – konfrontiert mit vielen aktuellen Fällen – eher davon reden, dass unser Land künftig eher von einem Unternehmerüberschuss und krassem Fach- und Hilfsarbeitermangel gekennzeichnet sein wird

## 4.9 Pfuscher bekommen ist nicht schwer, Pfuscher bekämpfen dagegen sehr!

Am 3. Juni 1998 gab es einen Ministerratsbeschluss, der eine Arbeitsgruppe beauftragte, einen Gesetzentwurf zur Bekämpfung der Schwarzarbeit vorzulegen. Mein Ressort sollte gemeinsam mit dem Sozial-, dem Finanz-, dem Innen- und dem Justizministerium sowie dem Bundeskanzleramt einen Entwurf erarbeiten. Die Sozialpartner waren ebenso beizuziehen wie die Parlamentsklubs der Regierungsparteien.

Der Pfusch hatte mich schon in meiner Kammerzeit hinreichend beschäftigt. Zunächst hatte eine Feststellung meinerseits bei einem Wettbewerbskongress in Graz für große Aufregung gesorgt. Ich hatte ausgeführt, dass meiner Meinung nach der Pfuscher der freieste Unternehmer Österreichs sei: Er brauche keine Gewerbeberechtigung, zahle keine Steuern und habe keine Lohnnebenkosten, er sei bei den Auftraggebern gesucht und geschätzt und dank der Tätigkeit nach Behördenschluss, vor allem am Wochenende, von Kontrollen weniger belästigt bzw. gefährdet als „normale" Unternehmer! Das trug mir einige kammerinterne Zores ein und verleitete mich als Leiter der Wirtschaftspolitischen Abteilung, eine konkrete Initiative zur Pfuschbekämpfung zu setzen. Ich beauftragte einen Mitarbeiter eine Regelung für eine Ausweispflicht auf Baustellen mittels eines Anmeldungsnachweises auszuarbeiten. Bei den Koordinierungen zeigte sich, dass die beteiligten Wirtschaftskreise alles eher als eine wirkungsvolle Bekämpfung des Pfusches wünschten! Da kriegte ich u. a. zu hören: "Wer soll denn die lästigen Kleinreparaturen durchführen, für die wir weder Zeit noch Lust haben?" oder „Wie soll ich meine Gesellen gehaltsmäßig zufrieden halten ohne die schwarzen Zuverdienste am Wochenende, noch dazu wo sie mit meinem Werkzeug arbeiten?"

Ich war nun als Minister wieder bei der Pfuschbekämpfung gelandet und an den Fronten hatte sich nichts geändert. Kontrollen gut, aber wirkungsvolle durch Konzentration der Kontrollkompetenzen bei den Hauptzollämtern? Arbeitskräfte wirklich schon bei Beschäftigungsbeginn anmelden und nicht erst bei der ersten Beanstandung? Erweiterte Zutrittsrechte der Kontrollbehörden? Schärfere Sanktionen? Als einziger involvierter schwarzer Minister bekam ich den organisierten Unmut der Freunde des Pfusches zu spüren. Ich bekam Anrufe, in denen mir vorgeworfen wurde, die vielen Frühpensionisten, vor allem die Eisenbahner, an sinnvoller Tätigkeit zu hindern, den Bau vieler Häuser zu blockieren und eine Wohlstandsminderung vieler fleißiger Menschen zu verursachen! Im ÖVP-Klub sagte mir eine steirische Abgeordnete ganz empört, dass sie ohne die Schwarzarbeit ihres Mannes noch kein eigenes Heim hätte. Aus dem Wirtschaftsbund kam umgekehrt die eiserne Forderung nach Kontrollen auch in den Privathäusern und Privatwohnungen. Die Arbeitsgruppe brachte eine Regierungsvorlage zustande, der im Parlament am Widerstand des ÖAAB innerhalb der ÖVP scheiterte. Der Pfusch hat in Österreich viele Freunde und Patrone! Warum etwas bekämpfen, was als Feindbild beste Dienste in der Kammerpolitik leistet, aber unverzichtbarer Bestandteil der österreichischen Wirtschaftsphilosophie ist, die da lautet: "Alles tun, was einem nützt, aber sich dabei nicht erwischen lassen? "

Meine Lehre aus der Geschichte: Lerne zu lieben oder zumindest zu ertragen, was Du nicht verändern kannst!

## 4.10 Lassing, ein Bergwerksunglück mit weitreichenden Folgen!

Als am 17. und 18. Juli 1998 im Talkbergwerk 11 Personen verschüttet und zahlreiche Häuser in die Tiefe gerissen bzw. zerstört wurden, begann die seelisch wie physisch intensivste Beanspruchung meiner politischen Laufbahn. Österreichs Bergbau war über Jahrzehnte von größeren Unglücksfällen verschont geblieben, weshalb die beteiligten Institutionen auf die Wucht der Ereignisse nicht vorbereitet waren, ja von dieser schlicht überrollt wurden.

Ich saß gerade auf dem Balkon unseres Hauses in Felixdorf und las in Unterlagen, als ein Freund vorbeikam und mir berichtete, dass in Lassing nach dem Bergmann Hainzel nun noch zehn weitere Personen bei Sanierungsarbeiten verschüttet worden seien.

Gemeinsam mit Bundeskanzler Klima und Innenminister Schlögl flogen wir mit einem Hubschrauber des Innenministeriums nach Lassing und informierten uns vor Ort. Wir fanden einiges Chaos vor. Unter den anwesenden Journalisten herrschte Empörung über die unzureichenden Informationen, die vor Ort Verantwortlichen des Betriebes und der Berghauptmannschaft schienen überfordert zu sein. Ich fand es als kontraproduktiv, die Vertreter der Medien zu den Expertenbesprechungen beizuziehen, bei denen die unterschiedlichsten Meinungen über die weitere Vorgangsweise aufeinander trafen und insgesamt den Eindruck der Hilf- und Ratlosigkeit erweckten. Schon in den ersten Stunden begann die Suche nach den Schuldigen, mit jedem Tag wuchsen Theorien und Schuldzuweisungen.

Ich gewann den Eindruck, dass das Unternehmen, dem die Verantwortung für die Maßnahmen der ersten Tage oblag, einfach überfordert war und ordnete daher am 21. Juli an, dass ein Mitarbeiter der obersten Bergbehörde in Wien, DI Maier, die Leitung der Bergungsarbeiten zu übernehmen habe. Weiters begab sich meine für Öffentlichkeitsarbeit im Kabinett zuständige Mitarbeiterin Verena Nowotny nach Lassing und übernahm die systematische Information der Öffentlichkeit. Es war offenkundig geworden, dass die große Zahl von Medienvertretern in Lassing ein Recht auf ständige Information hatte, dass aber die Bergungsarbeiten davon nicht behindert werden durften.

Lassing war zunächst ein Beweis für Bergmannsolidarität. Als die Nachricht vom Unglück durch die Medien ging, eilten aus eigenem Antrieb Topexperten an die Unglücksstelle und trugen ihre Hilfe an. Der Leiter des Bahntunnelbaus am Semmering DI Schöggl und zwei Mitarbeiter der Obersten Bergbehörde, Dozent Weber und Ing. Fagerer, eilten zur Unglücksstelle um persönlich mit Rat und Tat zu helfen. Die beiden Letztgenannten nahmen an den Sicherungsarbeiten im Schacht teil und entkamen nur durch Zufall dem großen Unglück. Namhafte Professoren aus Leoben stellten sich von der ersten Stunde uneigennützig zur Verfügung. Helfer aus aller Welt boten sich an, ein Wettbewerb der Bergungskonzepte setzte ein.

Schon in den ersten Stunden gab es interne Auseinandersetzungen über die notwendigen Geräte und die konkrete Vorgangsweise. Es ist dem von mir mit der Leitung der Bergungs- und Sicherungsarbeiten betrauten DI Maier hoch anzurechnen, dass er unter ungeheuerem physischem und psychischem Druck die Arbeiten effizient, zielorientiert und konsequent leitete. Das Expertenteam stand nicht nur unter unerwartetem und ungewohntem Druck der öffentlichen Meinung, seine Arbeiten wurden von Beginn von Kriminalisten gefilmt, um für spätere rechtliche Konsequenzen Beweismaterial vor Ort zu sichern. Es gab eine Situation, in der mich die Experten baten, bei Innenminister Schlögl zu intervenieren, diese Observierung einzustellen, da sonst die Mitarbeit an der Bergung eingestellt werden würde.

In dieser Situation einen kühlen Kopf zu bewahren war sehr schwer. Ich stellte von Anfang an klar, dass es in meinem Verantwortungsbereich um fünf Aufgaben gehe, die alle konsequent zu verfolgen waren:

1. Die Rettung und Bergung der Vermissten
2. Hilfe für die Angehörigen
3. Hilfe für die Anrainer
4. Sicherung der Arbeitsplätze in Lassing
5. Sicherung der Zukunft des Tales

Mir ging es vor allem um eine möglichst zielstrebige Rettung bzw. Bergung, die nicht am Mangel an Gerät und Finanzen scheitern sollte. Die hiefür notwendigen Beschlüsse auf Regierungsebene erfolgten problemlos, da Konsens darüber bestand, dass die Bergungsbemühungen mit aller Intensität fortzusetzen seien. Um in der leidigen Verschuldensfrage eine Objektivierung herbeizuführen, setzte ich eine Internationale Expertenkommission ein, die vor allem drei Fragen prüfen sollte: Eine Evaluierung der Vorgänge in Zusammenhang mit Rettung und Bergung, eine Verbesserung der Koordination des Grubenwehrwesens auf europäischer Ebene und eine Beurteilung der Kausalität des Unglücksfalles. Die Kommission hatte am 17. Oktober 1998 ihre konstituierende Sitzung in Wien, die Arbeiten dauerten bis in den Herbst 2000.

Vor Ort waren mir das Gespräch mit den Teilnehmern an den Rettungs/Bergungsbemühungen, der Kontakt mit den Angehörigen der Verunglückten und die notwendige offene Information der Medienvertreter wichtig. Ich erhielt in diesen Tagen selbst sehr viel direkten Zuspruch. Unvergesslich bleiben mir zwei Anrufer: Vizekanzler Dr. Schüssel, der mir Mut und Durchstehvermögen zusprach (die sonstigen Unterstützungserklärungen aus der eigenen Partei waren mehr als dürftig) und mein Onkel Franz Haiden, der selbst als Bergmann in den Kohlebergwerken Grünbach und Höflein gearbeitet hatte und mir sagte, dass auch er alles für die Rettung des ersten Verunglückten getan hätte: Es sei eine alte Bergmannsweisheit, dass bei der Rettung oft mehr Menschen umkämen als beim Unglück selbst.

Aber Offenheit und Ehrlichkeit waren nicht gefragt, vielmehr waren Schuldzuweisungen und Auskünfte über die möglichen Ursachen wie Schwarzabbau erwünscht und wurden stürmisch gefordert. Der Überbringer schlechter Nachricht wird immer zum Ziel der Angriffe: Ich erfuhr dies inbesonders, als ich die Meinung der Experten berichtete, wonach für den so genannten Sicherungstrupp der zehn Männer keine Hoffnung mehr auf Lebensrettung bestünde.

Ich hatte auch auszubaden, dass es in der ersten Zeit nach dem Unglück zu einer Reihe von nicht optimalen Vorgängen kam:

- es herrschte in der Erstphase eine unklare Führungsstruktur, einander widersprechende Anordnungen wurden gegeben,
- die Absperrung der Unfallstätte erfolgte zu kleinräumig, sodass die Neugierigen nahe an den Arbeitsstätten der Rettung- und Bergungsbemühungen waren und ein ständiges öffentliches Rätselraten bei jedem sichtbaren Vorgang einsetzte,
- es gab Probleme beim Zusammenspiel der Einsatzmannschaften vor Ort (Bergbehörde, Feuerwehr, Bundesheer, Gendarmerie, Rotes Kreuz, Katastrophendienst Land Steiermark),
- die Einsatzleitung verfügte nicht über Erfahrungen im Management einer Krise dieser Größenordnung,
- kein rascher Aufbau der notwendigen Telefoninfrastruktur,
- keine Erfahrung im Umgang mit internationalen Hilfsangeboten,
- Einsatzleiterbesprechungen unter Anwesenheit von Journalisten in den ersten Tagen,
- Beeinträchtigung der Einsatzmannschaft durch unkoordiniertes Auftauchen von Hilfsmannschaften und
- keine psychologische Betreuung der Einsatzkräfte, die praktisch Tag und Nacht arbeiteten und unter erheblichem Druck von allen Seiten standen.

Das Bergwerksunglück wurde der Anlass zu einer öffentlichen Abrechnung mit der Bergbauverwaltung in Österreich. Das Verhalten der Berghauptmannschaft in den ersten Tagen und das Eingeständnis eines Mitarbeiters gegenüber der österreichischen Wochenzeitschrift NEWS, dass der Schwarzabbau bekannt gewesen sei (dem Minister und dem Ministerium war davon nicht berichtet worden), führte zu einem dramatischen Verlust an Glaubwürdigkeit. Plötzlich erinnerten sich lokale Funktionäre an andere Vorfälle, bei denen die Bergbehörden autoritär und unsensitiv für Nachbarn, Gemeinden und die Umwelt vorgegangen seien. Ich war mit einer vorher gestarteten Bemühung um eine Modernisierung des Berggesetzes auf geringes Interesse gestoßen, jetzt wurde der Druck auf eine gänzlich neue Fassung übermächtig. Mit meinen eigenen Erfahrungen hatte ich das Vertrauen in die Personen der Behörde vor Ort verloren. Bundeskanzler Klima würdigte in der Sitzung des Ministerrats am 21. Juli meine Entscheidung, einen Vertreter der Obersten Bergbehörde mit der Leitung des Einsatzes zu betrauen.

Ich war mehrmals in Lassing zu Gesprächen mit dem Einsatzteam, mit Angehörigen und Anrainern, stellte mich geduldig dem Journalistenansturm, wohl wissend, dass ich der mediale Blitzableiter werden würde. Als ich einmal mit einem Hubschrauber der Kobra hinunterflog, zog gerade ein Gewitter auf. Die Besatzung ersuchte, sofort zurückfliegen zu dürfen. Ich stimmte dem zu, da ich ohnedies vorhatte, über Nacht zu bleiben. Am Beginn der Pressekonferenz wurde mir mitgeteilt, dass der ORF-Reporter Gelegs berichtet hätte, Minister Farnleitner sei sofort wieder weggeflogen. Bei einem folgenden Fernsehinterview verlangte ich eine Richtigstellung des Sachverhaltes, die mir Frau Thurnher nur widerwillig und in gewundener Sprache gewährte. Auf die angekündigte Entschuldigung des Reporters warte ich noch heute. Noch Monate später wurde ich von Menschen auf der Straße auf meine rasche Abreise im Hubschrauber angesprochen.

Lassing war national und international ein Megasommerthema. Es war nicht überraschend, dass mein Rücktritt gefordert würde, dass Frau Thurnher die erste war, die mir die Frage danach stellte, wunderte mich nicht. Ich lernte sie und Frau Hopfmüller in der Folgezeit als die modernen Erinnyen der Mediengesellschaft kennen. Bei vielen Interviews etwa mit BBC lernte ich aber auch das Interesse eines fairen Journalismus kennen und schätzen. Aber je intensiver der Sturm über mich hereinbrach, umso entschlossener argumentierte ich, dass politische Verantwortung nicht bedeute, bei der ersten Schwierigkeit den Hut zu nehmen, sondern die Probleme geradezu verlangten, den Beweis der eigenen Krisenmanagementfähigkeit anzutreten.

Das Gutachten der Internationalen Expertenkommission, das leider erst im Herbst 2000 vorgelegt wurde, bestätigte, dass die Rettungs- und Bergungsarbeiten seit der Übernahme durch das Wirtschaftsministerium zielgerecht durchgeführt wurden. Die breite Öffentlichkeit hatte mehr Verständnis für meine Situation als Opposition und Presse. Eine Umfrage des Standard ergab, dass 84 % der Befragten für mein Verbleiben im Amt eintraten.

Lassing löste auch eine Diskussion über den Besitzer der Grube, den in London basierten Konzern Rio Tinto aus. Vor allem die Grünabgeordnete Petrovic und im Gefolge der Metallgewerkschafter Nürnberger nutzen die Gelegenheit zur Abrechnung mit einem als böse, bekannt ausbeuterisch und arbeitnehmerfeindlich bezeichneten Konzern. Ich war bei der Konzernleitung in London und erhielt alle erforderlichen Zusicherungen, die Entschädigung der Hinterbliebenen wurde rasch und großzügig erledigt.

Aber was half alles, ein Schuldiger musste gefunden werden. Ein Strafverfahren wurde durch die Staatsanwaltschaft in Leoben eingeleitet, ein internationaler Expertenstreit über die Unfallursache und das Verhalten der Betriebsleitung wurde eingeleitet.

Ich blieb konsequent bei meinen mehrfachen Zielen. Ein geologisches Gutachten zur Situation des Tales wurde rasch in Auftrag gegeben. Ursache war ein Geometerbericht über einen wandernden Messpunkt, der weitere geologische Einbrüche befürchten ließ. Mit den einlaufenden Hilfsgeldern von Bund, Land und Spendern wurden Hilfsprogramme einschließlich des Baues neuer Häuser in Angriff genommen. Ich beauftragte einen Mitarbeiter der Obersten Bergbehörde, den Hinterbliebenen regelmäßig über den Stand der Bergungs- und Sanierungsarbeiten zu berichten und nahm selbst mehrmals an solchen Besprechungen teil. Ich bin Frau Landeshauptmann Klasnic dankbar, dass sie sich auch dieser Mühe unterzog: ihre herzliche und besonnene Art haben sehr beruhigend gewirkt. Vor Ort, nicht zuletzt auch für den Bürgermeister, blieb Wien der Reibebaum. Hatte doch die Gemeinde einen aufgelassenen Steinbruch an der Bundesstraße erworben und erwartete sich finanzielle Unterstützung für dessen Sanierung. Alle Kooperationsbereitschaft meinerseits ersparten mir keine bissigen Kommentare oder Vorwürfe aus der Gegend. Auch der Pfarrer meinte Zeitungen gegenüber, dass es nur eines Machtwortes des Ministers bedürfe und schon könne die Bergung der Verunglückten durchgeführt werden, welches dann ordnungsgemäße Begräbnis ermögliche. Unter allen Verantwortungsträgern bestand Einvernehmen, dass die Bergung keinesfalls zur Gefährdung weiterer Menschenleben führen dürfe. Eine Reihe von Gutachten wurde eingeholt, die im

Jahr 2000 deutlich machten, dass eine solche ausgeschlossen sei. Die berühmte Binge wird durch Zuschütten verschwinden und ein Denkmal an die bei den Sanierungs- und Rettungsbemühungen Verunglückten erinnern.

Die wunderbare Rettung des Bergmannes Hainzel war ein Sonnenstrahl in diesem Katastrophengewitter.

Lassing brachte auch einen weiteren Beweis der Hilfsbereitschaft der Österreicher und einen Beweis für die Innovationskraft der österreichischen Techniker: Blitzartig wurde eine Rettungskapsel entwickelt und gebaut, die Abhöranlagen des Bundesheeres zeigten sich den herangebrachten US-Installationen überlegen.

Das neue Berggesetz, Mineralrohstoffgesetz genannt, zertrümmerte das alte Bergrecht. Teile der Kompetenzen (z. B. Schottergruben) wurden an die Bezirkshauptmannschaften übertragen, die Arbeitnehmersicherheit an die Arbeitsinspektorate abgegeben, die Berghauptmannschaften vor Ort aufgelöst und eine eininstanzige Montanbehörde beim Wirtschaftsministerium geschaffen. Zum ersten Mal erlebte ich, dass sich die Regelung einer Materie total in das Parlament verlagerte und die Beamten meines Hauses nur Notariatsfunktion bekamen. Kaum war das Gesetz beschlossen, geriet ich in den nächsten Interventionskreis. Der Fachverband der Bergwerke, von dem ich während der Krise und im Gesetzwerdungsverfahren nichts gehört hatte, warnte vor dem Ende des Bergbaues mit dieser neuen Regelung, Bau- und Schotterwirtschaft warnten vor einem Schottermangel, weil keine Schottergruben mehr genehmigt werden müssten. Bei einer Veranstaltung in Niederösterreich sagte mir eine Spitzenfunktionärin, welche die neue Regelung besonders kritisiert hatte, dass alles übertrieben gewesen sei und der Abbau zumindest in diesem Bundesland klaglos weitergehe. Das System hat Methode: zuerst öffentlich angreifen, dann unter vier Augen Dinge zurücknehmen.

Viele Menschen haben mir privat gesagt: „Ich habe Sie nicht nur nicht beneidet, sondern bedauert für das, was Sie rund um Lassing mitgemacht haben!“ Ich habe menschlich und politisch aus dem Unglück und seiner Bewältigung viel gelernt, vor allem wie man charakterlich mit Unglück und Mediensturm umgeht.

## 4.11 Ein Berg zerbröselt, zerbröselt es auch den Minister? Der Eiblschrofen meldet sich!

Im Sommer 1999 donnerten Felsbrocken vom Eiblschrofen in der alten Bergbaugemeinde Schwaz in Tirol zu Tal, worauf hin der Bürgermeister eine Reihe von Gebäuden räumte und die Zufahrt zu einem unterirdischen Magnesitschotterbergbau sperrte. Sofort musste medial ein Schuldiger für dieses Ereignis gefunden werden. Was lag näher als die Bergbehörde in Wien, die durch die Gestattung des untertägigen Schotterabbaues der eigentliche Verursacher der Felsstürze war. Ich lud die Oberste Bergbehörde ein, zu diesen Vorwürfen Stellung zu nehmen. Bei einer Pressekonferenz im Juli präsentierte ich gemeinsam mit Dozent Weber von der Bergbehörde des Ministeriums deren Position: Der Berg sei von den mittelalterlichen Abbauarbeiten durchlöchert wie ein Emmentalerkäse, es dürfte im Inntal einen geologischen Druck in Richtung Norden geben, der geologische Spannungen bewirke, welche die Felsstürze ausgelöst haben könnte. Das Bergwerk sei das bestkontrollierte in Österreich und es laufe gerade eine ständige Überprüfung durch externe Experten. Es müsse nicht automatisch Schuldige in Wien geben, wenn in Tirol Steine ins Tal rollten. Derart lockere Sager gossen Öl ins Feuer der Aufregung. Die Reaktion auf mehreren Ebenen war einfach die, dass es einen Schuldigen geben müsste. Ein Tiroler Landesgeologe, der früher beim Magnesitschotterabbau beschäftigt war und im Unfrieden vom Unternehmen geschieden war, führte die Ereignisse auf den laufenden Abbau zurück. Meine Frage, warum die Gemeinde gestattet habe, dass Gebäude in der so genannten roten Zone errichtet wurden und sich die regionale Wildbach- und Lawinenverbauung nicht um Sicherungsmaßnahmen und Dämme gekümmert habe, fand empörte Reaktionen: Da drückt sich ein Wiener Politiker um die Verantwortung und versucht, örtliche Instanzen in diese einzubinden. Auch im ÖVP-Parlamentsklub regte sich Unmut: Ich solle den Bürgermeister aus dem Spiel lassen.

Am 21. Juli fuhr ich nach Schwaz, um mich vor Ort zu informieren und die betroffenen Anrainer zu treffen. Mit einem Hubschrauber wurde ich bei kräftigem Wind an und um den Eiblschrofen geflogen. Vor dem Einstieg in das Fluggerät traf ich besorgte Experten der Verbundgesellschaft, die sich um einen Träger der Hochspannungsleitung sorgten. Ich fragte sie einfach, warum sie nicht schon längst einen Schutzwall um diesen errichtet hätten! Im Gespräch mit Gemeindevertretern machte ich mich für die unverzügliche Errichtung neuer Schutzdämme stark, die auch akzeptiert wurde. Eine Werksschließung des Schotterabbaues brauchte nicht verfügt zu werden, da der Abbau durch die Sperre der Zufahrt ohnedies ruhte. Ein grundsätzliches Gutachten über die geologische Gesamtsituation der Talfurche wurde besprochen. Dem Bürgermeister sagte ich zu, dass die Gemeinde in jedem Fall vom Ministerium vor allfälligen bergrechtlichen Maßnahmen gehört werden würde.

Die Besprechung mit über hundert betroffenen Aussiedlern und Anrainern fand im Turnsaal der Schule statt. Die zahlreich anwesenden Medienvertreter, besonders das Fernsehen, bestand darauf, an dem Gespräch teilzunehmen. Ich machte den Teilnehmern klar, dass ich mit ihnen ohne Medienshow reden wollte und stellte es ihnen anheim, entweder mit mir oder weiter bloß mit den Medien zu kommunizieren. Die überwiegende Mehrheit stimmte für ein internes Gespräch, welches sehr ruhig und sachlich verlief. Der Landes-ORF brachte es dennoch zuwege, einen total negativen Bericht zu produzieren: Ein wenig Rache für die Aussperrung musste ja sein.

Aber die Aufregung war weg, die Dämme wurden gebaut und das inzwischen erarbeitete geologische Gutachten bestätigte, dass der Schotterabbau nicht kausal mit den Felsstürzen zu tun hatte.

Die Lehre aus dem Geschehen:
Nicht mit den medialen Wölfen heulen, sich der Diskussion stellen, Abhilfe schaffen und keine persönlichen Schuldzuweisungen erheben. Gerade bei derartigen Aufregungen ist ruhig Blut angesagt.

## 4.12 Billa-Rewe-Meinl, ein turbulenter Firmenkauf

Eines der Sommerthemen 1998 der österreichischen Politik war der angekündigte Verkauf der Meinl-Feinkostladenkette an den Marktführer Billa. Wie immer bei derartigen Ereignissen begannen die Angstthemen gespielt zu werden:

- die weiter zunehmende Konzentration im Lebensmittelhandel, die in Österreich ohnedies die höchste in der EU war und die damit verbundene Stärkung der Einkaufsmacht gegenüber der Industrie, vor allem der Markenartikelindustrie,
- die Gefahr der Schließung von Gourmetfilialen und von PamPam-Märkten,
- der Umstieg von der lehrlingsintensiven Beschäftigung bei Meinl auf die Beschäftigung von Kurzzeitarbeitern, die Billa vor allem von den Gewerkschaftern nachgesagt wurde und
- die Freisetzung von Arbeitskräften bei Billa, die durch besser ausgebildete MeinlmitarbeiterInnen ersetzt werden könnten.

In Gesprächen mit meinen engsten Mitarbeitern wurde klar, dass das Wirtschaftsministerium in jedem Falle eine interne Prüfung vornehmen würde, welche der Wettbewerbsabteilung übertragen wurde. Diese verwies darauf, dass mit dem geplanten Kauf Billa im Lebensmittelhandel in Ostösterreich (Nielsen-Gebiete 2-Nord, NÖ, nördl. Burgenland, sowie Nielsen 3-Wien zuzüglich Hofer) die 50% Grenze im Marktanteil überschreiten werde. Von Seiten der Markenartikelindustrie wurde ich unter strengster Bitte nach Namensschutz der Intervenienten dringend ersucht, gegen diese neuerliche Steigerung der Nachfragemacht einzuschreiten. Bevor wir noch entschieden hatten, ob das Wirtschaftsministerium über die Finanzprokuratur ein kartellrechtliches Prüfverfahren einleiten würde, erhielt die Angelegenheit auf Grund einer Auseinandersetzung über die Medien neuer Dynamik. Ein Journalist der Tageszeitung Der Standard hatte mich um meine Meinung zu einer Aussage des deutschen Generaldirektors von Rewe, Herrn Reischl, befragt, der angesichts der Widerstände gegen den Firmenkauf in Österreich eine Änderung der Einkaufspolitik angedroht hatte. Ich erwiderte spontan, dass diese Aussage „das hässliche Gesicht des deutschen Kapitalismus“ zeige. Mit dieser prononziert gebrachte Aussage, die mich in direkte Konfrontation mit Billa und Rewe brachte, war klar, dass ich etwas Konkretes unternehmen musste. Ich wurde zunächst mit direkten Sympathiebeweisen aus der Handels- und Industrieszene überschüttet, fand aber bald heraus, dass von Seiten meiner Partei und den Sozialpartnern, die im Kartellverfahren entscheidenden Einfluss haben, wenig Unterstützung zu erwarten war. In einer der jeweils am Montagnachmittag stattfindenden Ministerratsvorbesprechungen der ÖVP in der Lichtenfelsgasse bekam ich dies deutlich zu spüren. Ich wurde gewarnt, mich hier auf einen Kampf einzulassen, der die Insolvenzgefahr der Firma Meinl heraufbeschwöre. Nach vielen Einzelgesprächen mit hauptinteressierten Personen gab ich den Auftrag, direkt mit Vertretern von Billa und Rewe Bedingungen festzuschreiben, bei deren Annahme das Wirtschaftsministerium kein Verfahren in Österreich anstrengen werde. Von der EU war in der Kürze der Zeit keine definitive Stellungnahme zu einem allfälligen Aufgriff durch die van Miert-Truppe der Wettbewerbsbehörde zu erhalten. Ich wollte mich nun auf keinen Fall hinter der EU verstecken, sondern beweisen, dass Wettbewerbs- und Beschäftigungssicherung zunächst eine nationale Aufgabe sei. Außerdem war ich in der Causa Kauf der Creditanstalt durch die Bank Austria von den Brüsseler Wettbewerbshütern schon einmal schwer enttäuscht worden.

In intensiven Gesprächen wurde ein Übereinkommen erarbeitet, welches am 18. 9.1998 von Generaldirektor Reischl und mir präsentiert wurde. Unterfertigt hatte es mit mir der Generaldirektor von Billa, Veit Schalle. Dieses hatte folgenden Wortlaut:

*Übereinkommen*

*Aus Anlass der beabsichtigten Fusion Rewe-Meinl und den in der Öffentlichkeit diskutierten wirtschaftspolitischen Auswirkungen kommen Bundesminister Farnleitner und Generaldirektor Reischl wie folgt überein:*

1. *Durch eine Reduktion des Umsatzvolumens wird – unbeschadet des autonomen Wachstums – der Marktanteil von Billa/Meinl im Lebensmittel-einzelhandel in Ostösterreich (Nielsen-Gebiet 2-Nord, NÖ, nördl. Burgenland, sowie Nielsen 3-Wien zuzüglich Hofer) von 50% nicht überschritten. Dies soll durch nachfolgende Maßnahmen erfolgen:*
   - *Für den Fall der Genehmigung des Zusammenschlusses ohne Verhängung von Auflagen werden bis 31. 12. 2000 Filialbetriebe mit einem Gesamt-Umsatzvolumen von rund 1,37 Milliarden Schilling an Wettbewerber im Lebensmitteleinzelhandel verkauft. Davon können jedoch von der BML Gruppe Filialbetriebe mit einem Umsatzvolumen von 0,37 Milliarden Schilling in Nicht-Lebensmittel-Einzelfilialen umgewandelt werden.*
   - *In Fällen, in denen ein solcher Verkauf nicht möglich ist, werden diese Filialen entweder für andere Zwecke verkauft oder geschlossen.*
   - *Über die Umsetzung wird regelmäßig informiert und wenn notwendig Gespräche geführt.*
2. *Es sollen ungeachtet des ersten Punktes 70 Gourmetfilialen und 30 PamPam-Märkte erhalten bleiben, um eine größere Marktvielfalt sowohl aus der Sicht der Verbraucher als auch aus der Sicht der Lieferanten zu gewährleisten.*

3. *Rewe wird sich im gesamten Konzernbereich verstärkt bemühen, für österreichische Produkte neue Märkte zu erschließen (z. B. Listung, Bewerbung und entsprechende Positionierung in den Regalen).*
4. *Im Bereich des Billa-Konzerns werden im Jahr 1999 schwerpunktmäßig Lehrlinge eingestellt. Im Jahr 1999 sollen im Bereich Billa/Meinl insgesamt mehr Lehrlinge beschäftigt werden, als in den jeweiligen, getrennten Bereichen im Jahre 1998.*
5. *Ungeachtet des Zusammenschlusses werden die derzeitigen Meinl-Mitarbeiter in den Filialbetrieben und Lagerbereich weiter beschäftigt. Aus Anlass des Zusammenschlusses werden in diesen Bereichen auch im Billa-Konzern keine Arbeitskräfte* freigesetzt.

Dieses Übereinkommen brachte ich EU-Wettbewerbskommissar van Miert mit dem Hinweis zur Kenntnis, dass bei Umsetzung des Übereinkommens aus österreichischer Sicht die Fusion akzeptabel wäre. Die EU-Kommission griff die Angelegenheit dann doch auf, im Verfahren brachten vor allem Spar und die Markenartikelindustrie Deutschlands weitere Beweismittel vor, die dann zur bekannten EU-Entscheidung führten.

Wir im Wirtschaftsministerium brauchten uns in keiner Weise zu genieren: Wir hatten im Alleingang gegen organisierte Ängstlichkeit bewiesen, dass mit der geltenden österreichischen Rechtslage Verhaltensauflagen zur Sicherung von Wettbewerb, Beschäftigung und inländischer Produktion möglich waren. Die Wettbewerbsabteilung meines Hauses unterstrich bei den Vorarbeiten eindrucksvoll, dass in ihr ein guter Kern für eine künftige, unausweichlich notwendige Wettbewerbsbehörde gegeben ist.

## 4.13 Österreichische Lösung – gibt es sie überhaupt?

Aus dem Geschichtsunterricht sind mir zwei Österreichische Lösungen in Erinnerung geblieben:

- bella gerant alii, tu felix Austria nube: Mögen andere Länder Kriege führen, Du glückliches Österreich heirate und
- AEIOU, die Großbuchstaben an der Wappenwand in der Maria-Theresianischen Militärakademie zu Wiener Neustadt: "Austria erit in orbe ultimo" bedeute, so wurde es uns interpretiert, "was immer in der Welt passieren mag, Österreich bleibt bis zuletzt. "

Ich habe es jedenfalls nie so verstanden, dass Österreich bei der Umsetzung von Reformen immer Weltletzter sein muss.

In meiner praktischen politischen Erfahrung habe ich verschiedene Prozeduren und Methoden erlebt, die als austriaca gut verkauft werden konnten.

Als nach dem Krieg der Alliierte Rat alle österreichischen Regulierungen (Gesetze und Verordnungen) absegnen musste und man vor den „Njet"-orgien der Russen Angst hatte, da wurden einfach lebenswichtige Entscheidungen an die Sozialpartner ausgelagert. Die Lohn-Preisabkommen der Nachkriegszeit und später die Tätigkeit der Unterausschüsse der Paritätischen Kommission sowie die Gestion der Marktordnungen wie der Sozialversicherung sind die Nachweise hiefür, die erst in diesen Jahren aus der Politik schrittweise verschwinden.

Die zweite österreichische Erfahrung der Nachkriegszeit war die ausgeprägte Kompromisssucht in Politik und Wirtschaft. Man hatte aus der Geschichte gelernt und schuf sich mit der Verlagerung des Klassenkampfes auf den grünen Tisch durch de facto Streiklosigkeit einen erheblichen internationalen Wettbewerbsvorteil.

Zur Lebenskunst der ÖsterreicherInnen gehörte es, in einem dichten Netz von Regulierungen diese durch konzentrierte Nichtbeachtung erträglich zu machen. Ich machte mir einmal das Vergnügen von Felixdorf bis St. Pölten alle Geschwindigkeitsvorschriften auf der Hainfelder Bundesstraße einzuhalten: Ich hörte zu zählen auf, nachdem mir an die zwanzig Autofahrer den Vogel gezeigt hatten. Das war in den frühen Siebzigerjahren, als es die Radargeräte noch nicht gab. Dafür gibt es jetzt Mobiltelefone und das Verbot, sie ohne Freisprechanlage im Auto zu benützen. Ich zähle bei meinen heutigen Autofahrten immer wieder: Fast jeder Zehnte hält eine

Hand mehr oder weniger gekonnt ans Ohr. Wer aber erwischt wird oder wer so dumm ist, sich erwischen zu lassen, der ist selber Schuld und des Spottes anderer wert.

Das Wort österreichische Lösung impliziert, dass es eine typisch österreichische Lösung gibt. Aus meiner Erfahrung im Preisunterausschuss der Paritätischen Kommission und den agrarischen Fonds zählt die Zurückstellung von Entscheidungen zu den typischen österreichischen Methoden, strittige Fragen durch Aussitzen sich von selbst erledigen zu lassen. Wir sind damit nicht schlecht gefahren: Es war nicht die effizienteste Methode, aber eine den inneren Frieden fördernde.

Ganz im Sinne von AEIOU wurde und wird als österreichische Vorgangsweise beschrieben, erst dann tätig zu werden, wenn andere Staaten schon Erfahrungen mit Neuerungen gemacht haben. Der „internationale Gleichschritt" wird beschworen, worunter aber beim Bildungsgrad des Durchschnittsösterreichers das benachbarte deutsche Ausland verstanden wird Die LKW-Maut-Diskussion der Frächter lieferte dafür einen schlagenden Beweis aus der jüngsten Zeit.

Eine der beliebtesten Möglichkeiten von einer österreichischen Lösung zu sprechen ergab sich in der Privatisierungsdiskussion: Es müsse österreichische Kerneigentümer geben, ein Ausverkauf an feindliche Ausländer habe zu unterbleiben. Als die Creditanstalt zur Privatisierung anstand, da waren italienische Versicherungen und Banken in einem Konsortium gleich Grund genug, in dem Angebot das „österreichisch" zu bezweifeln. Da verkaufte man doch lieber an ein anderes Bankunternehmen unter dominierendem kommunalem und politischem Einfluss, welches heute selbst in bayrischen Händen ist. .

Mein ständiger Hinweis, dass sich ausländische Eigentümer oft intensiver um den Standort kümmern, weil sie die Tätigkeit in diesem Land der Muttergesellschaft gegenüber ständig rechtfertigen müssen, machte mich immer wieder zur Zielscheibe von Angriffen.

Aber am deutlichsten lernte ich verstehen, was österreichische Lösungen sind, als es um Fusionen im Agrarbereich und im Energiebereich ging. Die Zuckerwirtschaft lieferte ein positives Beispiel: Nachdem mit ungeheurer Entrüstung die Ergebnisse der EU-Beitrittsverhandlungen zur Kenntnis genommen wurden, reagierte der ehemals hochregulierte und kartellierte Bereich geradezu sensationell: Man fusionierte national und schloss sich mit einer bayrischen Gruppe unter österreichischer Mehrheit zusammen. Diese ist heute ein beachtlicher mitteleuropäischer player im Markt.

Als Liberalisierung und Deregulierung im Elektrizitätswesen von mir einzuleiten und umzusetzen waren, da gab ich mich der Illusion hin, es könnte eine österreichische Lösung in diesem Sinne geben. Ich holte die Meinung internationaler Experten ein: Sie meinten, am besten wäre es, die vielen österreichischen Gesellschaften sollten einfach fusionieren und später noch einen internationalen Partner suchen. Weit gefehlt, lieber einen ausländischen Partner als einen österreichischen (Steiermark), lieber mit einem Konkurrenten, mit dem man grade noch über Versorgungsgebiete prozessiert hat, zusammengehen als mit einer verhassten Gesellschaft im mehrheitlichen Bundesbesitz mit passender politischer Mehrheit unter der Belegschaft (Wien, EVN, Verbund).

Kein Wunder, dass ich heute meine, dass das typische einer österreichischen Lösung immer das unerwartete, mehr emotionelle als rationelle, mehr regionale als bundesstaatliches Element ist.

Kein Wunder, wenn uns eines Tages die europäischen Lösungen überrollen werden:

AEIOU: wir werden als letzte draufkommen – wieder eine österreichische Lösung!

## 4.14 Die Privatisierung der Creditanstalt: Niederlage der ÖVP oder Pyrrhussieg der SPÖ?

Nach meiner Amtsübernahme beauftragte mich Parteiobmann und Vizekanzler Dr. Schüssel mit der Führung der Verhandlungen mit dem damaligen Finanzminister Dr. Viktor Klima.

Die Ausgangslage war ziemlich ungleichgewichtig. Im Bundesgesetz, mit dem die Ermächtigung zur Veräußerung von Anteilsrechten an der „Creditanstalt-Bankverein" und der „Österreichischen Länderbank Aktiengesellschaft" und zum Erwerb von Anteilsrechten an Banken und Bankenholdinggesellschaften. . . . erteilt wird, BGBL. Nr. 163/1991 wurde der Bundesminister für Finanzen ermächtigt, namens des Bundes alle im Eigentum des Bundes befindlichen Anteilsrechte der beiden genannten Banken bestmöglich (sic) zu veräußern. Das bedeutete, dass die Letztentscheidung in der Verantwortung des Finanzministers lag und ich persönlich lediglich die schwarze Flankierung oder Beschattung des sozialdemokratischen Ministers besorgen konnte.

Schon in einem ersten Verfahren zwischen September 1995 und September 1996 wurden seitens des Investmenthauses J. P. Morgan potentielle Interessenten angesprochen. Das so genannte Österreich-Konsortium hatte ein Richtangebot abgegeben, mit dessen Ablehnung dieses Verfahren durch den Finanzminister beendet wurde. Dieses Konsortium war eine Bietergruppe von 30 in- und ausländischen Banken, österreichischen Unternehmen und einiger Privatpersonen. Der von der Beteiligung her größte österreichische Interessent war Die ERSTE-Bank, an ausländischen Banken waren die Commerzbank aus Deutschland, die BACOB aus den Niederlanden und die Mediabanca aus Italien vertreten, weiters Versicherungen wie die EA-Generali, die bei den Verhandlungen als Wortführer auftrat, die Interunfall und Wüstenrot sowie schließlich namhafte österreichische Unternehmen wie Greiner, Rauch, Constantia, MIBA, Zumtobel, AVL und Engel. Die Gruppe war nicht nur sehr heterogen und von der Struktur her schwierig bei Entscheidungen, sie war insgesamt finanziell nicht sehr beweglich. Die breite Öffentlichkeit oder besser die veröffentlichte Journalistenmeinung und auch Teile der ÖVP, vor allem der ÖAAB, dessen stärkste betriebliche Mitgliedergruppe in der CA aktiv war, sahen in der Realisierung der Erwartung des Konsortiums geradezu eine Bewährungsprobe der ÖVP. In der öffentlichen Diskussion gab es auch Bedenken, ob bei der bekannten Struktur der Bietergruppe die Bezeichnung „österreichisches Konsortium" überhaupt angebracht war. Nun stand nirgendwo, dass bestmöglich nicht vor allem als zum besten Preis zu verstehen war.

Im Oktober 1996 begann das Finanzministerium das zweite Verfahren: J. P. Morgan sprach nochmals vertraulich potentielle Interessenten an. Sechs Interessenten wurden zum Verkaufsverfahren zugelassen, schlussendlich lagen am 16. Dezember 1996 drei verbindliche Anbote zur Bewertung vor. Nach intensiven Gesprächen mit dem Finanzminister, bei denen ich immer wieder auf die schwierige Situation der ÖVP hinwies, er mir aber immer wieder mit den simplen Angebotszahlen und den EU-Regeln eines transparenten Verfahrens antwortete (ich hätte an seiner Stelle nicht anders agiert), gab es eine Nachbesserungsfrist zwischen 27.12.1996 und 10.1.1997. Am 10.1.1997 lagen schließlich drei verbindliche Angebote, davon zwei nachgebesserte (Bank Austria und Konsortium), vor. Wenn ich heute in meine Terminkalender dieser Tage schaue, so überstürzten sich die persönlichen Treffen mit Bankdirektoren, Rechtsanwälten und Beratern. Aber was half es: Es gab einen Bieter, der finanziell weit vorne lag und keine rechtliche Handhabe gegen die Bewertung durch das Investitionshaus. Sobald in der Öffentlichkeit bekannt wurde, dass die Bank Austria mit ihrem Offert weit vorne lag, erreichte die parteiinterne Diskussion einen Schärfegrad, der die Koalition in Frage stellte. Ich stellte selbst zur Diskussion, ob der Gesetzgeber mit bestmöglicher Verwertung wirklich eine Kommunalisierung der CA gemeint haben konnte. Ich wurde von allen Seiten bestürmt, doch nicht zuzulassen, dass ein von der Gemeinde Wien dominiertes Finanzinstitut seinen Einflussbereich entscheidend vergrößern und marktbeherrschend werden würde. Zur entstehenden marktbeherrschenden Position wurden von uns folgende Zahlen ins Treffen geführt: Bank Austria und CA zusammen hätten gemeinsam bedenklich hohe Kundenanteile am österreichischen Markt nämlich bei den Top 2000 der Industrie 94%, bei den KMUs (Klein- und Mittelbetriebe) 64%, bei den freien Berufen 54% und bei den Studenten 45%. Der Erwerb der CA-Aktien durch die Bank Austria würde eine unglaubliche Machtkonzentration herbeiführen. Ein solcher Deal müsste vor dem Kartellgericht und allenfalls bei der EU angefochten werden. Politisch sei es weiters undenkbar, die ÖAAB-dominierte Belegschaft der CA der SPÖ auszuliefern.

Doch der Gesetzesauftrag war eindeutig: „bestmöglich" war ein Begriff, der es unmöglich machte, einem anderen als dem Höchstbieter den Zuschlag zu erteilen, noch dazu wo dieser in der vertraulichen Offertbewertung durch J. P. Morgan weit voran lag. Das Wirtschaftsministerium holte ein Gutachten einer renommierten Anwaltskanzlei ein, welches darauf verwies, dass in dem Arbeitsübereinkommen zwischen SPÖ und ÖVP die „bestmögliche Veräußerung der Anteilsrechte unter Wahrung nationaler Interessen und der Verbesserung des österreichischen Bankwesens" festgeschrieben war. Im Finanzausschuss des Nationalrates wurde das Gebot der bestmöglichen Veräußerung dahin präzisiert, dass „grundsätzlich eine Maximierung des Veräußerungserlöses anzustreben sei“, wobei aber „die im Arbeitübereinkommen dargelegten Zielsetzungen zu beachten seien“.

Nun argumentierte der Finanzminister auf derartige Einwendungen immer mit dem Hinweis, dass J. P. Morgan bei der Bewertung der Angebote den Auftrag habe, die Auswirkungen der Transaktion auf die österreichische Bankenstruktur sowie auch die zukünftigen Strategien zu berücksichtigen.

Bei diesen Positionen war mir auch nach vielen Gesprächen über Offertnachbesserungen mit Vertretern des Konsortiums klar, dass ohne ein Wunder die BA den Zuschlag erhalten würde. Bei diesen Gesprächen wurde mir deutlich, wie unbeweglich und letztlich finanziell brustschwach das Konsortium war. Immer wieder wurde mir von Streit von Bankgeneraldirektoren berichtet, von internen Positionskämpfen war die Rede: Doch schlussendlich war entscheidend, dass Die ERSTE nicht bereit war, mehr als drei Milliarden Schilling in die Hand zu nehmen. Ex post wunderte mich dann, wie großzügig die Bank etwas später war als es um den Erwerb der Girozentrale ging, bei der rund 8 Milliarden Schilling ausgelegt wurden.

In den ÖVP-internen Sitzungen stieg der Frust. Ich musste immer wieder darauf hinweisen, dass Gesetz und Stand des Verfahrens das Vorhaben des Finanzministers, den Zuschlag der BA zu erteilen, begünstige, ja objektiv sogar erfordere. Es gäbe nur zwei Optionen: Entweder man ändere blitzartig das seinerzeitige Ermächtigungsgesetz und schließe damit eine „Kommunalisierung“ ausdrücklich aus oder versuche, ein Einschreiten der EU-Wettbewerbsbehörde herbeizuführen. Ein internes Gutachten im Wirtschaftsministerium war zum Ergebnis gekommen, dass es gute Gründe gäbe, eine Prüfung durch diese Behörde zu erwarten. Vor allem der beihilfenrechtliche Aspekt der so genannten Gewährträgerhaftung durch die Gemeinde Wien sei relevant. Ein weiteres Gutachten einer namhaften Rechtsanwälte-Partnerschaft kam zum Ergebnis, dass die BA den Kauf nur finanzieren könnte, weil sie wegen der Haftung der Gemeinde Wien günstigere Konditionen auf dem Kapitalmarkt erhalte. Diese Haftung sei daher als Beihilfe zu qualifizieren, die der Prüfung und Genehmigung der Kommission bedürfe. Meine Beamten sondierten in Brüssel und sagten mir, dass nach ihren Kontaktgesprächen wegen der Gewährträgerhaftung ein Aufgriff durch die EU-Wettbewerbsbehörde wahrscheinlich sei.

Die entscheidende innenpolitische Frage war, ob es gelingen könnte, den koalitionsfreien Raum für eine Änderung des Ermächtigungsgesetzes zu nutzen oder koalitionsintern durchzusetzen, dass als Privatisierung eine Veräußerung an Unternehmen, an denen Gebietskörperschaften unmittelbar oder mittelbar beteiligt sind, ausdrücklich ausgeschlossen sein sollte. Zur Auslotung der Lage musste es Gespräche mit der FPÖ geben. Es kam noch vor Weihnachten, genau am 23. Dezember, zu einem Geheimgespräch im Parlament, an dem für die größere Oppositionspartei Obmann Haider und der Finanzsprecher Dr. Trattner sowie der Klubsekretär teilnahmen. Mit mir waren mein Kabinettsvizechef und ein Vertreter des Klubs gekommen. Ich war vom angenehmen Klima des einlässlichen Gespräches positiv überrascht: Es wurde zielstrebig und sachlich diskutiert und nach gemeinsamen Positionen gesucht. Ich kam an diesem Tag nach Hause und erzählte meiner Frau, welch ein angenehmer Unterschied dieses Gespräch im Vergleich zu den regierungsinternen Verhandlungen gewesen sei. Die Gesprächsteilnehmer stimmten überein, dass der BA-Deal durch eine Gesetzesinitiative verhindert werden sollte. Einvernehmen bestand prinzipiell auch über eine breite Aktienstreuung über die Börse, über die Inhalte einer Sparkassengesetznovelle (Wegfall der Gemeindehaftung, Haftungsprovision bis zum Wegfall, echte Entpolitisierung und Privatisierung innerhalb von fünf Jahren), eine Bankwesengesetznovelle (Abschaffung der Konsolidierungsprivilegien) und über eine Stärkung der Minderheiten- und Kontrollrechte der Kleinaktionäre. Andiskutiert wurden FPÖ-Wünsche über Auflösung der Pensionsreserve der Österreichischen Nationalbank, eine breite Publikumsstreuung bei der Privatisierung der PSK, eine Mindestverzinsung von Genossenschaftsanteilen und der Wegfall der Nachschusspflicht. Auch ein gemeinsames Vorgehen im Bundesrat bei Entschließungsanträgen wurde besprochen. Schließlich wurden weitere Termine in der zweiten Jännerwoche vereinbart.

Dieses Gespräch brachte Bewegung in die festgefahrenen Fronten: war es hinreichend, um aus der alten Koalition auszubrechen? Es war Vertraulichkeit vereinbart worden, die leider nur wenige Tage hielt. Ich hatte persönlich den Eindruck, dass es bei der FPÖ erhebliche innere Reibereien gab: Warum sollte man auch der ÖVP aus der BA-CA-Bredouille helfen?

Ich ging nach dem Bekanntwerden dieser Kontakte davon aus, dass mit der FPÖ keine Verhinderungstrategie mehr fahrbar war. Mir lag ja auch die interne Bewertung der drei Angebote durch J. P. Morgan vor: Diese sah die Bank Austria bei vier der acht Bewertungskriterien weit voran, das Angebot der Wlaschek-Privatstiftung erntete eine sehr geringe Punkteanzahl. Wenn die Nachbesserung des Konsortiums keine signifikante Erhöhung und Überbietung des BA-Offertes bringen würde, dann konnte die Entscheidung des Finanzministers nur für die Bank Austria fallen.

Bei diesem Stand der Dinge ging es für mich darum, für den Fall des Falles Bedingungen für das Unvermeidbare zu entwickeln, noch dazu wo ich von Freunden aus Brüssel schlechte Nachrichten erhielt. Nicht nur aus Österreich sei bei Kommissar van Miert interveniert worden, sondern sogar von höchsten politischen Persönlichkeiten aus Deutschland: Die Gewährträgerleistung in Frage zu stellen, würde in Deutschland weit gravierendere Auswirkungen als im kleinen Österreich haben.

Bei meinen Überlegungen kam mir eine unerwartete, von mir nicht herbeigeführte Einladung des früheren ÖVP-Abgeordneten Helbich zu Hilfe. Der Genannte lud Generaldirektor Randa, Rechtsanwalt Weninger und mich zu einem Kamingespräch ein, bei dem offen aber vertraulich über allfällige Nebenbedingungen für den Fall der wahrscheinlichen Übernahme des CA-Aktienpaketes durch die Bank Austria nachgedacht werden sollte. Ich kam nach langen Stunden intensiver Diskussion mit einem Handzettel nach Hause, auf dem ich 14 Bedingungen handschriftlich formuliert hatte. Diese zwei Papierblätter, die ich mir aufgehoben habe, brachte ich sofort in Form und übermittelte den Inhalt meinem Parteiobmann.

Zu Jahresanfang 1997 fand auch (übrigens das letzte) Dreikönigstreffen der ÖVP in Goldegg im Bundesland Salzburg statt. Ich hatte ausführlich über den Stand der Dinge zu referieren. Den meisten Anwesenden waren der Unmut und die Unlust am Mittragen einer Entscheidung anzusehen. Ich berichtete über einen Vorschlag des Finanzministers, den dieser mir noch am 23. Dezember übermittelt hatte:

- die BA sollte den Zuschlag erhalten,
- die 18, 5% BA-Aktien des Bundes sollten an den Raiffeisensektor gehen,
- dieser Sektor sollte nach einer Kapitalerhöhung einen 6,5%igen Anteil an der BA erhalten,
- bei einem Verkauf der PSK sollten RZB und BA eine Option von 25–49% erhalten,
- es sollte keine übernahmebedingten Kündigungen geben,
- weiters sei eine Gleichbehandlung der Minderheitsaktionäre vorzusehen und
- schließlich sei eine EU-konforme Haftungsgestaltung anzustreben.

Die Einbindung Raiffeisens wurde von der ÖVP-Spitze abgelehnt, was dieser und mir einige nachhaltige Animosität eintrug. Nach eingehenden Diskussionen verständigte man sich über mögliche Optionen. Ich erinnere mich noch an das bittere Resümee in meinem Bericht: Nach einem Gutachten der KPMG kaufe die schlechtere Bank die bessere und in der österreichischen Bankenlandschaft werde ver- statt entpolisiert. Doch einiges überraschte mich: Niemand dachte daran, mich aus der Verantwortung zu entlassen. Ich durfte den Kelch dieser Politoperation bis zur Neige mitkosten.

Die folgenden Tage waren von extremer Hektik: Es gab ständig Termine mit gut gemeinten Ratschlägen, die allesamt am Sachverhalt nichts änderten. Auch meine Fühler in die Richtung, ob ein Sozialpartner den Deal beim Kartellgericht (Untersagung der Bildung eines marktbeherrschenden Unternehmens) anfechten würde, waren auf kein positives Echo gestoßen. Ich selbst würde mit einer Weisung an die Finanzprokuratur, die dem Finanzministerium unterstand, nicht durchdringen, das war mir auch klar! Über Beschwerde der EA Generali AG namens des von ihr vertretenen Bieterkonsortiums hatte wegen möglicher Beihilfeelemente die Generaldirektion Wettbewerb der EU die Ständige Vertretung Österreichs aufgefordert, ihr binnen 15 Werktagen bestimmte Informationen zu übermitteln.

Der politische Höhepunkt der Auseinandersetzung war die nächtliche Verhandlungsrunde im Bundeskanzleramt am 11. 1. 1997. Die SPÖ-Verhandler Bundeskanzler Vranitzky und Finanzminister Klima hatten Bürgermeister Häupl und Finanzstadtrat Edlinger beigezogen, das ÖVP-Team Vizekanzler Schüssel, Klubobmann Khol und Farnleitner ergänzte Vizebürgermeister Görg. Die Gespräche waren angespannt und schwierig, immer wieder gab es Unterbrechungen. Dann wurde auch Generaldirektor Randa herbeigerufen. Ich bewunderte meinen Parteiobmann, der mit unverdrossener Insistenz auf einigen zusätzlichen Punkten zu den von mir seinerzeit skizzierten beharrte: Es musste ein Schritt in die Richtung Entkommunalisierung gesetzt werden oder alles würde scheitern. Schlussendlich gab es ein von allen Teilnehmern unterfertigtes 17-Punktepapier, welches die sonst unvermeidliche Regierungskrise vermied:

Künftige Vorgangsweise bei Privatisierung und Kapitalmarktreform sowie CA-Verkauf (Originaltext auf Seite 278).

Am 12. Jänner gab es dann vormittags eine Pressekonferenz im Finanzministerium, bei der der Finanzminister und ich das Ergebnis zu präsentieren hatten. Ich sehe heute noch die Scharen von Journalisten, Fernsehkameras und Mikrofonen vor mir. Die Rollenverteilung schien evident: Ein bestgelaunter, strahlender Finanzminister, der einen Erfolg präsentierte und scheinbar sein politisches Meisterwerk ablieferte, ein Wirtschaftsminister, der gute Miene zum bösen Spiel machen sollte und wie der Tatzeuge einer ÖVP-Niederlage behandelt wurde.

Ich nutzte die Gelegenheit um unverdrossen darzustellen, dass die gefundene Lösung ein Hebel für mehrere substantielle Politikänderungen sei:

- Künftig gemeinsam zu entscheidende und zu tragende Privatisierungspolitik (Zustimmung der Bundesregierung),

- Beginn der Entkommunalisierung der Bank Austria,
- bessere Behandlung von Minderheitsaktionären,
- Beschäftigungssicherung,
- Entflechtung,
- Kapitalmarktbelebung und
- höhere Investitionen des Bundes in Forschung und Entwicklung.

Das Medienecho war vorhersehbar.

Am 14. Jänner gab es eine Sondersitzung des Nationalrates. Es ging hoch her, der Tenor war nicht negativ. Wir hatten viel erreicht, was sonst beim Koalitionspartner nicht durchgesetzt hätte werden können. Wir waren auch eine Erfahrung reicher: die FPÖ war noch kein verlässlicher Partner: führende Funktionäre bestätigten und leugneten Vereinbarungen, in der „Neuen Freien Zeitung" wurden Schüssel und Khol übel kritisiert.

Eine führende Parteiangestellte sagte mir einmal, dass es mit der ÖVP nach dem CA-Verkauf ständig bergab gegangen sei. Aus meiner heutigen Sicht begann rund um diesen Vorgang der Abgesang der alten großen Koalition: einige von uns hatten die Luft einer anderen Regierungskonstellation gewittert.

Die Geschichte schreibt anders als die Kurzzeitkommentatoren! Wer hätte gedacht, dass ein neuer EU-Wettbewerbskommissar – Prof. Monti – die Gewährträgerhaftung nach dem Ende der Ära Kohl aufgreifen und eine Änderung der Bankstrukturen auch in Deutschland durchsetzen würde. Weiters, dass die Änderung der internationalen Bankenwelt aus der „roten" Bank Austria eine schwarze bayrisch dominierte Hypo-Vereinsbank machen würde und dass die mit viel Stolz auch von mir als Flaggschiffe der österreichischen Wirtschaft betrachteten Bankfilialen von CA und BA in Mittel-Osteuropa einmal als Hypo-Vereinsbankfilialen firmieren würden?

Ich weiß nicht, ob die SPÖ-Vertreter nochmals so ein Papier unterzeichnen würden, hätten sie geahnt, welche Prozesse sie damit in Bewegung setzten. Der Triumph vom 12. Jänner 1996 wurde zum Pyrrhussieg. Unsere vermeintliche Niederlage zeigt sich heute in einem ganz anderen Licht- die Wirtschaftsgeschichte hat unsere Bemühungen als zielführend bestätigt.

## 4.15 Industriestandort Österreich? Oder Industrie stand dort in Österreich?

In den Achtzigerjahren war es Stand der Diskussion, den Industriestandort Österreich ständig zu hinterfragen, einerseits weil der Einbruch der verstaatlichten Industrie ein nationales Dogma zur Illusion machte, andererseits weil einige auf Billiglöhne basierte Produktionsbetriebe Standorte in andere Länder verlegte. Die Angst um den Standort wurde ein starkes Argument für öffentliche Hilfen und politischen Support für Exportaufträge vor allem in nichtmarktwirtschaftlich organisierten Ländern. Mir fiel damals eine Formulierung ein, die aus mehreren Gründen auffiel. Bei einem Kammertag sagte ich, dass bei Fortsetzung der traditionellen Wirtschaftspolitik der damaligen Regierung man nicht mehr vom Industriestandort Österreich sprechen werden, sondern es heißen werde „Industrie stand dort in Österreich!" Dieser Sager kam an, freilich je nach Zuhörerschaft mit unterschiedlich langer Nachdenkpause vor dem Applaus. Der mit dem Eintritt der ÖVP in die Bundesregierung verfolgte Kurswechsel in der Wirtschafts-, vor allem aber in der Steuerpolitik, der EWR- und der spätere EU-Beitritt machten zwar nicht mit der Angstdiskussion Schluss, wohl aber auf Unternehmensebene mit den Schließungsplänen. Freilich brachte die Ostöffnung 1989 neue Angstparameter ins Spiel, die sich dank richtiger Wirtschaftspolitik sogar in Standortvorteile verwandelten. Als die Ostöffnung passierte, da funktionierte die Zusammenarbeit der Sozialpartner in konzeptiven Bereich der Wirtschaftpolitik noch sehr gut. In der Bundeswirtschaftskammer verfolgten wir eine auf vier Ansätzen basierende Strategie:

1. **Freihandel**: Die von der EFTA in der Folge geschlossenen Freihandelsverträge mit früheren Comecon-Ländern entsprachen voll unseren Erwartungen und waren im Bereich der Landwirtschaft liberaler als die von der damaligen EWG geschlossenen.
2. **Joint-Venture–Förderung:** Die Ostöffnung bot Österreich eine einmalige Chance, nach den verpatzten Kreiskyjahren, in denen Auslandsinvestitionen österreichischen Unternehmen als Export von Arbeitsplätzen verpönt waren, end-lich eine aktive Verankerung der österreichischen Wirtschaft in Zukunftsmärkten zu betreiben. Im Sitzungssaal der Wirtschaftspolitischen Abteilung im 8. Stock des Gebäudes in der Wiedener Hauptstraße setzen wir uns mit Jörg Schramm von der FGG zusammen und wälzten Förderungsideen und landeten bei der Investitionsgarantieidee, die bald auch dank Finanzminister Lacina im Ost-West-Fonds der FGG umgesetzt wurde. Kleine Unternehmen erhielten in einer gleichartigen Garantie im Rahmen der BÜRGES ein adäquates Förderinstrument. Eine Erfolgsgeschichte der jüngeren Wirtschaftspolitik war damit begonnen worden.

3. **Bildung von Humankapital:** Bei der künftigen Entwicklung in den früher kommunistischen Ländern war davon auszugehen, dass auf Grund jahrzehntelanger geistiger Fehlindoktrination vor allem Menschen mit Unternehmergeist und entsprechenden Informationen über das Funktionieren einer Marktwirtschaft gebraucht würden. Mit dem WIFI entwickelten wir die Strategie von Unternehmertrainingskursen in Osteuropa. Die von der Wirtschaftskammer Österreich durchgeführten Seminare fanden tatkräftige finanzielle Unterstützung des damaligen Wirtschaftsministers Schüssel. Bis zum heutigen Tag wurden im Rahmen dieses Programm über 40.000 Personen ausgebildet, von denen die besten die Chance erhielten, bei Unternehmen in Österreich zu praktizieren.
4. **Networking:** Im alten System reichte es aus, wenige politische Funktionäre zu kennen, um wirtschaftliche Erfolge zu erzielen (von Stützungen und sonstigen Mitteln der Beziehungspflege sei hier nicht die Rede), nun galt es, die neuen agierenden Personen kennen zu lernen und mit ihnen ein Klima der offenen Zusammenarbeit zu entwickeln. Unverzüglich begannen wir, die neuen Verantwortungsträger zu Vorträgen und Besuchen von Kammern und Betrieben einzuladen. Unvergesslich wird mir der erste Kontakt mit slowakischen Persönlichkeiten bleiben. Am Heiligen Abend des Jahres 1989 sagte sich eine Gruppe slowakischer Unternehmer bei Generalsekretär Dr. Kehrer an und wollte Rat und Hilfe bei der Gründung einer slowakischen Handelskammer. Der Generalsekretär bat seinen Stellvertreter Dr. Reiger und mich, sich bereitzuhalten. Leider verspäteten sich die Besucher und kamen erst gegen Mittag. Wir verständigten unsere Familien und kamen erst später zu den üblichen weihnachtlichen Vorbereitungen bzw. Feiern. Einer der Besucher wurde der erste Präsident der slowakischen Handelskammer und dankte mir später als Minister wiederholt für die Starthilfe an jenem Tag.

Die Ostöffnung lieferte auch den Start für ein weiteres Programm, bei dem und der damalige US-Botschafter in Wien, Huffington, sehr hilfreich war: "Österreich und besonders Wien als Gateway to the East". In einer Reihe von Veranstaltungen und direkten Kontakten überzeugten wir Unternehmen, dass unser Land aus geographischen und wirtschaftlichen Gründen ein idealer Strandort für die Betreuung dieser „emerging markets" sei.

In den besten Zeiten zählten wir in der Wirtschaftkammer rund 250 Niederlassungen in Wien, die eine derartige Funktion ausübten. In dieser Zeit entstand in mir die Überzeugung, dass unter den neuen Gegebenheiten ein donaueuropäischer Wirtschaftsraum entstehen werde, der für Österreich ungeahnte Chancen bieten würde. Freilich bei Veranstaltungen an der Basis regierte die Angst der Kammermitglieder:

Ich erinnere mich an eine Gewerbeveranstaltung am Neusiedler See, in der in der offiziellen Sitzung Dumpingwettbewerb und der Untergang österreichischer Betriebe beschworen und ich als realitätsfremder Theoretiker bezeichnet wurde, am Rande der Sitzung erzählten mir Teilnehmer, dass sie bereits Betriebe in Osteuropa gekauft oder gegründet hätten oder günstige Zulieferungen in Anspruch nähmen. Auch diese Erfahrung bestätigt, dass in Österreich Perzeption und Realität oft Jahre auseinander liegen.

Die Industriestandortdiskussion wurde in den Neunzigerjahren durch die Diskussion über den Wirtschaftsstandort Österreich abgelöst, die mich als Bundesminister ständig beschäftigte. Der formelle Anlass war, dass die zu Zeiten der SPÖ-Alleinregierung gegründete Industrieansiedelungsfirma ICD vom Ministerium für Verkehr und verstaatlichte Betriebe an das Wirtschaftsministerium übertragen wurde. Das Unternehmen hatte in der Zwischenzeit den Namen gewechselt und hieß nun ABA (Austrian Business Agency). Die Reform (Umgliederung und Neuausrichtung) war ein besonderes Anliegen und wurde auch sogleich in Angriff genommen. Dabei war zunächst offensichtlich, dass das bisherige Konzept, in dem eine mit vier Personen besetzte Außenstelle in New York nicht aufgegangen war, und mit dem EU-Beitritt eher Investoren aus dem Binnenmarkt interessante Ansprechpartner waren. Daher drängte ich auf eine Neukonzeption, in der New York auf einen Repräsentanten der ABA, der bei der Außenhandelsstelle tätig sein sollte, reduziert werden sollte. Interne Problem ließen uns dann auch einen Wechsel in der Geschäftsführung anstreben, der mit der Findung einer jungen dynamischen Persönlichkeit endete. Seit der Steuerreform 1996 und dem EU-Beitritt war der Standort Österreich auch besser zu verkaufen. Ich löste den alten Beirat auf und berief einen neuen, der aus namhaften Repräsentanten ausländischer Investoren in unserem Land bestand: wie z. B. Generaldirektor Rottmeier/GeneralMotors, GD Zich/Sony, Frank Stronach. und Direktor Wolf/Magna und GD. Prof. Sämann/BMW . Diese Persönlichkeiten stellten sich auch für eine Öffentlichkeitskampagne zur Verfügung. Die besten Jahre der ABA begannen: jedes Jahr brachte bessere Ergebnisse.

In den Jahren 1996–1999 wurden insgesamt 275 Projekte mit einer Investitionssumme von über zehn Milliarden Schilling und etwas über 10.000 Beschäftigen realisiert.

Per Ende Dezember 1999 waren 431 Projekte in Arbeit. Aus einem Aschenputtel der österreichischen Wirtschaftpolitik war eine respektable, erfolgreiche Einrichtung geworden!

Eine moderne Industriepolitik hatte nunmehr neuen Voraussetzungen zu genügen:

Erstens, Marktöffnung: Mit dem EU-Beitritt war klar, dass der Standort Österreich für überwiegend auf Inlandversorgung ausgerichtete Unternehmen, gleichgültig ob in nationalem oder internationalem Besitz, in Frage gestellt wurde. Die durch die landwirtschaftliche Marktordnung überwiegend auf den heimischen Markt fokussierten und im Export nur dank hoher Stützungen erfolgreichen Betriebe standen vor einem Strukturbruch, der in seiner Tiefe weithin unterschätzt wurde. Als ich einmal bei einem Vortrag noch in der Beitrittsphase sagte, dass auch Multitöchter etwa im Waschmittelbereich sich neue Märkte, vor allem im mitteleuropäischen Bereich suchen müssten oder reduziert werden würden, hatte ich einen harten Konflikt mit dem damaligen Chef der österreichischen Henkeltochter, Generaldirektor Kafka. Gerade durch die Ostöffnung waren auch alle Niederlassungen gefährdet, die nur dank niedriger Lohnkosten wettbewerbsfähig waren. Es galt daher, im Inland auf Unternehmen zu setzen, die wachsen wollten und wachsen konnten. Dazu war die Binnenmarktöffnung eine ungeheure Chance. Gleich nach meinem Antritt als Wirtschaftsminister lud ich daher die österreichischen Unternehmen zu einer Binnenmarktoffensive ein, welche jenen gegen den Strich ging, die eine generelle Exportoffensive verlangten. Mit den weltweiten Bemühungen nach Marktöffnung im Rahmen der WTO sowie bilateralen Erleichterungen über Investitionsschutzabkommen und bilaterale Kontakte auf höchster Ebene setzen wir einen historischen Exportdrive in Bewegung. Betrugen die Exporte 1996 rund 300 Milliarden Schilling, so konnten diese bis 1999 auf rund 800 Milliarden gesteigert werden. Die Zahl der Lieferanten in den Binnenmarkt vervielfachte sich. Bundeskanzler Klima war von seiner Idee einer Exportoffensive unter Federführung zweier Projektleiter nicht abzubringen. Es endete mit einem Konzept, welches im Wesentlichen die Förderung von Exportclusters bei der Wirtschaftskammer Österreich zum Ergebnis hatte.

Zweitens, Industriepolitik erforderte neben Markterweiterung auch eine Verstärkung der für Forschung und Entwicklung eingesetzten Mittel. Ich habe darüber an anderer Stelle berichtet. Jedenfalls bleibt, dass unter meiner Ära nur ausländische Industrieinvestoren willkommen waren, die auch bereit und in der Lage waren, in Österreich Forschungsprojekte durchzuführen. Mir ist kein Fall bekannt, dass ein ausländisches Unternehmen wegen mangelnder Forschungsförderung in Österreich seine Aktivitäten einschränkte oder verlagerte.

Drittens, Industriepolitik verlangte auch ein investitionsfreundliches Anlagenrecht, welches mit der Gewerberechtreform 1997 auch geschaffen wurde. Immer wieder bat ich internationale Unternehmen, mich mit Benchmarks über Verfahrensdauer etc. über andere Länder zu versorgen. Ich erhielt hier interessante Einsichten, die ich wunschgemäß zwar vertraulich behandelte, die mich aber in meiner Überzeugung stärkten, auf dem richtigen Weg zu sein.

Schwieriger war der Standort in den sensiblen Bereichen der so genannten Biotechnologie zu rechtfertigen. Ein Volksbegehren, gepusht von der jedenfalls bei bestimmten Politikern Einflussreichen Kronenzeitung, deutliche Hesistanzen bei einflussreichen Regierungskollegen und steigender Frust in Kreisen der betroffene Unternehmen waren ins Kalkül zu ziehen. Ich entschloss mich aus Überzeugung, der Pro-Biotechnologie-Minister zu sein, hatte stets ein offenes Ohr uns eine offene Türe für die Anliegen dieser Industrien. Meine Industriesektion verfolgte auch in diesem Zusammenhang konsequent die Konzeption österreichischer Kompetenzzentren.

Viertens, immer wichtiger im internationalen Standortwettbewerb wurde auch der Entwicklungsstand des Humankapitals. Die österreichischen Arbeitskräfte waren nach den schon oben erwähnten innerkonzernlichen Benchmarks gut ausgebildet, ehrgeizig und fleißig. Das entsprach nun nicht den herkömmlichen öffentlichen Empfinden, wurde mir aber auch in den ausländischen Zentralen wiederholt persönlich bestätigt. Klagen über Knappheiten an bestimmtem Personal gab es immer, doch war die Industrie hier angreifbar, hatte sie doch in den letzten Jahrzehnten die Lehrlingsausbildung und damit den Nachwuchs an Facharbeitern ständig reduziert. daher appellierte ich an die Industrie, mir die notwendigen neuen Lehrberufe zu nennen, die wir schaffen würden, gleichzeitig aber auch wieder verstärkt in die Lehrlingsausbildung einzusteigen.

Fünftens, von der steuerlichen Seite hatte die Industrie wenig Grund zu klagen: Dies wurde besonders evident, als eine Studie von KPMG ergab, dass bei einer fiktiven Körperschaftsteuerbelastung von 34% (30% Körperschaftssteuer und 4% Kommunalsteuer) effektiv nur 17,5% geleistet würden. Kapitalmarkt und Zinsenniveau der Banken waren günstig wie nie zuvor, die Einführung des Euro führte zur Beseitigung von Währungsrisken bei einem Großteil des Außenhandels. Ich konnte mir gegen Enden meiner Dienstzeit den Hinweis nicht verkneifen, dass es von jetzt an mit einer Reihe von Kosten bald wieder „bergauf“ gehen würde.

Sechstens, für mich war daher voll verständlich, dass die Industrie sich auf Themen wie Verwaltungsreform, Privatisierung und verstärkte Forschungsförderung einschoss.

Siebentens, bei meiner Skepsis, im Bereich der so genannten Lohnnebenkosten „remarkable“ Reduktionen zu erreichen, schien es mir wichtiger, über Kostensenkungen durch Liberalisierung der Industrie zu helfen. Erhebungen gegen Ende meiner Tätigkeit zeigten, dass die Liberalisierungsmaßnahmen im Bereich Telekom, Strom und Versicherungen der Wirtschaft Kostensenkungen von insgesamt 16 Milliarden Schilling gebracht haben (Telekom 6 Milliarden Schilling, Strom 5 Milliarden Schilling und Versicherungsprämien 5 Milliarden Schilling). Freilich kamen diese Senkungen nicht nur der Industrie zu gute, doch reduzierten sie auch über die Einwirkungen auf Inflation den einkommenspolitischen Kostendruck.

Ich habe mich nie über die Kooperation mit der österreichischen Industrie beklagt, sie hatte jederzeit wie allen anderen Sektoren bei mir offene Türen!

## 4.16 Bundeshochbau, eine der schönsten Herausforderungen!

Von Kindheit an lernt man in Österreich von der Bedeutsamkeit öffentlicher Bauten: Architektonisch interessant, geschichtlich wichtig und bedeutungsschwer, allesamt unter Denkmalschutz. Nie im Leben hätte ich daran zu denken gewagt, dass das Schloss Schönbrunn oder gar die Hofburg unter meiner Verantwortung verwaltet, renoviert und umgestaltet werden würden. Von der Bundesgebäudeverwaltung hatte ich schon oft gehört: ein weit verzweigter Behördenapparat, der den einen zu langsam, den anderen zu bürokratisch und nach Auffassung mehrerer Rechnungshofberichte zu aufwendig agierte.

Von meinem Vorvorgänger Dr. Schüssel hatte ich mitbekommen, was in der Öffentlichkeit los ist, wenn in diesem Bereich einmal etwas passiert, wie dies beim Brand des Redoutensaales der Fall war.

Um es gleich vorweg festzuhalten: die Beschäftigung mit den Herausforderungen dieses Bereiches zählte zu meinen angenehmsten Aufgaben. Gleich nach meinem Amtsantritt informierte mich der zuständige Sektionschef Dr. Kranzelmayr, dass dieser Bereich die Verwaltung von rund 11.500 Einzelgebäuden (wie Bundesschulen, Universitäten, Museen, Gerichte, Gefängnisse, Bürogebäude, Kasernen, Schlösser und Theater) bedeute, in denen täglich ca. 800.000 Personen (SchülerInnen, StudentInnen, Soldaten und BeamtInnen) tätig sind. Der Bereich umfasse 143 Millionen $m^3$ Liegenschaftsflächen mit Gebäudenutzflächen von rund 12 Mio. $m^3$ und etwa 78 Mio. $m^3$ Bruttorauminhalt, was an einer Stelle konzentriert, die zweitgrößte Stadt Österreichs, etwa 10 × so groß wie Villach, ergeben würde. Ingesamt waren im Bereich des Ministeriums mit der Verwaltung rund 3000 Beschäftigte tätig.

Das Investitionsvolumen im Bundeshochbau lag bei 9,5 Milliarden Schilling, wovon ca. 2/3 auf Neubauten und 1/3 auf Erhaltungsinvestitionen fielen.

Daneben gab es noch die Bundesimmobiliengesellschaft BIG, eine Gründung von Bundesminister Schüssel, welche mit dem Bau und der Finanzierung öffentlicher Bauten befasst ist. Es wird privatwirtschaftlich vorfinanziert und durch Nutzergebühren refinanziert.

Es braucht wenig Phantasie um sich vorzustellen, welchen Spielraum an Tagesinterventionen und Grundsatzentscheidungen dieser Bereich bot. Bei der Bedeutung diese Sektors allein für die österreichische Bauwirtschaft, im besonderen für tausende Klein- und Mittelbetriebe, gab es regelmäßig Beschwerden über Vergabepolitik, die Zeitpläne für Renovierungen und Neubauten, die Art bestimmter Gestaltungen (kein neues Gebäude im öffentliche Bereich dürfte je positive Akzeptanz bei zeitgenössischen Kritikern gefunden haben) und auch Tempo und Ausmaß der Privatisierung von Wohnungen im Bundesbesitz. Faszinierend war auch zu beobachten, dass viele öffentliche Gebäude nutzen wollten, aber nicht bereit waren, dafür etwas zu bezahlen.

Ich habe in diesem Bereich vom ersten Tag auf allen Ebenen volle Kooperationsbereitschaft der Beamtenschaft gefunden, auch wenn es dann im Detail dann und wann Spannungen gab.

Grundsätzlich bin ich mit folgenden Grundeinstellungen an die Herausforderungen dieses Sektors herangegangen:

Erstens, hinreichende Finanzierung: Gemeinsam mit Bundesminister Edlinger hielten wir den Budgetrahmen hoch. Wir ereichten die Umsetzung der größten Schulbauwelle seit Kaiser Franz Josefs großer Schulbauwelle am Beginn des 20. Jahrhunderts, erneuerten mehr Polizei- und Gendarmeriegebäude und Grenzeinrichtungen denn je.

Zweitens, in der Vergabepolitik wurde auf möglichst kleine Stückelung geachtet, damit möglichst vielen Unternehmen der Bauwirtschaft und des Baunebengewerbes eine Mitarbeit ermöglicht wurde und damit auch die Gefahr von Absprachen minimiert wurde. Bei einer über meinen Wunsch durch den Rechnungshof 1999 begonnene Sonderprüfung ergaben sich keine Anhaltspunkte für Kartellabsprachen im Bereich des Bundeshochbaues. Wettbewerb war angesagt, Überhitzungspreise gab es keine. Probleme gab es als ich einen Erlass verhinderte, der die auf einer Richtlinie der Architektenkammer beruhenden Honorarsätze verbindlich erklären sollte. Doch setzte ich meine Position durch: Es war höchste Zeit, dass alle Mechanismen unterbunden wurden, welche preistreibend wirkten wie eine Honorarfixierung an der Summe der Baukosten.

Drittens, öffentliche Gebäude sollten möglichst weitgehend dem Publikum, BürgerInnen wie Touristen offen stehen. Hier gab es eine mir unverständliche Hausherrenmentalität mancher Nutzer. Museumsdirektoren zeigten eine Hausöffnungsmentalität, die jenen mancher Greißler nahe kam, die Nutzung von Schulräumlichkeiten hing dann und wann mehr vom Willen der Schulwarte als von den Wünschen möglicher Nutzer ab. Aber wer sich mit öffentlichen Mitteln finanzieren lässt, sollte die Zufriedenheit der steuer- oder eintrittzahlenden Besucher suchen.

Viertens, es war mir nicht einsichtig, warum es im öffentlichen Bereich zwei Bundesgebäudeverwaltungen gab: Die BGV I der Länder und die BGV II des Bundes. Alle Zusammenlegungsversuche scheiterten, lediglich gegen Ende meiner Amtszeit signalisierte das Land Salzburg Bereitschaft in dieser Richtung! Darum gab ich dem Beratungsinstitut Dr. Jenewein den Auftrag, das Einsparungspotential im BGV II-Bereich zu evaluieren. Das Ergebnis war, dass drei bis fünf Milliarden Schilling eingespart werden könnten. In Zusammenarbeit mit Beamtenschaft und Personalvertretung wurde das Projekt in Angriff genommen. Ein signifikantes Ergebnis war, dass die Zahl der zu beachteten Erlässe von rund 800 auf 300 reduziert wurde, eine Raumdatenbank (unter heftigem Bremsen anderer Ministerien) geschaffen wurde und insgesamt die Zahl der Beschäftigten deutlich zurückging.

Fünftens, aus meiner Zeit in der Bundeswirtschaftskammer und aus persönlichen vertraulichen Berichten von Geschäftsleuten hatte ich das Gefühl, dass in manchen Bereichen privat gepfuscht wurde und Geschenkannahme von Auftragnehmern nichts Ungewöhnliches war. Ich machte keinen öffentlichen Wind darum, sondern ließ in aller Stille die Innenrevision aktiv werden. Dieses Signal wurde von allen Beteiligten verstanden. Ich habe während meiner Amtszeit keine einzige Beschwerde in dieser Richtung erhalten.

Einige Erlebnisse in diesem Bereich haben sich tief in meine Erinnerung eingegraben.

Die Bundesbauten sollten in beispielhaftem Zustand sein, das war eine zwischen mir und der Beamtenschaft abgesprochene Zielsetzung, galt dies aber auch für das Bundesministerium selbst? Die Erfahrungen, die ich machen durfte, zeigten, dass dieses Postulat nicht für das Ministerbüro zu gelten schien. Bei den ersten Sturmtagen, diesmal rein meteorologisch verstanden, zeigt es sich, dass es in den ringseitigen Büros meiner Mitarbeiter und in meinem Arbeitszimmer „zog wie in einem Vogelhaus“. Die Vorhänge wallten richtiggehend und an kühlen Tagen war das Raumklima unangenehm kalt. Wir remonstrierten, Experten kamen und meinten wie ihre Kollegen in sachpolitisch Fragen: „Da kann man halt nichts machen!“ Die Ursache seien die riesigen alten Fenster und im Besonderen die durch die Wand nach außen entlüftenden Klimageräte. Auf Insistieren hin wurde eine bessere Abdichtung versucht, die allerdings nur ungenügend erfolgreich war. Die Vorderfront des Hauses war zu dieser Zeit gerade wegen Erneuerung der Fassade eingerüstet, man hätte sehr einfach die Fenster austauschen können, aber Denkmalschutz und Budget lieferten die Begründung dafür, dass es nicht zu nachhaltigen Maßnahmen kam. Die längst überfällige Fassadenrenovierung war überdies eine indirekte Förderung der Aktivitäten von Umweltorganisationen, welche munter darauf herumturnten, Transparente anbrachten, in das Ministerbüro einstiegen und es in Besitz nahmen oder einmal pausenlos an die Fenster meines Arbeitszimmers klopften. Wir nahmen das ganze sportlich und freuten uns, dass zumindest durch die Fassadenrenovierung aus dem Ministerium ein Schmuckstück der Ringstraße wurde – und das noch rechtzeitig zur österreichischen EU-Präsidentschaft. Für die rückwärtige Fassade reichte es nicht mehr.

In meinem Büro hängte ein vielarmiger alter Luster mit einer Unzahl von Leuchtbirnen. Beim Schreiben dieser Zeilen komme ich erst darauf, dass mir offenbar nie so langweilig war, dass ich die Birnen einmal gezählt hätte. Beim Aufdrehen des Lichtes schaute ich aber routinemäßig nach oben und stellte immer wieder fest, dass eine oder mehrere der Birnen ausgebrannt waren. Der Zustand hielt immer einige Zeit an, bis ich den raschen Austausch urgierte. Mir wurde beschieden, dass alle 14 Tage jemand vorbeikommen würde. Ich verwies auf meine unzähligen Besucher und deren Eindruck vom Zustand des Hauses, wenn nicht einmal beim Minister ausgebrannte Birnen ausgetauscht würden. Dann war es soweit: Täglich ging ein Kontrolleur vorbei und der Luster erstrahlte Besuchern wie mir im vollen Glanz. Doch nicht kritiklos: Bei einem Besuch einer umweltfreundlichen Organisation wurde bemängelt, dass ich keine Sparlampen verwendet würde! Nichts leichter als das, doch nach dem Austausch kritisierten traditionsbewusste leitende Angestellte des Hauses, dass die unförmigen bauchigen Leuchten nicht in den Rahmen passten und stillos seien. Nun, allen Recht getan, ist eine Kunst, die niemand kann.

Der Festsaal des Hauses, genannt Marmorsaal (mit unechter Marmorierung, wie mir der Bundesinnungsmeister der Steinmetze anlässlich einer Ordensverleihung erklärte) hat keine eigenen Garderobenräume, so dass bei jeder Veranstaltung der Gang für Ständer herhalten musst. Auch die Buffetvorbereitungen hatten sich unter den Augen aller abzuspielen. Als gab es den Auftrag, einen entsprechenden Zubau hofseitig zu planen. Das Projekt habe ich vorangetrieben, die Realisierung im Amt nicht mehr erlebt. Auch gab es einen Auftrag zur Überprüfung der Nutzung der Keller und der Höfe. Mit meinem Vorschlag, die Zufahrt vom Ring überhaupt zu sperren und dafür von der Wientalseite einzufahren, fand ich Verständnis, Kanalbauten über Jahre hin blockierten jedoch die Umsetzung der Idee, die aber inzwischen erfolgt ist. Geliebt wurde der Vorschlag nicht, er wurde allerdings ernster genommen, als Greenpeace-Aktivisten mit einem LKW in den Hof einfuhren und dort einer Beton-Holz –hütte errichteten. Sicherheit schien im Ministeriengebäude keine Präferenz zu haben. Amerikanische Besucher versicherten mir einmal glaubhaft, dass mein Haus das einzige Wirtschaftsministerium namhafter Länder sei, in das man ohne jede Kontrolle eintreten könnte.

Übrigens: Die Hütte von Greenpeace wurde rasch wieder abgebaut als ich mit der kostenpflichtigen Ersatzentfernung drohte. Ich hätte auch gerne ein Fitnesscenter für die Beschäftigten eingerichtet: Dabei gab es relativ wenig Unterstützung von den Betroffenen, offenbar sind Spaziergänge im Stadtpark attraktiver als Schwitzen im Keller. Auch konnte keine einfache Lösung für das nötige Betreuungspersonal gefunden werden. Erfolgreicher war ich mit dem Umbau der Eingangshalle. Hier fanden auch regelmäßig Bauernmärkte statt, die bei Personal sehr beliebt waren. Heute sieht die Halle funktionell zweckentsprechend aus, die adäquate Nutzung an den Informationsschaltern wurde zu meiner Zeit durch die offene Einfahrt und den dadurch bedingte Luftzug entscheidend behindert.

Beim Gang durch die Innenstadt fiel mir am Archivgebäude Postgasse/Schönlaterngasse, welches sich in einem schäbigen Zustand befand, eine Tafel aus den Siebzigerjahren auf, auf welcher der damalige Bautenminister den unmittelbar bevorstehenden Umbau ankündigte. Rund 20 Jahre waren vergangen, die dahinter liegenden Gebäude einschließlich der Jesuitenkirche waren bereits modernisiert, nur der „Schandfleck", wie ich ihn nannte, stand noch in aller Hässlichkeit da. Die Tafel wurde über mein Verlangen entfernt. Das Gebäude selbst war in den Verantwortungsbereich der BIG (Bundesimmobiliengesellschaft) übertragen worden. Ich sprach die Leitung auf den Schandfleck hin an und erhielt als Antwort die Mitteilung, dass die Nutzer des Gebäudes sich nicht einigen könnten. Vor meinem Abgang wurde mir jedoch versprochen, die Renovierung in Angriff zu nehmen. Gut Ding braucht Weile. Als ich jüngst im Frühjahr 2001 am Gebäude vorbeiging stellte ich mit Genugtuung fest, dass mit den Arbeiten begonnen worden war.

Die adäquate Nutzung historischer Gebäude war mir ein großes Anliegen Über Jahrzehnte hatte mich bei Spaziergängen in der Innenstadt der Zustand der Albertina geärgert. Jetzt war ich dafür zuständig und konnte etwas tun. Gemeinsam mit Ministerin Gehrer machten wir Druck und konnten Erweiterung und Sanierung gemeinsam in Angriff nehmen. Auch die Sanierung des Palmenhauses und die Errichtung des Aurums unter der Nationalbibliothek auf dem Josefsplatz wurden durchgesetzt. Der Redoutensaal stand nach dem Brand zur Erneuerung an. Die Entscheidungen über Art der Wiederherstellung und Ausgestaltung waren unter Bundesminister Schüssel gefallen, ich hatte ihre Umsetzung zu verantworten. Im Rechnungshofausschuss gab es lebhafte Debatten, bei denen vor allem die FPÖ die moderne künstlerische Gestaltung aufs Korn nahm. Besonders die riesigen Gemälde des Malers Mikl fanden Kritik. Ich lud den Ausschuss zu einer Führung durch den neuen Saal ein und betonte dabei, dass dieser Saal einmal eine touristische Attraktion sein werde. Bei Treffen mit meinen Kollegen aus den EU-Ländern wurde wiederholt mitgeteilt, dass die Veranstaltungen auch während der österreichischen EU-Präsidentschaft beeindruckend und unvergesslich seien. Anlässlich einer von mir eingeladenen Konferenz der donaueuropäischen Wirtschaftsminister parkten Dienstwägen und ein Autobus auf dem Josefsplatz. Als wir die Tagung verließen und einsteigen wollten, stürzte ein Passantin auf mich zu und warf mir vor, dass wir den Platz missbrauchen würden. Ich sagte: „Seien Sie froh darüber, dass die Hofburg wieder eine Funktion für den Donauraum hat!" Der Ehemann der Intervenientin, der sie vorher nicht beruhigen konnte, sagte: „Das ist doch vernünftig!", nahm seine Frau beim Arm und ging davon. Auch die Nutzung des ausgebauten Dachgeschosses über den Redoutensälen ist äußerst attraktiv und hat sich bewährt. Wie überhaupt die noch nutzbaren riesigen Dachgeschosse der Hofburg vielseitige Nutzungen ermöglichen würden: Ich habe mehrfach ins Spiel gebracht, dass man dem österreichischen Bundespräsidenten standesgemäß in der Hofburg unterbringen sollte, statt die Villa auf der Hohen Warte zu modernisieren bzw. eine andere Villa zu suchen. Gereizt hätte mich auch eine adäquate touristische Nutzung der Weinkeller der Habsburger. Diese liegen jedoch unter dem Präsidentensitz und bleiben daher aus Sicherheitsgründen für die breite Öffentlichkeit unzugänglich. Die Kelleridee drängte sich mit anlässlich der feierlichen Eröffnung des sanierten gotischen Kellers der Hofburg in Innsbruck auf. Die Nutzung der Hofburg dort ist sehr eingeschränkt. Die Repräsentationsräume werden geschont, weite Teile des Hauses sind an Landesorganisationen vermietet. Vorstöße für ein generelles Nutzungskonzept stießen auf eine Tiroler Paradeantwort: Der Bund solle alles bestens herrichten und die Hofburg dann dem Land Tirol schenken.

Im Bundesbesitz befand sich auch die Burg in Linz. Das Land hatte immer wieder eine Überlassung angestrebt. Nach Gesprächen mit Bundesminister Edlinger wurde sie schlussendlich für fünf Millionen Schilling an das Land verkauft. Im Jänner 2002 eröffnete ich in meiner Eigenschaft als Präsident des Österreichischen Lateinamerikainstitutes eine Veranstaltung im OÖ-Landesmuseum in dieser Burg. Dabei sprach mich der Direktor des Hauses an und sagte: „Sie hätten, Herr Minister, das Gebäude vor dem Verkauf ordentlich herrichten lassen sollen, besonders die Fenster sind erneuerungsbedürftig!" Meine Antwort: „Herr Direktor, warum glauben Sie haben Finanzminister Edlinger und ich das Gebäude so billig an das Land verkauft? Weil wir dem Bund die teuren Reparaturen ersparen wollten!"

Die von Bundesminister Dr. Schüssel durchgesetzte Ausgliederung des Schlosses Schönbrunn war sehr erfolgreich. Ich brachte in Diskussion, dass man die Marchfeldschlösser ebenfalls diesem Unternehmen anvertrauen sollte. Ein Projekt wurde erarbeitet und der Öffentlichkeit vorgestellt. Ich hoffe, dass vielleicht auch in Zusammenarbeit mit dem Tiergarten die Sanierung und adäquate Nutzung dieser Bauten möglich werden wird. Provokant hatte ich vorgeschlagen, das Bundesimmobiliendepot in dieses Gebäude zu verlagern und das renovierte Gebäude in Mariahilf, in dem das Depot derzeit untergebracht ist, zu verkaufen. Die Reaktion war eine Mischung von Empörung und Unverständnis.

Großes Verständnis fand ich bei der feierlichen Übergabe der renovierten Jesuitenkirche. Bei dieser fand eine Aufführung eines alten jesuitischen Theaterstücks statt, bei dem halbnackte Männer mir riesigen gehörnten Plastikpenissen auftraten. Kalt war es auch noch und rechte Stimmung wollte nicht aufkommen. Bei meinen Eröffnungsworten fiel mir auf, dass das Orgelgehäuse leer war. Auf meine Frage sagte mir Pater Wallner, dass die alte Orgel nach Belgrad verkauft worden sei (mit Zustimmung des Bundes) und eine neue erst über eine Sammlung finanziert werden müsse. Ich sagte noch bei der Eröffnung, dass eine Kirche, die dem Bund gehöre, vollständig vom Bund auszustatten sei, noch dazu wo sie seinerzeit sicher mit einer Orgel übernommen worden sei. Eine Aktenprüfung bestätigte dies und die neue Orgel wird vom Wirtschaftsministerium finanziert werden. Da kam bei allen Beteiligten Freude auf, die mir auch heute noch immer wieder bekundet wird.

## 4.17 Straßenbau: Eine besondere Herausforderung!

Wie für viele andere Straßenbenützer in Österreich auch war der Zustand der österreichischen Verkehrswege für mich ständig ein Anlass zur Kritik : War bei es bei der täglichen Autofahrt nach Wien der Stau, der sich an jedem Wochentag bei der Einmündung der Ostautobahn bei Guntramsdorf oder vor der Südeinfahrt Wiens bei der Einmündung der Allander Autobahn bildete, dann wieder war es die Rumpelpiste der Westautbahn oder die Autobahnlücke zwischen Völkermarkt und Klagenfurt, nicht zu vergessen die kilometerlangen unbemannten Baustellen! Es gab genügend begründeten Anlass zur Bemängelung. Ich hatte auch im Freundeskreis festgestellt, dass das Straßenthema dem Wetter den Rang als Hauptgesprächsgegenstand längst abgelaufen hatte. Nun war ich plötzlich auch Straßenbauminister. Als ich bei einer der ersten Fahrten in der neuen Aufgabe wieder einmal räsonierte, wies mich mein Chauffeur darauf hin, dass ich in meiner neuen Aufgabe die Probleme rasch angehen sollte. Meine Übernahmebilanz war nicht gerade motivierend:

Die Regierung hatte die Einführung einer Vignette für PKW und Autobusse beschlossen, die von der EU-Kommission beeinsprucht wurde, da keine Kurzzeitvignette vorgesehen war. Weiters war nach dem Bundesstraßenfinanzierungsgesetz 1991 die Einführung einer Maut für LKW und PKW festgelegt, wobei das so genannte Road Pricing für LKW schon für 2001 vorgesehen war.

Der Bau neuer Autobahnen bzw. Bundesstraßen war auf Grund finanzieller bzw. umweltpolitischer Probleme weitgehend eingestellt oder verlangsamt worden. Die Nord- und Mühlkreisautobahn waren über Wunsch der Bundesländer Niederösterreich und Oberösterreich aus dem Anhang zum Bundesstraßengesetz herausgenommen worden. Die Ennstaltrasse war in Brüssel und überhaupt vergurkt worden. Die Arbeiten an der Pyhrnstrecke standen faktisch still. Um die Welser Westspange wurde trotz der Festlegung der Trasse auf der so genannten Rinderertrasse weiter gestritten. Die vierspurige Einfahrt zwischen Vösendorf und Wien wurde von der Stadt Wien blockiert. Das Projekt der Wien-Umfahrung, die B301 ruhte, und viele Ortsumfahrungen warteten auf Trassenverordnung und Finanzierung.

Die Kompetenzverteilung im Straßenbau war nicht optimal. Der Bund war und ist zwar formal für die Bundesstrassen zuständig (Trassenverordnung, Umweltverträglichkeitsverfahren, Budgetierung), die Baudurchführung und die Prioritätenreihung ist aber Landessache. Eine Übertragung der Kompetenzen an die Länder wurde vielfach verlangt, umgesetzt war es noch nicht.

Im Jahr 1995 eine Entschließung des Nationalrates über Maßnahmen zur Beschleunigung des Umstieges auf umweltfreundliche Fahrzeuge im Straßenverkehr und einen Beschluss des Tiroler Landtages gegeben, bei der Maut auf der A13 für LKW die Mehrfahrtermäßigung zu streichen, die Tarife mit 1. 150.–/1500 (Euro-/Non-Eurofahrzeuge) festzusetzen, den Nachttarif zu verdoppeln und die Ausnahmen vom Nachtfahrverbot auf lärm-/schadstoffarme Fahrzeuge einzuschränken. In der Folge gab es entsprechende Umsetzungsschritte auf Bundesebene, so die vom Tiroler Landtage im Mai 1995 und vom Nationalrat mit Entschließung vom November 1995 geforderte Anhebung der Mautgebühren, die am 1. Februar 1996 in Kraft trat. Am 9. April langte bereits das Mahnschreiben der Kommission aus Brüssel ein. Die Klage der Kommission wurde schließlich im Mai 1998 beim Europäischen Gerichtshof eingebracht.

Schließlich fiel mir gerade in diesem Zusammenhang unangenehm auf, dass im Europäischen Rat der Verkehrsminister nicht der für den Straßenbau zuständige Minister saß, sondern der für die Verkehrsregeln und den Bahnbau Zuständige. Das führte besonders in der Brennermautfrage zu Schwierigkeiten, da immer wieder deutliche Auffassungsunterschiede über den Weg aus dem Dilemma bestanden. In mehreren Gesprächen mit Kommissar Neil Kinnock war die Rede davon gewesen, dass man den Prozess vermeiden könnte, wenn man entweder die LKW-Maut für die Brenner-Inntalstrecke vorziehen oder die Mautstrecke „stretchen" würde, d. h. dass nicht nur für den Brenner, sondern für das ganze Inntal Maut zu zahlen wäre. Kaum waren die beiden Lösungsansätze im Raum, da kam auch aus Tirol ein ehernes Nein. Dort war man für Ausstreiten und Umwidmen der überhöhten Einnahmen in den Ausbau der Bahn. Als die Asfinag mit dem Bau einer Mauthütte für das Stretching in Absprache mit mir eine Botschaft des Einlenkens nach Brüssel senden wollte, wurde der Bau vom Land Tirol mit naturschutzgesetzlichen Bedenken unterbunden und deutlich gemacht, dass man einen jahrelangen Rechtsstreit um die Mauthütte Radfeld anstrebe. Mir wurde berichtet, dass die Tageszeitung Kurier die Brennermautfrage als Hinterlassenschaft Farnleitners bezeichnet hätte: Um Gottes Willen, keine Recherchen, die Vorurteile zu Fall bringen würden!

Bei jedem neuen Minister dürfte immer das gleiche Procedere ablaufen: Jede Interessentengruppe meldet sich und möchte ihre Sicht der Dinge klarstellen und ihre Projekte forcieren. Daher hatte ich anfänglich einen ziemlichen Termindruck, dessen Bewältigung jedoch eine Fülle von Anregungen brachte.

Zur Vignette, gemeinhin Autopickerl genannt:
Die Bemühungen sowohl um die Durchsetzung des Projektes wie um die EU-adäquate Anpassung brachten turbulente Zeiten. Zunächst gelang es mir, meine Idee

einer Zehntageskarte bei EU und Finanzminister durchzusetzen, doch die Fremdenverkehrswirtschaft und vor allem die Bundesländer Steiermark, Kärnten und Tirol begannen den Widerstand gegen die so genannte Doppelmaut lautstark zu organisieren. Mein Hinweis, dass es keine Doppelmaut, sondern die ergänzende Vollbepreisung des hochrangigen Straßensystems sei, wurde als Provokation gewertet. Auch die Drohung mit dem Abwandern von Autobusreisen aus Deutschland ging ins Leere. Probiert wurde es, doch woran der versuchte Boykott scheiterte, erklärte mir der Präsident des Deutschen Autobusverbandes bei einer über seinen Wunsch zustandegekommenen Vorsprache ein gutes Jahr später in meinem Büro. Er erzählte mir, dass über Wunsch österreichischer Funktionäre bei Italienfahrten der Umweg über die Schweiz genommen worden sei, doch wäre nach wenigen Umwegen klar geworden, dass sie zeitraubender und über die Schweizer Jahresmaut und die höheren italienischen Mautgebühren auf der längeren Strecke kostspieliger waren. Auch der ADAC verlangte und erhielt einen Termin, bei dem das österreichische Projekt sehr vollmundig attackiert wurde. Mein Eindruck war auch, dass man in Österreich verhindern wollte, was sonst in Deutschland anstehen könnte. Am Ende wurde des ADAC eine wichtige Vertriebsstelle der Vignetten unter dem Motto: „Wenn man etwas nicht verhindern kann, so soll man davon wenigstens profitieren!".

Das Vignettendrama sollte aber erst beginnen. Noch kein Land der Erde hatte mit so kurzer Vorlaufzeit eine so große Anzahl (11) von Vignetten eingeführt. Es hatte zwar ein Gutachten des angeblich besten einschlägigen Beratungsunternehmens in München über den voraussichtlichen Bedarf gegeben, doch die Realität zeigte ein völlig anderes Bild. Meine Frau und ich verbrachten den Weihnachtsurlaub in unserem Bauernhaus in Weikersdorf. Als ich von einem Arbeitsaufenthalt in meinem Föhrenwald zurückkam, erzählte mir meine Frau, dass Bundeskanzler Vranitzky angerufen hätte und wegen des Vignettenproblems meinen Rückruf erwarte. Ich rief sofort zurück und hörte, dass es weithin Probleme mit der Versorgung gäbe.

Viele Gespräche mit den zuständigen Beamten und leitenden Angestellten der durchführenden Straßenbaugesellschaften ASG (Alpenstraßengesellschaft) und ÖSAG (Österreichische Straßenbaugesellschaft) ergaben die Zusicherung, dass man sich überall nach Kräften bemühe, der Probleme Herr zu werden. Es wurde mir aber auch mitgeteilt, dass es besondere Probleme mit der in Chicago lozierten Herstellerfirma SWARCO (einer Swarovski-Tochterfirma ) gäbe, die Schwierigkeiten mit der Produktion der benötigten Zahl von Vignetten hätte und deren Mitarbeiter bei der Verpackung nicht einmal die korrekt Menge einzählen könnten. Der öffentliche Wirbel war riesig, die parlamentarische Aufregung enorm. Ich wurde zum ORF-Vignettenmann. Ich musste mir einen Ausweg überlegen und fand ihn auch: Ich ersuchte den damaligen Finanzminister Klima, einer Verordnung über die Aussetzung der Gültigkeit bis Ende Februar zuzustimmen. Dieser stimmte nach einigen Tagen auch zu und wir konnten mit Volldruck am Reparieren des Desasters arbeiten. Schon damals musste ich erfahren, was politische Verantwortung gemeinhin in Österreich bedeutet: Da ist etwas schief gegangen, also soll der verantwortliche Minister zurücktreten. Diese Forderung ließ mich gleich definieren, was ich unter politischer Verantwortung verstehe. Die politische Verantwortung zwingt nicht aufzugeben, wenn es Schwierigkeiten gibt und davonzulaufen, sondert erfordert die notwendigen Konsequenzen zu ziehen, das Problem zu lösen und dic Fähigkeit dazu unter Beweis zu stellen. Im vorliegenden Fall sagte ich im Parlament, dass die Durchführung der Vignettenumsetzung vom Wirtschaftsministerium outgesourct worden wäre und ich dabei eingefahren sei. „Outgesourct und eingefahren" wurde zu einem geflügelten Wort. Ich löste die zwischen ASG und ÖSAG gegründete eigene Mautgesellschaft auf, übertrug die Kompetenz zur Gänze der ASFINAG, der Muttergesellschaft beider Straßengesellschaften. In den Aufsichtsräten zog ich die Beamten meines Hauses zurück und ließ hervorragende Persönlichkeiten des Wirtschaftslebens nominieren und bestellen. Aus gegebenem Anlass wollte ich auch die beiden Straßenbaugesellschaften fusionieren: Bei der ÖSAG sah es gut aus, vor allem in Oberösterreich und der Steiermark fand ich volle Unterstützung für eine Zusammenlegung, bei der ASG war Vorarlberg ablehnend, Tirol sah in meinen Absichten einen föderalen Affront. Wir hätten auch bloß ÖSAG und ASFINAG zusammenführen können, doch blockte die SPÖ dieses Vorhaben ab, weil sie die ASG auch dabei haben wollte. Die Vignettenauftragsvergabe wurde in der Folge Gegenstand einer eigenen Rechnungshofprüfung, die aber keinesfalls die allseits beschworene Skandalaufdeckung brachte und auch keinerlei weitere Maßnahmen erforderlich machte.

Die Vignette wurde zum überragenden Erfolg, so dass auch in Deutschland, zumindest Bayern und Sachsen es die Forderung nach Nachahmung (allerdings erfolglos) gab. Mit dem Ertrag ließen sich viele Projekte in Bewegung bringen. Eines der ersten war der Umfahrungstunnel Landeck. Das Land Tirol attackierte mich zuerst heftig, weil es die Strecke nicht vignettenpflichtig errichtet haben wollte. Ich gab nicht nach und es kam zum Spatenstich. Ich erinnere mich an diesen Anlass aus drei Gründen: Über Westösterreich war viel Schnee gefallen, das Flugzeug der Tyrolian Airways musste wegen Nebels in Innsbruck lange über dem Arlberggebiet kreisen, sodass Bevölkerung, Ehrengäste und Musikkapelle geraume Zeit warten mussten. Doch die Menschen warteten geduldig, als ich endlich ankam war nur der ORF schon weg. Der Landeshauptmann sagte mir dazu, dass mangels Protestplakaten oder -kundgebungen von Projektgegnern kein Interesse dieser Institution bestand. Mir wurde vor meiner Rede gesagt, dass der Herr Landeshauptmann sich schon mit einem Gläschen Schnaps aufgemuntert habe. Ich habe daher meine Ausführungen wie folgt begonnen: „Da ich, meine sehr geehrten Damen und Herren, zum Unterschied zum Herrn Landeshauptmann keinen geistigen Unterstützungstrunk erhalten hätte, dürften sie sich nicht wundern, wenn ich nicht so geistreich reden würde!“ Sofort stürzte eine Marketenderin auf mich zu und brachte mir ein wärmendes Schnäpschen. Die Zuneigung der Zuhörer war mir aber auch sonst gewiss, weil echte Freude über die endliche Durchführung dieses Projektes bestand. In Landeck lernte ich, dass die Haltung der Menschen vor Ort ein ausschlaggebender Faktor zur Projektverwirklichung sein kann.

In Tirol erprobten wir dann gleich eine weitere Neuerung. Vor Ort wurde darüber Klage geführt, dass in der Gemeinde Kirchberg der Mangel einer Umfahrung zu einem echten Wirtschaftshemmnis geworden sei und ein häufig geschlossener Bahnschranken ständig zu Staus im Ortsgebiet führe. Da es die von den Instanzen vor Ort verlangte Sonderdotierung nicht geben konnte, das Land zu einer Projektumreihung nicht bereit war, schlug ich eine Vorfinanzierung durch Land und Gemeinde vor. Da kam ich zunächst ganz falsch: Das wäre ein ungeheures Präjudiz, da würde dann jeder kommen, der Bund mache es sich zu leicht etc. etc. Meine Sturheit bewirkte Einsicht, das Projekt wurde umgereiht, von Land und Gemeinde vorfinanziert. Die feierliche Eröffnung war ein wirkliches Volksfest war. Mir bleibt sie auch in Erinnerung, weil die Musikkapelle die Bundeshymne nicht spielen konnte oder wollte (angeblich waren keine Noten da) und ich daher bewusst auch kein Trinkgeld gab.

Da nun dank Vignette Mittel in der Höhe von über 2 Milliarden Schilling zu erwarten waren, konnte das so genannte Lückenschlussprogramm nachhaltig begonnen werden. Dazu zählte für mich vorrangig die vierspurige Strecke Vösendorf-Wien, die ich längerfristig bis Guntramsdorf und in der Folge bis Wr. Neustadt verlängert haben wollte, der sukzessive dreispurige Ausbau der Westautobahn, die B 301, die Pyhrnstrecke jenseits der Ennstalfrage, die Strecke Klagenfurt–Vökermarkt. Dabei erklärte ich den Direktoren und Experten, dass es hoch an der Zeit sei, die Autobahnen nicht mehr so zu bauen, dass sie die Landschaft sicht- und hörbar zerschneiden (Beispiel Wöllersdorf-Wr. Neustadt, Inntal), sondern dass sie so versteckt und verdeckt wie möglich anzulegen seien. Ohne diese Strategie hätten wir die Strecke Völkermarkt–Klagenfurt, die ich noch in meiner Amtszeit Ende November 2000 freigeben konnte, nicht so rasch und reibungslos zuwege gebracht. Auch die Überbauung von Autobahnen im städtischen Bereich war mir ein Anliegen. Bei einer Vorsprache trug mir der Generaldirektor der Fa. Porr das Projekt einer Überbauung der Südosttangente in Wien im Bereich des Horrstadions vor. Die Experten meines

Hauses waren dagegegen und zwar mit dem Argument, dass es in der Folge Probleme bei Pflege und Umbau geben könnte. Ich verwies auf die Möglichkeit der Einräumung eines ewigen Servituts zu Lasten des Überbauers und gab Anweisung, das Projekt weiter zu verfolgen. In der Stadt Salzburg gab es im Bereich Siezenheim einen Überbauungswunsch. Bei einem Gespräch mit Spitzenvertretern des Landes sagte ich meine Unterstützung zu, aber nur unter der Bedingung, dass es vernünftige Pläne für die Nutzung der gewonnenen Flächen gäbe. Und dann begann das Warten auf Vorschläge, die nicht kamen und nicht kommen sollten. Kurz vor der Salzburger Landtagswahl gab es eine fiktive Spatenstichfeier mit dem Landeshauptmann: Die Wahl war wohl wichtiger als das Nutzungskonzept.

Ich hatte mich schon lange Jahre gefragt, warum es in Österreich die Anlage breiter, grün verwachsener Mittelstreifen geben müsste, dazu verfolgte ich stets auch mit Interesse die Diskussion über die Sicherheitsfunktion der metallenen Leitplanken. Jetzt war ich in einer Position, in der sich Zustände ändern ließen. Ich bin den Herren der ASFINAG und dem oberösterreichischen Straßenlandesrat Hiesel sehr dankbar, dass wir in OÖ sofort die Verbreiterung der Westautobahn unter Auflassung des Mittelstreifens beginnen konnten. Es stellte sich nämlich auch heraus, dass diese bauliche Veränderung keine Umweltverträglichkeitsverfahren benötigte. Eine neue Methode zum rascheren Autobahnausbau war gefunden und wurde seither auch intensiv genützt, auch bei der zwischenzeitig erfolgten Verbreiterung der Südautobahn Vösendorf–Traiskirchen.

Ärger mit den Tunnels:

Ziemlich zu Beginn meiner Amtszeit war ich auf Besuch im Süden des Bundeslandes Salzburg und erklärte dort, dass ich für den Bau einer zweiten Tunnelröhre am Tauern sei. Die Reaktion der Salzburger Landespolitik trug mir eine Rücktrittsaufforderung ein (selbstverständlich nicht persönlich mitgeteilt, sondern über die Presse übermittelt): meine Pressereferentin zeigte mir eine Überschrift einer österreichischen Wochenzeitung, die ich nie gelesen habe und es auch nie tun werde, in der es in etwa hieß: „Farnleitner zieht eine Blutspur durch Salzburg!“. Als es später zum Tunnelbrand am Tauern kam, da wollten alle schon immer für den Bau einer zweiten Röhre gewesen sein. Tatsächlich hatte der von mir auf Grund seiner Tätigkeit als Kammeramtsdirektor der Handelskammer Salzburg sehr geschätzte Landeshauptmann Haslauer seinerzeit alles getan um den zweiröhrigen Ausbau zu verhindern und erst das Programm der derzeitigen Salzburger Landesregierung hat die zweite Röhre wieder in die Zielsetzungen des Landes aufgenommen. Auch das Bundesland Kärnten erwachte erst nach dem Unglück. Ich nahm nach meiner Berufung auch unverzüglich Gespräche mit dem damaligen Finanzminister Klima auf, um beim Semmeringstraßentunnel eine zweiröhrige Lösung durchzusetzen. Es bedurfte einiger Gesprächsrunden bis meine Auffassung sich durchsetzte.

Auch in der Steiermark begannen wir das Zweiröhrenprogramm mit einem Spatenstich am Selzthaltunnel. Der letzte Spatenstich in der Steiermark war der für die zweite Plabutsch-Röhre. Auch hier hat es im Vorfeld ein Junktimgerangel gegeben: Ich kündigte an, dass mit dem Bau erst begonnen würde, wenn mir die Steiermark ihr Ja zum Entwurf der Mautstellenverordnung für das LKW-Road Pricing gäbe. Das war in einem Bundesland, in dem bezirkauf, bezirkab jeder Politiker gegen die Maut und die Wirtschaft und bestimmte starke Betriebe gegen Mautstellen in ihrem Bereich waren, schon eine Zumutung.

Die Mautstellenverordnung wurde mehrfach abgeändert (durch Anpassung der vorgesehenen Tarife für flache und bergige Strecken sowie durch die Verlegung von Mautstellen). Jedenfalls gab es einen positiven Brief und es konnte losgehen. Im Fall der zweiten Röhre beim Amberg-Tunnel war das Land Vorarlberg zu einem ähnlichen Verfahren nicht zu bewegen. Für Tunnellösungen war mir jeder Streit recht. Bei einem Besuch in Tirol wurde mir vom Generaldirektor der ASG die Idee unterjubelt, das Außerfern besser an Zentraltirol anzubinden und gleichzeitig die unfallträchtige Fernpassroute ein für allemal zu entschärfen. Ein erstes Gespräch mit Tiroler Spitzen brachte ein eisiges Nein zum so genannten Tschirganttunnel, welches erst nach einem Treffen mit den lokalen Granden und dem Aufstieg eines Außerferner Politikers zu zunächst höheren Parteiehren in ein drängendes JA und einem kernigen Motto: „Das Außerfern darf sich nicht Bayern zuwenden!" umgewandelt wurde. Aber noch ruht das Projekt.

In einigen anderen Fällen wie bei der Diskussion einer vierten Donaubrücke in Linz oder der Verbindung der B 301 und der ebenfalls in Angriff genommenen Wiener Nordostumfahrung notwendigen Donauquerung brachte ich alternativ Tunnel ins Gespräch. Linz blieb bei dem Brückenprojekt, in Wien sagte mir Bürgermeister Häupl, dass es eine solche Projektidee schon gegeben hatte und sandte mir die diesbezüglichen Unterlagen.

Abgesehen von diesen offenen Problemen gab es bei meinem Dienstantritt eine Reihe von Altprojekten, die an lokalen Widerständen unterschiedlichster Art ins Stocken geraten waren. Ich möchte einige signifikante Beispiele anführen.

In Graz war die Verwirklichung der Nordspange an einer akademisch hochgradigen, kleinen, aber wortgewaltigen Bürgergruppe gescheitert. Bürgermeister Stingl und Vizebürgermeisterin Feldgrill-Zankel sprachen bei mir vor und ersuchten um einen Lösungsansatz. In meinem Haus wurde nachgedacht und eine Lösung gefunden: Durch eine Novelle zum Bundesstraßengesetz wurde festgelegt, dass bei geringfügiger Verlegung von Kurvenradien keine neuen Verfahren notwendig sind. Den Gesetzentwurf verstand ich erst nach mehrmaliger Lektüre: Er wurde Gesetz und das Projekt wurde flott gemacht. Im Zillertal bestand schon seit Jahren ein Straßentorso: Am Taleingang hatte man einen Tunnel gebaut und die Straße begradigt, zwischen den Orten Fügen und Zell gab es die alte Straße und bis Mayerhofen fuhr man wieder auf der ausgebauten Schnellstraße. Mit Hilfe des Obmannes der Bundessektion Tourismus und Freizeitwirtschaft der Wirtschaftskammer Österreich, des Kramerwirts Hansjörg Kröll in Mayerhofen wurden mehrere Bürgermeistergespräche geführt und ein Durchbruch erzielt. Das Land führte die neue Planung durch, mein Haus genehmigte das Ergebnis der Umweltverträglichkeitsprüfung und bei einer schönen Feier in der Hofburg zu Innsbruck unterzeichnete ich die Trassenverordnung. Das war übrigens das einzige Mal, zu dem ich eine Musikkapelle, die so genannte Bürgermeistermusik aus dem Zillertal unter Leitung des Bezirkshauptmanns, dirigierte. Sonst habe ich alle derartigen Einladungen abgelehnt, da ich mit bestimmten Usancen in der Politik nichts zu tun haben wollte (so wie mir auch immer das Küssen meiner eigenen Enkelkinder hinreichend war).

Auch beim Bau der Wr. Neustädter Nordspange spießte es sich, sollte die Trasse doch durch ein Wasserschutzgebiet führen; das lokale Gebietsbauamt war entschieden ablehnend. In einem Schulterschluss mit dem niederösterreichischen Landeshauptmann wurde das Projekt flott gemacht und noch im Herbst 1999 eröffnet.

Ich machte übrigens bei vielen regionalen bedeutsamen Straßenprojekten die Erfahrung, dass in diesen Fällen eine Entscheidung vom Bund her erwünscht war, vielfach unter der ausgesprochenen Vorbedingung, dass die lokalen Instanzen weiter kritisieren würden! Zwei Beispiele aus dem Ländle gefällig: Ich wurde vom Wirtschaftslandesrat gebeten in der Frage der Lage einer Autobahnraststätte zwischen dem Grenzort Hörbranz und Hohenems zugunsten von letzterem zu entscheiden, was ich nach einem Lokalaugenschein auch tat: Also Feuer frei auf Farnleitner und kein Wort der Verteidigung oder des Dankes, schon gar nicht öffentlich.

In Feldkirch gibt es seit langem das Projekt des so genannten Letzitunnels, der die Bevölkerung der Stadt vom Durchzugsverkehr entlasten sollte. Eine Nachbargemeinde und das Fürstentum Liechtenstein opponierten. Kanzler Klima berichtete mir nach einem Besuch in Vaduz, dass hier volle Ablehnung des österreichischen Projektes bestehe, da man einen verstärkten Durchzugsverkehr durch Liechtenstein befürchte. Ich erhielt auch den Besuch des Stellvertretenden Regierungschefs in dieser Angelegenheit. Dennoch trat ich vor Ort nachdrücklich für diese Variante ein. Der Bürgermeister dieser Stadt, ein Parteifreund, war entzückt, was ihn aber nicht hinderte, mich wenige Tage darnach über die Medien anzugreifen. Dankbarkeit ist keine politische Kategorie, dass hatte ich schon vor meinem Amtsantritt gewusst, aber dass ich es so oft am eigenen Leib verspüren würde, hätte ich mir weder gedacht noch gewünscht.

Ein fast amüsanter Sonderfall waren Interventionen um Umreihungen bei den Prioritätslisten der Länder. Im Regelfall verwies ich auf die föderale Kompetenz und hielt mich heraus. Unvergesslich bleibt mir eine Intervention, in der ein Abgeordneter (selbstverständlich mündlich und vertraulich) bei Ortsumfahrungen eine Verschiebung der Reihenfolge von Enteignungen bzw. Grundablösen verlangte, damit bestimmte Grundbesitzer nicht durch frühzeitige Ablösen reich würden.

Besonders unangenehm war mir bei den Besprechungen über Autobahnplanungen die Entfernung der Mühlkreis- und der Nordautobahn aus dem Anhang zum Bundesstraßengesetz aufgestoßen. Freunde warnten mich, diese Altprojekte neu aufzuwärmen, da bei meinem ohnedies umstrittenen Standing ich es mir mit den Landeshauptleuten von Ober- und Niederösterreich nicht anlegen sollte. Ich entschied mich für eine softe Vorbereitungsaktion. In Oberösterreich fand ich im Bürgermeister von Freistadt, Abg. Mühlbachler einen einflussreichen Gesinnungsgenossen, in Niederösterreich in der Abg. Rosemarie Bauer und im Bundesrat Wilfing einsatzbereite Verbündete. In Bürgermeisterkonferenzen und Gesprächen vor Ort wurde die Stimmung umgedreht und im Ergebnis wurden im Einvernehmen mit beiden Landeshauptleuten die Projekte wieder in den Anhang des Gesetzes aufgenommen, die Mühlkreisautobahn allerdings unter der Kategorie Schnellstraße. Damit war auch die Finanzierung aus Vignetten- und künftigen LKW-Mauten möglich.

Um den Disput über Straßenbau in Österreich zu versachlichen, lud ich eine Expertengruppe unter der Leitung von MR Prof. Estermann ein, ein Gutachten über die künftige Verkehrsentwicklung unter besonderer Berücksichtigung des Donaueuropäischen Wirtschaftsraums zu erarbeiten. Die so genannte GSD-Studie (Die Gestaltung des Straßennetzes im Donaueuropäischen Raum unter besonderer Beachtung des Wirtschaftsstandortes Österreich) wurde im Frühjahr 1999 publiziert, erregte großes Aufsehen und bestätigte die Vorhaben meines Hauses. Auch bei den Diskussionen im Bautenausschuss und im Plenum des Hohen Hauses fand die Studie abgesehen von der erwartungsgemäßen heftigen Ablehnung durch die Grünen positiven Widerhall und nachhaltige Unterstützung.

Mit dieser Studie und den noch fertig zu stellenden Korridoruntersuchungen lagen die Grundzüge des künftigen Straßenbaues auf dem Tisch. Das Ergebnis empfahl die Realisierung der bisher nicht im österreichischen TEN enthaltenen Projekte Spange Kittsee (B50), Brünner Straßenkorridor (B7), Mühlkreis-Korridor (A7, B125), B65 Richtung Ungarn und Ennstalroute (B146 und B99). Doch wir hatten die Rechnung ohne den Verkehrsminister gemacht: Mit dem von Verkehrsminister Dr. Caspar Einem vorgelegten Masterplan für den österreichischen Verkehrsausbau sollte allen Ausbauplänen ein Riegel vorgeschoben werden. Die Reaktion aus allen Kreisen der Politik (Grüne und Eisenbahner ausgeschlossen) war negativ. Der Masterplan wurde, wie ich es formulierte, zum verkehrspolitischen Monsterplan. Einmal mehr zeigte sich, wie unklug es war, die Bau- und Verkehrskompetenzen nicht in einem Ressort zusammenzufassen. Zwischenzeitige Bemühungen nach der Ruster Regierungsklausur, die forschungs- und verkehrspolitischen Kompetenzen zu bereinigen, waren an den SPÖ-internen Widerständen gescheitert. Ich hoffe, dass die neue Kompetenzverteilung in der ÖVP-FPÖ-Regierung zu einer besseren Koordinierung der Infrastrukturpolitik führen wird

Stolperstein Road Pricing:

Nach dem eindeutigen Erfolg der Vignette ging es mir bald darum, eine Allianz zur Beseitigung des im Bundesfinanzierungsgesetz 1991 vorgesehenen Road Pricing für PKW zu finden. Die Autofahrerverbände waren Feuer und Flamme, auch im Bautenausschuss fand ich starke Unterstützung. Probleme gab es auch in meiner Partei, da namhafte Persönlichkeiten darin ein Herzstück des Schüssel-Ditz-Kurses sahen. Doch mit jedem Tag der Kampagnisierung wurde der Verzicht auf dieses Konzept realistischer. Schwieriger war die Umsetzung des Road Pricing für LKW. Der im Gesetz vorgesehene Termin von 2001 war aus vielen Gründen nicht haltbar. Zunächst war offensichtlich, dass sich die Wirtschaft, die früher mir der Arbeitnehmerseite im berühmten Gutachten der Sozialpartner zur Budgetsanierung vom 6. September 1995 noch für das halboffenen Mautsystem ausgesprochen hatte, eine Kehrtwende vollzog und mich über ihre Verbände und politischen Vertreter aufforderte, den gesetzlichen Auftrag nicht zu vollziehen. Ich erinnere mich an eine ÖWB-Fraktionssitzung vor einem Wirtschaftskammertag, in der ich unter heftigen Beschuss der Frächtervertreter geriet. Auf meinen Einwand, dass ich als zuständiger Minister sogar verpflichtet sei, das Gesetz umzusetzen oder zurückzutreten, rief mir der Verkehrsfunktionär Moser zu: „Dann treten Sie zurück!"

So einfach ist Politik mit der Interessensbrille. Die SPÖ nahm mich wegen der LKW-Maut unter Dauerbeschuss. Auch in den ÖVP-dominierten Bundesländern mehrte sich der Widerstand. SPÖ-Klubobmann Kostelka bezeichnete mich den

Medien gegenüber wegen der Nichtumsetzung als das schwächste Mitglied der Bundesregierung. Im ORF auf meine Meinung zu dieser Kritik befragt, sagte ich als Christ sei meine Position einfach: auch die andere Wange hinhalten. In der nächsten Ministerratssitzung brachte Vizekanzler Schüssel die Angelegenheit zur Sprache, Kostelka wand sich und äußerte eine lahme Zurücknahme, in der Öffentlichkeit ließ er davon nichts hören. Innerhalb der ÖVP war aber eine Positionsbestimmung notwendig geworden. In einer Parteivorstandssitzung wurde präzisiert, dass die LKW-Maut unter folgenden Bedingungen eingeführt werden sollte:

1. Gleiches technisches System wie Deutschland und
2. Gleiches Inkrafttreten.

Die Mautstellenverordnungen wurden weiter vorbereitet, mit der deutschen Regierung wiederholt Kontakt aufgenommen, allerdings ohne signifikantes Ergebnis. Innerösterreichisch entschloss sich 1999 das Management der ASFINAG, vor allem der der SPÖ angehörige Vorstandsdirektor Engleder, den Bundesminister ordentlich in die Zange zu nehmen. Es wurde die Illiquidität der ASFINAG beschworen und demonstrativ die Planungsarbeiten an bestimmten Projekten eingestellt. Ein Aufschrei von Länderpolitikern war die Folge. Ich beauftragte das Unternehmen ausdrücklich, die einzelnen Mautstellen im Einvernehmen mit den Ländern festzulegen. Der mir vorgelegte Entwurf entsprach dieser Forderung nicht nur nicht, sondern hatte nicht einmal die konsensualen Verlegungen von Mautstellen in mehreren Bundesländern eingearbeitet. Erst als dies der Fall war unterschrieb ich die Verordnung, noch vor dem Antritt der neuen Bundesregierung, auch um meinem Nachfolger das Los zu erleichtern, vor allem aber um über diese Maßnahme die Kreditfähigkeit der ASFINAG zu erweitern und die vielen begonnenen Projekte fortzuführen.

Von den Reaktionen bleibt mir eine unvergesslich: Der damalige Kammerpräsident der Wirtschaftskammer Salzburg und ÖVP-Abg. Puttinger bezeichnete mich in einer Presseaussendung als „Quisling". Von mir daraufhin persönlich angesprochen entschuldigte er sich, nahm aber den Vorwurf öffentlich natürlich nicht zurück! Na ja, die Kostelkas sind auch unter uns.

Die Wirtschaft bestürmte mich, ein satellitengesteuertes System einzuführen, was eine jahrelange Zurückstellung bedingt hätte, auch ein vollautomatisches System, gegen das ich persönlich nichts einzuwenden gehabt hätte, bedurfte eines neues Regierungsbeschlusses, der mit der SPÖ nicht herbeizuführen war. Ich selbst hatte mir in Asien (Taiwan) das funktionierende, auf Infrarot beruhende vollautomatische

Mautsystem eines Grazer Unternehmens angesehen, aber in der EU und in Österreich liefen die Uhren anders.

Wer die rollenden Lagerhäuser auf Österreichs Autobahnen sieht, die an der Kippe stehende Meinung vieler Autofahrer über Anti-LKW-Regulierungen kennt, kann der Frächterwirtschaft nur raten, ihren Beitrag zum Ausbau einer verbesserten Infrastruktur verursachergerecht bald aufzubringen. Ich wünsche ihr kein Schweizer System, bei dem auch auf Bundesstraßen Maut zu entrichten ist, aber die Forderung danach wird kommen, wenn sich Teile des LKW-Verkehrs auf die Bundesstraßen rückverlagern.

Die neue Bundesregierung hat sich nun für ein vollautomatisches System entschieden: Ich wünsche dem Projekt gutes Gelingen und ein besseres Einführungsschicksal als der Vignette!

Gerne hätte ich auch die Kontrolle der Geschwindigkeit und der Ladungen der LKWs an die Asfinag ausgelagert, aber die Zeit war dazu noch nicht reif.

Baustellenmanagement:

Wie vielen anderen österreichischen Autofahrern fiel auch mir an den diversen Baustellen auf, dass

- sie sehr weiträumig abgesichert waren und für oft kleine Reparaturen kilometerweite Absperrungen erfolgten,
- die Baustellen lange Zeit ohne Bauarbeiter auskamen,
- bei schönstem Bauwetter mitten am Nachmittag Arbeitsschluss war,
- am Samstag und Sonntag überhaupt nicht gearbeitet wurde,
- die Bautafeln nützliche Informationen wie Bauzweck und Fertigstellungsdatum nicht enthielten.

In alter Tradition lud ich zunächst die Sozialpartner, Bauwirtschaft und Gewerkschaft ein, um mit ihnen Abhilfe zu erörtern. Der langen Diskussion kurzgefasstes Ergebnis: Warum eine Zustandsänderung nicht möglich ist, hätte ich mir alleine auch denken können: Zwei Schichten am Tag, dafür gab es zu wenig Maschinenführer, Wochenendarbeit sei zu teuer, leere Baustellen seien die Folge einer Vergabe an zu wenig leistungsfähige Unternehmen etc.

Ich hatte nicht vor aufzugeben und setzte nun auf die Aufsichtsräte der ASFINAG, ÖSAG und ASG. Es war wohltuend festzustellen, wie die von mir vorgeschlagenen Persönlichkeiten aus der Wirtschaft Druck machten. Besonders positiv erwähnen möchte ich Kommerzialrat Viktor Wagner und den Vorsitzenden des ÖSAG-Aufsichtrates Generaldirektor Richard Schenz. Auch das Management der

Unternehmen ging mit. Die Verbesserung der Information erfolgte rasch, ein Bonus-Malussystem für das Einhalten der Zeitpläne wurde eingeführt, die Absperrungen besser koordiniert (dabei kam zu Tage, dass manche Straßenmeistereien nicht einmal über ein Fax verfügten). Plötzlich war auch Wochenendarbeit möglich: Wie oft hatte ich darauf hingewiesen, dass es unverständlich sei, österreichische Baufirmen in Ostdeutschland und Norditalien am Wochenende Straßen bauen zu sehen, im Heimatland aber die Arbeit ruhen zu lassen. Mit dieser neuen Politik wurde endlich umgesetzt, dass der Komfort der Autofahrer ein Anliegen des Straßenbaus sein und bleiben muss. Eine Reihe von Ideen blieb noch im Raum stehen: Beleuchtete und videokontrollierte Parkplätze, die insgesamte Trennung von Raststätten in solche für PKW und LKW, mit dem bestehenden Beispiel wie der Südrast für LKW in Kärnten wurden beste Erfahrungen gemacht.

Als ich im Frühjahr dieses Jahres, meiner politischen Aufgabe ledig, auf der Südautobahn an einem Samstag nach Wien fuhr und sah, mit welchem Hochdruck auf der großen Baustelle gearbeitet wurde, da lächelte ich unwillkürlich und dachte mir, dass sich die Mühe gelohnt hat.

Die teure dritte Spur:

Wir waren wieder einmal mit dem Dienstwagen in Tirol unterwegs. Bei einer Baustelle auf der Überholspur der Inntalautobahn auf der Fahrt von Innsbruck nach Kufstein bildete sich eine längere Kolonne auf der verbleibenden Spur. Ich sah aus dem Fenster und in meinem Gedächtnis prägte sich die leere Abschlepp- bzw. Sicherheitsspur ein: Auf ihr parkten weder kaputte Fahrzeuge, noch kam ein Rettungs- oder Gendarmeriefahrzeug daher. Da sagte ich zu meinen Chauffeur Herrn Christian Siderits: „Das ist der teuerste stillgelegte Landstreifen Europas. Ich werde mich bemühen, diesen Streifen für den allgemeinen Verkehr und sei es nur zu Spitzenzeiten zu öffnen!" Die Antwort war: „Da werden Sie wieder eine Diskussion auslösen, dabei haben Sie heute ohnedies schon gezündelt!" Dabei hatte ich nichts anderes getan als nach einer wegen Baustellen und kilometerlangen Überholmanövern von LKWs auf der Westautobahn meinen Tiroler Zuhörern sinngemäß das Aufatmen meines Fahrers bei der Fahrt auf der Inntalautobahn wiederzugeben, der gesagt hatte: „Endlich wieder ruhigerer Verkehr und zum ersten Mal am heutigen Tag die Chance, den Tempomat einzustellen". Meine Zuhörer hatten eher ein mitleidiges Bedauern für den Verkehr auf der Transitstrecke erwartet. Nun hatte ich ein neues Anliegen; Auch in anderen Ländern wie Deutschland und den USA gibt es über weite Strecken keine Sicherheitsspur, dafür regelmäßige Ausweichen. Bei der Breite der dreispurigen Autobahnen reichte es dort, wenn die Fahrer beim Herankommen von Rettung und Polizei enger zusammenfahren. Ich sprach Experten und Politiker darauf hin an:

Ein Landeshauptmann sagte mir schlicht und einfach, dass ich gegen die Feuerwehr, die Rettung und die Abschleppdienste sowie die Autofahrerklubs keine Chance hätte. Interessanterweise gibt es in gerade diesem Bundesland auf Strecken bergan dreispurige Stellen, die nur Ausweichen haben. Auch auf den langen zweispurigen Baustellenumfahrungen gibt es nunmehr Ausweichen. Auch regte ich an, die dritte Spur wenigstens zu Stauzeiten freizugeben. Auf die Einwände von allfälligen Bergeproblemen meinte ich, dass es ohnehin an der Zeit sei, neben den Christophorus–Rettungshubschraubern an den Einsatz von Bergehubschraubern zu denken: Schon wieder eine Neuerung, die Unruhe schafft. Ich halte nach wie vor an der Idee fest, denn zu oft erlebe ich nach auch nur sehr kleinen Unfällen wie sich kilometerlange Staus bilden, in der Richtungsfahrbahn des Unfalles, nicht nur weil die Bergung Fahrspuren blockiert, sondern weil langsamer gefahren wird, auch auf der Gegenfahrbahn, weil Neugierige abbremsen um zu schauen. Aber solange die Hoffnung auf den Ausbau einer weiteren Spur stärker ist das Interesse an der Nutzung einer stillliegenden, wird sich nichts ändern.

Der Bereich Straßenbau hat mich fasziniert und gefordert. Während meiner Ministerzeit sind die Investitionsvolumina im Straßenbau namhaft gestiegen. Wurden 1995 noch 5,347 Milliarden Schilling investiert, so stiegen die Beträge in den folgenden Jahren wie folgt: 1996: 5,943 Milliarden Schilling, 1997 6,482 Milliarden Schilling, 1998: 7,515 und 1999 7,991 Milliarden Schilling. Eine große Anzahl von Projekten wurde initiiert bzw. fertig gestellt, viele Innovationen umgesetzt. Bei meinen jetzigen Autofahrten als Privatmann fahre ich ständig auf meinen früheren Entscheidungen beruhenden Straßen: Das gibt mir mehr Zufriedenheit und Erfolgserlebnisse als jede öffentliche Anerkennung.

## 4.18 Technik und Innovation – ein neuer Standortfaktor!

Das Wirtschaftsministerium hatte im Rahmen seines Kompetenzbereiches auch wesentliche Aufgaben im Technologiebereich, im Wesentlichen die industrienahe Forschung, den Forschungsförderungsfonds der gewerblichen Wirtschaft und das österreichische Patentamt.

In einem weltweit stattfindenden Wettbewerb ist die Innovationsfähigkeit immer stärker zu einem der bestimmenden Standortfaktoren geworden. Die innerösterreichische Diskussion in diesem Bereich kann in wenigen Sätzen charakterisiert werden:

1. Österreich hinkt technologisch nach, seine Forschungsausgaben gemessen am BIP sind unterdurchschnittlich, seine Patentbilanz ist negativ.
2. Die Forschungskompetenzen sind im Wesentlichen zersplittert (zwischen Wissenschafts- und Wirtschaftsministerium) und
3. Neue Technologien dürften erst umgesetzt werden, wenn sie ökologisch und beschäftigungspolitisch verträglich sind. Diese Haltung habe ich mit folgender Feststellung zu charakterisieren versucht: „Mögen andere Länder neue Technologien entwickeln, wir liefern die Ethik für deren Nichtgebrauch!“

Eine Sonderfacette war die Idee des Bundeskanzlers, bestimmte wirtschaftspolitische Ziele durch Projektverantwortliche voranzutreiben: so wurden für den Technologiebereich mit Prof. Arnold Schmidt (TU Wien) und Generaldirektor Hochleitner (Fa. Siemens) beauftragt, im Zuge einer Technologieoffensive ein Programm zu erarbeiten. Als es vorlag, war die Koalition nicht in der Lage, es umzusetzen. Die Aktion hat öffentlich und politisch mehr geschadet als genützt.

Das Ceterum Censeo der österreichischen Technologiepolitik ist die Forderung nach einer Forschungsförderung im Ausmaß von 2,5% des BIP. Als ich in die Regierung kam betrug dieser Prozentsatz in Österreich 1,4, am Ende meiner Periode lag er bei 1,8%. Diese unbestrittene Steigerung ging zumindest in meinem Bereich in der öffentlichen Auseinandersetzung um die Dotierung des Forschungsförderungsfonds unter. Als ich mit Bundesminister Edlinger bei der Erstellung des ersten Budgets die Finanzen des FFF analysierte, fiel auf, dass dieser in einem beträchtlichen Ausmaß (rd 1 Milliarde Schilling im Jahr 1996) wie eine Bank Darlehen vergab, was angesichts der Liquiditätslage der Banken nicht mehr zeitgemäß schien. Edlinger und ich vereinbarten, die Darlehensgewährung so weit wie möglich zu unterbinden und durch Garantien zu ersetzen. Das löste einen Aufschrei der Entrüstung aus. Die abgekürzte Bezeichnung FFF bekam in der Praxis eine neue Bedeutung: „Farnleitners Fehlende Finanzierung“ bedrohte „Frantsits Fantastische Finanzierung“. Wie anderswo auch heimste der Präsident der Anstalt Lob ein, wenn er den Minister ordentlich kritisierte, bevor er sich dann wieder bei mir persönlich um bessere Behandlung bemühte. Wir insistierten, dass im Fonds die Darlehensrückflüsse von rund einer Milliarde Schilling nicht mehr für weitere Darlehen verwendet, sondern in Garantien und Zuschüsse umgewandelt werden sollten. Die Bundeszuwendungen betrugen 1995–1999 jeweils 655, 746, 664 und 673 Millionen Schilling. Da wir aber gleichzeitig eine erhöhte Zufuhr von Mitteln aus der Nationalbank durchsetzten (diese stiegen von 98 Mio S im Jahre 1966 auf 96, 117 und 362 Mio S in den folgenden Jahren) hatte der FFF trotz aller öffentlichen Klage und Beschwerden im Jahre 1999 1,950 Milliarden Schilling zur Verfügung. Das waren um 200 Millionen Schilling mehr als 1966. Den Druck auf die Notenbank hatte die Diskussion über die Zukunft ihrer Reserven erhöht. Hatte FPÖ-Obmann Jörg Haider diese Frage erstmals politisch gestellt, so ließ ich in einem von Prof. Winckler erstellten Gutachten prüfen wie hoch das Ausmaß der nach der Euroeinführung nicht mehr benötigten Reserven sei. Die Schätzung lag zwischen 40 und 60 Milliarden Schilling. Ich regte nun an, einen Teil dieser Mittel in eine Forschungsstiftung einzubringen und die Forschungsbudgets unabhängiger vom Bundesbudget zu machen. Die erste Reaktion der anderen Budgetpolitiker war: man könne im Budget auf die rückfließenden Erträge aus der Notenbank nicht verzichten. Die Zeit war einfach noch nicht reif, aber der Stein war ins Wasser geworfen und aufgeschoben ist nicht aufgehoben.

Wichtiger als diese Diskussion war mir aber die von den Experten des Patentamtes auf meinen Wunsch hin erarbeitete Statistik über die Forschungsergiebigkeit in Europa. Vergleicht man die Zahl der Patente und Gebrauchsmuster pro Kopf der Bevölkerung, so ist Österreich im europäischen Spitzenfeld zu finden. Als ich diese Zahlen stolz im Hohen Haus und bei einem Symposion in Alpbach präsentierte, da hatte ich eher den Eindruck als ob ich mich des Diebstahls an einem wohlerworbenen Vorurteil schuldig machen würde. Auch der österreichische Technologiebericht 1999 bestätigte, dass Österreichs Unternehmen zu den innovationsfreudigsten in ganz Europa zählen. Der Anteil der Unternehmen, die über einen Zeitraum von drei Jahren Produkt- oder Prozessinnovationen durchgeführt haben, in Österreich bei 67% liegt und damit den EU-Durchschnitt von 53% weit übertrifft. Gemessen am Anteil neuer und verbesserter Produkte am Gesamtumsatz liegen Österreichs Unternehmen in Europa an dritter Stelle. Es war eine späte Rechtfertigung, als der Geschäftsführer des FFF in einem Ausschuss des Parlamentes erklärte, der FFF sei so gut wie zu meiner Zeit noch nie finanziert worden. Die öffentliche Wehleidigkeit (eigentlich sollte ich schreiben: Die notorische Aufsässigkeit und Undankbarkeit) des FFF bewog mich, eine echte Mitwirkung des Ministerium in den Gremien des Fonds anzustreben, da mein Haus kein Stimmrecht im Rat hatte. Ich bekam dafür nicht die nötige Unterstützung. Als Mitverhandler der Steuerreform 2000 gelang es, den Forschungsfreibetrag zu verdoppeln. Nach den Empfehlungen der Projektmanager war ich bereit gewesen, die Forschungskompetenzen meines Hauses an das Einem-Ministerium abzutreten, wenn diesen meinem Haus die Abt. V/II Exportpolitik für die ehemalige verstaatlichte Industrie) abgetreten hätte. Es kam nicht dazu, weil die Zustimmung der SPÖ nicht zu erhalten war. Es hat mich amüsiert, dass diese Veränderung unter der ÖVP-FPÖ Regierung sofort realisiert wurde. An und für sich war das Zersplitterungsargument nicht schlagend: es gab eher einen Wettbewerb um Fortschritte, in dem sich mein Haus als sehr innovativ erwies. Ich erinnere an das Wachstum und den Erfolg der Christian-Doppler Forschungsgesellschaft, die seit 1995 ein zentrales Element der Forschungs- und Technologiepolitik im BMwA darstellte. 1999 waren 18 Laboratorien eingerichtet, die als Brücke für den Wissenschaftstransfer zwischen universitärer Forschung und industrieller Entwicklung dienen. 1998 und 1999 konnten neben dem traditionellen Schwerpunkt der Stahlforschung durch Laborneugründungen auch neue Themenfelder wie Holzbearbeitung, Mechatronik, Zellstoffchemie, Medizintechnik, Mikroelektronik, Keramische Werkstoffe und Photovoltaik erschlossen werden.

Im Rahmen der technologiepolitischen Initiative der Bundesregierung wurde vom Wirtschaftsministerium das Programm „Industrielle Kompetenzzentren und Kompetenznetzwerke" zur Unterstützung der Gründung und des Aufbaues von Kompetenzzentren unter Führung der Wirtschaft entwickelt. Es sollte insbesondere der Bildung und dem Ausbau industrieller Cluster durch Verbreitung der clusterspezifischen Wissensbasis dienen und damit zu innovativen Strukturen im F&E-Bereich führen. Im Jahre 1999 wurden nach einer umfangreichen Evaluierung die Industriellen Kompetenzzentren „Mechatronik" in Oberösterreich und „Fahrzeugakustik" in der Steiermark sowie das Kompetenznetzwerk „Energie aus Biomasse" mit den Kompetenzknoten Güssing und Wiener Neustadt genehmigt. Die Früchte dieser Bemühungen werden sich mittelfristig zeigen: gerade in der Forschungspolitik muss weit über den Tageshorizont hinaus gedacht und geplant werden.

Schon in meiner Zeit als Leiter der Wirtschaftpolitischen Abteilung der Wirtschaftskammer Österreich hatte ich gemeinsam mit Kollegen aus dem Österreichischen Arbeiterkammertag (Hans Wehsely, Wilhelmine Goldmann) den Anstoß zur Gründung der Innovationsagentur gegeben, die nun ich als Minister in meinen direkten Einflussbereich bekam. Zusammen mit dem dynamischen Geschäftsführer Dr. Dorn konnten eine Reihe neuer Aktivitäten initiiert werden. Zunächst wurde das so genannte Seedfinancing-Programm stark ausgeweitet. Neu eingerichtet wurde die Business-Angels-Börse I2, die Patentverwertungsinitiative TecMa und das österreichische Netzwerk für Technologie- und MarktgutachtenTecNet. Der jährliche Staatspreis für Innovation, verliehen bei echten Innovationsfesten im Thalia-Theater in der Taborstraße, war jeweils ein Highlight meines Arbeitslebens. Da trafen sich nur helle, zukunftsmotivierte Köpfe, da wurde technologiepolitischer Optimismus gerechtfertigt. Da war es auch möglich, einmal härter auf die rhetorische Pauke zu hauen. So formulierte ich einmal: „Wer nicht innoviert, der krepiert!“ und erntete tosenden Beifall. Dankenswerterweise führt die Innovationsagentur den Schülerwettbewerb „Jugend Innovativ“ durch und beherbergt das vom Wirtschaftsministerium finanzierte Generalsekretariat der Vereinigung der Technologiezentren Österreichs (VTÖ).

Die zuletzt angeführten Initiativen konnten da im eigenen Wirkungsbereich rasch entwickelt und umgesetzt werden

Viel schwieriger war es, im Bereich neuer Technologien Akzeptanz zu finden. Ein Lehrstück war für mich die EU-Richtlinie zur Biotechnologie. Ich wurde zweimal in den Hauptausschuss des Parlamentes geladen und konnte nach jeweils stundenlangen Diskussionen die positive Linie meines Hauses gegen restriktive Weisungswünsche der Opposition und der Zögerer und Skeptiker im Regierungslager durchbringen. Die Repräsentanten der einschlägigen Unternehmen kamen wiederholt zu mir um sich über die negative Öffentlichkeit - gepusht von der Kronenzeitung – und die mangelnde Unterstützung durch andere Regierungsmitglieder zu beklagen. Ich versicherte ihnen stets meine Unterstützung und ließ in meiner zuständigen Sektion das Impulsprogramm Biotechnologie entwickeln. In Österreich, vor allem am Standort Wien, findet sich hochwertige und international konkurrenzfähige Forschung. Mit Vergnügen erinnere ich mich an ein Festessen im Palais Pallavicini anlässlich der Verleihung hoher Auszeichnungen an Manager und Besitzer einer in Wien produzierenden und forschenden Firma: als Höhepunkt wurde mir die Errichtung eines neuen Forschungszentrums in Wien versprochen, welches inzwischen schon in Bau ist.

Bei wiederholten bilateralen Gesprächen in den USA wurde von meinen Kollegen das Problem der GMOs (genetically modified organism) angesprochen. Die überwiegende Skepsis der Europäer, vor allem im Agrarbereich drohte über Verbote oder restriktive Zulassungsverfahren zu einem neuen transatlantischen Handelshindernis zu werden. Im Gespräch mit den in der derzeitigen republikanischen Regierung zum Handelsbeauftragten ernannten Mr. Zoellick scherzte ich und sagte, aus EU-Sicht müsse man GMOs mit genetically mutilated organism übersetzen (statt genetisch verändert genetisch verletzt, ja geschändet). Ich erntete Komplimente für das Wortspiel, das Böse daran war jedoch, dass ich in späteren Gesprächen, auch bei WTO-Diskussionen, automatisch meine Version verwendete und dann plötzlich für einen verkappten Gegner der Biotechnologie gehalten wurde.

Das österreichische Patentamt hat mich bei meinen Bemühungen, insbesondere bei der Biotechnologierichtlinie der EU und die Vorstöße für ein einheitliches Europäisches Patentrecht während der österreichischen Präsidentschaft sachkundig unterstützt, obwohl im Haus durch meine Überlegungen für eine Reorganisation einige Unruhe herrschte. Es war immer klar, dass das Amt sich keinesfalls für eine Privatisierung eignete, aber eine Ausgliederung und größere Selbständigkeit schien mir durchaus überlegenswert.

Priorität hatte die Organisationsreform in diesem Bereich jedoch nicht, vielmehr ging es darum, die Kundenzufriedenheit zu verbessern. Mir wurden Erhebungen vorgelegt, die zeigten, dass diese schlussendlich doch sehr hoch lag.

Eine interessante Auseinandersetzung gab es wiederholt, wenn ich wieder einmal meine These verkündete, dass manche Industrieunternehmen technische Erfindungen, vor allem eher kurzzeitig wirksame Verfahrensverbesserungen, eher nicht patentieren sollten. Die Patentunterlagen laden vor allem in Ländern ohne vergleichbaren Patentschutz oder ohne faire Gerichtsverfahren Konkurrenten zum Kopieren ein. Patentanwälte wie Angestellte des Amtes sahen darin fast eine Geschäftsstörung, Unternehmen die meinem Rat gefolgt sind, haben davon profitiert. Erst jüngst wurde mir bei einem Betriebsbesuch von der Betriebsleitung mitgeteilt, dass seit der Umsetzung meines Rates in Indien nicht mehr nachgebaut werden würde, was dem Unternehmen weltweit sehr helfe.

Den Bereich Technologie und Innovation habe ich geliebt, er war die zukunftsorientierteste Aktivitätschiene meines Ministeriums.

## 4.19 Arbeit schaffen – endlich ein warmes Thema!

Von den drängenden Aufgaben meines Ressorts her bestand wenig Aussicht auf Popularität und Beliebtheit. Reformen treffen immer zunächst mehr Menschen, die von ihnen negativ betroffen sind als jene, die von diesen profitieren. Meine ersten drei Reformschübe ließen mich dies deutlich erfahren.

In der Ladenöffnungsfrage hatte ich zwar die meisten Zeitungen hinter mir, doch den Frust der liberalisierungsunwilligen Unternehmer und der Beschäftigten im Handel, denen verlängerte Arbeitszeiten am Abend und die Öffnung am Samstagnachmittag ins Haus standen, bekam ich täglich bei Vorsprachen, Interventionen und Vorträgen zu spüren. Dann erst die Gewerbe- und Anlagenrechtsreform: die Emotionen der betroffenen kamen von erregten Gewerbeinhabern und deren Standesvertretern bis zu erbosten Grünen und Nachbarn. Auch die mitkompetenten Ministerien waren auf eher Bremsung und Beeinspruchung aus. Noch ärger war es mir mit der auf europäischer Ebene verhandelten Liberalisierung im Elektrizitätsbereich ergangen. Ich saß bei einer Landeshauptleutekonferenz in Neuhofen/NÖ mit meinen Beamten fast auf der Anklagebank, die Briefe und Anrufe, die ich aus den Reihen der Beschäftigten in diesem Bereich bekam, waren zum Teil ehrenrührig. Nun hatte mich auch der Vignettenwirbel nicht zuletzt durch die mediale Tonart (Vignettenmann im ORF) mehr all gewünscht als Troublemaker und Troubleshooter hinreichend populär gemacht. Lassing stellte mich als Künder unangenehmer Tatsachen für viele, vor allem im Medienbereich, weiter ins Eck des ständigen Attackiertwerdens.

Dabei waren wir im Ressort immer bemüht, als Förderer und Initiierer von Arbeitsplatzschaffung und –Sicherung zu agieren. Wir konnten nachweisen, dass die in vielen Bereichen ergriffenen Maßnahmen erhebliche positive Arbeitsplatzeffekte hatten: Im Bereich der vom Wirtschaftministerium gestionierten Wirtschaftsförderung über die Österreichische Hotel- und Fremdenverkehrs-Treuhand GmbH und die Bürges Förderungsbank wurden in den Jahren 1996 und 1997 über 12.000 Arbeitsplätze neu geschaffen und rund 60.000 gefährdete Arbeitsplätze erhalten. Mit den ab 1. Juli 1997 geltenden neuen bzw. neu adaptierten Lehrberufen entstanden knapp 1000 neue Lehrstellen. Die reorganisierte Austrian Business Agency (ABA) hatte 1997 das beste Jahr in ihrer 15jährigen Unternehmensgeschichte, wobei durch 62 ausländische Investoren rund 2400 neue Arbeitsplätze geschaffen wurden. Schließlich brachte die Erweiterung der Ladenöffnungszeiten ersten Analysen zufolge rund 4000 neue Arbeitsplätze.

Aber in einem Land, in dem die Inflation und die Zinsen sanken, blieb die Arbeitslosigkeit das wirtschaftliche Leitthema, wie übrigens auch in der gesamten

Europäischen Union. In dieser kam es zum so genannten Luxemburger Prozess, in dem die Mitgliedsländer verpflichtet wurden, so genannte Nationale Aktionspläne für Beschäftigung (abgekürzt NAP) auszuarbeiten und diese nicht nur vorzulegen, sondern auch über die Umsetzung zu berichten. Innerhalb der Koalitionsregierung wurden das Sozial- und das Wirtschaftsministerium hauptsächlich mit der Erarbeitung beauftragt, soweit es um Aus- und Weiterbildungsfragen ging war auch das Unterrichtsministerium mitbefasst. Ich habe diese zusätzliche Aufgabe gerne übernommen und anlässlich einer Pressekonferenz unterstrichen, wie sehr ich mich freue, endlich mit einem „warmen", positiv besetzten Thema konfrontiert zu werden. Ich habe damals meine grundsätzliche Position wie folgt skizziert:

Erstens, in unserer Gesellschaft geht uns die Arbeit keineswegs aus, sie verlagert sich nur aus dem traditionell industriell-gewerblichen Bereich hin zu den Dienstleistungen.

Zweitens, Dienste leisten hat in Österreich aus altvorderen Zeiten zwar ein schlechtes Image, doch gelte für die Zukunft: „Ein Land, welches das Dienen nicht schätzt, kann nicht allen das Verdienen garantieren!"

Drittens, in einer Aging Society (der Anteil der Bevölkerung über 60 Jahre würde von 19.8% im Jahre 1984 auf 21% im Jahre 2001 und in der Folge über zwei Jahrzehnte auf rund 30% steigen), in der auch die Lebenserwartung weiter steigt, sei der zukunftsträchtigste Arbeitsmarkt für Dienste am und für den Menschen gegeben. Dies erfordere jedoch viele neue Berufsbilder sowie auch einkommenspolitische Neuorientierung: nicht nur die Arbeit an der Maschine sei ordentlich zu bezahlen.

Viertens, Österreich solle aufhören, die in bestimmten Bereichen immer wiederkehrende Saisonarbeitlslosigkeit jährlich wie eine Tragödie zu zelebrieren, es gelte aber intelligente Lösungen für eine Eingrenzung dieses Phänomens zu finden.

Fünftens, in einer dynamischen, vom raschen technischen Fortschritt geprägten Wirtschaft müsse sich das Ausbildungsmuster grundsätzlich ändern. Jeder Arbeitnehmer sei in erster Linie selbst für die Weiterentwicklung seines Humankapitals verantwortlich. Ich schlug in diesem Zusammenhang die Einführung eines Bonus-Malussystems in der Arbeitslosenversicherung vor.

Sechstens, ich unterstrich, dass ich dem vor allem von der Katholischen Sozialakademie Österreichs und von den Grünen vertretenen Modell des arbeitslosen Grundeinkommens für jedermann/frau nichts abgewinnen könne, weil es vor allem den notwendigen Druck zur Qualifizierung für die Arbeit nehme. Es gehe nicht darum, staatliche Rentiers von der Wiege bis zur Bahre zu schaffen, sondern sich darauf vorzubereiten, dass die im nächsten Jahrzehnt vererbten Vermögen in Österreich wieder echte Rentiers/Privatiers schaffen werde, die nicht auf den Arbeitsmarkt angewiesen sind.

Siebentens, langfristig sei ich davon überzeugt, dass auch Österreich auf das Fachwissen und das wenn auch altersbedingt oft geringere Engagement älterer Menschen im Erwerbsprozess nicht verzichten werde können. Es könnte einmal eine Zeit eintreten, in der sich immer mehr Menschen gegen das Abschieben in den Ruhestand wehren werden.

Die Ausarbeitung des ersten Nationalen Aktionsplans für Beschäftigung 1998 war aus mehreren Gründen schwierig. Zunächst menschlich schwierig: die Expertengruppen des Sozial- und Wirtschaftsministerium hatten grobe Verständigungsschwierigkeiten und hatten offenbar über lange Jahre das Prinzip der gegensätzlichen Geringschätzung praktiziert. Weiters war ein Nationaler Aktionsplan ein geeignetes Instrument, um ideelle Wunschvorstellungen in neuem Gewand zu präsentieren. Schließlich ging es auch um etablierte Bereiche der Sozialpartnerschaft, die sich willig zeigte, Formulierungsteile zu übernehmen, Zeitvorgaben aber einzuhalten nicht imstande war. Ich möchte in diesem Zusammenhang festhalten, dass ich mit Frau Minister Hostasch sehr gut zusammenarbeiten konnte, wir uns menschlich sehr gut verstanden und gemeinsam versuchten, das Klima unserer Beziehung auch auf unsere Beamtenschaft zu übertragen. Langsam gelang es dann auch, die Reizpassagen des Planes hinreichend zu entschärfen, wilden Protesten auch aus der Wirtschaftskammer Rechnung zu tragen und der Regierung und der EU ein respektables Programm vorzulegen. Die Qualität der Arbeit wurde uns international von der EU-Kommission und national von einem gemeinsamen Gutachten der beiden Wirtschaftsforschungsinstitute (Dezember 1999) bestätigt. Die im Oktober 1999 von der EU-Kommission im „Gemeinsamen Beschäftigungsbericht 1999" vorgelegte Bewertung und Evaluierung der NAP-Umsetzung stellte Österreich bezüglich seiner Beschäftigungssituation sowie der NAP-Umsetzung ein gutes Zeugnis aus. Im EU-weiten Vergleich nahm Österreich in vielen Feldern eine Spitzenposition ein. Insbesondere die niedrige Jugendarbeitslosigkeit (EU-weit die zweitniedrigste) und der relativ geringe Anteil an Langzeitarbeitslosen (EU-weit der drittniedrigste) wurden hervorgehoben, ebenso auch die allgemein hohe Beschäftigungs- bzw. niedrige Arbeitslosenquote. Bezüglich der getroffenen Maßnahmen wurden die erfolgreichen Initiativen gegen Jugend- und Langzeitarbeitslosigkeit lobend erwähnt. Als wichtigste Herausforderungen für die österreichische Arbeitsmarkt- und Beschäftigungspolitik wurden vor allem die niedrige Erwerbsbeteiligung älterer ArbeitnehmerInnen und der beträchtliche Gender-Gap bei den Beschäftigungsquoten genannt. Auch die überdurchschnittliche Steuer- und Abgabenbelastung des Faktors Arbeit wurde kritisiert. Auch mit den neuen Maßnahmen des NAP 1999 zeigte sich die Kommission zufrieden. Die Steuerreform 2000 wurde in diesem Zusammenhang begrüßt. Als weniger zufrieden stellend wurde vor allem das Fehlen einer kohärenten Strategie für die Forcierung des lebensbegleitenden Lernens bezeichnet.

Unsere Beschäftigungspolitk konnte sich also international sehen lassen!

Die Arbeitsmarktlage in Österreich war im EU-Vergleich sehr günstig. Im Jahresdurchschnitt 1998 wies Österreich mit 4,7% nach Luxemburg (2,8%) und den Niederlanden (4,0%) die geringste Arbeitslosenquote (Definition nach Eurostat) auf. Abgesehen von Luxemburg hatten wir auch die niedrigste Jugendarbeitslosigkeit und eine vergleichsweise niedrige Langzeitarbeitslosigkeit. Im Schnitt war in der EU die Jugendarbeitslosigkeit dreimal so hoch wie in Österreich.

Im politischen Umfeld hatte es eine interkoalitionäre Auseinandersetzung um die Zielsetzung des Planes gegeben. Vor allem Bundeskanzler Klima wollte eine prozentmäßige Zielfixierung, wir einigten uns dann – auch gegen hohe Widerstände in meiner Partei – auf die Festschreibung, dass bis 2002 100.000 neue Arbeitsplätze geschaffen werden sollten.

Ich selbst nahm mir vor, besonders in drei Fragen jenseits der NAP-Vorgaben am Ball zu bleiben:

Erstens, in den Berufsbildern sollten vor allem Berufe für den Menschen forciert werden. Bei einer Vorsprache sozialkritischer Direktoren sozialer Hilfsorganisationen lud ich diese ein, mir eine Liste humanorientierter Lehrberufe vorzuschlagen. Leider kam auch nach Urgenz nichts.

Zweitens, zur Reduktion der Saisonarbeitslosigkeit beauftragte ich das Institut für Höhere Studien (IHS) in Wien mit der Ausarbeitung einer Studie über die Möglichkeiten einer erfahrungsbasierten Arbeitlosenversicherung in Österreich. In den USA gibt es in der Arbeitslosenversicherung das so genannte Experience Rating (erfahrungsbasierte Finanzierung). Dabei wird, in den einzelnen Bundesstaaten unterschiedlich, die Höhe der Beiträge, die übrigens nur die Arbeitgeber entrichten, durch das Verhältnis des dem jeweiligen Unternehmen zuordenbaren Leistungsbezugs von Arbeitslosen und der Lohnsumme des Unternehmens bestimmt. Mit zunehmender Inanspruchnahme der Arbeitslosenversicherung steigen auch die Beitragsleistungen an. Damit werden die Anreize zur zeitweiligen Freisetzung von Arbeitskräften verringert. Die von verschiedenen Seiten, in Österreich sehr zaghaft, kritisierte Subventionierung temporärer Arbeitslosigkeit in bestimmten Branchen könnte durch eine erfahrungsbasierte Komponente erheblich reduziert werden. Da Österreich unter den untersuchten OECD-Staaten das höchste Ausmaß an saisonaler Arbeitslosigkeit aufweist, war es nahe liegend, zumindest das Potential einer Systemänderung zu untersuchen. In den USA zeigten Studien, dass durch das Umsteigen von einem teilweisen zu einem vollständigen Experience Rating die temporäre Arbeitslosigkeit um bis zu 50% reduziert werden könnte.

Für Österreich ist weiterhin zu beachten, dass rund ein Drittel aller von temporärer Arbeitslosigkeit betroffenen Personen wieder beim selben Dienstgeber tätig wird Rund ein Fünftel der Arbeitslosenquote entfällt auf diese Form der Arbeitslosigkeit. Saisonarbeitslosigkeit ist vor allem in den Branchen Fremdenverkehr, Bauwesen und Land- und Forstwirtschaft vorzufinden. In der Wirtschaftsabteilung Beherbergungs- und Gaststättenwesen erreichte die Arbeitslosenquote 1998 einen Wert von über 19%.

Das Institut hat nun errechnet, dass ein erfahrungsbasiertes System neben den genannten Saisonbranchen auch Unternehmen und Beschäftigte in den Wirtschaftsabteilungen Bekleidung und Textilien und im Papier- und Verlagswesen erhebliche zusätzliche Belastungen bringen würde. Deutliche Entlastungen wären primär im öffentlichen Bereich und bei den privaten Dienstleistungen zu erwarten. Rund drei Viertel der Beschäftigten waren 1994 in Betrieben tätig, die auf Grund einer erfahrungsbasierten Finanzierung der Arbeitslosenversicherung geringere Beiträge geleistet hätten. Das Institut untersuchte eine mildere Variante, bei der die Beitragssätze der Arbeitnehmerbeiträge mit 3% der Beitragsgrundlage unverändert belassen würden und bei den Arbeitgeberbeiträgen mit 6% eine Höchstgrenze eingezogen würde. Dieses neue System könnte die österreichische Arbeitslosenquote um rund einen Dreiviertelprozentpunkt verringern.

Das war ein hochinteressantes Ergebnis: die Studie kam leider zu spät. Wäre sie im Wahlkampf publiziert worden, so wäre sie niederkritisiert worden. In den Zeiten einer schwierigen Regierungsneubildung wurde sie bestenfalls zur Kenntnis genommen. Aber es bleibt ein interessanter Ansatz.

Die Studie untersuchte auch meine Vorgabe der Einführung eines Bonus-Malussystems für Weiterbildung in der Arbeitslosenversicherung: Arbeitnehmer, die im abgelaufenen Jahr den Nachweis einer Weiterbildungsmaßnahme erbringen können, sollten einen Bonus von einem Drittel des AIV-Beitrages (1% der beitragspflichtigen Lohnsumme) erhalten. Im gegenteiligen Fall sollte es zu einem Malus in gleichem Umfang kommen. Das Institut schätzte, dass eine Weiterbildungsquote von 37% der unselbständig beschäftigten Personen erreicht werden könnte. Höher quailifizierte Arbeitskräfte würden mehr profitieren, weniger qualifizierte Arbeitnehmer auf Grund der geringeren Teilnahmewahrscheinlichkeit höhere Beiträge leisten. Das zugrunde liegende Modell würde zu Mehreinnahmen der Arbeitslosenversicherung von rund 1,4 Milliarden Schilling führen. Das Institut war skeptisch, dass das entstehende Nachfragepotential von über eine Million Arbeitnehmer durch das bestehende Weiterbildungssystem bewältigt werden könnte. Persönlich bin ich überzeugt, dass mit den Methoden des neuen Lernens mit modernen Medien die Zielsetzung zu erreichen wäre, wenn eine entsprechende Übergangsfrist bei der Einführung vorgesehen wird.

Für mein politisches Engagement kam die Studie zu spät, aber ich hatte wenigstens einen kräftigen Denkanstoß gegeben, der vielleicht eines Tages wieder aufgegriffen wird.

## 4.20 Energiepolitik im Spannungsfeld von Tradition und Freiheit!

Die große Bedeutung der Verfügbarkeit und der Preisgünstigkeit von Energie hatte ich in meinen Kindheitstagen am eigenen Leib erfahren. Schon zu den ersten Tatsachen meiner Lebenserinnerung gehörten die Stromausfälle während des zweiten Weltkrieges. Brach die Versorgung am Abend wieder einmal zusammen, so lief ich um die Kerze und durfte sie auch anzünden. In den Hungertagen nach dem Kriegsende ging ich mit meiner Mutter die Südbahnstrecke entlang und sammelte die von den Zügen gefallenen Kohlestücke auf, die wir wieder gegen andere benötigte Gegenstände eintauschten. Brennstoff hatten wir ja dank Föhrenwald genügend. Elektrizität wurde daheim nur für Beleuchtungszwecke eingesetzt, alle Arbeitsverrichtungen, die heute selbstverständlich mit elektrischer Energie betrieben werden, wie Schroten, Häckseln etc. wurden manuell verrichtet. Ich bekam in den Fünzigerjahren mit, wie schwer meine Eltern sich mit dem Bezahlen der Stromrechnung taten und einmal erinnere ich mich sogar, dass der Gerichtsvollzieher zum Eintreiben der Stromschulden bei uns auftauchte. Während des Jusstudiums plagte uns Professor Lagler mit den Erfahrungen der Agrar- und Elektrifizierungspolitik Lenins.

In meiner Arbeit in der Handelskammerorganisation lernte ich, dass der Energiebereich ein ganz besonderer Regelbereich sei. An erster Stelle kämen die Versorgungssicherheit und die Preisgünstigkeit. Beides sollte durch eine Reihe gesetzlicher Maßnahmen erreicht werden. In der Ideologie der Wirtschaftspolitik der Nachkriegszeit baute sich gerade um diesen Bereich die Idee der Gemeinwirtschaft auf, in der nicht schnödes Gewinnstreben, sondern Gemeinwohlorientierung den Handlungsrahmen bestimmte.

Auf Grund der geschichtlichen Bedingungen gab es fast nur Erzeugungs- und Vertriebsnetze im staatlichen Besitz, genauer im Besitz von Bund, Ländern und Gemeinden. Ein Bereich mit unglaublichem Ansehen, weithin von Technikern dominiert. Die Politiker hatten für die Finanzierung und die rasche positive Durchführung von Genehmigungen zu sorgen. In den Unternehmen selbst dominierte bis in die jüngste Zeit Parteibuchwirtschaft: Als mich die Bundswirtschaftskammer in den Neunzigerjahren in den Aufsichtsrat der Verbundgesellschaft delegierte, da war in den Fraktionsbesprechungen vor den Sitzungen fast nur von Personalfragen die Rede.

Konkret kam ich mit der Energiepolitik in den Verhandlungen zu den jeweils befristeten Wirtschaftsgesetzen und den Preisverhandlungen der Amtlichen Preiskommission bzw. des Preisunterausschusses der Paritätischen Kommission in engeren Kontakt. Mit den amtlichen Verfahren hatte ich allerdings nur in Vertretung des hauptverantwortlichen Referenten Dr. Rief zu tun, begriff aber sehr rasch, dass in diesem Bereich Kosten produziert und unter erheblichem Expertenaufwand später preislich auch anerkannt wurden. Produktivitätsabschläge, wie wir dies im Preis-Unterausschuss regelmäßig bei Preisverhandlungen praktizierten, schienen in diesem Bereich eine Zumutung zu sein. Im Kollegenkreis kritisierten wir den Energiesektor regelmäßig und ungehemmt, alles nach dem Motto: „Wenn ich etwas zu reden hätte, dann…!“

In diesem Bereich komplizierter Regelungen und öffentlicher Besitzverhältnisse erlebte ich bei mehreren Verhandlungen zur Bildung einer Regierung, wie schwer hier national etwas voranzubringen war. Daraus, wie auch aus den jeweils endlosen Marktordnungsverhandlungen, zog ich für mich den Schluss, dass nur bei einem EWG-Beitritt etwas in Bewegung geraten könnte. Ich hätte mir nicht im Traum vorgestellt, dass ich einmal bei der Deregulierung und Liberalisierung des Energiemarktes im nationalen wie im europäischen Kontext eine wichtige Rolle spielen könnte.

Am Tag nach meiner Angelobung flog ich zu einer Sondersitzung des Energieministerrates nach Brüssel, auf dessen Tagesordnung die politische Einigung über einen gemeinsamen Standpunkt betreffend eine „Richtlinie des Europäischen Parlamentes und des Rates betreffend gemeinsame Regeln für den Elektrizitätsbinnenmarkt“ stand. Im Flugzeug und bei den Vorbesprechungen informierten mich die Mitarbeiter meiner Energiesektion nicht nur über den Inhalt der gemeinsamen Position, sondern auch über die politischen Widerstände und wirtschaftlichen Probleme, die eine später zu beschließende Richtlinie mit sich bringen würde.

Ich entschied mich zu einer konsequent positiven Grundhaltung zur Liberalisierung dieses Bereiches und erfuhr unmittelbar nach der Beschlussfassung, in welches innerösterreichische Wespennest ich da trat. Die Monate bis zur Beschlussfassung der Richtlinie am 19. Dezember 1996 waren fast ausschließlich von Vorsprachen, Briefen, Protestresolutionen von Deregulierungssgegnern bestimmt, auch mit den Ländern gab es, auch im Rahmen einer Landeshauptleutekonferenz harte Bandagen. Die Befürworter einer Liberalisierung waren eine qualifizierte Minderheit, in Erinnerung ist mir vor allem der Fachverband der Papierindustrie. Auf der Suche nach Verbündeten sagte mir der Generalsekretär der Industriellenvereinigung, dass sein Haus durch die Mitgliedschaft von Energieversorgungsunternehmen gelähmt sei, ich sollte daher mehr auf die Wirtschaftskammer setzen, die diesen Bereich nicht vertrete. Nach einem Urteil des Verfassungsgerichtshofes aus den Fünfzigerjahren unterlagen die Unternehmen des Energiesektors nicht den Vorschriften über die Pflichtmitgliedschaft bei der Handelskammerorganisation. Bei der einsetzenden Liberalisierungsdiskussion im Telekombereich war es gerade umgekehrt: hier war die Wirtschaftskammer durch ihr Mitglied Post gehandikapt, so hatte die ÖIV die neuen Interessenten zu vertreten und war in diesem Bereich sehr engagiert.

Ich muss und möchte mich in diesem Zusammenhang bei Sektionschef Zluwa und den Damen und Herren der Energiesektion des Wirtschaftsministeriums für ihren ungeheuren Einsatz bedanken: sie teilten meine Begeisterung für eine Neuordnung im europäischen Kontext, scheuten keine Mühe, verfassten dutzende von Versionen von Vorschlägen und ließen sich sofort von meiner Begeisterung für eine Gasbinnenmarktrichtlinie anstecken, die ich mit allem Nachdruck parallel zu den Umsetzungsbemühungen der Elektrizitätsbinnenmarktrichtlinie in Österreich auf der EU-Ebene mit dem Ziel vorantreiben wollte, sie im Rahmen der österreichischen Präsidentschaft im zweiten Halbjahr 1998 abzuschließen.

Ich wurde plötzlich in den Mittelpunkt einer heftigen innerösterreichischen Diskussion gestellt, in der sich die Verlagerung historischer Rollen rasch zeigte: mit den Sozialpartnern ging wenig oder nichts, nur mit den beiden Regierungsklubs konnten Lösungen gefunden werden.

Gerade im Strombereich zeigte sich, dass allen Recht getan, eine Kunst ist, die niemand kann. Da forderten die Länder ja keine Kompetenzminderungen erfahren zu müssen, verbaten sich eine übereilte Liberalisierung und zeigten nachhaltiges Interesse am Ende der starken Stellung der Verbundgesellschaft. Diese wiederum wurde durch Vorstand und Betriebsrat bei mir vorstellig, dass eine asymmetrische Deregulierung nicht stattfinden dürfe. Da der Verbund nur wenige Großkunden hätte würde er von der Liberalisierung voll getroffen, die Landesgesellschaften aber nur in sehr geringem Ausmaß. Ich erinnere mich an einen Brief von ÖAAB-Betriebsräten der EVN (Energieversorgung Niederösterreich), der von Unterstellungen und Vorwürfen nur so strotzte. Bei einer Pressekonferenz über die Reform forderte ich die Journalisten auf, nicht einmal ständig den Liberalisierer zu attackieren, sondern sich der Systemverteidiger anzunehmen. Sie sollten mehr an die Konsumenten und die Wettbewerbsfähigkeit der Wirtschaft denken als an die Inserenten aus dem Energiebereich: das führte zu Zornesausbrüchen, ich hätte es besser unterlassen sollen. Aber mir reichte es langsam: Mir wurde ständig vorgeworfen, mich nicht durchzusetzen, die großen Blockierer wurden zu oft mit verständnisvollen Kommentaren gestreichelt.

Ich versuchte ständig eine Strukturdiskussion in Gang zu bringen. Viele ausländische Berater sagten mir ständig, dass angesichts der europäischen Entwicklung eine „österreichische Lösung“ eine sehr vernünftige Sache sei. Doch die österreichische Realität sah anders aus: Alle Landesgesellschaften verband eine Abneigung – um es höflich zu formulieren – gegenüber dem Verbund, kein Land wollte die Kontrolle des Bereiches oder gar das Eigentum daran aus der Hand geben und jeder wollte vom erwarteten Preiseinbruch so spät wie möglich getroffen werden. Ich lud die Landeshauptleute zu mehreren Sitzungen, meistens kamen Landesräte oder überhaupt nur der jeweilige Generaldirektor der Landesgesellschaft. Ich schloss daraus, dass die Vertretung zeigte, wer jeweils das Sagen hatte. Es passte auch politisch nicht mehr zusammen: da ging das rote Wien lieber mit dem schwarzen Niederösterreich statt mit dem roten Verbund, da konnte die Stadt Linz nicht mit Oberösterreich, da ging die Steiermark lieber mit der EDF (Electricite de France) als mit einem österreichischen Partner. Da sollten bei den verspäteten Privatisierungen Liebhaberpreise bezahlt werden, die angesichts der Ertragserwartungen nicht gerechtfertigt waren. Da kauften sich EVN, Wiener Stadtwerke und TIWAG einen erheblichen Teil der Verbundaktien, um im Unternehmen einen gewichtigen Einfluss zu erhalten. Als die Verbundgesellschaft gleiches mit EVN-Aktien tat, war dies ungeheuerlich. Aus Tirol wurde mir berichtet, dass Landeshauptmann Wallnöfer noch am Sterbebett geäußert habe: „Dass ihr mir ja nicht die TIWAG verkauft, sie ist die Kriegskasse gegen Wien!“ Vorarlbergs Vertreter machten nie ein Hehl daraus, dass ihr Interesse nur einer Lösung der Illwerkefrage gelte, an einer Österreichlösung werde man nicht teilnehmen. Allenthalben schien sich zu bewahrheiten, was ich an anderer Stelle in diesem Buch so umschrieben habe: Landeswohl geht vor Allgemeinwohl/Bundeswohl.

Das ElWOG (Elektrizitätswirtschafts- und organisationsgesetz) war eine Sisyphusarbeit, welche vor allem mit den engagierten Energiesprechern der Parlamentsklubs von ÖVP und SPÖ, Kopf und Oberhaidinger, abzuwickeln war. Es wurden dabei erhebliche politische Preise für die Zustimmung bezahlt: die verfassungsrechtliche Verankerung der Bundesmehrheit am Verbund, eine steirische Kohleregelung, Vorsorgen für die Illkraftwerke und die Verankerung des Einsatzes von Alternativenergie. Ich war in den ÖVP-Klub ohne Alternativenregelung gegangen, ging dort aber unter und musste die von meinen Kollegen Molterer und Bartenstein geforderte Regelung (3% Anteil an erneuerbarer Energie bis 2005) akzeptieren. Die Vorwürfe Wiens und Vorarlbergs wegen dieser letztgenannten Regelung richteten sich dann wieder voll gegen mich.

Aber der Gesetzgeber ist das Parlament, ich hatte die Reform in die Wege zu leiten und das beschlossene Gesetz umzusetzen. Ich sagte immer wieder, dass das

ElWOG rasch zum Zusammenbruch des gesamten Systems führen werde und die volle Liberalisierung rascher als in Gesetz vorgesehen kommen werde: aus der Mauer des geordneten Marktes seien zu viele Steine herausgebrochen worden.

Bei der Gasliberalisierung konnte ich die EU-Richtlinie noch maßgeblich mitgestalten, in der innerösterreichischen Umsetzung kamen wir über einen Begutachtungsentwurf nicht hinaus. Für diesen hatte ich die sofortige vollständige Liberalisierung vorgesehen. Dies trug und entrüstete Reaktionen der Gaswirtschaft ein. Der Direktor der steirischen Ferngas warf mir in einem Zeitungsinterview Dummheit vor, was dazu führte, dass ich mein Büro anwies, diesem Herrn keinen Termin mehr bei mir einzuräumen, was wieder zu einem wehleidigen Brief über die Aussperrung führte.

Insgesamt bin ich mit den Erreichten in der Energiewirtschaft zufrieden: Zwei historische Monopole geknackt, Wettbewerb und Preisverbesserungen durchgesetzt und schlussendlich auch für die kleinen Konsumenten das Tor zur Behandlung als Kunde geöffnet. Bei einer Energiewirtschaftlichen Tagung der Verbundplan in Ossiach habe ich im Herbst 2001 bei meinem Vortrag einleitend gesagt: „Ich danke Ihnen für die Einladung, obwohl ich der Verantwortliche dafür war, dass die E-Wirtschaft aus ihrem Paradies von Monopol, Versorgungswirtschaft und Parteienproporz vertrieben habe!“ Das schmerzlich fröhliche Lächeln meiner Zuhörer sprach Bände.

## 4.21 Der Benzinpreis – eine endlose Geschichte!

Schon in meiner Tätigkeit als Preisreferent in der wirtschaftspolitischen Abteilung der Bundeswirtschaftskammer und als Vorsitzender des Preisunterausschusses der Paritätischen Kommission zählte die Festsetzung der Treibstoff- und Heizölpreise zu den politisch sensibelsten Aufgaben. Das waren Preise, die jeder kraftfahrzeugnutzende Konsument kannte und deren Veränderung ihn direkt betraf. Niedrige Treibstoff- und Heizölpreise waren eine Standardforderung fast jeder Interessenorganisation, ein Lieblingsthema für Lokalpolitiker und Autofahrerverbände. Als in den Siebzigerjahren die Erdölkrise einsetze und eine Preisexplosion auslöste, da hatten wir in der Sozialpartnerschaft Hochbetrieb. Der Preisunterausschuss tagte praktisch in Permanenz (manchmal zweimal die Woche), die Präsidenten spielten Feuerwehr, jede Sitzung löste ungeheures Medieninteresse und -echo aus. In der damaligen Bundeswirtschaftskammer selbst gab es aufreibende interne Verhandlungen über die Handelsspannen der Tankstellen, wobei über jeden Groschen oft tage- und nächtelang verhandelt wurde. Der einzige Lichtblick bei diesen Sitzungen im Keller des Hauses am Stubenring war der den Sitzungsdienst versehende Herr Seidl, der bei diesen Gelegenheiten die sonst den Generalsekretären vorbehalten Kaffeemittelmischung einsetzte, um uns wach und bei Laune zu halten. Dann wurde oft gescherzt, dass der Kaffee jedenfalls besser sei als die gefundene Kompromisslösung, die „zum Leben zu wenig und zum Sterben zuviel" sei.

Auf dem langen österreichischen Weg zur Marktwirtschaft wurde dann die Preisregelung durch Behörde und Sozialpartner aufgegeben, unter meinem Vorvorgänger Dr. Schüssel wurde in der Energiesektion 1990 ein Transparenzmodell erarbeitet, welches über die regelmäßige Meldung betriebswirtschaftlicher Daten den Wettbewerb stimulieren und erhalten sollte.

In meiner Zeit als Minister gab es regelmäßig zwei Sachverhalte, welche die Treibstoffpreise zum Gegenstand von Interventionen werden ließen: billigere Preise über den Grenzen (Deutschland, Schweiz, Ostländer), die einen Tanktourismus auslösten und ein Tankstellensterben in den österreichischen Grenzbezirken bewirkten bzw. innerösterreichische Preisdifferenzen, die seit der Aufhebung des amtlichen Frachtausgleiches beträchtlich geworden waren. Bei einem Aufenthalt in Bad Leonfelden erzählte mir der Tankwart einer jetzt auch schon geschlossenen Tankstelle folgende bittere Anekdote: Ein ihm bekannter Linzer Magistratsbeamte sei jüngst bei ihm vorbeigekommen, hätte nur einige wenige Liter Benzin mit der Begründung getankt, dass er damit bis zur ersten tschechischen Tankstelle jenseits der Grenze kommen müsse. Rund eine Stunde später sei derselbe PKW wieder vorbeigekommen und hätte neuerlich nur soviel getankt, dass er nach Linz und am nächsten Morgen bis zur tschechischen Tankstelle fahren könne, die heute leider leergekauft gewesen sei. Auf einer Rückfahrt von einer Bürgermeistertagung im Mühlviertel haben wir in Grenznähe voll getankt: der Tankwart kam zu mir und bedankte sich mit Handschlag, da wir das erste österreichische Auto seit Monaten gewesen seien, welches voll getankt habe.

Vor allem ab 1998 mehrten sich Briefe und Interventionen. Ein Herr Alfred Dirnberger, der dem ÖAAB angehörende Vizepräsident der Arbeiterkammer Niederösterreich verlangte sogar meinen Rücktritt wegen Nichtagierens in der Benzinpreissache. Ich hätte von einem meiner Partei angehörenden Funktionär doch erwartet, dass er persönlich oder schriftlich einen Kontakt suchte, bevor er einem medialen Keulenschlag unternahm. Aus der Spitze des ÖAAB wurde mir bedeutet, dass ich diesen Herrn nicht ernst nehmen sollte, er sei eine „unguided missile“ (unlenkbare Rakete). Gerade jüngst habe ich gelesen, dass der Funktionär noch immer in ähnlicher Weise aktiv wird und deshalb vom Klubobmann der ÖVP als siebenter Zwerg aus der zweiten Reihe qualifiziert wurde. Vielleicht gilt bei manchen Funktionären der Grundsatz, je unberechenbarer umso wählbarer.

Ich nahm die Proteste zum Anlass für Sozialpartnergespräche, die außer stundenlangen Debatten nichts brachten. Daher beauftragte das Wirtschaftsministerium den Energieexperten des Wirtschaftforschungsinstitutes, Prof. Wilfried Puwein, mit der Erarbeitung einer Studie über die österreichischen Kraftstoffpreise im europäischen Vergleich. Die Studie ergab, dass Österreich innerhalb der OECD zu den Ländern mit den höchsten Nettopreisen für Kraftstoffe zählte. Im Zeitraum 1985–1998 kostete Eurosuper netto im Durchschnitt um 40% mehr als in Deutschland und um 19% mehr als in Italien, Dieselkraftstoff war um 26% teurer als in Deutschland und um 22% teurer als in Italien. Weiters reagierten die Kraftstoffpreise auf Änderungen der Rohölpreise schwächer als in Italien und Deutschland. Die Untersuchung bewies auch, dass das Branchenübereinkommen 1990 des Bundesministeriums („Gläserne Tasche“) keine statistisch messbare Änderung im Preisbildungsprozess auslöste. Die Studie ortete entscheidende Wettbewerbsdefizite am inländischen Markt, wobei man von einem „dominanten Oligopol“ sprechen könnte. Der Wettbewerb der Oligopolisten konzentriere sich nicht auf den Preis, sondern auf Werbung, Servicequalität, Produktgestaltung und neue Produkte. Folgende Maßnahmen zur Wettbewerbsförderung wurden empfohlen: Stärkung der Marktposition von „Outsiders“ einschließlich von Restriktionen beim Ankauf von „Outsiders“ durch „Majors“ (als solche wurden bezeichnet: OMV, Shell, BP, Agip, Esso und Aral). Weiters, verstärkte Berücksichtigung der „Outsiders“ bei der Verpachtung von Autobahntankstellen, eine Verbesserung der Markttransparenz durch eine laufende Erfassung der tatsächlichen Raffinierieabgabepreise in Österreich und den benachbarten ausländischen Raffinierien und eine „gläserne Tasche" für das Tankstellengeschäft der OMV. Die Studie erregte Aufsehen, intensive Diskussionen, wo aber lag eine praktikable und kurzzeitig wirksame Lösung?

Immer wieder wurde vom Österreichischen Arbeiterkammertag und diversen Abgeordneten die Aktivierung der amtlichen Preisregelung gefordert. Das war nun das letzte was ich tun wollte, außerdem kannte ich die Limits des geltenden Preisgesetzes zu Genüge. Bei einer Ministerratsvorbesprechung am 18. März 1999 attackierte mich der Klubobmann der SPÖ in gewohnt pointierter Weise und fragte mich, warum ich mich weigere, das Instrument der amtlichen Preisregelung zu aktivieren. Ich erwiderte, dass er als Gesetzgeber selbst wissen müsse, wie ungenügend die Regelungsansätze des geltenden Preisgesetzes seien, bei dem ohne die Sozialpartner nichts ginge. Man solle mir doch neue Instrumente an die Hand geben, wie etwa eine ungewöhnliche Abweichung von der Preisentwicklung in der EU. Beide Klubobmänner der Regierungsparteien signalisierten die Bereitschaft, das Preisgesetz zu ändern. Ich wurde für meinen Vorstoß parteiintern kritisiert, doch die Parlamentsklubs arbeiteten fieberhaft und es kam zu einem Antrag der Abgeordneten Dr. Peter Kostelka, Dr. Andreas Kohl und Genossen, 1045/A XXGP, welcher die Einfügung eines neuen Paragraphen 5a vorsah:

„(1) Besteht bei Erdöl und seinen Derivaten auf Grund bestimmter, belegbarer Tatsachen Grund zur Annahme, dass der von einem oder mehreren Unternehmen dafür geforderte Preis oder eine vorgenommene Preiserhöhung die internationale Preisentwicklung in einem ungewöhnlichen Maße übersteigt, hat der Bundesminister für wirtschaftliche Angelegenheiten von Amts wegen zu untersuchen, ob der geforderte Preis oder die vorgenommenen Preiserhöhung auf eine ungerechtfertigte Preispolitik eines oder mehrerer Unternehmen zurückzuführen ist.

(2) Ergibt eine Untersuchung gem. Abs. 1, dass der Preis oder die Preiserhöhung auf eine ungerechtfertigte Preispolitik zurückzuführen ist und hat diese volkswirtschaftlich nachteilige Auswirkungen, hat der Bundesminister für wirtschaftliche Angelegenheiten für die Dauer von 6 Monaten einen Höchstpreis zu bestimmen. dieser hat sich an der Preisentwicklung in vergleichbaren europäischen Ländern unter Berücksichtigung allfälliger besonderer, im betreffenden Wirtschaftszweig bestehender volkswirtschaftlicher Verhältnisse zu orientieren und kann auch für einzelne Wirtschaftstufen bestimmt werden. [...]".

Die neue Bestimmung wurde mit BGBl I 1999/50 Gesetz und am 1.4.1999 kundgemacht.

Der Initiativantrag war am 24. 3. eingebracht worden, wurde bereits am 25.3. im Wirtschaftsauschuss beschlossen: das war einmal Tempo in der Legislative. Ich dachte an Montesquieu und seine Gewaltentrennung: Endlich hatte der Gesetzgeber von sich aus gehandelt, ohne Regierungsvorlage, ohne monatelanges Koordinieren mit Ländern und Sozialpartnern.

Freilich hatte ich eine außerordentlich starke Maßnahme zugewiesen erhalten, die es jetzt auch zu nutzen gab. Meine engsten Mitarbeiter waren von der Entschlossenheit des Parlamentes tief beeindruckt. Zum Unterschied zu den bisherigen Bestimmungen hieß es ja nicht „der Bundesminister kann", sondern „der Bundesminister hat". Da hatte ich mir etwas Schönes mit meiner Provokation in der Ministerratsvorbesprechung eingehandelt!

Diese Sache nahm ich selbst in die Hand. Ich lud die Generaldirektoren von OMV, Shell und BP zu Gesprächen ein und erklärte ihnen, dass ich die Preisregelung nicht wolle, wir daher eine praktikable Preisformel im Hinblick auf den EU-Durchschnitt bei Eurosuper und Diesel finden müssten. Die Mineralölwirtschaft hatte immer damit argumentiert, dass die erhöhten Umweltauflagen vor allem beim Tankstellenbau, die geringeren Nebenrechte beim Verkauf an Tankstellen und die große Anzahl von Tankstellen eine wesentlich höheren Preis als in anderen EU-Ländern erfordern. Jede der angeführten schlechteren Situation können mit rund 20 Groschen auf den Liter berechnet werden. Ich sagte zu, die Sonderfaktoren Umweltkosten und Vertriebsbeschränkungen zu akzeptieren und auf die Preisregelung zu verzichten, wenn bei Eurosprit und Diesel der EU-Preisdurchschnitt nur um maximal 40 Groschen überschritten würde. Es waren schwierige, mühsame aber konstruktive Gespräche. Wir einigten uns auf ein von mir handschriftlich verfertigtes Abkommen (Anhang). Durch ein wöchentliches Treibstoffmonitoring sollte die Einhaltung des Abkommens kontrolliert werden.

Der Erfolg war beachtlich. Lag der Nettopreis für Eurosuper am 29. März noch 61 Groschen über dem EU-Durchschnitt, so fiel nach der Vereinbarung die Differenz bei der Erhebung am 12. April auf 27 Groschen. Bei Diesel war der Rückgang von 49 auf 12 Groschen festzustellen. In den Folgemonaten wurde die 40-Groschenregel bei Diesel immer, bei Eurosuper im Großen und Ganzen eingehalten. Die Sektion Energie intervenierte auch bei jeder Überschreitung.

Ich hatte Grund zur Freude: Österreich war wieder „tankbar" geworden, wie ich es in der Öffentlichkeit formulierte. Dankbar war es deshalb nicht geworden. Plötzlich war Diesel billiger als auch in Ungarn und in der Schweiz, von Deutschland und

Italien gar nicht zu reden. Mein lustigstes Erlebnis in diesem Zusammenhang war das Auftanken meines eigenen Fahrzeuges auf der Rückfahrt von einem Kurzurlaub in Italien. Bei der Tankstelle Angath an der Inntalautobahn musste ich hinter einer Schlange deutscher Fahrzeuge warten. Als ich an die Reihe kam, grüßte mich der Tankwart, erkannte mich und sagte lächelnd: „Das haben Sie jetzt von ihrer neuen Regelung! Vor Ihrem Hineinmischen hätten Sie hier nie warten müssen! Jedenfalls danke ich Ihnen, wir haben viel mehr Arbeit und Umsatz!"

Ich fragt bei den Multis an, ob die Tankstellen an Österreichs Außengrenze nicht mit dem neuen Preisvorteil werben sollten und erhielt als Antwort, dass das nicht empfehlenswert sei, da man auch „drüben" Tankstellen betreibe. Aber die Ausländer merkten es und tankten wieder herüben, viele die früher nach Freilassing tanken und Einkaufen fuhren, blieben zuhause, jetzt waren es die von drüben, die herüberkamen. Bei Stippvisiten in grenznahen Orten fragte ich immer wieder nach der Entwicklung und erhielt viele positive Reaktionen. Im Ministerium stapelten sich weiter Beschwerdebriefe, jetzt nicht über die Preise über der Grenze, sondern über das innerösterreichische Gefälle. War früher im Innviertel der niedrige bayrische Preis ein Ärgernis, so wurde es jetzt der Preis an Diskonttankstellen im Osten Österreichs. Tu felix Austria, raunze!

Aber die Lösung hat sich bewährt. Zwischen 1. März und 15. November 1999 verringerte sich die Differenz zwischen dem EU-Durchschnittspreis für Eurosuper von S 745, 19/1000 l auf 392, 91/1000 l um 49,96%, bei Dieselkraftstoff von S 621, 1/1000 l auf S 376, 59/1000 l um 39,37%.

Zum Zeitpunkt der Abfassung dieser Zeilen gilt mein Modell noch immer, die Aufregungen und Mühen haben sich gelohnt. Geradezu diebisch freut mich, dass ein System funktioniert, an welches viele Experten nicht glauben wollten!

## 4.22 Tourismus und Freizeitwirtschaft, ein wirtschaftspolitisches Terrain besonderer Art!

Die Tourismus- und Freizeitwirtschaft, gemeinhin traditionell als „der Fremdenverkehr" bezeichnet, spielt in der österreichischen Wirtschaftspolitik seit jeher eine besondere Rolle.

Das mag zunächst auf die komplizierte verfassungsrechtliche Gemengelage zurückzuführen sein. Der Bereich ist weithin Landessache, doch die entscheidenden Rahmenbedingungen und Bestimmungsfaktoren (wie z.B. Einkommenslage der Erholungs- und Freizeitbedürftigen, Gewerberecht, Fiskalpolitik, Infrastrukturpolitik) werden auf der Bundesebene gesetzt. Daraus hat sich eine Situation entwickelt, die ich einmal plakativ so umschrieben habe: „Für jeden Gast, der kommt, ist der Tourismuslandesrat verantwortlich, für jeden, der ausbleibt, der Wirtschaftsminister".

Der Fremdenverkehr erhielt in den Nachkriegsjahren aus zahlungsbilanzpolitischen Gründen einen besonderen volkswirtschaftlichen Stellenwert. Die österreichische Handelsbilanz war regelmäßig defizitär und die Devisenüberschüsse aus dem Fremdenverkehr trugen über Jahrzehnte zum Zahlungsbilanzausgleich bei. Maßnahmen im Fremdenverkehr waren im Vergleich zu Exporterfolgen leichter rascher umsetzbar und wirksam, auch billiger und versprachen rascher Erfolg. Wenn es daher um die Bewältigung von Zahlungsbilanzproblemen ging war der Fremdenverkehr einer der ersten Ansatzpunkte: der wachsende Tourismus benötigte ständig neue Kapazitäten um den Gästestrom zu bewältigen.

Schon in der Bundeswirtschaftkammer hatte ich eine interessante Erfahrung gemacht: Die wirtschaftspolitische Abteilung, in der ich lange Jahre als Referent tätig war und die ich dann auch leitete, durfte sich in Fremdenverkehrspolitik nicht einmischen, für diese war ausschließlich die eigene Bundessektion zuständig. Wann immer wir neue Forderungsprogramme erstellten, an Regierungsprogrammen mitformulierten, die Passagen über den Fremdenverkehr wurden extern erarbeitet und hatten unverändert übernommen zu werden, was immer wir auch daran auszusetzen hatten. Bei den kammerinternen Sitzungen wie den Sekretärekonferenzen, an denen unter Vorsitz des Generalsekretärs die Abteilungsleiter und Syndici teilnahmen, aber auch bei vielen Kammertagen lernte ich die Standardklagen des Sektors kennen: die Fremden kamen in zu geringer Zahl, die Preise für Produkte und Leistungen in Österreich seien zu hoch, der Schillingaußenwert gefährde das Geschäft, die Steuern, insbesondere die Getränkesteuer, seien exorbitant, die Förderungen unzureichend, die Österreich Werbung zu gering dotiert, die Strom- und Telefonpreise international überhöht, die Staus an den Grenzen schädlich, die Infrastruktur ungenügend ausgebaut und schlussendlich stünden nicht genügend billige Arbeitskräfte zur Verfügung.

Kritisiert wurde auch, dass trotz der Wichtigkeit dieses Sektors es keinen eigenen Minister oder zumindest Staatssekretär gäbe, besonders bemängelt wurde, dass im zuständigen Wirtschafts/Handelsministerium nicht einmal eine Sektion ausschließlich für den Fremdenverkehr zuständig sei. Volksparteiintern gab es einen jahrzehntelangen Kampf um die Behandlung der Privatzimmer und den steigenden Anteil des Urlaubs auf dem Bauernhof. Die Abgrenzung Landwirtschaft-gewerbliche Wirtschaft in Handel, Gewerbe und Fremdenverkehr zählte zu den leidenschaftlich diskutierten Inner-ÖVP-Disputen. Ich erinnere mich an eine Gewerberechtsreform in der Zeit der ÖVP-Alleinregierung, in der Minister Mitterer bei den entscheidenden Gesprächen in den Pausen einer Opernaufführung seine Unterlagen beim Anzugwechsel vergessen, sie vorher offenbar nicht gelesen oder auch bloß nicht intimiert (wie wir Ghostwriter damals verstehen umschrieben) hatte. Das Verhandlungsergebnis kostete ihm den Kopf, zum Teil auch, weil eine Provinzzeitung die Sache kampagnisierte. Gemunkelt wurde, dass ein frisch verheirateter Redakteur seiner Braut den Kopf des Ministers als Hochzeitsgeschenk versprochen habe.

Diese Vorgeschichte gab mir nun als Tourismusminister mit stagnierenden Nächtigungszahlen auch die nötigen Hinweise für konkrete Politik. Zunächst hatte ich intern immer kritisiert, dass unverständlich sei, wieso der Fremdenverkehr als Maßstab für seine Entwicklung vor allem Makrozahlen benutzte, die betriebswirtschaftlich nichts aussagten. Die Deckungsrate des Handelsbilanzdefizits und die Zahl der Nächtigungen lenkten zu lange von den weithin unbefriedigenden betriebswirtschaftlichen Ergebnissen ab. Diese zeigten eine steigende Überschuldung und eine geradezu verschwindend geringe Eigenkapitalbasis. Ich formulierte einmal, wahrscheinlich zu forsch: „Die meisten Hotels gehören sowieso den Banken, weil die Schulden nie verdient werden können; die Eigentümer sind unwissentlich lediglich Geschäftsführer für die Hausbank!“ Auf diesem Hintergrund wollte ich als Tourismusminister vom ersten Tag an eine nachhaltige Umorientierung des Sektors:

Erstens, neue Bewertungsmaßstäbe: anstelle der unzuverlässigen Nächtigungsdaten (Tests zeigten eine sehr hohe Dunkelziffer) wollte ich die Politik auf Umsatz- und Ertragskennzahlen basieren. Mein Argument, dass man nur im früheren Ostblock in derartigen Mengenmaßen wie Tonnen Stahl etc gemessen hätte, in Österreich würde kein Industrie- oder Gewerbebetrieb seinen Erfolg nach Produktionsmengen etwa der Zahl der gedrehten Pillen oder der reparierten Autos messen. Lediglich auch die

Landwirtschaft verwendete Produktionsmengen und Deckungsgrade als Leistungsmaßstab, vergaß aber dabei nie auch Einkommensvergleiche anzustellen.

Zweitens, mit der im Hinblick auf die Euro-Einführung immer problematischer werdenden Zahlungsbilanzorientierung strich ich den Beitrag des Tourismus aus meinen Argumentarien und schüttelte immer zweifelnd den Kopf, wenn bei diversen Anlässen Funktionäre den alten „Devisensong" anstimmten. Ich erwartete mir durch die Einführung des Euro entscheidende Wettbewerbsfähigkeitsverbesserungen für den Tourismus:

- Zinssenkungen,
- Ende der kompetitiven Abwertungen (daher plädierte ich immer für den Eurobeitritt Italiens, Spaniens und Portugals),
- erhöhte Preistransparenz durch Euroauszeichnung.

Drittens, mit der von mir mitzuverhandelnden Liberalisierung des Telekombereiches wurde ein wichtiger Preis dramatisch gesenkt. Mir ist der Anruf eines US-Urlaubers in Wien in Erinnerung, der nach seiner Ankunft seinen Laptop an die Telefonleitung anschloss, sich seine Post herunterlud und Geschäfte über die Telefonleitung abwickelte. Er beklagte, dass seine Telefonrechnung höher als der Rechnungsbetrag für Unterkunft und Verpflegung gewesen sei. Auch die Stromliberalisierung war ein, wenn auch erst später wirksam werdender wichtiger Schritt in die Richtung Kostenersparnis.

Viertens, zur Verbesserung der Finanzierungsstruktur entwickelte ich das nach mir benannte Refinanzierungsmodell der Österreichischen Tourismusbank, früher Hoteltreuhand genannt. Als ich mit der Idee antrat erinnerte mich der damalige Finanzminister Klima daran, dass mit meinem Vorgänger vereinbart worden sei, diese Sondereinrichtung aufzulösen. Das war für mich ausgeschlossen. Die Drohung machte aber Eigentümerbanken und das Management empfänglicher für das neue Modell. Dieses besteht darin, dass ein Teil der Altschuld in eine Art ewige Hypothek umgewandelt wird sowie neues Kapital von Bank und Eigentümer zugeführt wird Dieses Modell wurde zu einer Erfolgsstory, von der nur leider vieler Kritiker im Sektor nichts oder zuwenig wussten. Zum ersten Mal konnten refinanzierte Betriebe echte Gewinne verbuchen. Dafür stellte ich gegen heftigen Widerstand meiner Freunde in der Wirtschaftskammer die sog. Sanierungsaktion ein, in deren Rahmen insolvenzgefährdeten Betrieben einmalige öffentliche Zuschüsse gewährt wurden.

Fünftens, für Finanzierung und Refinanzierung handelte ich mit Minister Edlinger einen Garantierahmen von 3,5 Milliarden Schilling. für die ÖHT (Österreichische Hotel-Treuhand Ges.m.b.H) aus, welcher 1998 im KMU-Föderungsgesetz verankert wurde.

Sechstens, im Anlagenrecht bereinigten wir eine unerquickliche Situation für Betriebsübernehmer, welche neue Anlagenverfahren zu befürchten hatten, was oft eine Insolvenz durch hohe Auflagen in alten Häusern befürchten ließ. In der Gewerbeordnungsnovelle wurde festgelegt, dass die seinerzeitige Genehmigung auch im Übergabefall weitergelte.

Siebentens, besonderen Stellenwert räumte ich dem Inlandstourismus ein, was mir von FPÖ-Seite im Parlament den Vorwurf des Inländerfaschismus einbrachte. Aber es war unübersehbar, dass

- in Österreich nur rund 50% der Erwerbstätigen ihren Urlaub konsumieren,
- in einer alterndenGesellschaft die Erholungsbereitschaft in der Nähe aus Komfortgründen steigen werde,
- das inländische Angebot im sog. Wellnesssektor immer attraktiver wurde.

Achtens, gegen den Rat einschlägiger Experten verfügte ich eine Marketingsonderaktion mit einem Rahmen von 50 Millionen Schilling, der für betriebseigenes Marketing eingesetzt werden musste. Die Aktion war mit 1518 positiv erledigten Ansuchen ein durchschlagender Erfolg. Die Message war: Wer sich nicht selbst um Gäste bemüht, wird es auf Dauer mit Hilfe der Tourismusverbände und der Österreich Werbung auch nicht schaffen.

Neuntens, durch gezielte Großinvestitionen mit Hilfe von Mitteln des Ministeriums konnten erhebliche Sondereffekte erzielt werden: besonders nenne ich in diesem Zusammenhang die Finanzierung einer Zuschauertribüne in Zeltweg und die Hilfe für den Weltcupslalom der Damen auf dem Semmering, die nur gewährt wurde, als mir das Stehenbleiben und damit die weitere Nutzung der Pistenbeleuchtung zugesichert wurde. Auch eine Sondersubvention für einen Philosophenkongress auf dem Arlberg im Sommer sei erwähnt, weil diese Veranstaltung bewies, dass der Arlberg nicht von Natur aus nur für eine Saison prädestiniert ist. Den Arlbergern sagte ich auch den Bau des Tunnels Stuben-Zürs zu, wenn dafür die lokale Fremdenverkehrswirtschaft die wintersichere Überdachung allen lawinengefährdeten Parkplätzen zusichern würde.

Zehntens, in besonderes Anliegen war mir die Hinterfragung des Einsaisonbetriebes. Bei der Eröffnung einer Klagenfurter Messe kündigte ich eine Politik für Ganzjahresbetriebe an. Gäbe es in Österreich noch die Steinigung, sie wäre mir zuteil geworden Noch dazu wo ich auch sagte, dass es Zeit für Investitionen sei, da der Gast von heute keine Matratzen wolle, die älter sind als die jüngste Kellnerin. Der Stein war ins Wasser geworfen: ich treffe jetzt öfter Kritiker der ersten Stunde, die auf Ganzjahresbetrieb umstellen.

Elftens, mit dem Beitritt zum Schengen-Abkommen fielen an den deutschen und italienischen Grenzen die Kontrollen – und damit die störenden Staus – weg, die Vignette ermöglichte wieder Autobahn- und Schnellstraßeninvestitionen, brachte mir aber hinreichenden Ärger mit Tourismuskreisen: Vorwürfe wie Doppelmaut, Abschottung Kärntens, Ruin des internationalen Autobustourismus für die Destination Österreich waren an der Tagesordnung.

Zwölftens, da mir die ständigen Klagen über Arbeitskräfteknappheit kurz vor Saisonbeginn ein Gräuel waren, lud ich die Wirtschaftskammer ein, Anwerbestellen für die gesuchten Kräfte in Norditalien, jedenfalls im EU-Binnenmarkt zu errichten. Gemeinsam mit Ministerin Hostasch konnten immer wieder Lösungen gefunden werden, bei denen auch Druck auf nur eine Saison arbeitende Arbeitslose ausgeübt wurde. Mein Vorstoß auf Abbau der Sondersubventionierung der Saisonarbeitslosigkeit innerhalb des AMS erregte großen Unmut, auch wenn er durch eine Studie des IHS hinreichend plausibilisiert war.

Dreizehntens, zur Untersuchung der Folgen eines mehrwöchigen Urlaubs in Österreichs Bergen schlug Prof. Humpeling eine Studie auf dem Arlberg vor. Gegen den Rat hausinterner Experten, die dies in Einlagevermerken festhielten, erteilte mein Haus den Auftrag. Das Ergebnis war sensationell: bei einem mehrwöchigen Urlaub in etwa 1000m Seehöhe ergäbe sich bei den Probepersonen eine teilweise Erneuerung der roten Blutkörperchen (sog. EPO-Effekt), eine Normalisierung des Wasserhaushaltes und eine leichte Gewichtsabnahme. Das Ergebnis der Erststudie stellten wir 1999 bei einer Tagung an der Großglocknerstraße vor. Hier zeichnet sich ein wichtiger neuer Markt ab.

Vierzehntens, Tourismus und EU zählten ebenfalls zu den kritischen Standardthemen. Viele Touristiker kritisierten, dass die Europäische Kommission diesem Bereich kaum Aufmerksamkeit schenke, die Verträge die Freizeitwirtschaft nicht erwähne und es eigentlich keine der Bedeutung des Sektors angemessene Förderungen gäbe. Gerade in der Periode des österreichischen EU-Vorsitzes erwartete man wesentliche neue Impulse. Ich lehnte jede Sonderkompetenz der EU ab. Aus meiner Förderungserfahrung würde ja nicht der Tourismusweltmeister Österreich mit den höchste Pro-Kopf-Einnahmen je Besucher gefördert werden, sondern der Nettozahler Österreich müsste noch mehr für Förderungen in Mitbewerberländern zahlen. Ich veranlasste ein gut besetztes Tourismusseminar der EU in Mayerhofen, bei dem es vor allem auch darum ging, Österreich und im besonderen Tirol als Europäisches Kompetenzzentrum der Freizeitwirtschaft herauszustellen. Die Initiative fand Anerkennung, aber keine institutionelle Umsetzung. Wichtig war auch, dass die anwesenden Minister, Kommissar Papoutsis und Experten übereinstimmten, dass meine These, wonach die Wirtschaftspolitik der EU die Urlaubsfähigkeit und -willigkeit der Europäer konsequent und kontinuierlich stärken müsste: 90% der europäischen Bürger/innen machen Urlaub im Binnenmarkt. Die Tagung im Zillertal stellte anhand konkreter Beispiele das Gebot nach hoher Qualität und adäquatem Qualitätsmanagement europaweit heraus. Auch bei einem Hearing in einem Ausschuss des Europäischen Parlamentes fanden die Zillertaler Positionen Anerkennung. Bei diesem Hearing fiel mir auf, dass ausgerechnet der FPÖ-Abgeordnete Lukas, ein früherer Handelsdelegierter der WKÖ und von meinem Vorgänger abgelöste Chef der Österreich Werbung, fehlte, obwohl gerade er heftig das angebliche Nichtengagement in der EU kritisierte. Die Erörterung von Tourismusfragen in einem EU-Ministerrat brachte meinem schwedischen Kollegen Leif Pagrotzky eine Verurteilung durch den schwedischen Verfassungsgerichtshof ein, weil er trotz mangelnder EU-Kompetenz der Behandlung der Problematik zugestimmt hatte.

Fünfzehntens, besonders hatte mich in der Vergangenheit der Werbewettbewerb um Sonne in Österreich geärgert. Ein Land sollte ehrlich anpreisen, was es zu offerieren hatte. In unserem Land regnet es halt in der Sommersaison sehr gerne und oft, Grund genug für Jammer- und Alarmorgien. Ich argumentierte nun, dass Regen und grüne Wiesen der Traum vieler möglicher und kaufkräftiger Menschen weltweit sei, man solle daher auch damit werben. Das trug mir hämische Kommentare ein. Ich fühlte mich bestätigt, als ich bei einem Aufenthalt in Zell am See während eines Rekordgewitters in einem Hotel abstieg, dessen kuwaitische Gäste freudestrahlend zum Teil im Regen standen, zum Teil dieses Erlebnis im Trockenen freudig kommentierten. Auch bei einem jüngsten Besuch in Mondsee sagten mir zwei namhafte Hoteliers, dass sich die entsprechende neue Werbestrategie bewährt hätte und im nassen Juli keine Gäste abgereist seien; für Familien mit Kleinkindern jedoch ein Hallenbad sehr zweckmäßig und daher notwendig sei.

Sechzehntens, gerade für den so wichtigen Städtetourismus stellte sich heraus, dass die gezielte Renovierungs- und Nutzungspolitik des historischen Baubestandes, z. B die Verbesserungen in der Wiener Hofburg (Renovierung des Palmenhauses, Bau des Aurum, Öffnung der erneuerten gotischen Kellers in der Innsbrucker Hofburg), die allgemeine Fassadenerneuerung als Folge des Endes der steuerlichen

Begünstigung der Zinsrücklage und die im internationalen Vergleich hohe, aber zuwenig vermarktete Sicherheit sich als erheblicher komparativer Vorteil herausstellte.

Siebzehntens, einen interessanten Versuch stellte auch die Nutzung der Imax-Kinos für die Werbung für Österreich. Der Filmproduzent Kurt Mrkwicka hatte die Idee einen Film über die Spanische Hofreitschule in dieser momentan besten Filmtechnik herzustellen. Das Projekt fand von der ersten Stunde an meine Unterstützung und wurde vom Ministerium mit einer erheblichen Startsubvention gefördert. Die Premiere am 24. Jänner 2001 im Wiener IMAX-Kino riss die Zuschauer zu Begeisterungsstürmen hin. Man kann sich zu Recht eine hohe Werbewirkung in den Imax-Kinos in aller Welt erwarten.

Achtzehntens, bei einer Tourismustagung in Mayerhofen im Zillertal verkündete ich zur freudigen Überraschung der Zuhörer die Errichtung einer eigenen Sektion für Tourismus und Freizeitwirtschaft im Wirtschaftsministerium. Diese Sektion, deren Leitung die bewährte Leiterin meines Kabinetts, Frau Udolf-Strobl nach einem internen Ideenwettbewerb übernahm, begann ihre Tätigkeit im April 1999 und hat sich noch in meiner Ministerzeit bewährt.

Neunzehntens, im September 1999 verlieh ich die ersten Staatspreise für Tourismus. Mit dieser Auszeichnung sollten in Österreich ansässige Unternehmen, Regionen und Tourismusorganisationen ausgezeichnet werden, die wirtschaftlich tragfähige und innovative Projekte entwickelt haben, gewürdigt werden. Der Preis hat eine Kategorie I für Regionen/Verbände/Kooperationen und eine Kategorie II für Betriebe und soll im Zweijahresrhythmus vergeben werden. Um die Auszeichnung entwickelte sich ein lebhafter Wettbewerb.

Zwanzigstens, gemeinsam mit dem Umweltministerium gibt es das österreichische Umweltzeichen für Tourismusbetriebe, welches verstärkt beworben wurde und welches bis 1999 87 Betriebe verliehen erhielten, die sich davon einen beachtlichen Werbeeffekt versprachen.

Einundzwanzigstens, die Errichtung einer Servicestelle für Tourismus: Schon Minister Staribacher hatte eine Reisebüroschlichtungsstelle im damaligen Handelsministerium eingerichtet, in der Bundeswirtschaftskammer und Österreichischer Arbeiterkammertag eine wesentliche Rolle spielte. Nach meinem Amtsantritt wurde mir mitgeteilt, dass die Arbeiterkammer mit ihrem Austritt drohe, wenn die Stelle nicht sofort eine zusätzliche Sekretariatskraft erhielte. Ich überlegte und teilte den beiden Sozialpartnern mit, dass das Bundesministerium ihnen für ihre bisherige Tätigkeit danke, künftig die Arbeit aber im Rahmen einer eigenen Servicestelle selbst machen werde. Die Stelle wurde mit 1.9.1997 eingerichtet und hat sich seither bei der Bewältigung von über 1000 Streitfällen und Anfragen bewährt. Die ersten Reaktionen in meinem politischen Heimatlager waren aufgeregt, aber ich reagierte mit dem Hinweis, ich wolle den Sozialpartnern eigentlich helfen und ihnen Ärger, Verantwortung und Personaleinsatz ersparen.

Ein besonderes Kapitel muss ich der Österreich Werbung widmen: da wesentliche Behinderungen bzw. Nachteile der Österreichischen Wirtschaft (überhöhte Preise, Grenzprobleme, kompetitive Abwertungen) vor dem EU-Beitritt nicht wirklich angegangen werden konnten, war die Tätigkeit der Österreich Werbung immer ein entscheidendes politisches Ventil und wirtschaftspolitisches Instrument. . Sie hatte einfach unser Land so zu verkaufen, dass die Menschen trotz mancher Probleme Österreich weiterhin als Urlaubsziel wählten. Wann immer der Tourismus Probleme hatte, hatte auch die Österreich Werbung Feuer am Dach: man stritt über Werbekonzepte und Strategien, über die Außenstellen der ÖW und die Qualität der jeweiligen Geschäftsführung.

Apropos Geschäftsführung: Hier erbte ich eine unglaubliche Erblast. Unter meinem Vorgänger war der Geschäftsführer neu bestellt worden. Der Beste im Hearing sagte später ab, so nahm man den Zweitgereihten. Zur politischen Absicherung ersuchte man einen leitenden Angestellten der Bundessektion Fremdenverkehr, bei der AUA Erkundigungen über die politische Einstellung des Kandidaten einzuholen. Der ÖVP nahe stehende Vorstandsdirektor wurde gefragt, ob die Persönlichkeit „eine von uns sei!“. Der Gefragte verstand, so geht die Fama, die Frage so als ob nach der Firmenzugehörigkeit gefragt worden sei und bestätigte: “Ja, der ist einer von uns!“ Nach der Bestellung herrschte blankes Entsetzen, dass der nunmehrige Geschäftsführer der SPÖ angehörte. Einige der Involvierten taten in der Folge alles, um die Arbeit des Neuen zu erschweren. Bei der Vertragsgestaltung gab es zwei Bestimmungen, die ich selbst so nie abgeschlossen hätte. Der Vertrag enthielt eine Vertraulichkeitsklausel, wonach er den Mitgliedern des Präsidiums nicht übermittelt wurde. Weiters war eine Prämienregelung vorgesehen, die auf einer Reduktion des Personalaufwandes zugunsten der Marketingausgaben beruhte. In der Folge gab es eine erhebliche Personalreduktion und die ständigen Vorwürfe, dass eine parteiische Politik getrieben würde. Außerdem wurde vom Vier-Augenprinzip im Vorstand abgegangen und dem ersten Geschäftsführer ein Dirimierungsrecht eingeräumt. Für eingefleischte ÖVP-Anhänger war dies alles eine Ungeheuerlichkeit, deren klimatische Folgen meine ganze Amtsperiode überschattete.

Dazu kam noch, dass das neue Werbekonzept („Alltag raus, Österreich rein") von einer SPÖ-nahen Werbeagentur durchgeführt wurde. Im Präsidium wurde dieses Konzept einstimmig als das beste beschlossen, parteiintern wurde ich dafür heftig kritisiert.

Von Beginn an versuchte ich, aus dieser verfahrenen Situation herauszukommen: Rückkehr zum Vier-Augenprinzip und Verbesserung des politischen Klimas rund um die und in der Firma. Ich lud die Tourismuslandesräte zu Besprechungen ein: meistens kamen aber nur Stellvertreter oder die Tourismusdirektoren. Ich versuchte, aus der Blockbildung der drei Kurien Länder, Wirtschaftskammer und Bund herauszukommen: vor jeder Sitzung koordinierten sich die Länder, dann diese mit der WKÖ und der Bund wurde dann mit den gefundenen Ergebnissen konfrontiert. Der Einstimmigkeitszwang in der ÖW war ein weiterer Stolperstein. Ein Unternehmen, welches in einem oft rasch reagierenden Markt schnell handeln sollte, wirkte oft wie gelähmt. Im Hinblick auf den sozialdemokratischen Koalitionspartner und den Finanzminister, dessen Vertreter ja ebenfalls in den Organen saßen, wollte ich keinen parteipolitischen Krieg um den Geschäftsführer. Daher sprach ich mich mehrmals für eine Verlängerung seines Vertrages aus, wenn er dafür auf sein Dirimierungsrecht verzichte. Die Statuten wurden entsprechend geändert und ein Nachfolger für den aus Gesundheitsgründen ausscheidenden zweiten Geschäftsführer ausgeschrieben. Der Nachfolger bewährte sich in einem Hearing, welchem eine Auswahl durch ein Beratungsinstitut vorausging, wurde einstimmig ausgewählt und sollte so rasch wie möglich antreten. Damit begann ein neues ÖW-Drama, welches ein öffentlicher Dauerbrenner wurde. Da der Neue aus einem renommierten Unternehmen ausschied, wollte er vor dem Eintritt in die ÖW genau wissen, mit welchem Vertrag er rechnen könne. Ich machte deutlich, dass sein Vertrag in jedem Fall der Zustimmung des Präsidiums bedürfe und es keine Geheimhaltungsklausel mehr geben würde. Der Neue bestand auf einer Pensionsregelung, die in einem Text festgehalten wurde, den ich als eine Art Verwendungszusage unterschrieb. Bei der Befassung der Mitglieder des Präsidiums kritisierte das Land Salzburg die Inkompatibilität mit dem Stellenbesetzungsgesetz und der darauf basierenden Verordnung. Ein Rechtsstreit setzte ein: Mein Haus hatte ein Gutachten eines Wiener Hochschulprofessors, welcher die Geltung anzweifelte. Mir selbst lieferte der Vizepräsident des Verfassungsgerichtshofes eine Stellungnahme, in der die Geltung von Gesetz und Verordnung für Idealvereine wie die ÖW klar abgelehnt wurde. Die Zusatzpension war ein politischer Selbstläufer besonders in einigen Bundesländern und in den einschlägigen Wirtschaftskreisen geworden. Ich konnte meine Verwendungszusage nicht einhalten, das Präsidium bot dafür einen finanziell besser dotierten Vertragsentwurf, der jedoch abgelehnt wurde. Da der zweite Geschäftsführer mehrere Monate ohne gültigen Vertrag arbeitete, war ein Arbeitsgerichtsprozess die Folge. Der ganze Disput um die Geschäftsführung überschattete medial die gesamte Fremdenverkehrspolitik: wen interessierten Erfolgsziffern, wenn man über einen solchen Streit schreiben konnte. Von wenigen Ausnahmen abgesehen wurde ich in dieser Causa hängengelassen. Besonders enttäuscht hat mich jedoch, dass der zweite Geschäftsführer angesichts der zerstrittenen Firma das Handtuch warf: auf Grund seiner Präsentation hatten wir wichtige Impulse für eine bessere Arbeit, vor allem für ein besseres soziales Klima im Unternehmen erwartet.

Aus meiner Wirtschaftskammererfahrung wusste ich, warum es überhaupt zu einer eigenen Außenstellenorganisation der ÖW gekommen war: da der Tourismus keinen Außenhandelsförderungsbeitrag bezahlte, vertraten die Handelsdelegierten diesen Sektor auch nicht. Mit dem Ende des Ausfuhrförderungs-Beitrages und der damit erfolgten Neufinanzierung der Wirtschaftskammern fiel die Basis für die alte Arbeitsteilung weg. Ich schlug daher vor, die beiden Außenorganisationen zusammenzulegen. Eine Arbeitsgruppe WKÖ-ÖW kam zu keinem Ergebnis. Auch meine Argumentation gegenüber der WKÖ, wonach die Vertretung der Freizeitwirtschaft im Ausland seit der Neufinanzierung eigentlich ausschließlich Kammersache sei, fand keine positive Resonanz. Obwohl viele Handelsdelegierten als Honorarvertreter der ÖW fungierten, weigerte sich ein beträchtlicher Teil, diese neuen Aufgaben zu übernehmen.

Auch jeder Vorstoß in die Richtung, die Länder sollten als Hauptnutzer der ÖW echt für die Nutzung zahlen, statt mit 20% des Budgets 80% der Aktivitäten in Anspruch zu nehmen.

Ich bin froh, dass die neue Regierung die strukturellen Probleme der ÖW in der von mir vergeblich versuchten Weise erfolgreich angegangen ist.

Die Sitzungen des ÖW-Präsidiums waren immer zeitaufwendig, mühsam, aber letztlich Opfer einer historischen Fehlkonstruktion, in der Interessenauseinandersetzungen zu Lasten einer harmonischen Arbeit dominierten.

Mit einer Reihe von Vorschlägen bin ich aber nicht durchgekommen:
Aus eigener Erfahrung wusste ich, wie unangenehm vielen Konsumenten ist, bei der Zimmersuche auch nach dem Preis fragen zu müssen. Mir schien die etwa in den USA übliche Praxis, dass Hotels und Motels ihre Nächtigungspreise in Leuchtschrift an der Fassade oder bei der Zufahrt anzeigen durchaus nachahmenswert. Daher ließ ich einen Entwurf einer Preisauszeichnungsbestimmung in diesem Sinn ausarbeiten.

Die Begutachtung ergab einhellige Ablehnung, vor allem die städtische Hotellerie, in der nur naive Kunden den Prospektpreis zahlen, war geradezu empört.

Angesichts vieler Beschwerden über lange Wartezeiten bis man den Oberkellner zum Zahlen bekäme, regte ich an, wenigstens in großen Häusern zum anglikanischen System des Zahlens an einer Kasse überzugehen. Mehr als ein Adrenalinstoß gegen die österreichische Gemütlichkeit gelang mir damit nicht.

Nach einer einschlägigen Befragung von MitarbeiterInnen im Tourismus stellte ich geänderte Öffnungszeiten in den Kindergärten in Fremdenverkehrsgemeinden zur Diskussion. Der Dank vieler Betroffener war mir gewiss, nicht aber die Zustimmung der Zuständigen: Die eine Seite (meine Partei) sah darin eine Gefährdung des Tagesmüttermodells, die andere eine präjudizielle Flexibilisierung. Schließlich kam auch mein Vorschlag, die Kosten der Arbeitslosenversicherung verursachergerecht zu verteilen, nicht an. Offenbar genießen Saisonbetriebe in Österreich größere Unterstützung als Ganzjahresbetriebe, die ihre MitarbeiterInnen ständig beschäftigen wollen.

Trotz allem: Meine Bilanz für Tourismus- und Freizeitwirtschaft kann sich sehen lassen:

Erstens, die Umsätze in diesem Bereich sind in den letzten Jahren gestiegen. Im Bericht über die Lage der Tourismus- und Freizeitwirtschaft in Österreich 1996 hatte der Autor, der Wirtschaftsforscher Egon Smeral noch geschrieben: „Für die Jahre 1997 und 1998 kann erwartet werden, dass sich die 1996 einsetzende Stagnation fortsetzen wird und damit die Talsohle erreicht sein dürfte. Ab 1999 können wieder leichte Zuwächse erwartet werden. "Die Zahlen beweisen, dass wir gegen die Erwartungen erfolgreich waren: die Umsätze wuchsen bereits 1997 wieder (1996: 421,1 Milliarden Schilling, 1997: 429, 6 Milliarden Schilling, 1998: 446,8 Milliarden Schilling, 1999 456,4 Milliarden Schilling). Daran erfreuten sich in aller Öffentlichkeit nur wenige Kommentatoren: Es war einfach plakativer und der österreichischen Seele entsprechender, weiterhin die sinkenden Nächtigungen zu bejammern.

Zweitens, bei den Pro-Kopf-Einnahmen liegt unser Land (abgesehen von wenigen kleinen Inselrepubliken) mit 19.909 ATS international an der Spitze. An zweiter Stelle folgt die Schweiz mit 14.196, an dritter Stelle Spanien mit 10.858, der europäische Durchschnitt lag bei 5.637 ATS. Wer pro Kopf die höchsten Einnahmen erzielt, damit touristisch Performance-Weltmeister ist, sollte damit auch wirtschaftlich leben können.

Drittens, dank Eurozugehörigkeit sind die Risken kompetitiver Abwertungen im Binnenmarkt wesentlich reduziert worden (Italien, Spanien, Portugal, Griechenland) verschwunden.

Viertens, mit dem EU-Beitritt ist durch die nachhaltige Senkung der Nahrungsmittelpreise die Wettbewerbsfähigkeit deutlich gestiegen.

Fünftens, mit dem Beitritt Österreichs zur Schengen-Vereinbarung sind die Grenzstaus zu sehr wichtigen Partnerländern weggefallen.

Sechstens, in einem hoch verschuldeten Sektor hat sich die Euro-bedingte Absenkung der Kreditkosten auf einen historischen Tiefstand positiv ausgewirkt.
Siebentens, der im KMU-Gesetz eingeräumte Garantierahmen von 7 Milliarden Schilling gibt einen hinreichenden Rahmen für Umfinanzierungen und Investitionen.

Achtens, durch die von mir initiierten Änderungen im Anlagenrecht und in der Steuerrechtsreform 2000 (steuerfreie Betriebsübergabe im Erbwege) sind Betriebsübergaben wesentlich erleichtert worden.

Neuntens, die Erweiterungsstrategie der EU schafft Wohlstand in Nachbarländern, die touristisch eine hohe Österreichpräferenz haben.

Zehntens, die neue mediale Vernetzung schafft steigende Möglichkeiten des Direktmarketing und senkt die Abhängigkeit von traditionellen Geschäftsvermittlern wie Veranstaltern, Tourismusverbänden, Reisebüros und Busunternehmen.

Elftens, die Umfragen der letzten Jahre zeigen eine Konsumentenzufriedenheit von 93%, welche dem Sektor ein deutliches positives Zeugnis ausstellt.

Der Sektor Tourismus und Freizeitwirtschaft ist eine österreichische Erfolgsgeschichte, die ich gerne manchmal auch in den Gesichtern der handelnden Personen und in den Kommentaren der Fachblätter gelesen hätte. Aber vielleicht ist das stille Genießen von Erfolgen eine weitere österreichische Besonderheit.

## 4.23 Budget- und Steuerpolitik: Agieren auf neuen Gebieten!

Schon bei den Gesprächen über meine künftige Tätigkeit als Wirtschaftsminister hatte mich Vizekanzler Dr. Schüssel darauf aufmerksam gemacht, dass ich auch für die Budgetpolitik Mitverantwortung tragen müsse, da es keinen ÖVP-Staatssekretär im Finanzministerium mehr gäbe. Nun konnte ich in diesem Gebiet keine langjährige Erfahrung vorweisen. Mit der großen Budgetpolitik wurde ich erst intensiv befasst, als im Jahre 1995 der Beirat für Wirtschafts- und Sozialfragen den Auftrag erhielt, ein Gutachten zur Budgetkonsolidierung zu erstatten. In einem gemeinsamen Schreiben von Bundeskanzler und Vizekanzlers an die Präsidenten der Sozialpartner vom 16. Mai hieß es: „Im Budgetprogramm 1995 bis 1998, das soeben den Ministerrat passierte, haben wir uns als Bundesregierung verpflichtet, bis 1998 das Budgetdefizit vor allem von der Ausgabenseite her auf unter 3% des BIP zurückzuführen. Um die Diskussion rechtzeitig auf eine möglichst breite Basis zu stellen, ersuchen wir Sie, eine gemeinsame Studie über die notwendigen Maßnahmen zur Konsolidierung des Bundeshaushaltes 1996 bis 1997 im Rahmen des Beirats für Wirtschafts- und Sozialfragen in Auftrag zu geben. „Die Erarbeitung dieser Studie wurde sehr intensiv betrieben. Es wurde von einem Konsolidierungsbedarf von rund 30 Milliarden Schilling ausgegangen. Das Interesse der Medien war groß, einmal mehr hatte sich die auf sozialpartnerübliche Praxis der Vertraulichkeit zu bewähren. Die Schlussrunde der Sozialpartnerverhandlungen unter Einbeziehung der Präsidenten und Generalsekretäre war geheime Kommandosache, der Veranstaltungsort wurde streng vertraulich kurzfristig den Teilnehmern mitgeteilt. So begaben wir uns alle in die Autobahnraststätte Auhof an der Westautobahn. Bei unserer Ankunft waren wir sehr erstaunt, ein ORF-Team im Gästeraum anzutreffen. Hatte jemand geplaudert? Die Realität war sehr einfach: das Team hatte einfach Rast gemacht und vom Trubel der anreisenden Dignitäten keine Notiz genommen. Es wurde nur angeordnet, dass sich die viele Dienstwägen möglichst unauffällig parken sollten. Die Sitzung war mühsam, aber erfolgreich. Am 6. September 1995 legten die Sozialpartner ein knapp 50-seitiges Gutachten mit einem mittelfristig angelegten Maßnahmenkonzept vor. Das Schicksal hatte mir offenbar einen Intensivkurs in Budgetpolitik verordnet: ich erinnere mich bei der Präsentation des Papiers zu einem Kollegen gesagt zu haben, dass ich niemand beneide, der derartige Maßnahmen einmal verantworten und umsetzen müsse.

Die Budgetdefizite waren zum Hauptsorgenkind der Politik geworden: der Bund wies seit 1992 wesentlich höhere Defizite aus. Zwischen 1992 und 1995 war das Finanzierungsdefizit aller öffentlichen Haushalte von 1,9% auf 5% angestiegen. Prognosen sprachen von einem Anstieg auf 8%, wenn kein Gegensteuern einsetzte. Die Verschuldungsquote hatte sich in diesem Zeitraum von 58, 3 auf 69, 4% des BIP erhöht.

Es war allen Beteiligten klar, dass der Druck auf eine nachhaltige Budgetkonsolidierung national und international steigen würde. Der jährliche Länderbericht der OECD in Paris mahnte in deutlichen Worten! Dramatisch wurde die Situation, als plötzlich die Einhaltung der Konvergenzkriterien für die Einhaltung des Euro, vor allem die 3%-Defizitgrenze beim Budget und die 60%-Grenze bei den Staatsschulden, anstand. Die bevorstehende Prüfung der Einhaltung dieser Kriterien durch Kommission und Rat der EU in Brüssel ließ keinen Raum für Tricksereien und Versteckenspiele.

Das Budget 1997 unter Finanzminister Klima war sozusagen mein Einstieg, die große Arbeit kam erst mit dem neuen Finanzminister Edlinger. Ich hatte mit Rudi Edlinger beruflich nie etwas zu tun gehabt, wir hatten uns in meiner Wirtschaftskammertätigkeit einmal bei der Eröffnung einer übrigens verunglückten Messeveranstaltung mittel- und osteuropäischer Investitionsgütererzeuger im Wiener Messegelände getroffen. das nächste Zusammentreffen war im Gewühle des Tanzparketts am Wiener Technik Cercle: dabei vereinbarten wir langsam nebeneinander hertanzend, unsere Frauen im Arm, unseren ersten Gesprächstermin.

Dabei nahmen wir uns dann dreierlei vor:

1. Um eine nachhaltige Konsolidierung zu erleichtern, wollten wir ein Doppelbudget 1998/1999 aushandeln.
2. Die Verschuldungsquote musste auf unter 60% des BIP gedrückt werden und
3. Die Maßnahmen sollten alle „auf der sicheren Seite" liegen und ein strenger Budgetvollzug sei unerlässlich.

Das hörte sich ganz einfach an, aber schon unsere erste Gesprächsrunde mit allen Ressorts zeigte, dass überall eine vollkommene Einsicht in die Sparzwänge in den jeweils anderen Bereichen herrschte. Bei einem, im Finanzministerium traditionell immer sehr guten, Schalerl Kaffee ließen wir einmal unserem Frust freien Lauf: es konnte ja nicht sein, dass nur zwei Minister den Mut zu nachhaltigen Maßnahmen hätten!

Ohne viel öffentlichen Rummel wurden Budgets ausgearbeitet, die für die Jahre 1998 und 1999 das Defizit auf jeweils 2,6% des BIP reduzierten und damit die Maastrichtkonformität sicherstellten. Ich kann mich noch erinnern, mit welcher Skepsis in meiner Partei die Nachricht über unsere Budgeteinigung aufgenommen wurde. Nicht einfach war auch der Weg zu einer Reduktion der Verschuldungsquote. Hier war vor allem Innovation im Umgang mit den Altschulden erforderlich. Durch Privatisierungserlöse, den Verkauf der Forderungen des Wasserwirtschaftsfonds und durch eine Reorganisation der ASFINAG gelang es, den Schuldenstand von 62% des BIP auf etwa 59,5% zu senken. Die Schaffung der Euro-Voraussetzungen wäre ohne den Außendruck viel schwieriger gewesen. Die Tatsache, dass wir in diesem Zusammenhang erfolgreich waren, war einer der schönsten gemeinsamen Erfolge.

Wir hatten mehrer Fliegen mit einem Schlag getroffen:

- durch ein realistisches Mehrjahresbudget den permanenten Defizitdruck nachhaltig reduziert,
- die Erfüllung der Maastrichtkriterien sichergestellt und
- im Parlament politischen Freiraum für eine zweijährige, budgetdiskussionsfreie Reformarbeit geschaffen.

Ich blicke gern auf die vertrauensvolle und friktionslose Zusammenarbeit mit Rudi Edlinger zurück. Ich kann mich an keinen Versuch eines Legerls (kleine Irreführung auf wienerisch) erinnern, es gab keine negativen Botschaften an die Medien: ein namhafter Ministerialrat sagte mir einmal, dass ich bei seinem Chef tabu sei, d.h. nicht angegriffen werden dürfe. Nur in einem Punkt stimmten wir in unseren Kaffeegesprächen nicht überein: Wann immer ich davon sprach, dass ein Wohlfahrtsstatt wie Österreich kein Budgetdefizit, es sei denn aus investiven Gründen, haben dürfe, da gab es spürbare Reserviertheit. Aber das Nulldefizit war zu unserer Zeit ohnedies noch ein Traum, für viele (auch in meiner Partei) ein Albtraum.

Als es 1999 um das Budget 2000 ging war klar, dass es schwer würde, unmittelbar vor der Wahl noch eine Budgdetauseinandersetzung zu führen. Durch die vorzeitige Beendigung der Legislaturperiode durch das Bundesgesetz vom 19. Juli 1999, BGBl. Nr 109 ersparten wir uns die Mühe. Freilich gab es Gespräche über ein notwendiges Budgetprovisorium gemäß Art. 51 Abs. 5 B-VG. Zentraler Punkt war die vom Finanzministerium für notwendig erachtete 20-prozentige Kürzung der Ermessensausgaben in den ersten vier Monaten des Jahres 2000. Ich war bereit, diese Maßnahme mitzutragen, blieb aber damit ziemlich einsam. Der Erlass ging am 30. November 1999 noch hinaus – und mein Arbeitsbereich Budgetpolitik war zu Ende.

Steuerpolitik

Schon 1997 hatte das Finanzministerium eine Expertengruppe beauftragt, Vorschläge für eine Reform des Steuerrechts zu erarbeiten. Als dieses dann vorlag, war evident, dass unter dem Druck von allen Seiten die Steuerreform ein völlig anderes Gesicht haben würde. Da in der ÖVP intern befürchtet wurde, dass die SPÖ Differenzen in der Steuerreform als Absprungbasis für Neuwahlen nutzen könnte, ließ sich Parteiobmann und Vizekanzler Schüssel mit der Nominierung des Verhandlungsteams Zeit. Ich verfolgte die Entwicklung mit gemischten Gefühlen: einerseits fehlte mir konkrete Erfahrung mit Steuerreformverhandlungen, weshalb ich es verstanden hätte, wenn ein anderer ÖVP-Minister neben Schüssel nominiert worden wäre, andererseits hätte eine solche Vorgangsweise meine vielen „Verehrer" (besser Verteufeler) in den diversen Medien zu neuen Spekulationen über das Auslaufmodell Farnleitner veranlasst. Ich war gerade bei einem EU-Ministerrat in Brüssel, als mich der Parteiobmann anrief und mir mitteilte, dass ich für das Verhandlungsteam nominiert werde. Ich freute mich mit meinem Kabinett, dass uns sozusagen vor Torschluss noch eine große, neue Herausforderung ins Haus stand, von der zusätzlichen Arbeitsbelastung sprach niemand.

Nun war ich in Fragen der Steuerreform früher bestenfalls gelegentlicher Ratgeber gewesen, jetzt ging es darum, einige markante Signale für Unternehmen und den Wirtschaftsstandort zu setzen. Die Reform konnte ein letzter Beweis für die Arbeitsfähigkeit der Koalition vor der Wahl große Bedeutung für die nächste Wahl erlangen, aber auch ein entscheidender Stolperstein werden.

Nach ersten internen Vorbesprechungen wurde mir klar, dass meine drei wichtigsten persönlichen Grundvorstellungen keine Aussicht auf Diskussion, schon gar nicht auf Erfolg haben würden:

Erstens, ich hatte bei vielen Vorträgen kritisiert, dass es im Steuerrecht für Unternehmen eine total unverständliche, unterschiedliche Behandlung für Unternehmen unterschiedlicher Rechtsform gäbe. Körperschaften, wie Aktiengesellschaften und Ges.m.b.Hs, die ihre Haftung beschränkten, wurden besser behandelt als Gesellschaftsformen, bei denen die Unternehmen mit allem ihrem vermögen hafteten, z. B. OHGs. Ich halte das auch weiterhin für ökonomisch unvernünftig und verfassungswidrig.

Zweitens, bei meiner Tätigkeit im Wirtschafts- und Sozialausschuss der EU wurde ich mit der Frage der Zweckmäßigkeit und Machbarkeit der so genannten Tobin tax, einer Steuer auf alle Kapitaltransaktionen, konfrontiert. Ich befand nach Studium der uns vorgelegten Unterlagen, dass in einer Welt, in der damals täglich rund 2000 Milliarden US-Dollar auf den Kapitalmärkten zirkulierten, wovon nur maximal 10% mit Waren und/oder Dienstleistungen unterlegt waren, Geld also wie

Ware gehandelt wurde, eine Art Umsatzsteuer durchaus zweckmäßig sei. Aber da hieß es schon in Brüssel: geht nicht im Alleingang, die USA und Steueroasen würden nie mitgehen und der europäische Kapitalmarkt würde marginalisiert werden.

Drittens, bei einem Besuch in New York sagt mir der dortige Kardinal der katholischen Kirche in einem Privatgespräch, dass er rund 60% seiner Zeit im Priesteramt damit verbracht habe, in Kontakten mit Menschen, davon viele Außenstehende, die für die kirchliche Tätigkeit notwendigen Finanzen aufzutreiben. Die Finanznöte zwängen die Kirchenvertreter hinauszugehen auf Straßen, in Haushalte und Betriebe. In Deutschland und Österreich gäbe es die Kirchensteuerregelung, die dazu führe, „dass die Bischöfe und Priester in ihren Palais und Pfarrhöfen auf den Eingang der Steuermittel warteten: die Einnahmen seien relativ sicher und hoch, dafür falle die Zahl von Kirchenbesuchern ständig. Johannes, ich sage dir, Hitler hat 50 Jahre nach seinem Tod noch einen Sieg errungen!" Diese Aussage grub sich tief bei mir ein. Ich konnte mir nicht vorstellen, wie eine Systemumstellung in Österreich bewerkstelligt werden konnte. Ich kam darauf zurück, als bei vielen österreichischen Katholiken tiefer Frust über einige Bischofsernennungen herrschte. Bei einem Vortrag sagte ich einmal, dass man dem Papst signalisieren müsste, dass bei weiteren Fehlbesetzungen der Staat seine unterstützende Regelung zurückziehen könnte.

Worauf sollte ich also abzielen, wenn ich nicht bloß stiller Verhandlungsteilnehmer sein wollte, woran ich nie dachte? In eingehenden Gesprächen mit Freunden, Experten des Hauses und der Sozialpartner wollte ich einige Schwerpunkte gezielt einbringen:

1. Steuerliche Entlastung bei der Betriebsübergabe,
2. Pensionssparen statt oder neben Bausparen,
3. Gleichbehandlung von Eigen- und Fremdkapital,
4. Verbesserung der steuerlichen Forschungsförderung,
5. Ausdehnung des Lehrlingsfreibetrages von einem auf alle Lehrjahre und
6. Einführung einer steuerlichen Förderung für lebenslanges Lernen.

Die Verhandlungen waren sparsam und mühsam zugleich. Als sie mit einer langen Nachtverhandlung im Kanzleramt abgeschlossen wurden, enthielt sie insgesamt Regelungen, die die Steuerzahlen mit insgesamt 30 Milliarden Schilling entlasten sollten. Bei einem Punkt der Reform, einem der zentralen, hatte ich ursprünglich schwere Bedenken. Rudi Edlinger hatte immer wieder nachdrücklich darauf hingewiesen, dass die budgetären Zwänge eigentlich wenig Spielraum ließen. Wie sollte da eine allgemeine Tarifreform gedeckt werden? Doch gerade in diesem Bereich wie bei der Spekulationssteuer stießen die Parteiinteressen hart aufeinander. Die SPÖ wollte einen Absetzbetrag von 4000 Schilling für alle, die ÖVP eine leistungsbezogene Differenzierung. Ich hatte meine Bedenken zurückzustellen und tröstete mich mit der Vorstellung, dass die hohen Kosten der Tarifreform (schlussendlich 17 Milliarden Schilling) in der nächsten Legislaturperiode den finanziellen Druck auf nachhaltige strukturelle Reformen drastisch erhöhen würden. So war es dann auch, ich hatte aber dann nicht mehr mitzuwirken.

Mit der endgültig gefundenen Lösung identifizierte ich mich voll, vor allem weil auch meine Wunschakzente weitgehend umgesetzt werden konnten:

1. Bei der Betriebsübergabe zahlen Unternehmer bis zu einem Freibetrag von fünf Millionen Schilling keine Erbschafts- bzw. Schenkungssteuer. Auch für die Betriebsübergabe an Mitarbeiter sollte diese Regelung gelten. Nach der Schätzung des Finanzministeriums fallen rund 90% der Unternehmer unter diese Regelung.
2. Für die private Altersvorsorge wurde eine Prämie wie beim Bausparen vereinbart.
3. Durch die Anerkennung fiktiver Eigenkapitalzinsen als Betriebsausgaben sollte erreicht werden, dass künftig die Zuführung von Eigenkapital attraktiver wird Allerdings höre ich aus Unternehmer- und Steuerberaterkreisen, dass ein überbürokratischer Durchführungserlass die Nutzung dieser Neuregelung praktisch vereitelt.
4. Der Forschungsfreibetrag von 12% bei Eigenforschung und 18% bei Fremdforschung wurde generell auf 25% angehoben.
5. Der Lehrlingsfreibetrag von 20.000 Schilling für das erste Lehrjahr (eingeführt im Rahmen des Nationalen Aktionsplans für Beschäftigung 1998 auf Initiative von Vizekanzler Schüssel) wurde auf alle Lehrjahre ausgedehnt.
6. Das lebenslange Lernen wird künftig durch einen Bildungsfreibetrag für Unternehmer (9% der Aus- und Fortbildungskosten) und die steuerliche Abzugsfähigkeit berufsbezogener Ausbildungskosten gefördert.

Weiters wurden Pauschalierungsvereinbarungen getroffen: Ein für die vielen Kleinbetriebe wichtiger Schritt war die Bestimmung, dass künftig für bestimmte Branchen wie das Gastgewerbe, die Hotellerie, den Lebensmittelhandel und die Drogerien Pauschalierungsverordnungen durch den Bundesminister für Finanzen erlassen werden konnten. Auch sollten künftig individuelle Pauschalierungen auf der Basis der Veranlagungsergebnisse der letzten drei Jahre möglich sein. Auch der Entfall der Sondervorauszahlung an Umsatzsteuer, wenn sie weniger als 10.000 Schilling beträgt, entlastete rund 180.000 Unternehmen. Im letzten Augenblick kam auch noch von den beiden Verhandlungsführern der Vorschlag, für Unternehmensgründer Steuer- und Gebührenbefreiungen vorzusehen: der Dienstgeberbeitrag zum Familienlastenausgleich, der Arbeitgeberbeitrag zu Wohnbauförderung, der Beitrag zu gesetzlichen Unfallversicherung sowie die KU2 sollten künftig für die ersten 12 Monate nicht erhoben werden. Diese Regelung wurde wie die des Lehrlingsfreibetrages bis 2002 befristet.

Schönheitsfehlern aus unserer Sicht, die wir zugestehen mussten, wie die Ausdehnung der Spekulationsfristen, die pauschale Besteuerung der von Investmentfonds abgewickelten Spekulationsgeschäfte und die Einschränkung der steuerlichen Verwertung von Verlustbeteiligungsmodellen haben mehr öffentlichen Staub aufgewirbelt als alle positiven Schritte.

Aber es war eine Steuerreform, die sich sehen lassen konnte, der Verkauf war angesichts der allgemeinen Fruststimmung in der politischen Öffentlichkeit schwierig. Aber die Mühe hatte sich für mich gelohnt: ich konnte auch in diesem Bereich Spuren hinterlassen, die später Bundeskanzler Dr. Schüssel bei meiner Verabschiedung im Palais Pallavicini ausdrücklich unterstrichen hat.

Als einfacher Bürger bleibt es mir ungenommen, meine schon bei der letzten Reform unansprechbare Reformwünsche weiter zu hegen und zu propagieren.

## 4.24 EU-Präsidentschaft, die größte Herausforderung und Chance meines Berufslebens

Nachdem ich mich in meine neue Aufgabe so richtig hineingearbeitet hatte und durch die volle Unterstützung Wolfgang Schüssels trotz aller Rücktrittsgerüchte und –forderungen hoch motiviert an die großen Aufgaben meines Ressorts heranging, wurde mir bald mit einiger Beklommenheit deutlich, dass mich während der Periode der österreichischen Präsidentschaft im 2. Halbjahr 1998 eine erhebliche Mehrbelastung treffen würde. Der Vorsitz in drei offiziellen Ministerräten (Binnenmarkt, Industrie und Energie), dem außenhandelspolitischen Rat als Teil des RAA (Rates für allgemeine Angelegenheiten) und zweier informeller Räte (Tourismus und Wohnbau) brachte die Bewältigung vieler brisanter Fragen mit sich. Diese Herausforderung konnten wir nur bestehen, wenn das ganze Haus sich darauf entsprechend vorbereitete und zu konsequenter Mitarbeit bereit war. In mehreren Sitzungen der Sektionsleiter und in vielen Einzelgesprächen entwarfen wir eine umfassende Strategie. Schon während der Luxemburger Präsidentschaft im zweiten Halbjahr 1997 begannen wir, Listen der anhängigen Fragen zu erarbeiten, dabei konzentrierten meine zuständigen MitarbeiterInnen sich über meinen Wunsch vor allem auf Sachfragen, die während des österreichischen Vorsitzes entscheidungsreif sein könnten. Bei allen Vorüberlegungen war zu berücksichtigen, dass Österreich auf Grund seiner geographischen Lage und seiner Geschichte sowie seines politischen Systems gerade in Fragen der Osterweiterung und des sozialen Dialoges Schwerpunkte setzen konnte, sollte, ja musste. Alle Zuständigen wurden aufgefordert, ihre Kontakte zu den EU-Stellen zu intensivieren und Vorschläge zu konkreten Veranstaltungen und Sachinhalten zu erarbeiten. Ich war wirklich angetan, wie die Präsidentschaftsherausforderung von meinem Haus angenommen wurde.

Bei meinen früheren EU-Studien hatte ich mich auch mit der Funktion und dem Vorgehen der so genannten Troika befasst. Dieses informelle Gremium besteht aus Vertretern des Landes das gerade den Vorsitz innehat, des Landes, welches zuletzt den Vorsitz innehatte und des nächsten vorsitzführenden Landes. Auffallend war, dass jedes Land bisher versucht hatte, seiner Periode einen eigenen, unverwechselbaren Stempel aufzudrücken. Mir kam die Idee, ein neues Modell anzustreben, welches auf Kontinuität setzte. Wir nannten es intern: Posttroika. Wir wollten eine Koordinierung über mehrere Präsidentschaften hinweg. Vorgespräche über diese Idee mit Vertretern der damaligen konservativen Regierung Großbritanniens und der deutschen Regierung, die noch vor der englischen Präsidentschaft stattfanden, verliefen sehr positiv und wir konnten mit einem englischen und einem deutschen Staatssekretär gemeinsame inhaltliche Vorgaben in den Zuständigkeitsbereichen meines

Ressorts erarbeiten und schon im Jänner 1998 auch öffentlich vorstellen. Vor allem Fragen der Regulierungsverbesserung, Beschäftigungsschaffung und Vervollkommnung des Binnenmarktes sollten kontinuierlich verfolgt werden. Das Vorhaben erregte in Insiderkreisen großes Aufsehen und Neugierde, ob so etwas auch umsetzbar sein würde. Die Ironie der Geschichte war es im vorliegenden Fall, dass sowohl in England als auch in Deutschland die Präsidentschaft durch eine neue, von einer anderen Partei dominierte Regierung wahrgenommen wurde. Ich muss gestehen, dass die Zusammenarbeit mit den neuen Labour-Ministern und -Staatssekretären hervorragend funktionierte und durch Harmonie, die zur Freundschaft wurde, gekennzeichnet war. Ich möchte in diesem Zusammenhang ganz besonders Lord David Simon hervorheben: uns verband ein unglaublicher Ehrgeiz, die Wettbewerbsfähigkeit der europäischen Industrie zu verbessern, „Better Regulation Serves Employment (Bessere Regulierung verbessert die Beschäftigungschancen)" umzusetzen und die europäische Bürokratie durch SLIM-Aktivitäten zu reduzieren. Mit den deutschen Wirtschaftsministern Rexroth bzw. Müller und ihren Staatssekretären war die Zusammenarbeit in diesen Bereichen sehr gut.

Das Präsidentschaftsfieber hatte mich und meine MitarbeiterInnen erfasst. Wir sandten vor allem jüngere Mitarbeiter zu Praktika in englische Ministerien, eine intensive Besuchstätigkeit (auch ich reiste in fast alle Mitgliedsländer zu Vorbereitungsgesprächen) setzte ein und wir arbeiteten zügig an der Liste der informellen Veranstaltungen anlässlich der Präsidentschaft: 20 besondere Veranstaltungen wollten wir in Österreich arrangieren. Die für die Koordination der Veranstaltungen zuständige Staatssekretärin im Außenministerium, Benita Ferrero-Waldner, rügte mich am Rand eines Ministerrates, dass wir einfach zu viele Veranstaltungen planten. Mit dem Hinweis auf den Umfang meiner Kompetenzen auch im europäischen Bereich konnten wir unsere Vorhaben durchsetzen. Besonders nennen möchte ich die Veranstaltungen mit Ministern: Tourismusforum in Mayerhofen (Tirol) von 9.–12. Juli 1998, KMU-Roundtable am 21. 9. in Baden/Wien, Informelle Tagung der Industrieminister in Klagenfurt am 2. und 3. Oktober, 2. EU-MED-Konferenz der Industrieminister in Klagenfurt am 3. und 4. Oktober, Ministerkonferenz zum Thema „Better Regulation Serves Employment" in Wien am 12. und 13. Oktober, Informeller Ministerart der Wohnbauminister in Graz am 22. und 23. Oktober, und die feierliche Verleihung des EuroPrix MultiMediaArt 1998 am 23. und 24. November in Wien. Daneben gab es noch eine erhebliche Anzahl von Treffen der Generaldirektoren und Sektionschefs, Seminare und Foren zu interessanten Fragen wie z. B Energieeffizienz sowie Innovation und Neue Unternehmen. Alle Veranstaltungen waren exzellent besucht und brachten herzeigbare Ergebnisse. Im Zuge meiner Vorsitztätigkeit hatte ich 6 offizielle Ministerräte zu präsidieren: 3 Binnenmarktministerräte

(24.9, 9.11 und 7.12), 2 Industrieministerräte (3. und 4.10, 16.11.) und einen Energieministerrat (13.11.). Um in diesem so wichtigen Halbjahr nicht mit heimischen Fragen zu sehr belastet zu sein, hatte ich meine MitarbeiterInnen angewiesen, möglichst viele Reformvorhaben vor der Präsidentschaft abzuschließen und Schwierigeres/Zeitaufwendiges für die Zeit danach aufzusparen. Der Vorsitz war eine einmalige Chance für mich, eine zweite würde mir das Schicksal sicher nicht geben!

Die Ergebnisse der Bemühungen der Präsidentschaft waren erstaunlich: Es hat mich immer wieder überrascht, wie sehr auch ein kleines Land, wenn es engagiert und sachorientiert operiert, die vielfältigen persönlichen Kontakte jenseits der Tagesarbeit nützt, Projekte verfolgen und auch Umsetzungserfolge erzielen kann. Ein Resümee der wichtigsten Ergebnisse im Bereich meiner Kompetenzen mag das zeigen:

1. Binnenmarktministerrat:
Die Umsetzung des Aktionsplanes für den Binnenmarkt, die der Europäische Rat von Amsterdam im Juni 1997 gebilligt hatte, war schon von der luxemburgischen und der britischen Präsidentschaft verfolgt worden, bei der Übernahme des Vorsitzes durch Österreich räumte die Kommission ein, dass eine vollständige Umsetzung bis 1. 1. 1999 nicht möglich sein werde. Durch den Binnenmarktspiegel wurde eine Transparenz der Umsetzung des Acquis in den einzelnen Ländern hergestellt, wobei sich diese im Sinne eines Wettbewerbs günstig auswirkte. Österreichs Ausgangslage war schlimm: unser Land lag an vorletzter Stelle und einige Ministerien und Bundesländer zeigten wenig Bereitschaft, das Umsetzungstempo zu beschleunigen. Ich mahnte mehrmals im Österreichischen Ministerrat, schrieb Briefe an KollegenInnen und Landeshauptleute. Meine Lästigkeit produzierte nicht nur eine Fülle zum Teil skurriler Ausreden und Entschuldigungen, sie war Schlussendlich erfolgreich. Österreich konnte während der Präsidentschaft das Umsetzungsdefizit von zehn, 1% nichtumgesetzter Richtlinien auf drei, 4% verringern. In den Sitzungen des Binnenmarktrates wurde Österreich von Kommissar Monti mehrmals ausdrücklich als das Land mit der größten Aufholgeschwindigkeit gelobt. EU-weit verringerte sich die Zahl der nicht umgesetzten Richtlinien von 18,2% im Mai 1998 auf 13,2% im November 1998. Die Perfektionierung des Binnenmarktes wurde in vielen Bereichen vorangetrieben wie im Normenwesen und der gegenseitigen Anerkennung. Im legislativen Bereich wurden eine Reihe von Dossiers abgeschlossen wie die Reform des Versandverfahrens und der Rechtsschutz von Mustern und Modellen, in anderen sensiblen Materien wie etwa der Anerkennung von Diplomen und dem Schutz des Geistigen Eigentums gab es erhebliche Fortschritte. Besonders stolz war mein Team darüber, dass das seit 28 Jahren verhandelte Statut der Europäischen Aktiengesell-

schaft beinahe abschlussreif gemacht werden konnte. Besonders am Herzen lag mir die SLIM-Initiative (Simpler Legislation of the Internal Market). Unter österreichischem Vorsitz wurde die Umsetzung der Ergebnisse von SLIM I (Anerkennung von Diplomen, Bauprodukte, INTRASTAT, Zierpflanzen) und SLIM II (Düngemittel, Bankdienstleistungen, Mehrwertsteuerverpflichtungen und Kombinierte Nomenklatur für den Außenhandel) fortgesetzt und die Ergebnisse des Konsultationsprozesses der Phase SLIM III (Versicherungsrecht, Gesellschaftsrecht, Fertigpackungen) präsentiert und der Umsetzung zugeführt. Weiters erfolgte die Auswahl der Bereiche SLIM IV (gefährliche Stoffe, Gesellschaftsrecht, Fertigpackungen) sowie die Einleitung des Konsultationsprozesses dazu. Zur Überprüfung von Regulierungsvorhaben durch die betroffenen Unternehmen wurde schon beim informellen Binnenmarktrat in Cambridge im Februar 1998 die Mehrheit für die Errichtung eines Test Panels gefunden. Die Vorbereitungsarbeiten konnten unter meinem Vorsitz abgeschlossen werden. Sieben Mitgliedstaaten (Belgien, Frankreich, Dänemark, Deutschland, Vereinigtes Königreich, Italien und Österreich) beteiligten sich an der ersten Testgruppe, die sich mit der neuen Mehrwertsteuerrichtlinie befasste. Die Kommission konnte schon beim Binnenmarktrat im November 1998 über die ersten Erfahrungen berichten. Die Schaffung des Test Panels trug mir eine wütende Diskussion mit den Kammeramtsdirektoren der Wirtschaftskammern ein, weil ich ursprünglich vorschlug, das Testpanel im Rahmen des Wirtschaftsministeriums zu etablieren. Die Wirtschaftskammer riss sich daraufhin um diese Aufgabe: was konnte Besseres passieren?

Besonderes Schwergewicht legte die österreichische Präsidentschaft auf Herausforderungen im Bereich des Geistigen Eigentums. Zunächst ging es um die Frage des Gebrauchsmusterschutzes und die so genannte Neuheitsschonfrist. Gebrauchsmuster sind neben dem Patent die zweite Möglichkeit für den Schutz von Erfindungen mit begrenzter Lebensdauer und/oder begrenzter Erfindungshöhe, die rascher und billiger zu erlangen ist. Drei EU-Länder (Vereinigtes Königreich, Schweden und Luxemburg) kennen diese Einrichtung überhaupt nicht. Wir strebten eine Harmonisierung der unterschiedlichen Gebrauchsmusterregelungen an, fanden viel Unterstützung, doch lehnten die Niederlande eine diesbezügliche Richtlinie grundlegend ab. Bei der Neuheitsschonfrist ging es um ein sehr grundsätzliches Problem im Innovationswettbewerb USA-Europa. In allen Mitgliedsstaaten der EU gilt die Regelung, dass eine Erfindung nicht patentiert werden kann, wenn sie vor dem Tag der Anmeldung der Öffentlichkeit zugänglich gemacht wurde. Das amerikanische Patentgesetz gewährt dem Erfinder eine einjährige Schonfrist, innerhalb der er seine Erfindung zum Patent anmelden kann, ohne dass eine Vorveröffentlichung schadet. Ich habe im Rat darauf hingewiesen, dass diese Regelungsdifferenz Europa schadet. Eine Vorveröffentlichung lässt das wirtschaftliche Interesse testen und führt sehr oft zu Umsetzungspartnerschaften in den USA. Ich fand eine Mehrheit für eine derartige Veränderung, das Vereinigte Königreich und die Niederlande sprachen sich grundsätzlich dagegen aus. Die Kommission wollte das Projekt durch eine Initiative der WIPO (World Intellectual Property Organization) weiterverfolgt sehen. Am wichtigsten war in diesem Zusammenhang die Absicht der Kommission zur Schaffung eines einheitlichen Gemeinschaftspatents. In der Ratssitzung im September 1998 gab es dazu eine sehr positive, die Kommission stimulierende Diskussion. Freilich ein Ergebnis wird die Bemühungen noch mehrerer Präsidentschaften erfordern, vor allem zeichnete sich ein Sprachenstreit ab, da Spanien ankündigte, keiner Lösung zuzustimmen, in der spanisch nicht neben englisch, französisch und deutsch als Anmeldungssprache vorgesehen wird.

Gemeinsam mit dem Vereinigten Königreich und Deutschland hatten wir uns vorgenommen, das „kalte“ und irreführende Wort“ deregulation/Deregulierung“ durch“ better regulation/Bessere Regulierung“ zu ersetzen. Die britische Präsidentschaft hatte dazu eine Konferenz zum Thema „Better Government: More effective Regulation“ gewidmet. Ich lud daher meine Kollegen zu einem Folgeseminar unter dem Thema „Better Regulation Serves Employment“ ein. Bessere Regulierungen sollten die Wettbewerbsfähigkeit und das Beschäftigungspotential europäischer Betriebe verbessern. Auf den Arbeitsmärkten sollten, so war die Stimmung in Wien, durch die Rückgabe von Verantwortung und Wahlmöglichkeit an das Individuum verstärkt Marktkräfte –unter Berücksichtigung der sozialen Sicherheit-nutzbar gemacht werden. Flexible und innovative Arbeitsverhältnisse sollten ebenso verfolgt werden wie die Berücksichtigung des Einflusses demographischer Entwicklungen. Nationale Vereinfachungsbemühungen nach dem Vorbild gemeinschaftlicher Initiativen wie SLIM, BEST und Business Test Panel könnten speziell die Regulierungsbelastung der kleinen und mittleren Betrieben, kurz KMUs genannt, reduzieren. Die Einführung eines Berichtswesens über Regulierungsreformen in der Gemeinschaft wurde von den Teilnehmern begrüßt.

Industrieministerrat:

Dieser bot bei drei Sitzungen (informeller Rat in Klagenfurt, 2. EU-MED-Konferenz ebenfalls in Klagenfurt und Ministerrat in Brüssel) hinreichend Gelegenheit, wichtige Themen anzusprechen. Im Vordergrund stand das Ziel einer konsequenten Steigerung der Wettbewerbsfähigkeit der europäischen Industrie gegenüber im Vergleich zu anderen Wirtschaftsmächten, vor allem USA und Japan. Durch das Instrument des sog. Benchmarking kann festgestellt werden, wie sich die konkrete Situation entwickelt. Aus den von der Kommission vorgelegten Berichten wurde deutlich, dass Europas Industrie sich in einem beachtlichen Aufholprozess befindet, sich in einigen vor allem zukunftsträchtigen Sparten wie Gentechnologie, Informationstechnologie und Rüstungsindustrie aber noch erheblich hinter den USA gelegen sieht. Zu all den Skeptikern der Bewertung dieser Unterlagen habe ich mehrfach darauf hingewiesen, dass die EU durch Jahre über einen beträchtlichen Zahlungsbilanzüberschuss verfügt, während die USA Rekorddefizite verzeichneten.

Zu einer eingehenden Diskussion der Herausforderungen und Chancen der Globalisierung wurden auch Vertreter der österreichischen Sozialpartner (Österreichischer Gewerkschaftsbund und Wirtschaftskammer Österreich) sowie erfolgreiche Unternehmerpersönlichkeiten geladen. Es bestand Einvernehmen, dass eine erhöhte Flexibilität der wirtschaftlichen Strukturen (Unternehmensorganisation und Arbeitszeit) und verstärkte Innovationstätigkeit die Grundvoraussetzungen für die Erhöhung der „Schlagkraft" der Union seien. Die rasche technische Entwicklung mache es erforderlich, im Bereich der Ausbildung der Mitarbeiter verstärkt Maßnahmen zu setzen. Ein hohes Bildungsniveau der Beschäftigten, gewährleistet durch lebensbegleitendes Lernen, und der soziale Dialog auf allen Ebenen sind langfristig die Garanten einer erfolgreichen Wirtschaftspolitik der Union. Auch die Sicherstellung eines fairen internationalen Wettbewerbs sei unabdingbar. Am Beispiel der koreanischen Subventionen für den Schiffbau wurde die Aktualität demonstriert.

Einen weiteren Schwerpunkt bildeten begleitende Vorbereitungsstrategien in den sog. MOEL (mittel- und osteuropäische Länder). Die Industrieminister der EU, der MOELs und Zyperns haben festgelegt, dass die industriespezifischen Probleme der Anpassung in einem eigenen „Industrieforum" diskutiert werden sollten, welches mit Vertretern aus Politik und Wirtschaft unter Einbindung der europäischen Sozialpartner besetzt sein sollte. Über österreichische Insistenz wurde auch festgelegt, dass bei künftigen Erörterungen der Wettbewerbsfähigkeit der KMU-Sektor mit eingebunden werden müsse.

Der Industrieministerrat diskutierte auch die Frage der staatlichen Beihilfen, wobei es darum ging, die Rechtssicherheit für Unternehmen und Mitgliedsstaaten zu erhöhen und die Transparenz und Effizienz der Kommissionspolitik zu verbessern. In mühevollen Verhandlungen wurden die Verfahrensschritte bei Anmeldung neuer Beihilfen, bei bestehenden Beihilfen und bei der missbräuchlichen Anwendung von Beihilfen präzisiert. Neue einzelstaatliche Beihilfen dürfen nunmehr erst nach Genehmigung der Kommission gewährt werden. Dabei lernte ich erst so richtig die Sensibilität der Förderungsfragen gerade für bestimmte Mitgliedsstaaten kennen: offenbar ist der Förderungsbereich überall eines der beliebtesten nationalen wirtschaftspolitischen Instrumente geblieben und bleibt auch ein wichtiger Bereich des Standortwettbewerbes, wobei das Verstecken der Förderelemente immer innovativer wird.

Eines der prioritären Anliegen „meiner Präsidentschaft“ war eine Richtlinie zur Regelung des Zahlungsverzuges im Geschäftsverkehr. Sieht man von der Bundessektion Gewerbe der Wirtschaftskammer Österreich ab, so habe ich für dieses Anliegen in unserem Land wenig Unterstützung gefunden, Jeder Wirtschafts- und Finanzexperte weiß es: die großen Unternehmen der Industrie und vor allem des Handels zahlen so spät wie möglich und nutzen Lieferanten als kostenlose Kreditgeber. Auch manche Teile der öffentlichen Hand lieben es, gleich zu bestellen und irgendwann zu zahlen. Mit Beschwerden über die schlechte Zahlungsmoral war ich in meinem Kammerleben immer wieder konfrontiert worden. Als Vorsitzender des Paritätischen Ausschusses für Kartellangelegenheiten hatte ich mehrmals versucht, eine Branchenstudie zu diesem Thema zu initiieren: wir scheiterten immer daran, dass die großen Unternehmen der Markenartikelindustrie zwar über den Zahlungsverzug der großen Handelsunternehmen klagten, aber nicht bereit waren, diesen zu dokumentieren. Auf EU-Ebene legte Kommissar Papoutsis Schätzungen vor, wonach in den Ländern der Union jährlich 400.000 Arbeitskräfte als Folge der schlechten Zahlungsmoral ihren Arbeitsplatz verlieren würden. Es war erstaunlich, dass mit diesem Argument leichter zu arbeiten war als mit dem Hinweis auf die Insolvenzen unzähliger Klein- und Mittelbetriebe. Jedenfalls gab es hier ein einfaches und gerechtes Programm zu Sicherung von Arbeitsplätzen. Meine Experten uns ich arbeiteten eine große Zahl von Bedenken in bilateralen Gesprächen ab und konnten erreichen, dass die schwierigen politischen Fragen einer Lösung zugeführt wurden. Die Ernte unserer Bemühungen wurde unter der deutschen Präsidentschaft als Richtlinie eingefahren. Die Umsetzung in Österreich scheint jetzt aber schwieriger als erwartet zu sein. Wo bleiben die Anwälte der Klein- und Mittelbetriebe und der Beschäftigungssicherung?

Bei der EU-MED-Konferenz der Industrieminister in Klagenfurt ging es um die Weiterentwicklung der wirtschaftlichen Kooperationsmöglichkeiten zwischen der Union und den Mittelmeeranrainerstaaten. Am Nachmittag des 4. Oktober gab es dazu auch ein Hearing mit Unternehmen und Industrieverbänden. Der so genannte Barcelonaprozess mit dem Ziel einer EURO-Mediterranen Partnerschaft war durch die kurzfristige Absage einer in Marrakesch/Marokko für Oktober 1997 angesetzten Konferenz der Industrieminister ins Stocken geraten. Die Schlussfolgerungen von Klagenfurt gaben dem Prozess vor allem im industriellen Bereich neue Impulse. Entscheidend aber war, dass Übereinstimmung über die Zielsetzung der Schaffung einer euromediterranen Freihandelszone bis zum Jahre 2010 erzielt wurde. Ich habe mich in dieser Frage sehr engagiert. Der schwedische Nationalökonom Bertil Ohlin hat schon vor Jahrzehnten die These aufgestellt, dass es viel vernünftiger ist, das Kapital und nicht die Menschen wandern zu lassen. Im gegenständlichen Fall war es doch nahe liegend, durch Kapitalinvestitionen in den Mittelmeeranrainerstaaten Menschenwanderungen aus ökonomischen Gründen über das Mittelmeer zu verhindern, besser, überflüssig zu machen. Das Freihandelszonenprojekt der EU ist eine Vorleistung, die durch immense Reformarbeit in den jeweiligen Ländern im gesetzlichen, administrativen und wirtschaftlichen Bereich (z. B im Ausbildungswesen) flankiert werden muss. Die Art und Weise, in der in Klagenfurt einzelne Minister und Wirtschaftsfunktionäre die Prioritäten ihrer Länder darstellten, macht es verständlich, dass Investoren diese Länder meiden und lieber in den Beitrittsländern investieren, da diese unter erheblichem Anpassungsdruck durch die Übernehme des Acquis communautaire stehen. Noch einfacher ich es für die europäische Wirtschaft, einfach den Zuzug billiger Arbeitskräfte zu fordern oder auf die unvermeidliche Integration der Asylantenströme zu warten. Eine Freihandelszone rund um das Mittelmeer als eine Zone stabiler Wohlstandserwartungen für die ärmeren Länder vor allem im Norden Afrikas, das war eine faszinierende Vision, die da unter österreichischen Vorsitz festgeschrieben wurde.

Klagenfurt gab mir auch die Gelegenheit, weitere Innovationen zur Diskussion zu stellen. Die Vielzahl der von mir zu betreuenden Ministerräte ließ mich in Vorgesprächen vor allem mit den Ministern des Vereinigten Königreiches und Deutschlands die Frage aufwerfen, ob wir nicht eine Zusammenlegung von Räten in Angriff nehmen sollten. Besondere Unterstützung fand ich beim englischen Industrieminister Lord David Simon. Alle Mitgliedsstaaten mit Ausnahme Frankreichs sprachen sich für die Zusammenlegung des Industrie- und des Binnenmarktministerrates aus. Die Idee blieb im Raum stehen, aber wir hatten einen Stein ins Rollen gebracht. Mit einer zweiten Anregung scheitert ich leider zunächst, setzte aber ebenfalls eine Diskussion in Gang: im Hinblick auf die ständigen Auseinandersetzungen mit den USA und meinen eigenen Erfahrungen mit der FDA (Federal Drug Agency) schlug ich die Schaffung einer eigenen europäischen Lebens- und Genussmittelagentur zur Verbesserung des Binnenmarktes und der Steigerung der EU-Handlungsfähigkeit im internationalen Bereich vor. Das war für meine Kollegen und Kolleginnen eine zu heiße Kartoffel. Ich erntete viele Sympathiebeweise für meine Courage, doch wollte es sich niemand mit den nationalen Agrar- und Gesundheitsministern anlegen. Auch ich hatte in Österreich steifen Gegenwind. Daher hieß es bei einem informellen Gespräch beim Abendessen: ein interessanter Gedanke, doch nicht hier zu behandeln. Es bedurfte erst der Erfahrungen mit dem Rinderwahn und der Maul- und Klauenseuche, um dieses Modell endlich ernsthaft anzugehen. Es ist wirklich nicht schwierig, der langsamen europäischen Institutionenpolitik Jahre voraus zu sein!

Energieministerrat:

Im Bereich dieses Ministerrates ging es vor allem um die Liberalisierung des europäischen Gasmarktes. In vielen Gesprächen auf bilateraler wie EU-Ebene konnten wir entscheidende Fortschritte erzielen, den von mir so sehr gewünschten Abschluss der diesbezüglichen Richtlinie schafften wir nicht, haben ihn aber entscheidend weitergebracht. Erfolgreich waren wir beim Rahmenprogramm (1998–2002) im Energiesektor. Der Rat nahm am 13. November 1998 die Basisentscheidung und die Entscheidungen zu den Programmen ETAP, SYNERGIE, CARNOT und SURE förmlich an. Auch über den heftig umstrittenen Finanzrahmen wurde Einigung erzielt. Bei den Programmen ALTENER und SAVE gab es eine politische Einigung. Die Mitgliedsstaaten wären zu einer förmlichen Verabschiedung aller Programmteile bereit gewesen, doch war diese auf Grund der noch ausstehenden Stellungnahmen des Europäischen Parlamentes zu ALTENER und SAVE nicht möglich. Wir erreichten auch die Verabschiedung einer Änderung der Richtlinie über die Mindestvorräte an Erdöl und Erdölerzeugnissen. Die Änderungen sehen insbesonders vor, dass verbesserte staatliche Kontrollen hinsichtlich bilateral gehaltener Pflichtnotstandsreserven geschaffen werden, die schon bisher geltende Vorratspflicht für Bunkerungen für den internationalen Luftverkehr mittels Protokollerklärung klargestellt wird und die Quote der Freistellung von der Vorratsverpflichtung für die Mitgliedsstaaten mit einheimischer Ölförderung von 15 auf 25% angehoben wurde. Schließlich gab es auch eine öffentliche Aussprache zur Bedeutung erneuerbarer Energieträger. Die österreichische Präsidentschaft konnte feststellen, dass der einhellige politische Wille besteht, die Strategie der Forcierung erneuerbarer Energieträger stärker als bisher zu verfolgen.

Tourismus:

In der innerösterreichischen Diskussion wurde vor allem vom Tourismus selbst immer wieder kritisiert, dass Tourismus und Freizeitwirtschaft in der Eu-Politik nur eine unzulängliche Rolle spielten. Es wurden umfangreichere Programme, ja sogar die Schaffung einer EU-Kompetenz gefordert. Ich habe stets betont, dass es keinen vernünftigen Grund gäbe, dass ein Land, welches selbst in diesem Bereich führend sei, Kompetenzen und damit eine Kompetenzverlagerung nach Brüssel fordere. Dies würde nur zu teueren Förderungsprogrammen führen, zu denen der Nettozahler Österreich erheblich beitragen müsste und damit die Konkurrenz im Binnenmarkt wahrscheinlich zulasten der eigenen Marktanteile fördere. Man müsse vielmehr darauf achten und drängen, dass die EU in wirtschaftspolitischen Bereichen, die für den Tourismus und die Freizeitwirtschaft entscheidend sind, wie etwa Beschäftigungs- und Einkommensentwicklung, Steuerharmonisierung, Verkehrspolitik, Währungspolitik, Maßnahmen verfolge, welche die Entwicklung des Tourismus begünstigen.

Mit dem Europäischen Tourismusforum in Mayerhofen/Tirol wollte ich Akzente setzen. Die Veranstaltung wurde gemeinsam mit der Kommission organisiert. Rund 400 Personen aus 20 Staaten, darunter führende Persönlichkeiten aus Politik und Wirtschaft diskutierten die Perspektiven des Sektor. Anhand von konkreten Beispielen wurde die Bedeutung des Qualitätsmanagements von Betrieben, Destinationen und Branchen dargestellt. Nach einem Bericht des Kommissars Papoutsis verbringen 90% der urlaubenden europäischen Bürger ihren Urlaub im Binnenmarkt. Mit dem Euro steige nicht nur die Preistransparenz, es fielen auch die so marktstörenden Abwertungen in wichtigen Destinationsländern wie Italien, Spanien und Portugal weg. Ich fand für meine These, dass die Urlaubsfähigkeit und Urlaubswilligkeit der Europäer die Hauptbestimmungsfaktoren für die Entwicklung des Sektors sei, nachhaltige Zustimmung. Unter den gegebenen Bedingungen sei es immer wichtiger, auch den An- und Rückreisekomfort der Erholungssuchenden im Auge zu behalten. Staus auf Straßen und in der Luft würden immer ärger und logistische Koordinierung unabdingbar. Jedes Jahr wieder starten zu viele Urlauber zum gleichen Zeitpunkt, jeder Koordinierungsversuch sei schon national schwierig, EU-weit noch eine Utopie. Zu lange rede man schon von der zeitlichen Entflechtung von Urlaubsantritten und von der Schaffung einer einheitlichen Luftraumverwaltung in der Gemeinschaft!

Die Veranstaltung bewies, dass Österreich im Bereich von Tourismus und Freizeitwirtschaft ein europäisches Kompetenzzentrum ist und die über Vorschlag der Präsidentschaft geforderte Qualitätsorientierung eine vernünftige Zielsetzung für europäische Programme wäre. Ein nachfolgender österreichischer Vorstoß für einen effizienten und kohärenten Aktionsrahmen auf europäischer Ebene, ein Tourismusprogramm unter Beachtung der Subsidiarität, fand beim Binnenmarktrat am 7.12.1998 vor allem wegen des entschiedenen deutschen Widerstands keine Einstimmigkeit.

Die informellen Veranstaltungen in unserem Land fanden bei den Teilnehmern großen Anklang. Der folkloristische Rahmen beim Tourismusforum in Mayerhofen, der Ball des Binnenmarktministerrates im Palais Schwarzenberg in Wien anlässlich des Ministerseminars „Better regulation serves employment“ und die Präsentation des „Senza Confini“-Konzeptes für eine Winterolympiade, welche in Klagenfurt stattfand, werden mir noch heute als highlights von Kommissaren, Kollegen und Kolleginnen sowie Experten hingestellt. Unvergessen bleiben aber andere Austriaca, die unserem Ruf nicht förderlich waren: die Nichtakzeptanz von Kreditkarten. Sowohl beim Tourismusforum in Mayerhofen wie auch bei Industrierat in Pörtschach tauchte das gleiche Problem auf. Im Falle Mayerhofen wurde die Nichtannahme voraus notifiziert, mein Haus drohte mit der Verlegung, womit die Angelegenheit bereinigt war. Bei den Ministerräten in Klagenfurt waren die Teilnehmer im Parkhotel in Pörtschach untergebracht. Als ich dort einlangte wurde ich von bereits anwesenden Ministern mit dem frustrierten Hinweis begrüßt, dass man in diesem Haus nicht mit Kreditkarten zahlen könne. Meine Gespräche mit den Eigentümern waren zuerst erfolglos: man halte am Prinzip fest, die Teilnehmer sollten die Zusendung von Rechnungen verlangen. Mein Hinweis auf die Blamage bei dem später im selben Haus geplanten europäischen Gipfel wirkte: ausnahmsweise werde man nachgeben. In Pörtschach fiel den Teilnehmern weiter auf, wie viele Betriebe saisonbedingt bereits geschlossen waren und dass die Geschäfte angesichts vieler souvenirinteressierter Gäste an ihren Ladenschlusszeiten festhielten und auch keine besonderen Werbeaktivitäten setzten. Wenn nach getaner Arbeit Shopping angesagt war, dann vor versperrten Läden.

Außenwirtschaftsbeziehungen:

In einer transatlantischen Agenda vom Dezember 1995 verpflichteten sich die EU und die USA zu einem verstärkten Abbau der Handelshemmnisse und weiteren Schritten zur Marktöffnung. Beim EU-USA-Gipfel im Mai 1998 gab es eine Grundsatzerklärung zu einer transatlantischen Wirtschaftspartnerschaft. Während der österreichischen Präsidentschaft gelang im so genannten Art. 113 – Komitee eine Einigung über den Aktionsplan und das Verhandlungsmandat zu erzielen, welche dann im Rat für Allgemeine Angelegenheiten im November beschlossen wurde. Mein Haus forcierte dieses Projekt vor allem mit der Argumentation, dass die USA und die EU zusammen rund 50% des Welt-BIP repräsentieren. Wenn es gelänge, die bilateralen Beziehungen friktionsfrei zu gestalten, so könnte dies ein entscheidender Beitrag zu einer stabilen und positiven Entwicklung sein. Fortschritte im TAP-Prozess waren auch deshalb angebracht, weil sich zuletzt die transatlantischen Beziehungen an mehreren Problemen verschärft hatten: im Bananenstreit und im Hormonkonflikt im Rahmen der WTO, bei der Zulassung von GMOs (genetically modified organism) und in der Agrarexportpolitik, einem Dauerbrenner. Die Krönung des TAP-Prozesses war ein Transatlantisches Wirtschaftsforum, in Charlotte/North Carolina, an dem rund 300 Topunternehmer teilnehmen und welches in der Forcierung von Arbeitsgruppen endete. Vor allem wurde aber über die gegenseitige Anerkennung von Zulassungen Einvernehmen erzielt. Vizepräsident Al Gore und ich hatten die politische Flankierung zu besorgen.

In dem genannten Ausschuss wurde unter österreichischem Vorsitz auch Übereinstimmung über die Gemeinschaftsstrategie für einen umfassenden Verhandlungsansatz für die nächste WTO-Verhandlungsrunde erzielt.

Wir konnten auch erreichen, dass vor dem politischen Gipfel EU-USA in Washington Präsidentschaft und Kommission ein Gipfeltreffen mit Kanada stattfand, was unserem Land dort hoch angerechnet wurde. Ich hatte mich für Kanada stark gemacht, konnte dann aber wegen eines Parlamentstermins nicht nach Ottawa fliegen.

Zusammenarbeit mit dem Parlament:
Mit dem Europäischen Parlament hatte ich 5 Treffen: Ich stand den Abgeordneten in den Ausschüssen „Außenwirtschaftsbeziehungen" am 1.9.1998, "Recht und Bürgerrechte" und" Wirtschaft, Währung und Industriepolitik" am 2.9. 2, „Forschung, Technologie und Energie" und „Verkehr und Fremdenverkehr" am 28.9. stundenlang zur Verfügung. Die fachlich hoch stehende Diskussion ohne politische Unterstellungen und Untergriffe, begeisterte und motivierte mich.

Auch im WSA (Wirtschafts- und Sozialausschuss), dem ich selbst einmal angehört hatte, stellte ich mich einer ausführlichen Aussprache, auch um den Stellenwert der Mitbestimmung der Organisationen von Wirtschaft und Gesellschaft zu unterstreichen.

Die Präsidentschaft war für mich der Höhepunkt meiner Karriere. Sie ließ mich die unglaubliche Mehrbelastung vergessen und entschädigte mich für viele Verletzungen im politischen Alltag: sie war einfach jede Mühe Wert gewesen. Die Feststellung von Kommissar Bangemann am Enden des letzten Industrieministerrats unter meinem Vorsitz am 16.11.1998, wonach die österreichische Präsidentschaft die beste gewesen sei, die er in 20 Jahren Kommissionsarbeit erlebt habe, war ein unerwarteter Dank und unvergessliche Anerkennung für ein an Arbeitsintensität unüberbietbares 2. Halbjahr 1998.

Abb. 14: Ansprache von Wolfgang Schüssel zum 60. Geburtstag

Abb. 15: Regierungsangelobung des Kabinetts Klima

Abb. 16: Meine Gattin und ich bei Papst Johannes Paul II

Abb. 17: Verabschiedung durch mein Kabinett, Februar 2000

KAPITEL 5

# Unterwegs zu den Menschen

## 5.1 Termine und noch mehr Termine – welch ein Vergnügen!

Beim der Schreiben diese Buches habe ich mir die Mühe gemachte, die Termine meiner Amtszeit als Minister zu zählen, genauer gesagt, nur die Einzeltermine in Wien. Ich kam bei Durchsicht der von Veronika Gerstenecker akribisch geführten Handkalender für die einzelnen Jahre zu folgendem Ergebnis:

1996 (ab 19. Juni) – 833
1997 – 1259
1998 – 1408
2000 (bis 4. Februar) 120

Ingesamt hatte ich also 4292 Termine, die im Wesentlichen Sitzungen und vor allem Vorsprachen von Ministerkollegen, Parlamentariern, Unternehmern, Vertretern der Sozialpartner, ausländische Besucher und Diplomaten sowie Mitarbeiterinnen waren. An manchen Tagen wechselten sich die Besucher von 7 Uhr morgens bis abends ab, wozu dann noch sehr oft ein Vortrag oder eine öffentliche Diskussion kam. Ich genoss es, auf diese Weise mit vielen Menschen und ihren Anliegen konfrontiert zu werden. In diesen Zahlen sind die noch in hunderte gehenden Gesprächstermine nicht eingerechnet. Meine Terminsucht hat eine Vorgeschichte.

Als ich noch auf unserem kleinen Hof lebte, da gab es vor allem von der Großmutter ständigen Druck, tätig zu sein: Wehe, sie erwischte mich beim Lesen eines Buches oder gar beim Spielen: „Hast Du nichts zu tun? Du kannst doch nicht dem lieben Herrgott den Tag stehlen!" Tätig sein war ihre Devise, die sie uns auch vorlebte. Als ich in Bezirkshauptmannschaft in Baden arbeitete, da war es zeitweilig richtig langweilig, sei es, dass keine Akten zu erledigen waren oder keine Verhandlungstermine ausgeschrieben waren oder auch kein Parteienverkehr stattfand. Zeitungen zu lesen war verpönt. daher vertrieb ich mir die Zeit mit dem Lesen alter Akten oder mit dem Schmökern in Gesetzeskommentaren. Aber wirklich gefordert war ich nicht.

Eines Tages machte sich bei mir ein nervöses Herzleiden bemerkbar. Der Badener Facharzt sagte mir sehr offen, dass ich offenbar einen Hochleistungsmotor in mir hätte: in meinem Beruf würde ich nicht alt werden. Nach meinem Erstschock begann ich sofort die Lebensplanung zu ändern. Ich begann mit dem Studium der Staatswissenschaften, was von meiner beruflichen Umgebung als deutliches Signal gewertet wurde, dass ich meine Chance, einmal der jüngste Hofrat des Landes zu werden, nicht wahrnehmen würde. Nach meinem Wechsel in die Handelskammerorganisation löste sich das Fadheitsproblem sofort: ich war plötzlich gesünder denn je und hatte endlich auch einen respektablen Terminkalender. Weil dieser beruflich noch nicht voll genug war, belegte ich zuerst Seminare in dem damals neugegründeten Ford-Institut (heute: Institut für höhere Studien) und versuchte mich den Geheimnissen der Ökonometrie vertraut zu machen. Doch das war nicht mein Feld. So investierte ich meine überschüssige Energie in das Laienapostolat, besser in die Arbeit in der katholischen Männerbewegung und in das Erlernen neuer Fremdsprachen.

Terminfülle bedeutet bei mir immer Arbeitsdruck, ohne den ich nichts Ordentliches zu Wege brachte: alle meine Artikel und Vorträge wie auch meine Bücher entstanden im Druck der Termine. Mit vielen Terminen ist man zu einer optimalen Zeitorganisation gezwungen. Viele Termine heißen aber auch mit vielen Leuten und den unterschiedlichsten Problemen und Herausforderungen zu tun zu haben. Im Ministerium wollte ich ein Minister „zum Angreifen“ sein. Ich wollte möglichst viele Kontakte mit Menschen haben, mit denen oder für die ich arbeitete.

Meine „Terminitis“ stieß bei meinem Kabinett und meinen Vorzimmerdamen auf zumindest zeitweiliges Unverständnis, manchmal sogar auf Unmut. Ich erinnere mich so als ob es gestern gewesen wäre, als im Oktober 1996 meine Chefsekretärin Veronika Gerstenecker zu mir einmal sagte: „Du verbaust Dir Deine Tage mit Terminen, wir kommen kaum noch zu Gesprächen miteinander, auch die Kabinettsleute sind frustriert!“ Ich versprach Besserung und ordnete einige sitzungsfreie Tage an. Bei Durchsicht des Kalenders habe ich beim Schreiben dieser Zeilen festgestellt, dass Frau Gerstenecker über das Kalenderblatt 4. November groß mit roter Tinte eingetragen hatte: „4.–8.11. Sitzungsfrei!“ Und was ist daraus geworden? Schon am 4.11. hatte ich wieder einen vollen Kalender, der um 7.30 Uhr mit einem Sektionschef begann, um 8 Uhr war der Notenbankpräsident bei mir, um 9 Uhr der österreichische Botschafter in China, um 9.30 Uhr stellte sich der neue Präsident des ÖVE vor, um 10 Uhr hatte ich im Marmorsaal das schönste Buch zu prämieren, um 10.30 hatte ich ein Interview mit einem Redakteur der Wochenpresse zu den Themen Ladenöffnung und Liberalisierung der Gewerbeordnung, um 11 Uhr sprach die Fleischerinnung Wien vor, um 11.30 gab es ein Gespräch mit dem Repräsentanten der Deutschen Bank in Österreich, um 12 Uhr war eine Vorbesprechung für eine Privatisierungsklausur anberaumt. Pünktlich hatte ich um 13 Uhr bei der ÖVP-Vorbesprechung für den nächsten Ministerrat zu sein. Um 15.30 hatte ich eine Sitzung des Direktoriums der Österreich Werbung zu präsidieren und um 18 Uhr sollte mein Arbeitstag mit einem Vortrag im Festsaal des Hotels Bristol bei einer Veranstaltung von Siemens Nixdorf mit anschließendem Abendessen enden. Die Kalenderblätter der nächsten angeblich sitzungsfreien Tage sahen ähnlich aus.

Die Bewältigung einer derartigen Sitzungsdichte erforderte eine genaue Vorbereitung. Jeder Besucher hatte dem Sekretariat den Besprechungszweck anzugeben, allfällige Unterlagen rechtzeitig zu übermitteln, wozu dann der jeweils kompetente Kabinettsmitarbeiter einen Kommentar schrieb. Die Sitzungsunterlagen für den folgenden Tag bekam ich jeden Abend, zum Studium im Auto oder im Bett. Weiters wurden alle Besucher gebeten. sich ganz kurz zu fassen und nicht herumzureden. allen wurde Kaffee, Tee oder Mineralwasser serviert, wenn ich mein Glas geleert hatte, dann wussten die Beteiligten, dass der Termin abgelaufen war. Regelmäßig signalisierte ich das Gesprächsende mit einem höflichen: „Darf ich zusammenfassend festhalten . . . “ Das jeweils anwesende Kabinettsmitglied war verantwortlich für die weitere Verfolgung der Causen. Meine Besucher mussten sich auch daran gewöhnen, dass ich für Subventionswerber taube Ohren hatte und nur über „empowerment“, Verbesserung der Arbeitsmöglichkeiten in der Wirtschaft diskutieren wollte: „Was kann ich tun, dass Ihre Arbeit in der Wirtschaft erleichtert wird!“

Wenn ich mich heute frage, ob es nicht besser gewesen wäre, sparsamer mit meiner Zeit umzugehen, dann ist meine Antwort einfach „Nein“: es bereitete mir einfach Vergnügen, die vielen Termine waren eine der schönsten Begleiterscheinungen meiner Ministertätigkeit. Auf der Straße treffe ich noch immer Menschen, die mich dankbar für meine offene Zugänglichkeit ansprechen.

Die Zeit nach dem Ende meiner Tätigkeit war nicht einfach: plötzlich war der Terminkalender leer und die Anpassung an die neue Zeitordnung einigermaßen schwer. Ich habe monatelang Berge von Büchern gelesen, konnte mit den langen Nächten nichts anfangen und war nach wie vor nach vier bis fünf Stunden Schlaf hellwach. Aber ich habe gehört, dass es anderen Aussteigern aus dem Ministeramt nicht anders ergangen ist.

## 5.2 Feiern bei Eröffnungen und Spatenstichen

Wer große Baubudgets verwaltet, hat immer wieder etwas zu feiern, nämlich dann, wenn es fertig gestellte Projekte zu eröffnen oder mit einem Spatenstich ein neues Vorhaben zu beginnen gilt. Bei dem riesigen Kompetenzbereich meines Ressorts hatte ich ursprünglich die Absicht, diese wegen An- und Rückreisezeiten zeitaufwendigen Einladungen abzulehnen. Erfahrene Mitarbeiter meines Kabinetts wiesen darauf hin, dass derartige Anlässe gute Gelegenheiten zu Gesprächen mit Landeshauptleuten, Bürgermeistern und Ressortkollegen böten und darüber hinaus auch ungezwungene Kontakte mit Österreichs Wählern und Wählerinnen ermöglichten. Ich ließ mich überzeugen und versuchte, die wichtigsten Eröffnungen und Spatenstiche selbst vorzunehmen. Deren Abläufe glaubte ich schon aus meiner Dienstzeit an zwei Bezirkshauptmannschaften zu kennen: Musikstück, Begrüßung durch den Bürgermeister, Ansprachen von Bezirks-, Landes- und Bundesgrößen, Hymnen von Land und Bund sowie schlussendlich Büffet. Nun hatte sich daran prinzipiell nichts geändert, höchstens war die Frage dazugekommen, welche Störaktionen von Nachbarn oder Vertretern der Organisationen der „civil society“ zu erwarten wären. Mir wurde als Anekdote erzählt, dass die Eröffnung des ersten Autobahnteilstückes von der Westautobahn in Richtung Kirchdorf vom Bezirkshauptmann vorgenommen werden musste, weil sich kein Landes- und Bundespolitiker die Proteste life geben wollte.

Doch es gab noch vieles zu lernen. Zunächst die Anreiseprozedur. Meiner anerzogenen Einstellung entsprechend wollte und will ich nie zu spät kommen, unsere Anreise war daher stets so geplant, dass wir eine Viertelstunde vor Beginn am Veranstaltungsort ankamen. Das löste weithin Überraschung aus, einerseits weil oft die letzten Vorbereitungsarbeiten noch im Gange waren, andererseits, weil offenbar die meisten Top-Ehrengäste immer zu spät kamen. Mir wurde sogar erzählt, dass manche Würdenträger ihren Dienstwagen am Ortseingang warten ließen, um möglichst knapp aufzutauchen und das erwartungsvolle Interesse der Anwesenden zu finden. Ich blieb bei meiner Gewohnheit, gab sie mir doch die Gelegenheit, vor der Feier noch mit den Teilnehmern zu kommunizieren. Da hörte ich viel Interessantes und erhielt manche gute politische Anregung. Auch wurde mir oft gesagt: “Im Fernsehen, da wirken Sie so kühl und streng, dabei sind Sie doch ganz anders!“ Das konnte ich ja nun bei jeder Eröffnung beweisen. Dazu gleich eine Feststellung, mit der jeder Bundesminister bei solchen Anlässen rechnen muss: Die Vorredner sagen alles über gegenständliche Projekt, jede vorbereitete Rede muss das berücksichtigen. Jedenfalls werden weitere Projektzusagen und der Dank an alle Beteiligten erwartet.

Ich begann daher im Regelfall meine Eröffnungsansprachen mit dem Hinweis: „Meine sehr geehrten Damen und Herren! Da zu dem Projekt, welches mein Ministerium zu verantworten und zu finanzieren hat, schon alles gesagt wurde, bin ich selber gespannt, was mir noch dazu einfallen wird „Nun konnte ich mich aus Erfahrung auf meine spontanen Einfälle verlassen. Zunächst nutzte ja jeder Vorredner, vornehmlich aber der jeweilige Vertreter des Landes die Gelegenheit, dem da vom Bund eine Wunsch- und Sündenliste vorzutragen, es ihm ordentlich hineinzusagen. Da man sich darauf verlassen konnte, ergaben sich interessante Erwiderungsmöglichkeiten. Einige Beispiele gefällig:

Sehr verehrte Zuhörer! Einmal mehr haben Sie heute die Bestätigung eines föderalen Grundsatzes miterlebt: Bund zahlt, Land prahlt!"

Ich anerkenne die Bemühungen dieses Bundeslandes, unter die Top Ten Regionen Europas vorzustoßen. Ich darf Ihnen als Wirtschaftsminister Österreichs mitteilen, dass unser Heimatland dank seiner Ziffern bei Stabilität und Beschäftigung in der Championsliga der EU einen Spitzenrang einnimmt. Ich würde mir wünschen, dass wir darüber so stolz sein mögen wie wir über das oft unrühmliche Auftreten unserer Fußballnationalmannschaft oder unsrer Fußballvereine in der Championsliga oder in sonstigen internationalen Bewerben zu Recht betrübt sind!"

Ich begrüße auch jene Ehrengäste, die ihr Bestes gegeben haben, um das gegenständliche Projekt zu verhindern bzw. zu verzögern. Sie mögen sich heute überzeugen, wie gut das Werk gelungen ist! Sie können beruhigt ihre bisherige Position verlassen und behaupten, eigentlich schon immer dafür gewesen zu sein!"

Es war mir ein diebisches Vergnügen, die Reaktionen des Publikums bzw. angesprochener Personen in den ersten Reihen zu verfolgen.

Besonders gern wies ich bei vignettenfinanzierten Projekten auf mich als den vielkritisierten Vignettenman hin, wobei ich die Zuhörer aufforderte: „Wenn Sie neue und gute Straßen haben wollen, dann kleben Sie sich eine, statt dass Sie mir eine kleben!" Dieser Hinweis löste regelmäßig Schmunzeln und Applaus aus. Nach den Feiern wurde ich oft daraufhin angesprochen und mir die Anregung mitgegeben: „Warum verlangt's Ihr nicht gleich einen Blauen (also tausend Schilling statt dem braunen Fünfhunderter) für die Vignette, dann könntet Ihr noch mehr bauen!" Wem immer ich in der Regierung darüber berichtete riet mir, darüber zu schweigen. Es bedurfte offenbar der Blauen in der Regierung, um diese Anregung von unten durchzusetzen.

Aber zurück zu den Feiern. Da man meine religiöse Einstellung überall kannte, fanden bei allen größeren Anlässen auch ökumenische Weiheakte statt. Diese hatten nur einen Nachteil: Sie dauerten manchmal länger als allen anderen Ansprachen zusammen. Ich tröstete mich oft und sagte zu meinen murrenden Mitsitzern in der ersten Reihe: „So eine große Zuhörerschaft, vor allem so eine prominente, werden sie nie oder höchst selten haben!" Bei der Eröffnung des neuen Gendarmeriebezirksgebäudes in Sollenau durch Innenminister Schlögl und mich saßen wir an einem kalten und windigen Novembertag (es hatte sechs Grad Celsius) im Freien. Der Vizebürgermeister der Gemeinde führte uns weit in die Geschichte Sollenaus ein, das katholische und evangelische Seelsorgerduo fand kein Ende ihrer Betrachtungen, so dass Karl Schlögl und ich vereinbarten, im Interesse der Gesundheit aller nur wenige Worte zu sagen! Bei Folgeveranstaltungen ließen wir dann schon vor dem offiziellen Beginn Bitten um möglichste Kürze fallen, die dennoch nicht immer wirkten. Bei der Eröffnung der Nordspange in Wiener Neustadt gab es eine ungewöhnliche Ankündigung der ökumenischen Weihe: Der Bürgermeister von Theresienfeld kündigte sie als „ökonomische Weihe" an. Da verstand ich, warum viele Prediger auf solche Anlässe geradezu warteten.

Aber bei den diversen Feiern merkte ich den Trendbruch: Die meisten Leute freuten sich aufrichtig, dass zum Teil jahrzehntelang diskutierte Projekte, besonders Ortsumfahrungen, endlich umgesetzt wurden.

Zu den Ortsumfahrungen eine mir unvergessliche Begebenheit: Im Zuge diverser Wahlkämpfe wurde ich von den Landes- bzw. Bezirksorganisationen an bestimmte Orte gebeten, wo ich dann mit dem geballten lokalen Frust konfrontiert wurde. Bei einem Einsatz im Bezirk Knittelfeld wurde ich auf einer Straßenbaustelle mit vehementen Wünschen nach Ortsumfahrungen in St. Georgen und Neumarkt konfrontiert. Ich verwies darauf, dass die Prioritätenreihung bei Bundesstraßen durch das Land Steiermark erfolge, was einen Zornesausbruch des emotionellen lokalen ÖVP-Landtagsabgeordneten auslöste, der meinte, ich solle keine Ausreden gebrauchen und das Land aus dem Spiel lassen. Nun der Herr kam mir gerade richtig: Erstens sollte ein Landtagsabgeordneter besser informiert sein und zweitens sollten sich auch die Herrn Bürgermeister an der Nase nehmen. Über wichtige Ortsumfahrungen werde in den Gemeinden jahrelang über Trassen gestritten, das Land baue in der Zwischenzeit die Straßenstücke im offenen Gelände möglichst gut aus und wundere sich dann, wenn in den alten Ortsdurchfahrten die Hölle ausbricht!

Bei einer fröhlichen Eröffnung einer Ortsumfahrung in der Oststeiermark, die an einem schönen Herbsttag stattfand, lagen auf den angrenzenden Feldern große Kürbisse herum. Ich pries in meiner Eröffnungsansprache ein Bundesland, in dem „die Bluzer sich auf dem Feld und nicht im Landtag befänden. „Von einer Schuleröffnung in Wien ist mir noch in Erinnerung, dass ich sagte, ich wünschte mir, dass die Schule von Graffiti verschont bleiben sollte und die leider rauchenden Jugendlichen durch Wegwerfen der Zigarettenreste das Gelände nicht in ein Tschikistan umwandeln sollten. Da sah ich im Festzelt vor mir einen Tschik liegen und hob ihn auf! Ich hatte die Lacher auf meiner Seite, ob der Hinweis etwas genutzt hat, wage ich zu bezweifeln.

Ein Kapitel für sich waren die Eröffnungen von neuen Firmenniederlassungen. Zu derartigen Anlässen werden Lieferanten und Kunden geladen, die ein größeres Interesse am schon duftenden Büffet als an den Ansprachen von Firmenleuten, Lokalpolitikern und Ministern haben. Unvergesslich bleibt mir die Eröffnung eines neuen Verkaufslokals der Firma Peugeot bei der Spinnerin am Kreuz in Wien. Sehr viele Besucher bestaunten die glänzenden neuen Autos, streiften durch das Lokal und tratschen als ob es ihre letzte Redechance wäre. Meine Vorredner waren der Generaldirektor des Unternehmens und die Wiener Finanzstadträtin: Die Geplauderkulisse war so stark, dass man beide kaum hören und verstehen konnte. Als ich ans Wort kam, räusperte ich mich zunächst mehrmals um einige Aufmerksamkeit zu erregen. Dann sagte ich: „So schön diese Lokal auch geworden ist, es dürfte eine misslungene Planung sein, da hier die Akustik so schlecht sei. Ich hätte bei den Vorrednern nur schlecht verstanden und wolle sichergehen, dass man mich hört!“ Der Geräuschpegel nahm sichtlich ab, Grund genug für mich fortzufahren, dass ich den Architekten beinahe fälschlich verdächtigte hätte: Nicht sein mangelndes Handwerk, sondern das Mundwerk der Besucher sei an der Geräuschkulisse schuld. Ich würde aber nur sehr kurz reden um die Ohren der Zuhörer nicht zu überfordern, in dieser Zeit sollten aber alle das Mundwerk für das kommende Büffet schonen. Ich sei ohnedies der letzte geplante Sollwiderstand vor dem großen Genuss!

Messeeröffnungen gehörten auch zum Pflichtprogramm: Sie waren eine geeigneter Anlass, um bestimmte Botschaften loszuwerden. So nutzte ich einmal eine Eröffnung in Graz, um den Bau neuer Messehallen in Holzbauweise zu monieren: Holz habe in der grünen Steiermark Zukunft, bei Durchgehen durch die Hallen hätte ich allerdings feststellen müssen, dass hier noch die Stahlvergangenheit des Landes dominiere. Bei einer Eröffnung der Innsbrucker Messe erfuhr ich zunächst aus den Eröffnungsworten des Herrn Landeshauptmannes, was vom Bund und in Wien alles an Tiroler Wünschen nicht erfüllt würde. Als ich das Wort ergriff sagte ich, dass ich zunächst die Anliegen des Herrn Landeshauptmanns ansprechen wolle, bevor ich mich den wichtigen Herausforderungen der Wirtschaftspolitik wie Strom- und Gasliberalisierung sowie den Modernisierungen von Regulierungen zuwenden werde.

Das mich begleitende Kabinettsmitglied, welches mir erst jüngst diese Geschichte in Erinnerung rief, bekam bei diesen Worten erhöhten Puls und böse Vorahnungen: Wenn das nur gut ging!

Einen großen Sager leistete ich mir bei der Eröffnung des neuen Messezentrums in München. Der österreichische Wirtschaftsminister sollte als Vertreter des die meisten Aussteller bringenden Auslandes einige Worte sagen. Meine Vorredner waren Italiens Ministerpräsident Romano Prodi und der bayrische Ministerpräsident Stoiber. Ersterer ist als ein Redner bekannt, der das Einnicken der Zuhörer fördert, Stoiber lieferte eine wortgewaltige Erfolgsbilanz des Wirtschaftsstandortes Bayern: Niedrigste Arbeitslosigkeit und höchstes Wachstum in Deutschland! Was sollte ich da noch hinzufügen? Mein Verstand und Instinkt ließen mich nicht in Stich. Ich begann damit, dass ich zu den bayrischen die österreichischen Ziffern zitierte, die in allem besser waren und als Mitursache hiefür nannte: „Meine Damen und Herren, es ist offenkundig: Wenn es Bayern gut geht, dann geht es Österreich besser!“

Auf diesen Sager wurde nicht nur beim folgenden Ball, sondern werde ich heute noch angesprochen.

## 5.3 Meine vielen Dienstreisen

Beim Durchsehen der Dienstreisenübersicht, die mir mein Sekretariat beim Ausscheiden übergeben hat, stellte ich fest, dass insgesamt 229 Reisebewegungen abgerechnet wurden, davon 130 Auslandsreisen. ln Brüssel war ich 28 Mal, in Luxemburg sieben Mal. In den Vereinigten Staaten, in Japan und in China war ich mehrmals, und als erster österreichischer Wirtschaftsminister besuchte ich Australien und Neuseeland. Auch in Lateinamerika war wiederholt auf meinem Reiseplan. Die vielen Reisen unterzubringen war nicht einfach. Termine in den islamischen Ländern verlegten wir gerne auf die Wochenenden, da in diesen Ländern bekanntlich der Freitag der Ruhetag ist. Für manche meiner Parteifreunde und Mitarbeiter war ich einfach zu oft und noch dazu im Ausland unterwegs. Aber ich hatte beim Amtsantritt angekündigt, dass ich keinen EU-Ministerrat versäumen werde und der österreichischen Exportwirtschaft als fliegender Vertreter zur Verfügung stehen würde.

Gelegentlich wurde ich gefragt, warum ich mir soviel an Reisestress zugemutet habe. Es gab eine ganze Reihe von Überlegungen, warum ich mir das antat:

Erstens, ich liebe Reisen, weil sie eine weitere Dimension des Seins bringen. Das Kennen lernen anderer Länder und vieler Menschen in verantwortlichen Positionen hat mich fasziniert.

Zweitens, Reisen bringen ein gewisses Maß an Abstandhalten von den Alltagsproblemen mit sich. Im Prinzip hätte mein weiter Kompetenzbereich die Vermutung nahe gelegt, dass viele Absenzen einfach die Arbeit behindern müssten! Weit gefehlt, gerade weil ich oft unterwegs war, musste die Arbeit zuhause optimal organisiert werden. Mit den heutigen Mitteln der Telekommunikation ist man immer und überall erreichbar.

Drittens, wir praktizierten ein System, bei dem das Ergebnis von Reisen immer konsequent aufgearbeitet wurde. So kam es, dass die Aufarbeitung der Ergebnisse oft anstrengender war als die Vorbereitung und die Reise selbst.

Viertens, Reisen brachte auch eine neue Ebene der Kommunikation mit Unternehmern und Bürgern: vor dem Abflug in der Lounge im Besonderen und manchmal sogar im Flugzeug gab es Gespräche über Projekte und Probleme. Mein Problem in diesem Zusammenhang war, dass mein Personengedächtnis langsam überfordert war. Zu viele Menschen erkannten mich, sei es weil ich mit ihnen einmal zu tun gehabt hatte, sie bei meinen Vorträgen anwesend waren oder mich bloß im Fernsehen gesehen hatten. Gegen meine Gewohnheit, alle Leute mit Namen anzusprechen, musste ich mir angewöhnen, die Menschen zu bitten, sich mir vorzustellen. Mein Sager in diesem Zusammenhang war oft: Entschuldigen Sie, ich kenne zwar ihr

Gesicht, weiß aber nicht ihren Namen bzw. Ihre Firma. Wenn man täglich, vor allem bei Auslandsreisen, so viele Visitenkarten zugesteckt erhält, die zwar Namen und Funktionen enthalten, aber kein Bild, ist es kein Wunder, wenn die Registrierung im Gehirn mangelhaft wird. Manchmal sagte ich einfach auch ganz offen, dass ich offenbar schon zu verkalken begänne. Inhalte von Gesprächen mit Ministern in diversen Ländern kann ich noch nach Jahren rekapitulieren, nicht jedoch die Namen aller meiner Gesprächspartner.

Fünftens, vor allem die langen transkontinentalen Flüge gaben die Chance zu ungestörter Lektüre: da ging sich einmal ein neues Buch aus, da konnte ungestört ein Text geschrieben oder stundenlang über ein Problem nachgedacht werden. Manchmal hatte man auch höchstinteressante Partner, mit denen ausgiebig diskutiert werden konnte. Ich erinnere mich an einen Flug von Frankfurt nach San Francisco, bei dem der damalige Generaldirektor der Deutschen Bank Hilmar Kopper neben mir saß und wir den kurzweiligsten Langstreckenflug unseres Lebens hatten. Wir haben über Gott und die Welt debattiert und waren erstaunt, wie rasch die vielen Stunden verflogen.

Die Gespräche mit ausländischen Regierungsmitgliedern waren für mich eine besondere Faszination. Aus meinen Erfahrungen in der Wirtschaftskammer hatte ich gelernt, dass Gespräche, in denen vor allem über konkrete Wünsche und Projekte geredet wurden, immer sehr rasch ein Ende fanden. Ich verfolgte daher einen anderen Stil: den Gesprächspartner kennen lernen, sich seine Probleme oder die Anliegen seiner Regierung ausgiebig anzuhören, ihn nicht mit den österreichischen Erfolgen zu überfallen, sondern auch über unsere Schwierigkeiten offen zu reden. Es kam wiederholt vor, dass ich über die in den Vermerken festgehaltenen Firmenanliegen kein Wort verlor. Einmal sagte mir ein Firmenvertreter, der bei einem Ministertermin anwesend war: „Herr Minister, das war ein interessantes Gespräch, aber über mein Firmenanliegen wurde nicht geredet!“ Ich antwortete: „Wir haben uns bekannt gemacht und vereinbart, dass die leitenden Beamten sich der überreichten Probleme sofort annehmen werden und noch vor dem Abflug berichtet wird, was möglich ist und was nicht!“ Daher wurde ich im Regelfall nicht nur von einem Minister am Flughafen verabschiedet: bevor wir schieden, zogen wir noch einmal eine Bilanz unserer Gespräche. Ich hatte auch bald die Erfahrung gemacht, dass viele Gesprächspartner hohes Interesse an den Entwicklungen in der Europäischen Union hatten, vor allem der Euro war fast immer ein Thema.

Gegeneinladungen waren immer wieder an der Tagesordnung: mein Eindruck war, dass man geradezu darauf wartete. Österreichs Ruf als Kulturland ist unglaublich, einmal sagte mir ein chinesischer Minister, dass mit seiner Einladung ein langgehegter Traum in Erfüllung ginge. Auch bei den Gastgeschenken merkte man dies: In Asien waren Kassetten mit dem Neujahreskonzert der Wiener Philharmoniker immer ein Hit, gefolgt von den kristallenen Miniaturen von Swarovski.

Fliegen machte mir nichts aus: ich konnte plötzlich auch im Flugzeug stundenlang schlafen. Turbulenzen, Verspätungen, lange Anflugprozeduren bei Streiks und Überlastung ertrug ich mit Gleichmut.

Ein Kapitel für sich sind die Flughäfen: als offizieller Gast wird man ja rascher abgefertigt und in den besten Warteräumen wie VIP-Lounges untergebracht. Man kriegt von der Atmosphäre wenig mit, hat kaum eine Chance Shopping zu tun und Preisvergleiche anzustellen.

Ich habe bei den Gesprächen mit ausländischen Ministern sehr oft eine sehr persönliche Basis gefunden, welche zu Beziehungen führte, die auch heute noch lebendig sind.

Ich habe viele Reisen erlebt, möchte keine missen, bin aber schlussendlich, froh, dass ich heute nur mehr wenig unterwegs bin.

### 5.3.1 Hubschrauberflüge, das unerwartete Erlebnis!

Ich bin in meinem beruflichen und privaten Leben mit den verschiedensten Fluggeräten geflogen, von abenteuerlich alten DC3 und 6 in Afrika bis zu den modernsten und größten Langstreckenflugzeugen. Aber auf die Idee, von einem Hubschrauber transportiert zu werden, kam ich eigentlich nie.

Meine erste Begegnung mit hubschraubertransportierten Ministern hatte ich im Sommer 1996, als Vizekanzler Schüssel und ich an einem kleinen See in Bayern ein Treffen mit den Spitzen der CSU Bayerns hatten. Da kamen einige der Herren im Hubschrauber angeflogen: Wolfgang Schüssel war mit seinem Privatauto allein aus dem Urlaub angereist, ich war aus Wien allerdings mit Chauffeur gekommen, da ich zu Terminen in Westösterreich unterwegs war. Ich war von dem Wirbel der Drehflügler beeindruckt und hoffte, dass wir in Österreich nicht auch einmal aus Sicherheitsgründen diese Transportmittel vorziehen müssten.

Doch ich kam rascher als es mir lieb war dahinter, dass auch ich meine Hubschraubererlebnisse haben würde.

Das erste Erlebnis hatte ich bei einem offiziellen Besuch in Brasilien. In der Millionenstadt Sao Paolo schien ein vernünftiges Programm von Bankenterminen und Firmenbesuchen mit Hilfe eines Autos nicht möglich, der endlose Stau in dieser pulsierenden Großstadt hätte dies vereitelt. Zur optimalen Zeitnutzung offerierte eine der Banken ihren Hubschrauber als innerstädtisches Transportmittel. Und so stiegen meine Pressesprecherin, Verena Nowotny, und ich auf dem Dach eines hohen Gebäudes in einen Hubschrauber und erlebten die Stadt und intensive Terminwahrnehmung von oben. Es waren herrliche Flüge, vor lauter neugierigem Schauen blieb wenig Zeit, sich dem mulmigen neuen Fluggefühl zu widmen.

In diesem Fall wollte ich gerne mit dem Hubschrauber fliegen, das nächste Mal musste ich es tun. Als die Katastrophe von Lassing passierte, beschlossen Bundeskanzler Klima und Innenminister Schlögl einen Besuch und luden mich ein, mit ihnen mitzufliegen. Von der Polizeikaserne in Wien Meidling ging es los und ich nahm zur Kenntnis, um wie viel schneller und einfacher die Anreise war als bei der vorherigen Nutzung des Dienstwagens. Es gab offenbar eine Zweiklassengesellschaft unter den Ministern: zumindest zweien, dem Innen- und dem Verteidigungsminister standen Hubschrauber zur Verfügung: ich wurde aber aufgeklärt, dass man solche Fluggeräte anfordern könne. Das musste ich im Falle Lassing auch einmal tun und flog vom Kobrastandort Wr. Neustadt zur Talkgrube. Von diesem Flug – zunächst bei prächtigem Wetter – ist mir in Erinnerung geblieben, dass wir über dem Ennstal die Zahl der vor den Bergbauernhöfen parkenden PKW gezählt haben und daraus auf den Wohlstand der Höfe bzw. auf die Berufstätigkeit der Kinder Schlüsse gezogen haben. Freilich zogen dann über Lassing Gewitter auf und die Piloten ersuchten mich, ob sie nicht wieder sofort abfliegen könnten.

Ein Flugerlebnis besonderer Art bescherte mir der Tauerntunnel. Am Tage des Unfalls mit folgendem Brand war ich im Außerfern bei der Disc-Erzeugerfirma Koch, um das Zusammengehen mit einem belgischen Unternehmen zu feiern. Wir waren zuerst nach Innsbruck geflogen und von dort mit einem PKW abgeholt worden. Bei Bekanntwerden des Ausmaßes der Katastrophe wurde klar, dass auch ich sofort an die Unglücksstelle kommen musste. Doch wie sollte das gehen? Wir, meine Pressesprecherin Christine Sabaditsch und ich, beschlossen, einen Hubschrauber anzufordern. Gendarmerie und Polizei in Innsbruck waren Fehlanzeigen, ein Anruf beim Bundesheer versprach Hilfe: aus der Kaserne Schwaz würde jemand kommen und mich zum Tauerntunnel transportieren. Es dauerte allerdings geraume Zeit, bis das Gerät da war und das nicht nur aus Distanzgründen. Mir wurde später erzählt, dass der Hubschrauber des Diensthabenden einen Defekt hatte, der Pilot des zweiten Fluggerätes aber nicht rasch in die Kaserne kommen konnte, weil seine Frau mit dem gemeinsam PKW einkaufen war. Während also die Festgäste der Firma sich an das Buffet machten, landete ein Militärhubschrauber auf der Wiese hinter der Firma und es ging los. Das Gerät musste schon viele Dienstjahre erlebt haben, die Ausstattung war spartanisch, innen war alles eine Symphonie von Blech und Draht, da hatte ich die Geräte des Innenministeriums und der brasilianischen Bank in besserer Erinnerung: komfortable Sitze, neueste Kopfhörer, tolle elektronische Ausstattung. Es war ein Flugerlebnis über Innsbruck, die Krimmler Wasserfälle, das Kitzsteinhorn hinwegzuschweben: der Pilot sagte mir allerdings, dass er verdammt auf die zahlreichen Paragleiter und Drachenflieger Acht geben müsste.

Beim Tauerntunnel gelandet stellte sich die Frage, ob das Heer mich auch nach Wien heimfliegen sollte. Neben unserem Fluggerät stand ein Hubschrauber des Innenministeriums. Minister Schlögl machte mir das Angebot, mit ihm heimzufliegen, was ich gerne annahm. So kehrte das Militärgerät nach Schwaz zurück, während wir im modernen und komfortablen Gerät nach Abwicklung der Gespräche vor Ort weiterflogen. Das Tennengebirge hoch und wieder hinunter ins Salzachtal, ein wenig mulmig ist mir heute noch. Wir landeten nämlich in Salzburg, weil Schlögl dem Fußballspiel Austria Salzburg gegen Rapid Wien zusehen wollte.

Ich kam aber nochmals in den Genuss eines Militärhubschraubers. Ich sollte an einem Tag die Eröffnung der Umfahrungsstraße Perg (OÖ) vornehmen und an einem Gedenkgottesdienst für die Opfer des Unglücks im Tauerntunnel in einer neuen Gedenkkapelle vor Ort teilnehmen. Ich wurde mit dem Dienstwagen zur Gedenkstätte nach Salzburg gefahren, dort von einem Militärhubschrauber abgeholt und nach Mauthausen geflogen. Der Flug war insofern kurzweilig, als der Pilot und ich einander in der Kenntnis der überflogenen Berge und Täler sowie der Erkennung von Kirchen und Klöstern übertreffen wollten. Die offizielle Eröffnung versäumten wir dennoch, ich wurde dann bei den Feiern am Hauptplatz herumgereicht. Unvergesslich bleibt ein Betrunkener, der mich freudestrahlend und lallend als den Hafenkommandanten von Krems begrüßte. Landesrat Hiesel versucht vergeblich, mich dem Herrn vorzustellen. Der lallte nur: „Na so was, da hat der einen Doppelgänger!"

Auch den Eiblschrofen durfte ich bei starkem Wind im Hubschrauber erkunden: andere eingeladene Mitflieger lehnten dankend ab. Das war ein lebhaftes Erkunden eines unruhigen Berges.

Den schönsten Flug mit einem Hubschrauber erlebte ich anlässlich eines trilateralen Wirtschaftsministertreffens am Vierwaldstättersee in der Schweiz. Zum Abschluss wurde ich von einem Militärhubschrauber mit einem Umweg über Jungfrau und Eiger nach Zürich geflogen. Es war ein Traumtag, die Welt lag zu unseren Füßen, die Gletscher glitzerten und wir sahen viele Bergsteiger und noch mehr Hüttengäste. Es war einfach wunderbar, wenngleich reich an Schaukelbewegungen.

## 5.4 Wahlkampferfahrungen

Da ich keine politische Karriere angestrebt und auf keiner Ebene politische Funktionen innehatte (sieht man von einem Zwischenspiel als Mitglied des Felixdorfer Gemeinderates in den Sechzigerjahren ab), bedeuteten Wahlkämpfe für mich nie besonderen persönlichen Einsatz. Auch mit den Vorbereitungen von Wahlkämpfen hatte ich als Wirtschaftsexperte nur gelegentlich zu tun. Als ich zum Minister bestellt wurde, trat die Frage an mich heran, ob ich die von meinem Amtsvorgänger Ditz in den politischen Bezirken Baden, Wr. Neustadt und Neunkirchen abgehaltenen Sprechstunden fortführen würde. Da ich zum Unterschied von Ditz kein Nationalratsmandat innehatte, sah ich darin wenig Sinn, ließ mich aber breitschlagen und ließ die Termine meistens durch einen Mitarbeiter meines Kabinetts wahrnehmen. Ich ließ aber wissen, dass mein Büro für Besucher immer offen stand und es ökonomischer sei, wenn die Interessenten zu mir kämen, als ich säße stundenlang herum und wartete auf eventuelle Besucher. Einige Male nahm ich die Termine persönlich war und fand meine Auffassung bestätigt. Ich hatte mir mit dieser Position auf lokaler Ebene nicht unbedingt Freunde geschaffen. Damit hatte es schon bei meinem ersten Auftritt im Parlamentsklub der ÖVP-Abgeordneten begonnen, als ich erklärte, dass mir kein Parteiauftritt in Mistelbach oder sonst wo Anlass für das Versäumen eines Europäischen Ministerrates liefern würde. Als Minister wurde ich auch automatisch Mitglied der Landesparteileitung Niederösterreich und des Präsidiums des NÖ-Wirtschaftsbundes, jedenfalls erhielt ich regelmäßig Sitzungseinladungen nach St. Pölten. Die Führung des riesigen Ressorts mit den vielen europäischen und außereuropäischen Verpflichtungen machte es unmöglich, auch zusätzlich eine innenpolitische Rolle zu spielen. Auch wurde ich sofort eingeladen, in meinem Bundesland Politikersteuer zu zahlen, was ich in einem leicht ironischen Brief ablehnte, hatte man mich doch als „Sehr geehrter Herr Abgeordneter“ angeschrieben.

Diese Art von politischer Marktverweigerung wurde aber dann doch akzeptiert, ich erhielt dafür umso mehr Interventionen übermittelt und war auch, da nicht persönlich anwesend, ein idealer Reibebaum in diesen Sitzungen, wie mir befreundete Teilnehmer gelegentlich mitteilten.

An Wahlkämpfen habe ich meiner Erinnerung nach nur dreimal teilgenommen: In einem Gemeindewahlkampf im Burgenland, im Salzburger Landtagswahlkampf und im Nationalratswahlkampf 1999. Anlässlich einer Spatenstichfeier an der S31 im Burgenland wurde ich gebeten, ob ich nicht im Zuge des Wahlkampfes in der Gemeinde Steinbrunn auftreten möchte. Der Ort war die Wohnsitzgemeinde eines alten Freundes aus der katholischen Männerbewegung und ich wusste, wie sehr die

ÖVP auf den Bürgermeistersessel hoffte. Daher sagte ich gerne zu. Ich verbrachte einen ganzen Tag mit Betriebsbesuchen und im Tratsch mit Bürgern. Ein Unternehmer mit dem ich mich am intensivsten über Ostöffnung und EU-Beitritt Ungarns unterhielt, soll traditioneller SPÖ-wähler gewesen sein. Die ÖVP gewann die Mehrheit im Ort und stellte den Bürgermeister. Man bedankte sich sehr freundlich bei mir. Man ließ mich wissen mir, dass ein Bundesminister im Ortswahlkampf halt etwas Außergewöhnliches gewesen sei.

Im letzten Salzburger Landtagswahlkampf hatte ich zwei Auftritte, bei denen jeweils die Unterstützung meines Ressorts für wichtige Projekte im Land an die Öffentlichkeit zu bringen war: Die Überdachung der Autobahn bei Siezenheim und die Mitfinanzierung eines neuen Museums. Phototermin, Pressegespräch und Mittagessen waren auf der Tagesordnung, auf Wählerinnen und Wähler wurde ich nicht losgelassen.

Intensiver ging es im Bundeswahlkampf 1999 zur Sache. Mein Eindruck in diversen Bundesländern war, dass wir mit viel Aufwand im Wesentlichen wenige treue Wähler ansprachen. Betriebsbesuche waren interessant und hilfreich, Zettelverteilen auf U-Bahnhöfen unergiebig: Jedermann hastete, für Gespräche keine Zeit und ob man eine Partei wählt, bei der ein Minister Zettel verteilt, blieb offen. Eine besondere Veranstaltung aus Salzburg ist mir in Erinnerung. Ich wurde nach Hallein in die örtliche Bezirksstelle der Handelskammer eingeladen, in der mich ein Vizepräsident, der Kammeramtsdirektor und eine Handvoll Bürger/Innen erwarteten. Nach der Begrüßung wurde mir deutlich gemacht, dass man meine Hilfe bei der Lösung eines innersalzburger Problems erwarte. Das Land hätte intern Transportsubventionen für Unternehmen des Lungaues gewährt, eine Praxis, welche die EU gerade als binnenmarkwidrig untersagt habe. Man erwarte von mir Vorschläge, wie die Hilfe fortgesetzt werden könne, da eine Teilung des Landes Salzburg über Transportkosten nicht erwünscht sei. Außerdem solle ich gefälligst zusagen, dass es auch bei Hallein keine LKW-Mautstelle geben werde, da diese einen ähnlichen Effekt habe. Ich reagierte einigermaßen sauer. EU-Recht bricht Landesrecht, das sollte auch in Salzburg bekannt sein und Road Pricing für LKW sei gesetzlich geregelt und ich unter Vollziehungsdruck. Nur weil Wahlkampf war, sollte ich irgendetwas versprechen?

Beim Umsetzen von Reformen war ich ein Kämpfer, auch beim Überwinden österreichischer Sollwiderstände, aber für einen Wahlkämpfer war ich wenig geeignet.

## 5.5 Eine schwierige Aufgabe: Nachrufe an der Bahre und am offenen Grab

Zu den schwierigsten Aufgaben des Agierens in der Öffentlichkeit gehörte für mich das Halten von Abschiedsreden an Bahren und offenen Gräbern. Meine erste Erfahrung machte ich in den frühen Sechzigerjahren an der Bezirkshauptmannschaft Wien Umgebung. Bezirkshauptmann Dr. Kriegel ließ mich eines Morgens in sein Büro kommen und bat mich, für ihn die Behörde am offenen Grab eines Gendarmeriebeamten in Purkersdorf einen Nachruf zu halten, der Dank und Anerkennung zum Inhalt haben sollte. Mein Hinweis auf meine mangelnde Erfahrung und die Möglichkeit, einen der drei anderen erfahrenen Verwaltungsjuristen des Hauses einzusetzen, wurde mit der Bemerkung weggewischt, dass man alles im Leben einmal zum ersten Mal machen müsse. So ging der Kelch nicht an mir vorüber, den einzigen helfenden Hinweis, den ich aus dem Büro erhielt war der, dass ich nicht mit meiner Pelzmütze, sondern mit einem schwarzen Hut agieren sollte. Ich hatte noch nie einen Hut getragen, weil ich diese Art von Kopfbedeckung nicht mochte. So ging ich mir denn einen schwarzen Hut kaufen und stellte mich einer neuen Aufgabe mit einer ungewohnten und neuen Kopfbedeckung. Am offenen Grab sprach ich über die jahrelange zufrieden stellende Diensterfüllung des Verstorbenen und drückte ihm und seiner Familie die Anerkennung der Behörde aus. Nach dem Begräbnis nahm mich die trauernde Witwe auf die Seite und sagte mir wie dankbar sie für meine Worte sei, ich müsse aber wissen, dass über Verlangen der Behörde gegen ihren Gatten ein Disziplinarverfahren eingeleitet worden sei. Jetzt verstand ich, warum man mich ausgewählt hatte, jetzt fielen mir einige erstaunte Gesichter, die meiner positiven Rede lauschten, wieder ein. Ich tröstete die Frau mit den Worten, dass meine Worte jedenfalls ehrlich gemeint waren und mein Auftritt ihr den Anblick eines allfälligen Verursachers des Verfahrens erspart hätte. Wir schieden in gutem Einvernehmen, aber ich ließ mich in den Jahren im Verwaltungsdienst nicht wieder zu einem derartigen Auftritt verpflichten.

In meinen späteren beruflichen Funktionen wich ich derartigen Verpflichtungen immer dadurch aus, dass ich lieber persönliche Gespräche mit den Angehörigen führte oder einen tröstenden Brief schrieb.

In zwei Fällen ließ ich mich überreden, Nachrufe beim Begräbnis zweier Freunde zu halten. Als der frühere Generalsekretär der Bundeswirtschaftskammer, mein Förderer und späterer Freund Dr. Arthur Mussil starb, bat mich seine Gattin, ihm als ehemaliger Mitarbeiter und derzeitiger Wirtschaftsminister einen Nachruf zu halten. Ich sagte unter der Bedingung zu, dass man keine traditionelle Trauerrede erwarten dürfe, zu. Der Verstorbene war in einer Kapelle in Klosterneuburg aufgebahrt. Vor mir würdigte der Präsident der Wirtschaftskammer Österreich Leopold Maderthaner die Verdienste des Verstorbenen, dann war ich an der Reihe. Wie immer sprach ich frei und führte in etwa aus:

Liebe trauernde Frau Dr. Mussil, geschätzte Trauergemeinde!

Die Verdienste des Verstorbenen sind von meinem Vorredner angemessen gewürdigt worden, ich möchte mich daher persönlich von meinem ehemaligen obersten Chef verabschieden, werde deshalb zu ihm und nicht zu Ihnen gewandt sprechen.

Lieber Herr Generalsekretär, verehrter Freund! Es ist dies das letzte Mal, dass ich zu Dir sprechen kann, es ist aber zum ersten Mal, dass Du mir nur zuhören musst, mir aber nichts mehr einwenden, nicht zurückreden und schon gar keinen Auftrag mehr geben kannst. Du hast mir und vielen meiner Kolleginnen und Kollegen in der Bundeswirtschaftskammer vieles gelehrt und uns lernen lassen und hast uns durch Dein Vorbild angespornt. Deine erste Tat als neuer Generalsekretär war es, den bisher den Präsidenten und Generalsekretären vorbehaltenen Aufzug im Haus der Bundeswirtschaftskammer am Stubenring allen Mitarbeitern und Besuchern zu öffnen. Bis dahin wurden wir, wurden diese auf den Pater noster-Daueraufzug verwiesen. Die Portiere wachten eisern über diese Regelung. Mit dieser einfachen Maßnahme zeigtest Du, dass wir mit Deiner Aufstiegshilfe künftig auch leichter in die Höhe kommen konnten. Eine weitere Einführung war, dass Du Dir nicht nur die Abteilungsleiter in Dein Büro holtest, sondern auch gleich die verantwortlichen Referenten direkt zu Dir bestelltest! Mich traf Deine Einladung bald sehr oft und ich lernte eine andere Seite an Dir kennen. Du hast Dich immer sehr sorgfältig auf Deine Auftritte wo auch immer vorbereitet und wolltest alles sehr genau und sicher wissen. Herumreden und Vermuten waren Dir ein Gräuel: Aber bei Nichtwissen stelltest Du keinen bloß, sondern hast ihn aufgefordert, rasch nachzusehen und die ergänzende Information zu liefern. Freilich, wenn jemand sich blöd anstellte und herumredete, da konntest Du ziemlich ungemütlich werden. Gelernt habe ich von Dir auch Eselsgeduld im Umgang mit Verhandlungspartnern. Da konntest Du stundenlang geduldig zuhören und Deine Erklärungen darlegen, wenn jemand aber stur blieb, da konntest Du gekonnt explodieren. Ich erinnere mich an Wirtschaftsgesetzverhandlungen unter der SPÖ-Alleinregierung in den frühen Siebzigerjahren. In einem kleinen Sitzungszimmer hinter dem Plenum des Nationalrates hatten wir Experten uns festgefahren. Da kamst Du mit dem Generalsekretär des ÖGB, Hofstetter und wolltest vermitteln. Als vor allem die Arbeiterkämmerer von ihrem Wunsch nach umfassender Preisregelung nicht abrücken wollten, da warfst Du wütend Deinen goldenen Füllhalter auf den

Tisch: Das schöne Stück zerbrach. Minister Staribacher beruhigte, Hofstetter rief seine Recken zurück und ein neues Bündel an Wirtschaftsgesetzen war geboren. Unvergesslich bleiben mir Deine Waldvierteltage an jedem Montag. Da kamst Du gegen Abend zurück, meist später als angekündigt und leertest den Zettel voller Aufträge über wenige Vertraute aus. Bald merkte ich, dass der Montagabend Dir gehörte und jede Planung anderer Art zurückzustehen hatte. Du zeigtest mir und anderen, was ein Abgeordneter für seine Region zu tun imstande war: Wien war wichtig, Brüssel war zunehmend wichtig, das Waldviertel war immer ganz wichtig!

Dafür hattest Du größtes Verständnis, wenn Deine Leute ins Ausland wollten: Du hast mir Dienstreisen genehmigt, von denen meine direkten Vorgesetzten eine Ablehnung erwartet haben. Ich weiß, dass Du selbst nur ungern weite Reisen unternahmst, Gmünd war schon weit genug. Einmal warst Du mit dem Wirtschaftsbeirat in Südamerika und mit Präsident Sallinger in China: Mir bleiben Deine ersten Reiseeindrücke unvergesslich. Du beklagtest geschwollene Füße beim Fliegen und konntest Dich mit der bodenständigen Küche vor Ort nicht anfreunden. So ließest Du andere fliegen, erwartetest allerdings instruktive Berichte. In der Politik hattest es Du nicht leicht: Da wurdest Du plötzlich Wirtschaftssprecher der Oppositionspartei ÖVP und warst ständig in den Medien, viel öfter als dein Präsident. Das konnte nicht gut gehen. Also wieder zurück an den Kommandostand im Haus. Deine Zwischenrufe bei den Parlamentssitzungen zählten zu den intelligentesten und besten: Jedes Mal wenn ich heute zuhören muss, fehlst Du mir und wahrscheinlich vielen im Hohen Haus.

Lieber Arthur, Du hast uns gefordert und gefördert, Du hast uns durch Dein Beispiel geprägt. Lediglich im zwischenzeitigen Verschwinden in Gemäldegalerien werden wir Dich nie einholen können, weil es uns am Sachverstand und vielleicht auch am nötigen Kleingeld fehlt. Beispielhaft war schließlich auch, wie Du Dich nach dem Eintritt in den Ruhestand nicht mehr in die Arbeit Deiner Nachfolger eingemischt hast.

Lieber Arthur, ich möchte Dir abschließend noch einen kleinen Rat geben: Sag im Himmel zum lieben Gott nicht Herr Präsident! Danke und Auf Wiedersehen!

Die Witwe, viele Teilnehmer der Trauerfeier und der Geistliche sprachen mich auf diese Worte an und dankten mir für die ungewöhnliche Diktion.

Meine letzte Grabesrede hielt ich beim Begräbnis des Generaldirektorstellvertreters der Verbundgesellschaft Dr. Hans Zach in Bad Fischau. Auch dort war von mehreren Vorrednern schon alles über den Verstorbenen gesagt worden. Als letzter Redner wählte ich einmal mehr eine sehr persönliche Ansprache:

Lieber Hans! Ich kenne Dich schon viel länger als Du es wahrscheinlich weißt. Du hast mich vor allem als Wirtschaftspolitiker der Bundeswirtschaftskammer, als Verhandler von Wirtschaftsgesetzen, als Mitglied Deines Aufsichtsrates und am Schluss als Eigentümervertreter des von Dir über Jahrzehnte mit aufgebauten Unternehmens Verbund gekannt. Ich erinnere mich, wie ich Dich schon in der Mittelschule kennen lernen, besser fürchten lernen durfte. Wir im Bundesgymnasium turnten auf der Neuklosterwiese und trafen dort auch öfter die höheren Klassen, die meistens Handball spielten. Und da waren die beiden großgewachsenen und schnellen Zachbrüder allen bald ein Begriff. Eines Tages, ich glaube, dass ich damals in der dritten oder vierten Klasse war, teilte uns der Turnprofessor Nitzlader mit, dass wir gegen die Großen ein Handballmatch spielen sollten. Er machte uns ausdrücklich auf den Hans Zach aufmerksam, dem man den Ball kaum abjagen könne und der auch jeden niederrenne, der sich ihm in den Weg stelle: Es gäbe nur einen Weg ihn zu stoppen, nämlich ihm das „Haxel zu stellen“! Na ja, ein paar haben es ja probiert, genützt hat es wenig. Wir spürten schon damals, dass so ein Mann einfach Karriere machen musste. Du hast Dir keine leichte Branche ausgesucht. In der Energiewirtschaft galten föderales Freistilringen, koalitionäres Postenschachspiel und ein Kampf gegen die Windmühlen des immer stärker werdenden Umweltschutzes. Aber Dein Lebenswerk kann sich sehen lassen. Lieber Hans, wir zwei haben in vielem keine gemeinsamen Auffassungen gehabt, vor allem zwei Dinge hast Du mir übel genommen: Zunächst dass ich Dich als Bundesminister in der Ahnengalerie der erfolgreichen Absolventen des Bundesgymnasiums Wr. Neustadt vom ersten Platz verdrängt habe und zweitens, dass ich nach Deiner Pensionierung über die europaweite Liberalisierung die wohlgeordnete Welt der Energiewirtschaft zertrümmert habe. Du hast mir sogar einmal die Gefährdung Deiner Pension an den Kopf geworfen! Lieber Hans, es war einfach köstlich, mit Dir zu streiten. Freilich solltest Du Dir das im Himmel abgewöhnen. Vielleicht können wir weiterstreiten, wenn wir uns dort einmal wieder sehen. Auf Wiedersehen!

Ich wurde nicht nur von der Witwe um den Wortlaut meiner Rede gebeten. Ich muss auch zugeben, dass es mich bei beiden Abschiedsreden sehr gedrückt hat, auch wenn dies die Wortwahl nicht vermuten ließ.

KAPITEL 6

# Der Weg in den Abschied

Als ich als Wirtschaftsminister angelobt wurde, da stand es keineswegs fest, dass ich in dieser Funktion bis zum Ende der Legislaturperiode ausdienen würde. Niemand konnte mit Bestimmung sagen, dass die Koalition so lange halten würde, darüber hinaus war bei dem geringen Vertrauensvorschuss der veröffentlichten Meinung klar, dass ich angesichts des Reformstaus in meinem Kompetenzbereich auf einem Feuerstuhl saß. Ich machte mir auch keine Illusionen und bezeichnete mich selbst in mehreren Interviews als Experten auf Abruf. Von meinem Lebensalter her war ich für eine längere politische Karriere schon relativ alt und eine Rückkehr in meine alte Position in der Wirtschaftskammer Österreich war durch meine Pensionsvereinbarung de facto ausgeschlossen. Ich fühlte mich vom Vertrauen des Bundesparteiobmanns und alten Freundes Wolfgang Schüssel getragen, ich wollte nach besten Kräften möglichst viel an Reformen in die Wege leiten und zu gegebener Zeit über meine weitere Lebensplanung entscheiden. Die vielen Rücktrittsaufforderungen und -gerüchte, die bald durch die Medien geisterten, berührten mich nicht, sie waren nicht angenehm, aber angenehme Zeiten hatte mir niemand in Aussicht gestellt. In meinem Ministerium traf ich interessierte Erwartung. Welchen Stil im Umgang mit den Beamten würde er pflegen, wie ernst nähme er seine vollmundigen Reformansagen und wie lange würden die Heckenschützen der eigenen Partei ihn werken lassen? Vizekanzler Schüssel ermunterte mich immer wieder und sagte, dass er es mir schon sagen werde, wenn er mit mir unzufrieden sei, die Medien sollte ich einfach nicht ernst nehmen.

Die erste Anfrage über meine Zukunft kam aus meinem Kabinett: Ein Mitarbeiter und eine Mitarbeiterin kamen zu mir und fragten mich, was ich für die Zeit danach plane, ob ich nicht ein Mandat anstreben wollte und welche Vorgaben ich hiefür für sie hätte. Ich erwiderte damals, dass ich zuerst einmal sehen möchte, was wir an Erfolgen einfahren könnten, dann sei es an der Zeit, eine Entscheidung über die nächste Lebensetappe zu treffen. Nach den ersten beiden Jahren wurde ich von immer mehr leitenden Beamten und einfachen Mitarbeitern/Mitarbeiterinnen daraufhin angesprochen, dass sie auf eine längere Ministerschaft hofften.

Doch dann trat etwas völlig Unerwartetes ein: Nach einer Durchuntersuchung teilte mir der Primar eines Krankenhauses mit, dass meine Frau Christine keine längere Lebenserwartung mehr hätte und ich in etwa zwei Jahren mit dem Schlimmsten rechnen müsste. Von da an ging meine innere Uhr völlig anders. Welchen Sinn hatte es, wenn ich das öffentliche Leben und seine Herausforderungen genoss, gleichzeitig aber mein Privatleben wesentlich reduzieren musste? Meine Frau ermunterte mich, weiter mit meiner von mir so geliebten Arbeit fortzufahren, worauf sollte ich zuhause denn warten? Ich bemühte mich nach Kräften, niemand von meinen privaten Sorgen etwas merken zu lassen. Noch bei der Eröffnung des letzten Teilstückes der A2, der Autobahnverbindung Völkermarkt-Klagenfurt, am 26. November 1999 sagte Landeshauptmann Haider vor laufenden Kameras und vielen Zuhörern, dass er sich noch lange Jahre einen Wirtschaftsminister Farnleitner wünsche. In meiner Ansprache sagte ich, dass mich der Hinweis zwar sehr ehren würde, aber ich selbst entscheiden möchte, was ich in Hinkunft tun würde. Vielleicht, so scherzte ich, würde der anwesende Landeshauptmannstellvertreter und Straßenbaureferent Reichold der nächste Mann an der Spitze des Wirtschaftsressorts werden. Tatsächlich ging es meiner Frau immer schlechter und meine persönliche Entscheidung war schon getroffen. Ich zeigte auch bei den parteiinternen Gesprächen immer deutlicher, dass mich das Vorwahlgerangel und die koalitionären Zänkereien immer weniger interessierten. Ich glaube, dass meinen Freunden meine Körpersprache genug sagte. Als dann am Stefanitag 1999 meine Frau einen Gehirnschlag erlitt, da teilte ich Vizekanzler Dr. Schüssel mit, dass ich für eine weitere Periode nicht zur Verfügung stünde. Ich wurde gebeten, dies erst zu einem geeigneten Zeitpunkt öffentlich anzukündigen. Den Mitgliedern meines Kabinetts sagte ich ganz offen, dass ich ausscheiden werde und wir begannen, über ihre künftige adäquate berufliche Verwendung nachzudenken.

Die Enttäuschung vieler Beamten des Hauses nach der öffentlichen Erklärung im Fernsehen im Jänner 2000, dass ich aus familiären Gründen nicht mehr zur Verfügung stünde, ehrte und schmerzte mich, doch hatte ich jetzt eine vorrangige private Verpflichtung. Fast ein ganzes Jahr konnte ich meine Frau durch Anwesenheit, weite Reisen und die Pflege vernachlässigter Freundschaften verwöhnen. Im Dezember kam dann ein erneuter schwerer gesundheitlicher Zusammenbruch: Mit meiner Familie bangte ich viele Tage um das Überleben meiner Lebenspartnerin. Dank der hervorragenden Betreuung im AKH Wien passierte etwas Unglaubliches: Es gibt wieder neue Perspektiven für einen bunten Herbst des Lebens. So wie ich glaube, dass sich mein Einsatz im Ressort insgesamt gelohnt hat, so richtig war es auch, rechtzeitig aufzuhören.

Beim Abschiedsessen für die ausscheidenden Bundesminister Michalek und Farnleitner, welches der nunmehrige Bundeskanzler Dr. Schüssel im Palais Pallavicini gab, sagte dieser, dass ich ein hervorragender Wirtschaftsminister gewesen sei, gleichzeitig drückte er meiner anwesenden Frau seine Genugtuung und Freude darüber aus, dass es ihr gesundheitlich wieder besser gehe. Es war ein Abschied ohne Frust und Bitterkeit. Die Familie hatte mich wieder.

DOKUMENTE

Betr.: Dankadresse SCh. Zluwa an
Herrn Bundesminister Farnleitner
Festakt im Mamorsaal des
Regierungsgebäudes am 22. 12. 1999;

*Sehr geehrter Herr Bundesminister !*

*Sie haben soeben meinen Kollegen und mir hohe Auszeichnungen überreicht; sichtbarer Ausdruck dessen, dass die Replublik die bescheidenen Verdienste und das Bemühen ihrer Beamten zu schätzen weiß. „Hier stock ich schon". Meint sie das wirklich? Hören und lesen wir nicht täglich in den Medien neue Geschichten von jenem skurrilen Haufen, der pragmatisiert dem Steuerzahler in der Tasche liegt, Ursache der Budgetdefizits ist nur darauf aus ist, durch Ersinnen neuer Schikanen dem Bürger das Leben zu erschweren? Und wird diese Ansicht nicht von unserem Dienstgeber geteilt? „Bürokratie" ist das Unwort, „Privatisierung" das Zauberwort dieser Tage und wo nicht komplett outgesourct wird, da etablieren sich Agenturen und Regulierungskommissionen. Wer wagt es, schlicht und einfach zu sagen, dass Gesetze vollzogen werden? Verschämt darf man sich höchstens als „Dienstleister für Kunden" bezeichnen. Distanzieren sich nicht die obersten Organe der Verwaltung von ihren Untergebenen? Pflegt die Politik nicht bewusst das Bild vom hässlichen Beamten?*

*Hier stocke ich abermals. Die Politik? Alle Politiker? Jede Verallgemeinerung istschlecht. Aber es gibt ganz sicher einen Politiker, der die organisierte Beamtenhetze nicht mitmacht, der sogar keine Gelegenheit vorübergehen lässt, die Leistungen der Beamtenschaft herauszustreichen; ja, der den Mut hat, den volkswirtschaftlichen Wert und den Nutzen einer funkionierenden Verwaltung herauszustreichen, ihren Beitrag zur Güte des Wirtschaftsstandortes Österreich: Das ist unser Bundesminister Dr. Farnleitner. Und so ist es kein bloßer Akt der Höflichkeit und des Protokolls, dass wir ihm an dieser Stelle vom Herzen danken; meine Kollegen und ich für die empfangenen Auszeichnungen, und – ich darf wohl für alle hier Anwesenden sprechen – für die gemeinsame Arbeit des letzten Jahres und der vorangegangenen.*

*Und hier stocke ich das dritte Mal. Denn wenn ich die Person „Farnleitner" anpreche, an welchen Farnleitner solle ich mich wenden? Vielerlei Facetten drängen sich bei nur einigermaßen näherer Bekanntschaft auf:*

*Kann ein Beamter den Politiker Farnleitner überhaupt qualifizieren? Wohl schon; vielleicht auch nur als einfacher Staatsbürger, als welcher auch er ein – klitzekleines – Teilchen eines politischen Organs, des Bundesvolkes, ist. Und was wir hier als Kennzeichen des Politikers Farnleitner finden, das ist der aufrechte Gang, die Kompromisslosigkeit, das Vermögen, einen klaren Standpunkt zu beziehen und diesen zu vertreten, ohne Wenn und Aber, auch gegenüber den sogenannten Partei „Freunden" und es daher auch in Kauf zunehmen, als unbequem zu gelten, als lästig. Kein Wunder, hat er sich doch nicht durch die verschiedenen Parteigremien auf die Funktionärsochsentour hochgedient, sondern hat als anerkannter Wirtschaftsfachmann seine Kräfte in den Dienst der Politik gestellt, als er es eigentlich gar nicht mehr nötig gehabt hätte. Und so gilt es, als einfacher Staatsbürger zu sagen: dem Politiker Farnleitner für diese seine aufrechte Haltung aufrichtigen Dank.*

- *Da habe ich aber vorhin schon eine zweite „Schicht" des Hannes Farnleitner gestreift: den anerkannten Wirtschaftsfachmann, den Nationalökonomen, den Rechtswissenschaftler. Seine Artikel, Kommentare und sonstigen Werke sind Standard der österreichischen Wirtschaftswissenschaften und der einschlägigen Literatur. Unser Bundesminister ist für jene Beamten seines Hauses, die schon ein wenig über das Tagesgeschehen hinausblicken, ein auf allen Gebieten der Wirtschaftspolitik versiertes Gegenüber – auch ein fairer „Streit"partner – für die jüngeren ein fachkundiger Lehrer. Mann muss weit zurück blicken, um auf eine ähnliche Phase in der Geschichte des Handels- und Wirtschaftsministeriums zu stoßen: Wo gab es die Situation, dass man zur Begründung der Formulierung einer bestimmten Gesetzesstelle, der Haltung in einem bestimmten Förderungsfall, der Position Österreichs in einem internationalen Gremium, im „Amtsvortrag" des „Aktes" – das wird wohl auch bald verschwunden sein – eine Stelle aus den Werken und Schriften des Ressortchefs zitieren kann? So gebührt zum Zweiten dem Wirtschaftsfachmann Farnleitner die uneingeschränkte Anerkennung der Fachkollegen.*

*Aber was ist Politik und was ist Wissenschaft? Rasch vergangen und vergessen ist das tagespolitische Geschehen; und auch Bücher – und gar solche der Sozial- und Wirtschaftswissenschaften – werden sehr oft bald zur Makulatur. Was aber jeden von uns in Erinnerung bleiben wird, das ist der Kern, das Wesentliche; das ist der* Mensch *Farnleitner: fest auf dem Boden der Realität stehend, konsequent seinen Weg gehend, klaren weltanschaulichen Grundsätzen folgend. Auch hier manchmal „unbequem"; nie seine Meinung verbergend, keine Auseinandersetzung scheuend, auch gegenüber Gemeinschaften, denen er sich zugehörig und verbunden fühlt. Und dabei bei aller Härte zu sich selbst, wenn es um Arbeit und Leistung geht, auch von den Mitarbeitern höchsten Einsatz fordernd und hohe Ansprüche stellend: der warmherzige und mitfühlende Mensch, der „Vater" seiner Beamten, private Sorgen und Nöte verstehend, stets bereit zu helfen. Herr Bundesminister hat nie ein Aufhebens darum gemacht, aber es muss einmal gesagt werden. Es ist trotzdem bekannt, Herr Bundesminister, wie viele gute Werke Sie im Verborgenen tun; und ihr gelebtes und konkretes soziales Engagement, etwa für die Länder der Dritten Welt, bleibt nicht nur Lippenbekenntnis wie bei vielen anderen. Und daher gilt zum Dritten diesem Menschen Farnleitner unsere Liebe und Zuneigung.*

*So darf ich, ein Resumé ziehend, Ihnen sehr geerter Herr Bundesminister, nochmals danken. Danken für das was, was Sie uns als Politiker, als Wissenschaftler und als Mensch sind; und ihnen, ihrer sehr geehrten Frau Gemahlin und ihrer Familie für das nächste Jahr und darüber hinaus alles erdenklich Gute wünschen. Wünschen müssen wir eigentlich uns vielerlei Dinge: Zunächst, dass Sie uns noch lange vorangehen als österreichischer Politiker und unser Ressortchef. Und sollte dieser Abschnitt zu Ende gehen, dann mögen Sie die Wissenschaft nicht vernachlässigen und ihr noch viele Werke schenken. Vor allem aber mögen sie noch lange für uns da sein als menschliches Vorbild, als unser verehrter Freund und Lehrer: unser Hannes Farnleitner!*

## Abschiedsrede von Sektionschef Dr. HERBERT MARKWITZ

*Verehrter Herr Minister!*
*(in der Stunde des Abschieds sei mir die Anrede erlaubt:) Lieber Herr Minister!*

*1803 wurde im oberbayerischen Kloster Benediktbeuern eine Handschrift mittelalterlicher Vagantenlieder gefunden. Carl Orff hat einen Teil dieser Carmina Burana in kongenialer Weise vertont. Ihre Leitmelodie ist der Cantus O FORTUNA, VELUT LUNA, STATU VARIABILIS (O Fortuna, wie der Mond so veränderlich).*

*Und ein wenig verhält er sich so auch im politischen Leben. Die Fortüne hebt einen Menschen in die höchsten Ämter, um ihn morgen aus diesen wieder zu vertreiben. Ich weiß schon, dass auch private Gründe ihren Rückzug aus dem politischen Leben veranlasst haben. Dessen ungeachtet müssen Sie jetzt die purpurverbrämte Toga eines Ministers ablegen und zurückkehren ins Privatleben ohne Imperium. ROTA TU VOLUBILIS, STATUS MALUS, VANA SALUS, SEMPER DISSOLUBILIS (Rollendes Lebensrad, schlimm dein Wesen, dein Glück nichtig und immer im Zergehen).*

*Ich will nicht verschweigen, dass ich es lieber gehabt hätte, wenn Sie, Herr Minister, mich in den Ruhestand verabschiedet hätten und nicht, wie es jetzt geschieht, in umgekehrter Folge.*

*Sektionschef Dr. Zluwa hat hier im Mamorsaal anlässlich seiner Dekorierung am 22. Dezember 1999 in einer großangelegten Rede alle Ihre Vorzüge, Leistungen und Tugenden beschrieben und eigentlich die Abschiedsrede schon vorweggenommen. Was bleibt mir noch zu tun übrig?*

*Vielleicht ein paar kleine Anmerkungen. Und das möchte ich wohl festgehalten wissen: Sie waren der fachlich versierteste Ressortchef, den dieses Haus je gehabt hat, Sie waren der Minister, der die Beamtenschaft am besten gekannt hat, Sie waren derjenige, der dem Ministerium den größten Modernisierungsschub seit seiner Gründung 1848 verschafft hat, und sie waren der Minister, der sein christliches Weltbild in Beobachtung von Menschlichkeit und sozialem Gefühl nicht verleugnet hat. Sie waren aber auch der Minister, der am meisten von den Medien angegriffen worden ist, offenkundig, weil sie es abgelehnt haben, sich in die Kumpanei mit den Journalisten einzulassen, was in der veröffentlichen Meinung zu einer totalen Verzerrung dessen geführt hat, was Sie für die österreichische Wirtschaft Enormes gedacht und getan haben. Aber wie heißt es in der Carmina Burana: SORS IMMANIS ET INANIS (Schicksal, ungeschlacht und eitel).*

*Als Sie am 19. Juni 1999 Ihr Ministeramt übernommen haben, habe ich bei ihrer Begrüßung aus der Regel des hl. Benedikt zitiert, die man als Regel für Führungskräfte ansehen könnte; sie passt daher auch auf ein Ministeramt. Ich möchte es dreieinhalb Jahre später noch einmal tun. Es heißt dort: „Er wisse: Wem man anvertraut ist, von dem wird mehr verlangt. Stets denke er daran: Er hat die Aufgabe übernommen, Menschen zu führen, für die er einmal Rechenschaft ablegen muss." Ich glaube, Herr Minister, Sie brauchen diese Rechenschaft nicht zu fürchten. Gewiss, Sie haben uns ziemlich gefordert, Sie haben oft Höchstleistungen von uns verlangt, Sie haben uns aber durch ihr Vorbild Freude an der Leistung gegeben.*

*Wenn wir jetzt auseinandergehen, dann begleiten Sie unsere Wertschätzung und unsere Zuneigung. Wir wünschen Ihnen noch viele freudvolle, erfüllte und gesundheitlich ungetrübte Jahre. Und noch einen Wunsch wollen wir ihnen mitgeben. Sie haben ihrem Geburtsort Weikersdorf am Steinfelde mit ihrem Dorflesebuch ein bleibendes und liebevolles Denkmal gesetzt. Greifen Sie bitte noch einmal zur Feder und schreiben Sie ein Lesebuch über das Wirtschaftsministerium, und in diesem möge sich nicht nur eine gute Erinnerung an uns widerspiegeln, sondern auch an alles, was wir gemeinsam, Sie und wir die Beamten, die gerne unter Ihnen gedient haben, für dieses Land und seine Menschen geleistet haben.*

302
12/1/97

Künftige Vorgangsweise bei
Privatisierung und Kapitalmarktreform
sowie CA-Verkauf

1. Stimmrechtsanteile von AVZ und Wiener Holding an der BA werden innerhalb von 5 Jahren auf unter 25% reduziert (Umtausch von Aktien oder Kapitalerhöhung oder Verkauf.) Die Stimmrechte des darüberliegenden Teils werden zwischenzeitlich von Treuhändern wahrgenommen. Bei vorhandenen Marktmöglichkeiten besteht die Absicht, innerhalb von weiteren zwei Jahren diesen Prozentsatz auf unter 20% zu reduzieren. Ab dem 6. Jahr werden die über 20% liegenden Anteile der Stimmrechte gleichfalls von den Treuhändern wahrgenommen.

2. Abgabe der 19% Bundesanteile an der Bank Austria in möglichst breiter Streuung an Private im Jahr 1997.

3. CA bleibt als selbständiges Unternehmen für die Dauer von mindestens 5 Jahren erhalten (ausgenommen Teilfunktionen).

4. Arbeitnehmer: Erhaltung der Arbeitsplätze in der CA. Personalreduktion nur durch natürlichen Abgang.

5. Bereinigung bei Investkredit und Kontrollbank durch Abgabe der CA-Anteile abzüglich GC-Anteile an andere Anteilsinhaber und Anbot aller Anteile der GiroCredit durch die AVZ mit ehestmöglicher Abgabe. Keine Beteiligung der BA bei der PSK-Privatisierung.

6. Kein asset-stripping (gilt nicht für Regionalbanken, Investmentbank, ÖRAG,...)

7. Haftungsverzicht oder Haftungsentgelt ermittelt durch internationalen Gutachter für den Vorteil aus der Gemeindehaftung gem. neuem Sparkassengesetz.

8. Umtauschangebot für CA-Aktionäre/zusätzlich die Möglichkeit einer Barabfindung für Stammaktien bis maximal S 200.000,-- Kurswert von natürlichen Personen (850 abzüglich 15%). Absicherung gegen Mißbrauch.

9. Anbot für CA-Mitarbeiter zum Erwerb von Aktien der CA bis max. 500 Mio. S Verkaufspreis.

10. Privatisierungsgesetz: Ausschreibungsbedingungen und Zuschlag bei Veräußerung von Bundesvermögen bedarf Zustimmung der Bundesregierung. In diesem Gesetz sollen alle bisherigen Ermächtigungen umfaßt werden. Bericht an den Hauptausschuß.

11. Die Ausnahmeregelung für die Konsolidierung wird mit 31.12.1998 befristet.

12. Erstellung eines Übernahmerechtes.

13. Novellierung des Sparkassengesetzes hinsichtlich Haftungsverzicht oder Haftungsentgelt.

14. Die Umwandlung der Wiener Börse in eine AG unter Beteiligung der Emittenten, Investoren und Banken.

15. Punkte 10-14 sind über Regierungsvorlage bis Sommer 1997 zu beschließen.

16. Je eine Milliarde Schilling für Forschung/Entwicklung und Exportpromotion in den Jahren 1998 und 1999 analog 1997.

17. Kommt ein Beschluß der AVZ zu Punkt 1 innerhalb von vier Wochen nicht zustande, dann kommen die Vertragsparteien überein, eine Rückabwicklung des Kaufes durchzuführen.

301

1. Der BMwA hat seit ~~Tagen~~ Wochen der Mineralölwirtschaft signalisiert, daß er von der drohenden Preis~~festsetzung~~regelung absehen werde, wenn im Hinblick auf die Nettopreisdifferenz zu anderen europäischen Ländern eine signifikante Verringerung eintreten werde

2. Das BWA hat in den Expertengesprächen immer einen Zuschlag auf die europ. Mittelwerte in Aussicht gestellt, der auch im Gespräch mit Landes- [illegible] verhalten und Sozialpartnern die Transportkosten- differenz und sich aus der Struktur ergebende Mehrkosten unbestritten waren

3. In diesem Zusammenhang hat das BMwA → die europ. Durchschnittspreise wie sie von der EK publiziert, auf Aufschlag von 40 g/l auf die EK-Vergleichslagen, der in etwa zu den unmittelbaren Preissenkungen von den Höchstpreisen führte.

4. Das BMwA hat weiters zugesagt, die Wünsche der Branche nach Gleichbehandlung bei behördlichen ~~[illegible]~~ Auflagen aufzugreifen und hat diesbezüglich die Bundesländer um Berichte gebeten.

5. Sollte die Wende von der Erlags- nach [illegible] Produktivitätseffekte argumentierte, für Preissenkung zu Verweisungen via Tankstellenschließungen führen, so wird das BMwA die Aufstellung von Tankautomaten [illegible] → ein VO-Entwurf wird diesbezüglich diese Woche zur Begutachtung versendet.

6. Künftige Preisanpassungen sollen sich an ~~[illegible]~~ den europ. Marktgegebenheiten orientieren. Das BMwA wird anhand der im Ölbulletin d. EK publizierten Werte die Entwicklung verfolgen. ~~[illegible]~~

300

7. Das BMWA hat den Untern. d. MÖ angeboten, die betriebswirtsch. Auswirkungen der neuen Preispolitik ~~[illegible]~~ gemeinsam zu evaluieren

AUSTRIA 1998

8. Das BMWA wird im Internet eigenes verfügen aktives Preisinformationssystem. Die Unternehmen verschiedenster Art werden eingeladen, ihre Verkaufspreise über das BMWA zu publizieren.

9. Das BMWA begrüßt die ~~[illegible]~~ heutige Preissenkung d. ÖMV und hofft, daß weitere Firmen dem folgen werden.

## NAMENSREGISTER